# 广西儒学文献叙录

孙先英 周欣 著

上海古籍出版社

**本书获得"广西大学文学与文化研究中心基金"资助**

# 前　言

## 一

所谓"广西儒学文献",指的是与广西有关的儒学文献,其中既包括广西人著述的儒学文献,比如曹学程的《猴城政略》、高熊徵的《井陉政略》、龙光甸的《宰黔随录》《防乍日录》、韦天宝的《斗山书院学规》等;又包括其他省籍学者著述的关于广西的儒学文献,如范瑗的《交州先贤传》、陆奎勋的《秀峰书院学规六条》、唐鉴《道乡书院学规四则》、池生春的《塾规二十四条》、苏凤文的《广西昭忠录》等。广西籍主要以(嘉靖)《广西通志》、(嘉庆)《广西通志》、(光绪)《广西通志辑要》、《梧州府志》、《全州县志》、《粤西通载》等广西地方府县志为准的,结合《大明一统志》《大清一统志》《广西省述作目录》《广西地方文献目录》《广西地方史志文献联合目录》等相关文献加以判断。

本书著录的起止时间,本应由汉至今,但考虑到该研究属于传统文献学、目录学的范畴,故把时间下限定至1911年;至于清末民初的著述是否收录,则主要视作品创作的时间而定。比如程大璋的《王制通论》《王制义按》二书，作于光绪二十九年，便作为清代文献予以收录；而著书时间无法确知的，则按作者的主要活动时间，比如北流人陈柱，其成就多在民国，因此陈柱及其著述就不在本书的探讨范围之内。

## 二

儒，《说文解字》："儒，柔也。术士之称。"① 据郭沫若考证，儒从事治丧、祭祀等职业，熟悉礼仪，被墨子一门称为儒，后世相沿，就把以孔子为代表的恪守礼法的一些人称为儒家。《汉书·艺文志》说："儒家者流，盖出于司徒之官，助人君顺阴阳明教化者也。游文于六经之中，留意于仁义之际，祖述尧舜，宪章文武，宗师仲尼，以重其言，于道最为高。"② 儒家学派以六经为传播思想的载体，那么围绕六经等儒家经典而展开的经注经解、经义辑撰、经考经辨等都应是儒学文献。《史记·儒林列传》说："孔子闵王路废而邪道兴，于是论次诗书，修起礼乐。"③《孔子世家》也说："孔子以诗、书、礼、乐教，弟子盖三千焉，身通六艺者七十有二人。"④《庄子·天运篇》载孔子修"《诗》《书》《礼》《乐》《易》《春秋》六经"。⑤ 刘向、刘歆《七略》的《六艺略》记儒家经部图书（按《易》《书》《诗》《礼》《乐》《春秋》《论语》《孝经》《小学》之序排列，附史书于《春秋》之后）一百零三家，三千一百二十三篇；《诸子略》"儒家类"记《晏

---

① （清）桂馥著，陶生魁点校：《说文解字义证》卷二四，中华书局，2020年，第250页。
② （汉）班固撰，颜师古注：《汉书》卷三〇，中华书局，1962年，第1728页。
③ （汉）司马迁：《史记》卷一二一，中华书局，1982年，第3115页。
④ （汉）司马迁：《史记》卷四七，第1938页。
⑤ （清）王先谦撰，沈啸寰点校：《庄子集解》卷四，中华书局，1987年，第130页。

子》《子思》《曾子》以下至刘向所序、扬雄所序儒学诸子五十三家，八百三十六篇。此后，儒学文献名目大致按《六艺略》所记儒家经部图书分类进行著录。

儒学以修身齐家治国平天下为人生价值追求。修身以个人德性提升为根本，并以成贤成圣为人生的终极追求。齐家重在处理好各种人伦关系，孟子概括为五伦：父子有亲、君臣有义、夫妇有别、长幼有序、朋友有信；汉代儒家概括为三纲五常：君臣、父子、夫妇和仁义礼智信。治国平天下，以经世为中心，重在实现人生价值。总之，礼乐社会的政治理想、仁义礼智信的五常之教、仁政善治的治理模式、勤政廉洁的个人操守等都属于儒学范畴。《崇文总目》把《晏子春秋》《鲁仲连子》《修身要览》《君臣政理论》等纳入儒家类，《秘书省续编到四库阙书目》把《时政论》《皇王政论》《唐兴替论》《使范》归入子部儒家类，《遂初堂书目》将《颜氏家训》《时务策》《修学门庭》等关涉治理、民生类典籍纳入儒家类，均是基于以上考虑。

朱彝尊《经义考》是一部比较完备的"儒学文献目录"，其书共三百卷。其目次为：《御注》一卷、《易》七十卷、《书》二十六卷、《诗》二十二卷、《周礼》十卷、《仪礼》八卷、《礼记》二十五卷、《通礼》四卷、《乐》一卷、《春秋》四十三卷、《论语》十一卷、《孝经》九卷、《孟子》六卷、《尔雅》二卷、《群经》十三卷、《四书》八卷、《逸经》三卷、《毖纬》五卷、《拟经》十三卷、《承师》五卷、《宣讲》《立学》合一卷、《刊石》五卷、《书壁》一卷、《镂板》一卷、《著录》一卷、《通说》四卷、《家学》一卷、《自述》一卷。其中《宣讲》《立学》《自述》有目无书，盖撰辑未竟也，除传统《诗》《书》《礼》《乐》《春秋》等经典外，纳入了师承、家学、学术史，舍去了小学，但仍有大量的有关儒学研究的论著和史志文献没有纳入。清徐乾学和纳兰性德等人，收宋、元、明经书注解一百四十六种，按《易》《书》《诗》《春秋》《三礼》《孝经》《论语》《孟子》《四书》《总经解》分类编刻，汇为当时最大的儒学丛书——《通志堂经解》（又称《九经解》）。后来阮元和王先谦先后主持编刻了正、续《皇清经解》，共收清代经解类著作三百八十九种，但两套丛书都只"以人之先后为次序，不以书为次序"，[①] 所收图书未曾分类。

20世纪九十年代，山东省出版总社组织编纂了《孔子文化大全》，将入选诸书分为"经典、论著、史志、艺文、杂纂、述闻"六类。前四类显然继承了传统经、史、子、集四部分类法，而又增加"杂纂""述闻"二类，这是一部力图"比较全面地展示出孔子文化和儒家学说全貌"的丛书。

在《孔子文化大全》分类基础上，舒大刚《儒学文献通论》将传统的儒学文献归类为经学文献、儒论文献、儒史文献三大类。"经学文献"包括"《易》学文献""《尚书》学文献""《诗》学文献""《周礼》学文献""《仪礼》学文献""《礼记》学文献""《三礼》总义文献""《乐经》学文献""《春秋》学文献""《孝经》学文献""《尔雅》学文献""《四书》学文献""群经总义文献""谶纬文献""儒家石经文献""出土儒学文献"，共十六类，既包括了传统的十三经，又包括谶纬、石经、出土的儒家文献，涵括面广。"儒论文献"包括"儒家类文献"（可细分为："先秦儒家类文献""汉魏六朝儒家类文献""隋唐儒家类文献""宋元儒家类文献""明代儒家类文献""清代儒家类文献"）、"性理类文献"（可细分为："宋代性理类文献""元明性理类文献""清代性理类文献""性理总集文献"）、"政治类文献"（可细分为："政治理论文献""官箴类文献"）、"礼教类文献"（可细分为：

---

[①] （清）严杰：《编刻皇清经解序》，阮元编《清经解》第一册，上海书店，1988年，第5页。

"蒙学文献""劝学读物""家训文献""女教读物""乡约俗训")和"杂论类文献"(可细分为:"杂说""杂考""杂论")共五大类,这个分类既包括了儒学理论,又包括了儒学实践。"儒史文献"包括"孔孟史志类"(可细分为:"孔子及其家族史志""孔子弟子史志""孟子史志""孔孟年谱""孔庙礼乐志")、"学案源流类"(可细分为:"历代学案""学统源流""经学源流类""经籍艺文类")、"教育与科举类"(可细分为:"教育史志文献""科举制度类文献")、"正史儒传类"、"儒林别传类"、"名儒年谱类"、"礼乐制度类"等,共七大类,分类复杂,种类繁多,内容庞杂,基本上囊括了儒学文献的绝大部分品类。

但舒大刚《儒学文献通论》的分类法还有可以进一步界定和细化之处:一、"儒史文献"中的"科举制度类文献",下又可细分为"历代选举志""历代登科录""其他科举文献",其中对"其他科举文献"的界定比较模糊。具体到广西儒学文献中,这部分主要是制艺时文、硃卷、试牍、乡试录、闱墨等科考试卷,这些科举文章代圣贤立言,阐述四书五经义理,因此也属于儒学文献。二、《四库全书总目》"小学类"序说:"自朱子作《小学》以配《大学》,赵希弁《读书附志》遂以《弟子职》之类并入小学,又以《蒙求》之类相参并列,而小学益多歧矣。考订源流,惟《汉志》根据经义,要为近古。今以论幼仪者别入'儒家',以论笔法者别入'杂艺',以蒙求之属隶'故事',以便记诵者别入'类书'。惟以《尔雅》以下编为'训诂',《说文》以下编为'字书',《广韵》以下编为'韵书'。庶体例谨严,不失古义。"①按《四库全书总目》的说法,传统归入经部的小学中的文字、训诂等书,不应再归入儒家文献之列。故"经学文献"中是否列入

---

① (清)永瑢:《四库全书总目》,中华书局,1965年,第338页。

"《尔雅》学文献",尚可探讨。

本书参照舒大刚《儒学文献通论》分类,将历代广西儒学文献分为"广西经学文献""广西儒论文献""广西儒史文献"三大类,分别叙录。

"广西经学文献",即历代儒者对于经书的经注经解、经义辑撰、经考经辨,分设"易类""书类""诗类""礼类""春秋类""孝经类""乐类""四书类""群经总义类"九大目,共一百二十五部(篇)。

"广西儒论文献",即记录学者对于儒学观念、思想、体悟的论著,分设"理论思想类""政教文献类""礼制教化类""学规学约类""课文制艺类""杂说杂考杂论类"六大目。"理论思想类"主要指儒家议政言治的著作,录得三十一部;"政教文献类"包括"政教理论"(为政论述著作)和"为官之道"(为官篇)两个主题,具体涉及官箴、劝农、移风易俗、巡视、稽查、社仓、治绩、谏诤等文献,但奏议、司法义稿等不属此列,录得二十九部;"礼制教化类"记载儒家礼乐制度以及反映儒家礼制思想的文献,包括家法族规、乡规乡约、训俗之篇、劝善之书、蒙训劝学、女教闺训等,录得六十四部;"学规学约类"包括学制学模、学规教约、时文制艺等,录得二十一部;"课文制艺类"包括讲授时文和写作时文,录得十七部;"杂说杂考杂论类"指的是读儒学的语录和体悟,录得七部。总共一百六十九部(篇)。

"广西儒史文献",即有关儒学史的著作和资料,包括"孔门史志类""孔庙典礼类""学术渊源类""名儒先贤传类""循良忠孝节义类""乡贤名宦类""科举试卷类"七大目。"孔门史志类"如孔孟及其家族和弟子传记、孔孟年谱等,共五部;"孔庙典礼类"如孔庙的祭器制度、祭祀的礼乐制度、祭祀人物的地位升迁制度等,录得八部;"学术渊源类"是以探讨学术渊源和学术派别为主的著述,录得六部;"名儒先贤传类"以致敬先圣先贤,录得七部;"循良忠孝节义类"以表彰廉洁奉公、勤勉为民、忠孝贞节等品节,录得十九部;"乡贤名宦类"即乡贤祠和名宦祠的入祠申请材料等,录得四部;"科举试卷类"包括会试卷、乡试卷、闱墨等,录得三十六篇。总共八十五部(篇)。

综上可知,本书总共录得广西儒学文献三百七十九部(篇)。不过,这三百七十九部(篇),是以整本书为主,不包括散篇断句。"散篇"是指散见于文集中的单篇儒学论述文章,比如龙启瑞《经德堂文集》中有多篇论性论学之作,虽属儒学文献,但因散见于文集之中,故不在本书搜集范围;又比如散见于史志书目中的《去思碑》《义冢碑序》等文,虽属儒学文献,也不在本书收录之列。但对于那些曾单独刻印流行过的文章,如刘定逌的《秀峰书院学规》、蒙艺德的《教学指南论》,或《广西近代经籍志》《广西省述作目录》《广西地方文献目录》等著录过的文献,如韦天宝《斗山书院学规》等,则予以收录。

## 三

本书采用叙录体编排。"《汉志》言:'刘向校书,每一书已,辄条其篇目,撮其旨意,录而奏之。'旨意即谓叙中所言一书之大意,故必有目有叙乃得谓之录。录既兼包叙目,则举录可以该目。"① "目"条其篇目,"录"包括目录和叙录,所谓"叙"即篇目的旨意。"综其体制,大要有三:一曰篇目,所以考一书之

---

① 余嘉锡:《目录学发微》,中国人民大学出版社,2004年,第20页。

源流;二曰叙录,所以考一人之源流;三曰小序,所以考一家之源流。三者亦相为出入,要之皆辨章学术也。三者不备,则其功用不全。"① 据此,本书的编排体例是:(一)分为"广西经学文献""广西儒论文献""广西儒史文献"三篇。(二)每篇有小序和小结。小序首先叙述本篇收录的总数、存佚未见的数量、各个朝代的存佚情况;其次推阐大义旨趣,条别学术异同;最后判别学术价值及其意义等。(三)篇下分目,目下的著作主要依据作者的科举考试年份先后排列。因为广西许多儒学文献已经佚失,故无法判定其作品产生的确切时间。相较于论著创作时间的漫漶不明,作者的生平则相对详细、准确,故按作者科举考试先后为序;如作者无明晰的科举经历记载,则列为待考,置于同一时代作者之后。同一作者的作品,以创作或刊刻时间先后为序;如无法确知具体时间,则置于有明确时间的作品之后。对于生活在易代之际的作者,以其主要活动或成就的时间划分朝代所属。(四)每一作品皆有叙录,叙录的内容包括:(1)作者简介。作者姓氏、生卒年、字号、籍贯、仕途履历、著作介绍、生平著录文献等。对生卒年无考者,标为不详。对存在矛盾、歧义或明显错误的载录,在注释中以按语形式加以考证。(2)作品叙述。首先介绍著书时间、地点等背景;其次著录书名,如书名有不同记载,以按语形式注解于脚注中;再次叙述内容;最后,介绍书目的归类及著录情况。(3)卷次著录。卷次明确者直接著录;有不同记载者,以按语形式在脚注中说明;卷次不详或没有载录的,著录为"卷次不详"。(4)确定存佚。包括存佚情况、散佚原因以及版刻、馆藏信息等。

---

① 余嘉锡:《目录学发微》,第30页。

## 四

本书所依据的文献主要有以下几类：（一）书目文献。包括《广西省述作目录》《广西近代经籍志》《广西地方文献目录》《广西地方史志文献联合目录》《广西文献资料索引》《广西古代近代要籍题解》《广西历代文献提要》《桂人著述稀见本补录》《广西文献名录》《广西历代经籍志》《广西文献概述》《四库全书总目》《续修四库全书总目提要》《四库全书存目丛书目录》《四库未收书目》《四库禁毁书目》《四部丛刊》《古今图书集成》《丛书集成》《宋元明清书目题跋丛刊》《国家图书馆藏古籍题跋丛刊》《北京图书馆古籍珍本丛刊》《中国古籍总目》《中国古籍善本书目》等。（二）方志目录。如（嘉靖）《广西通志》、（万历）《广西通志》、（康熙）《广西通志》、（雍正）《广西通志》、（嘉庆）《广西通志》、（光绪）《广西通志辑要》、（民国）《广西通志稿》以及（嘉靖）《南宁府志》、（民国）《邕宁县志》、（民国）《武鸣县志》等广西府县志。（三）历史文献。《汉书》《后汉书》《三国志》《广西方志传记人名索引》等。（四）古人文集及近人著述。查阅了《粤西三载》《广西乡贤丛书》《桂苑书林丛书》《广西地方古籍整理研究丛书》《全州历史文化丛书》《柳州乡贤著述影印丛刊》《广西历代文献集成》等。涉及目录类、史志类近二百种。

# 目　录

前言 ·········································································· 1

## 第一篇　广西经学文献叙录 ·········································· 1
### 易类 ······································································ 4
巽说　宋·契嵩撰 ················································· 5
太极图辩解　明·陈邦俌撰 ··································· 11
衍易　明·全赐撰 ················································ 13
易经了义　明·张茂梧撰 ······································· 14
乾乾篇　明·龙文光撰 ·········································· 14
周易讲义　明·庞希睿撰 ······································· 17
易经翼注　清·麦士奇撰 ······································· 17
易在　清·谢济世撰 ············································· 18
读易管窥　清·蒋光昌撰 ······································· 20
易义一贯　清·崔达撰 ·········································· 21
易经评义　清·陆显仁撰 ······································· 22
易理溯源　清·陆显仁撰 ······································· 23

· 1 ·

周易贯义　清·卿彬撰 …………………………………… 23
周易观玩　清·唐仁撰 …………………………………… 26
大易掌镜　清·苏懿谐撰 ………………………………… 27
易经精义钞略　清·陆锡璞辑要 ………………………… 27
愚一录易说　清·郑献甫撰 ……………………………… 28
周易图书疏　清·蒙会甡撰 ……………………………… 31
易经注解　清·苏时学撰 ………………………………… 34
易解　清·蒋启迪撰 ……………………………………… 34
易诗经解　清·李璲撰 …………………………………… 35
周易类象　清·金熙坊撰 ………………………………… 36
羲轩丹易　清·金熙坊撰 ………………………………… 38
易经偶语　清·金熙坊撰 ………………………………… 43
易卦类象　清·金熙坊撰 ………………………………… 44
周易拟象　清·龚延寿撰 ………………………………… 45
周易史证　清·龚延寿撰 ………………………………… 47
周易史证样本　清·龚延寿撰 …………………………… 49
易经讲义　清·植增高撰 ………………………………… 49
读易札记　清·刘榘撰 …………………………………… 50
荀氏易异文疏证　清·祁永膺撰 ………………………… 50
易经精义撮要　清·陈开祯辑纂 ………………………… 51

书类 ………………………………………………………… 51
　尚书注释　明·文立缙撰 ……………………………… 52
　尚书讲义　清·刘世灯撰 ……………………………… 52
　洛书洪范解　清·卿彬撰 ……………………………… 53
　畴图体要　清·苏懿谐撰 ……………………………… 55
　书经精义汇钞　清·陆锡璞辑要 ……………………… 55
　禹贡地理考略　清·周思宣撰 ………………………… 58

洪范图说　清·金熙坊撰 …………………………… 59
诗类 ……………………………………………………… 59
　　诗经说意　明·唐瑄撰 ……………………………… 59
　　葩经约旨歌　清·袁启翼撰 ………………………… 60
　　葩经念本　清·苏懿谐撰 …………………………… 61
　　诗经精义汇钞　清·陆锡璞辑要 …………………… 62
　　诗经草木解　清·黄蕴锦撰 ………………………… 66
　　诗经大义　清·闵光弼撰 …………………………… 66
礼类 ……………………………………………………… 68
　　礼经意旨　明·陈宣撰 ……………………………… 69
　　五礼古图　明·吕景蒙撰 …………………………… 69
　　仪礼杂解　明·庞希睿撰 …………………………… 71
　　丧礼仪节　明·赵雍节略 …………………………… 71
　　礼记精义钞略　清·陆锡璞辑要 …………………… 72
　　仪礼精义钞略　清·陆锡璞辑要 …………………… 75
　　周官经义钞略　清·陆锡璞辑要 …………………… 76
　　读缁衣集传　清·朱琦撰 …………………………… 76
　　礼记集观　清·王师说撰 …………………………… 79
　　王制通论　清·程大璋撰 …………………………… 79
　　王制义按　清·程大璋撰 …………………………… 81
春秋类 …………………………………………………… 81
　　陈氏春秋　汉·陈钦撰 ……………………………… 82
　　左氏同异　汉·陈元撰 ……………………………… 84
　　春秋训诂　汉·陈元撰 ……………………………… 88
　　春秋经注　三国·士燮撰 …………………………… 88
　　公羊穀梁注　三国·士燮撰 ………………………… 90
　　春秋精义钞略　清·陆锡璞辑要 …………………… 91

春秋属辞比事记补　清·况澄撰 …………………… 91
　　左绪论　清·蒋启迪撰 …………………………………… 92
　　春秋释地考证　清·周思宣撰 …………………………… 93
　　春秋偶语　清·金熙坊撰 ………………………………… 93
　　春秋属比录　清·金熙坊撰 ……………………………… 94
孝经类 ……………………………………………………………… 96
　　孝经秋订　明·龙文光撰 ………………………………… 96
　　孝经刊误节训　清·高熊徵撰 …………………………… 96
　　孝经刊误合本　清·苏懿谐撰 …………………………… 99
　　小学孝经刊误简表　清·封奕璠撰 …………………… 100
乐类 ……………………………………………………………… 101
　　燕享乐谱　明·李璧撰 ………………………………… 101
　　衍乐　明·全赐撰 ……………………………………… 103
　　律吕参解　清·卿彬撰 ………………………………… 105
　　乐律辨正　清·王维新撰 ……………………………… 106
四书类 …………………………………………………………… 107
　　中庸解　宋·契嵩撰 …………………………………… 108
　　率性编　明·陈邦偶撰 ………………………………… 109
　　大学中庸直讲　明·唐瑄撰 …………………………… 109
　　四书制义　明·龙文光撰 ……………………………… 110
　　四书会解　明·高翀撰 ………………………………… 111
　　四书讲旨　清·陈誉斯撰 ……………………………… 111
　　中庸讲义　清·刘世纮撰 ……………………………… 112
　　学庸注疏　清·谢济世撰 ……………………………… 112
　　论孟笺　清·谢济世撰 ………………………………… 116
　　大学衍义辑要　宋·真德秀撰，清·陈宏谋辑纂 …… 117
　　大学衍义补辑要　明·邱濬撰，清·陈宏谋辑纂 …… 124

四书集解　清·刘圣文撰 ……………………………… 126
四书约旨　清·何宜猷撰 ……………………………… 127
西粤二子文　清·唐一飞、庞屿撰 …………………… 127
格物广义　清·陆显仁撰 ……………………………… 128
四书原道　清·陆显仁撰 ……………………………… 130
四书考辑要　明·薛应旂辑，清·陈宏谋、陈兰森辑要 … 130
论语讲义　清·刘定逌撰 ……………………………… 133
三难通解训言　清·刘定逌撰 ………………………… 134
四书秘旨　清·曾熹撰 ………………………………… 136
学庸弦诵　清·苏懿谐撰 ……………………………… 137
大学两关经传要解　清·苏懿谐撰 …………………… 137
两关日课　清·苏懿谐撰 ……………………………… 139
格物论　清·袁钰撰 …………………………………… 139
四书镜　清·覃图书撰 ………………………………… 140
四书性理录　清·覃武保撰 …………………………… 140
中庸脉络　清·林先梁撰 ……………………………… 141
四书翼注论文　清·郑献甫撰 ………………………… 141
四书串讲　清·韦景儒撰 ……………………………… 143
论说衍说　清·朱世杰撰 ……………………………… 144
论语注解辨订　清·刘名誉撰 ………………………… 144
中庸浅引　清·赖汝松辑 ……………………………… 146

群经总义类 …………………………………………… 147
　　五经训义　明·陈伯魁撰 ………………………… 147
　　经义撖言　明·陈大纶辑纂 ……………………… 148
　　五经要旨　明·梁方图撰 ………………………… 149
　　小学分节　清·高熊徵撰 ………………………… 150
　　勉果斋经义撷腴　清·封昌熊辑纂 ……………… 152

箧匦十经　清·谢济世撰 ……………………… 152

读经释义　清·张鹏展撰 ……………………… 153

五经纂解　清·潘成章撰 ……………………… 155

七经精义　清·覃图书辑纂 …………………… 155

花矼经述　清·况祥麟撰 ……………………… 156

两论纂说　清·况澄撰 ………………………… 156

愚一录　清·郑献甫撰 ………………………… 157

尔雅经注集证　清·龙启瑞撰 ………………… 162

小学高注补正　清·龙启瑞撰 ………………… 165

十三经地名韵编今释　清·龙继栋编纂 ……… 167

藠苢堂说经质疑　清·周思宣撰 ……………… 168

朱子小学辑略　清·莫以莹辑要 ……………… 168

墨斋存稿　清·祁永膺撰 ……………………… 169

## 第二篇　广西儒论文献叙录 …………………… 170

### 理论思想类 ………………………………………… 170

辅教编　宋·契嵩撰 …………………………… 171

本政书　宋·林勋撰 …………………………… 175

本政书比校　宋·林勋撰 ……………………… 182

心法纂图　元·唐朝撰 ………………………… 183

东溪日谈录　明·周琦撰 ……………………… 185

儒正谈　明·周琦撰 …………………………… 189

春秋繁露节解　明·吴廷举节解 ……………… 192

胡子粹言　明·胡居仁撰，明·吴廷举辑要 … 196

薛子粹言　明·薛瑄撰，明·吴廷举辑要 …… 198

定性发蒙　明·吕景蒙撰 ……………………… 201

静观录　明·杨乔辑纂 ………………………… 202

| | |
|---|---|
| 静观录　明·冯承芳撰 | 203 |
| 粹言录　明·苏术辑纂 | 204 |
| 心极说　明·全赐撰 | 205 |
| 敷文语录　明·陈大纶辑录 | 205 |
| 二程先生粹言　明·徐养正辑要 | 206 |
| 浑然子　明·张翀撰 | 209 |
| 清署经谈　明·王启元撰 | 211 |
| 向若篇　明·龙国禄撰 | 214 |
| 图南会心录　明·张所蕴撰 | 215 |
| 性理管窥　清·余心孺撰 | 217 |
| 传习录辨疑　清·梁汝阳撰 | 220 |
| 敬至圣说　清·钟辉廷撰 | 221 |
| 十室遗语　清·蒋励常撰 | 221 |
| 枫山便览　清·苏献可辑纂 | 224 |
| 是君是臣录　清·龙启瑞撰 | 225 |
| 率性庐录　清·周思宣辑纂 | 228 |
| 五子要语　清·龚延寿辑要 | 228 |
| 初学源例篇　清·刘名誉辑纂 | 229 |
| 慕庵治心诗钞·慕庵治心韵语　清·刘名誉辑纂 | 230 |
| 吕新吾呻吟语评注　清·许载琳撰 | 230 |
| **政教文献类** | **231** |
| 按治南畿政略　明·杨鹜撰 | 232 |
| 巡仓政略　明·杨鹜撰 | 233 |
| 牧民要略　明·刘桂撰 | 233 |
| 按浙录　明·张文熙撰 | 234 |
| 敉宁录　明·张文熙撰 | 235 |
| 缑城政略　明·曹学程撰 | 236 |

| 帝鉴图说　明·张居正、吕调阳辑纂 | 237 |
| 政事纪　明·文立缙撰 | 242 |
| 观澜社约　明·龙文光撰 | 243 |
| 井陉政略　清·高熊徵撰 | 243 |
| 义仓应行规条十则　清·唐良玺撰 | 244 |
| 培远堂文檄　清·陈宏谋撰 | 245 |
| 仕镜编　清·欧阳永裿撰 | 246 |
| 警心录　清·汤应求撰 | 249 |
| 政治录　清·陆显仁辑纂 | 251 |
| 古今自讼录　清·苏懿谐辑纂 | 252 |
| 防维录　清·苏懿谐辑纂 | 252 |
| 至言窥测　清·苏懿谐撰 | 253 |
| 劝民录　清·范光祺撰 | 253 |
| 宰黔随录　清·龙光甸撰 | 254 |
| 防乍日录　清·龙光甸撰 | 255 |
| 救贫捷法　清·冯祖绳撰 | 255 |
| 路南州保甲编　清·冯祖绳撰 | 257 |
| 宣化常平义仓章程　清·张秉铨撰 | 258 |
| 治丽箴言　清·黄金衔撰 | 259 |
| 滇南治略　清·黄金衔撰 | 261 |
| 救时权略　清·黄金衔撰 | 261 |
| 明鉴择要经世略　清·侯绍瀛辑纂 | 262 |
| 劝民歌　清·龚献谟撰 | 262 |

礼制教化类 … 263
　辟谚录　明·唐瑄撰 … 264
　祈嗣真机　明·吴邦柱撰 … 265
　忠孝经便蒙诗训　明·何以尚撰 … 266

家礼四训约要　明·梁方图辑要 …………………… 267
庭训三则　清·刘士登撰 …………………………… 268
凤楼家训　清·何廷翰撰 …………………………… 268
增补了凡功过格　清·王之骍撰 …………………… 269
宦游家训　清·封昌熊撰 …………………………… 269
著垣家训　清·张星焕撰 …………………………… 272
女训　清·张鸿翾撰 ………………………………… 273
家训　清·张鸿翾撰 ………………………………… 273
蒙童训　清·张鸿翾辑纂 …………………………… 274
五种遗规　清·陈宏谋辑纂 ………………………… 274
吕子节录　清·陈宏谋辑纂 ………………………… 287
下学录　清·蒋良骐辑纂 …………………………… 289
治家录　清·崔达辑纂 ……………………………… 291
修省录　清·崔达辑纂 ……………………………… 291
处世录　清·崔达辑纂 ……………………………… 292
《双节堂庸训》应世补续编　清·汪辉祖撰，清·陈兰森
　节续 ………………………………………………… 292
家训　清·邬凤翊撰 ………………………………… 294
居家宝鉴录　清·梁生杞辑纂 ……………………… 294
名言　清·俞廷举撰 ………………………………… 295
养正编　清·蒋励常辑撰 …………………………… 296
女范　清·张鹏展辑纂 ……………………………… 298
续葬论　清·李维坊撰 ……………………………… 299
为人录　清·苏懿谐辑纂 …………………………… 300
开节录　清·苏懿谐辑纂 …………………………… 301
民彝汇翼、续编　清·苏懿谐撰 …………………… 302
行藏录　清·苏懿谐辑纂 …………………………… 302

| | |
|---|---|
| 传心显义　清·苏懿谐撰 | 303 |
| 迪知录　清·苏懿谐撰 | 303 |
| 中外格言录　清·游鸿举辑纂 | 304 |
| 训俗经言　清·肃清香撰 | 305 |
| 教士汇编　清·蒋启敩辑纂 | 305 |
| 训俗迩言　清·蒋启敩撰 | 309 |
| 侍养要义　清·周思宣撰 | 310 |
| 堂北负暄录　清·周思宣撰 | 310 |
| 礼学须知　清·陈继昌撰 | 311 |
| 简要格言　清·蒋伯琨辑纂 | 311 |
| 居家要略　清·蒋伯琨辑纂 | 312 |
| 女子遗规　清·苏宗经辑纂 | 313 |
| 婚丧摘要　清·俞学乾辑纂 | 314 |
| 闺门格言　清·唐良玺辑纂 | 314 |
| 治家琐谈　清·颜有光撰 | 315 |
| 人镜录　清·路顺德辑纂 | 315 |
| 居家必读书　明·朱柏庐撰，清·曾泫仁撰 | 316 |
| 圣功集　清·封培绪辑纂 | 317 |
| 训蒙浅说　清·潘继岳撰 | 319 |
| 立定脚跟　清·龚延寿辑纂 | 319 |
| 知人绪论　清·龚延寿撰 | 320 |
| 论世录　清·龚延寿撰 | 320 |
| 庭训录　清·赵润生撰 | 320 |
| 琼林籍　清·莫如贤辑纂 | 322 |
| 戒讼戒赌论　清·蓝芹撰 | 323 |
| 敦宗睦族论　清·蓝芳撰 | 323 |
| 有志轩家训　清·莫存礼撰 | 324 |

乡约条规　清·无名氏撰 ······ 324
从先录　清·夏文伯辑纂 ······ 334
训蒙五伦编　清·米瑞光辑纂 ······ 336
训蒙五伦篇　清·何烈文撰 ······ 336
博爱录　清·李琪华辑纂 ······ 337
传家训　清·无名氏编撰 ······ 338
示儿录　清·李如夔撰 ······ 338
贤良词　清·无名氏撰 ······ 339

学规学约类 ······ 340
象郡学的　明·吕景蒙撰 ······ 340
教士条规　清·莫振国撰 ······ 341
秀峰书院学规六条　清·陆奎勋撰 ······ 346
教学指南论　清·蒙艺德撰 ······ 349
豫章书院学约　清·陈宏谋撰 ······ 351
秀峰书院学规　清·刘定逌撰 ······ 363
学文制行　清·邬凤翙撰 ······ 366
定阳学制偶存　清·周履泰撰 ······ 366
劝学录　清·范光祺撰 ······ 367
道乡书院学规四则　清·唐鉴撰 ······ 367
斗山书院学规十则　清·韦天宝撰 ······ 372
塾规二十四条　清·池生春撰 ······ 373
学规　清·林先梁撰 ······ 378
学校条规　清·唐仁撰 ······ 378
教士学规　清·颜有光撰 ······ 380
视学须知　清·龙启瑞撰 ······ 380
家塾课程　清·龙启瑞撰 ······ 382
家塾散记　清·靳邦庆撰 ······ 385

  桐岭学规　　清·龚延寿撰 …………………………… 386

  学童心得　　清·沈赞清撰 …………………………… 386

  广西学务提要　　清·李翰芬撰 ……………………… 387

 课文制艺类 ………………………………………………… 388

  课士直解　　清·陈宏谋撰 …………………………… 389

  灵溪时文　　清·刘定逌撰 …………………………… 390

  岳麓制艺　　清·蒋励常撰 …………………………… 391

  翰墨楼时艺　　清·潘成章撰 ………………………… 391

  醉菊山庄时文　　清·周鸣礼撰 ……………………… 392

  经律合课选　　清·廖汝驯编辑 ……………………… 392

  绍濂堂制艺　　清·周启运撰 ………………………… 393

  朱约斋先生时文　　清·朱应荣撰 …………………… 394

  带江园时文　　清·黄体正撰 ………………………… 396

  课艺偶存　　清·林宜烜撰 …………………………… 397

  课艺偶存　　清·蒋启敫撰 …………………………… 398

  清华家传　　清·苏懿谐编辑 ………………………… 398

  癸亥四书课文稿　　清·况澄撰 ……………………… 398

  补学轩制艺　　清·郑献甫撰 ………………………… 399

  补学轩批选时文读本　　清·郑献甫编选 …………… 403

  分青山房课艺　　清·周必超撰 ……………………… 405

  浔阳课士录　　清·莫和祥撰 ………………………… 406

 杂说杂考杂论类 …………………………………………… 407

  蒲谷日纂　　明·黎良撰 ……………………………… 407

  主静遗编　　明·章极撰 ……………………………… 408

  隐居志恒言　　清·袁启翼撰 ………………………… 409

  儒士要言　　清·钟辉廷撰 …………………………… 409

  培远堂手札节存　　清·陈宏谋撰 …………………… 410

桂林相国陈文恭公家书手迹　清·陈宏谋撰 ………… 413
　　勉勉钼室类稿　清·祁永膺撰 …………………… 415

## 第三篇　广西儒史文献叙录 ………………………… 418
### 孔门史志类 ……………………………………………… 418
　　孔子年谱辑注　清·黄定宜辑注 …………………… 418
　　邹鲁求仁绎　清·苏懿谐撰 ………………………… 420
　　尼徒从政录　清·苏懿谐撰 ………………………… 420
　　孔圣事迹辨　清·钟章元撰 ………………………… 421
　　百八弟子考　清·钟章元撰 ………………………… 421
### 孔庙典礼类 ……………………………………………… 422
　　桂林孔庙释奠牲币服器图说碑　宋·佚名撰 …… 422
　　尊圣志　明·龙文光撰 ……………………………… 423
　　文庙木主考辨　清·高熊徵撰 ……………………… 426
　　文庙上丁礼乐备考　清·吴祖昌辑录 ……………… 426
　　文庙祀位考略　清·刘槼编录，清·杨凤朝辑，清·曹驯
　　　增补 …………………………………………………… 428
　　文庙丁祭礼乐辑要　清·桂良辑，清·曹驯编校 …… 431
　　文庙圣贤典型　清·龚延寿辑撰 …………………… 433
　　典型外编　清·龚延寿辑撰 ………………………… 434
### 学术渊源类 ……………………………………………… 435
　　遵周录　明·陈邦偁撰 ……………………………… 435
　　尊孔录　明·吴邦柱撰 ……………………………… 436
　　道学渊源　清·余心孺撰 …………………………… 437
　　理学宗传摘要　清·封昌熊辑录 …………………… 437
　　学案姓氏小传　清·周思宣撰 ……………………… 438
　　岭学祠诸先生事迹学术考　清·祁永膺撰 ………… 439

名儒先贤传类……440
　交州人物志　三国·士燮辑录……440
　交州先贤传　晋·范瑗辑录……441
　自斋行要　明·周琦撰……442
　名儒录　明·李璧撰……442
　司马文正公传家集　清·陈宏谋编校……446
　司马文正公年谱　清·陈宏谋编纂……448
　陈文恭公年谱　清·陈钟珂编辑，清·陈兰森校订……449
循良忠孝节义类……450
　循良汇编　明·李仲僎辑纂……450
　范运吉传　明·徐养正撰……452
　忠孝节义传　明·刘调良辑纂……454
　忠谏录　明·曹学程撰……454
　忠孝廉节传　明·梁方图辑纂……457
　孝女传　清·文兆奭撰……457
　廉书　清·莫欺撰……459
　忠义录　清·谢煌撰……460
　沈文节公传　清·谢煌撰……460
　灌水褒贞录　清·刘象恒辑纂……461
　容县列女志略　清·覃武保撰……462
　坊表录　清·苏宗经辑撰……463
　名臣百咏　清·苏宗经辑纂……465
　广西昭忠录　清·苏凤文撰……466
　镡津忠义录　清·苏时学撰……468
　烈女记　清·龙继栋撰……471
　浩气吟　清·赵炯辑，清·赵日昇订……473
　古贤名录　清·无名氏辑纂……477

平乐覃节妇诗传并郁林孝子周廷琛事传不分卷
  清·秦焕辑 …………………………………… 478
乡贤名宦类 ………………………………………… 479
 崇祀乡贤奏折禀稿 清·苏凤文等撰………… 479
 崇祀乡贤名宦录 清·张联桂、易绍等撰 …… 480
 崇祀乡贤录 清·张联桂等撰………………… 481
 乡贤录 清·无名氏撰 ………………………… 482
科举试卷类 ………………………………………… 483
 横山陈氏硃卷 清·陈宏谋、陈钟琛等编 …… 483
 横山陈氏硃卷 清·陈继昌编 ………………… 489
 桂林周氏硃卷 清·鼎家藏编刊……………… 489
 蒋奇淳、周绍昌殿试卷 清·无名氏编刊…… 490
 广西道光同治光绪历科会试硃卷 清·官府编刊 …… 491
 广西乡试硃卷（乾隆三十三年至光绪三十三年）
  清·官府编刊 …………………………………… 491
 广西乡试硃卷 清·唐景崧等撰……………… 492
 广西试牍（同治六年） 清·官府编刊 ……… 493
 广西试牍（道光十一年至十六年） 清·钱福昌编刊…… 493
 广西乡试录（明弘治五年） 明·官府编刊 ………… 494
 广西乡试录（明正德八年） 明·官府编刊 ………… 496
 广西乡试录（明正德十四年） 明·官府编刊 ……… 498
 广西乡试录（明嘉靖十六年） 明·官府编刊 ……… 500
 广西乡试录（明嘉靖二十八年） 明·官府编刊 …… 502
 广西乡试录（明嘉靖四十年） 明·官府编刊 ……… 504
 广西乡试录（明嘉靖四十三年） 明·官府编刊 …… 506
 广西乡试录（明隆庆四年） 明·官府编刊 ………… 508
 广西乡试录（明万历元年） 明·官府编刊 ………… 510

广西乡试录（明万历四年）　明·官府编刊 ……………… 513
广西乡试录（明万历七年）　明·官府编刊 ……………… 515
广西乡试录（明万历十年）　明·官府编刊 ………………… 517
广西乡试录（清嘉庆二十一年）　清·程祖洛编刊……… 519
广西乡试录（清光绪十四年）　清·官府编刊 …………… 520
广西闱墨（清道光十一年恩科）　清·礼部编刊 ………… 521
广西闱墨（清道光十二年）　清·礼部编刊 ……………… 522
广西闱墨（清同治元年）　清·礼部编刊 ………………… 522
广西闱墨（清同治三年）　清·礼部编刊 ………………… 523
广西闱墨（光绪十一年）　清·礼部编刊 ………………… 523
广西闱墨（光绪十五年恩科）　清·礼部编刊 …………… 524
广西闱墨（光绪十五年）　清·礼部编刊 ………………… 524
广西闱墨（光绪二十年）　清·礼部编刊 ………………… 525
广西闱墨（光绪二十三年）　清·礼部编刊 ……………… 525
广西闱墨（清光绪二十七年）　清·礼部编刊 …………… 526
广西闱墨（清光绪二十九年）　清·礼部编刊 …………… 526
广西乡试墨卷不分卷（光绪二十九年）　清·阳贞吉
　编刊 …………………………………………………… 527
广西咸同光绪选优贡及岁贡卷　清·官府编刊 ………… 527

# 结论 …………………………………………………………… 529

# 参考文献 ……………………………………………………… 539

# 第一篇　广西经学文献叙录

广西经学始于苍梧。远在周时,"苍梧""南夷""南国""南海之珠"等记载时见于中原文献。公元前214年,秦统一岭南,开设南海、桂林、象郡三郡,伴随着灵渠的开通,广信(即今广东封开、广西梧州一带)长期为交阯部、交州和苍梧郡治所,是岭南早期政治中心和学术文化中心。南越王赵佗在位六十七年,以"和集百越""南北交欢"的立国原则,大力宣扬儒家的诗、书、礼、乐,这在粤西地区播下了儒学的种子。元鼎六年(前111),汉武帝平定南越国后,以其地置苍梧、南海、郁林、交阯、合浦、九真、日南等郡,苍梧郡下辖广信、谢沐、高要、封阳、临贺、端溪、冯乘、富川、荔浦、猛陵等十县(东汉增设鄣平,为十一县),治所在广信(今广西梧州市)。汉武帝平定南越后,针对迥异于中原的交阯所属文化,通过移民、办学等形式,传播儒学文化,如《后汉书》所载:"凡交阯所统,虽置郡县,而言语各异,重译乃通。人如禽兽,长幼无别。项髻徒跣,以布贯头而著之。后颇徙中国罪人,使杂居其间,乃稍知言语,渐见礼化。"① 其学术活动也日渐频繁，先后出现了陈钦、陈元、陈坚卿祖孙三代学人。陈钦，师从经学家黎阳（今河南浚县）贾护，为王莽讲授《左氏春秋》，著《陈氏春秋》（已佚），是古文经学派带头人之一。钦子陈元，继承父业，著《左氏同异》《春秋训诂》，与桓谭、杜林、郑兴俱为学者所宗。元子陈坚卿，继承家学，对岭南学术研究建树颇多。赵岐有"左氏远在苍梧"②之说，屈大均称为"吾粤人文之大宗"，③ 阮元重修《广东通志》评曰："陈元独能以经学振起一时，诚岭海之儒宗也。"④ 民族学家徐松石也赞："岭南经学，实以二陈为始。"⑤

到了东汉末年，中原大乱，而交阯在士燮长达四十余年治理下，社会安定，推崇儒学，《三国志》本传说："燮体器宽厚，谦虚下士，中国士人往依避难者以百数。"⑥ 南来学者避居于此，开学办学，一时学术之风甚盛。三国虞翻被徙交州，在南十余年，来往于南海、苍梧等郡讲学，门徒常数百人；北海郡人刘熙在汉献帝建安年间（196—220），"往来苍梧、南海，客授生徒数百人"。⑦ 沛郡人薛综，"少依族人，避地交州，从刘熙学"；⑧ 汝南人程秉，"逮事郑玄，后避乱交州，与刘熙考论大义，遂博通五经"。⑨ 南阳人许慈，"师事刘熙，善郑氏学，治《易》《尚书》《三礼》《毛诗》《论语》"。⑩ 而士燮本人，曾游学京师，拜颍川

---

① （南朝宋）范晔：《后汉书》卷八六，中华书局，1965年，第2836页。
② （宋）王象之撰，赵一生点校：《舆地纪胜》卷九四，浙江古籍出版社，2013年，第2307页。
③ （清）屈大均：《广东新语》卷一一，中华书局，1985年，第320页。
④ （明）戴璟修，张岳纂：《广东通志初稿》卷一四，明嘉靖刻本。
⑤ 徐松石：《徐松石民族学研究著作五种》，广东人民出版社，1993年，第168页。
⑥ （晋）陈寿：《三国志》卷四九，中华书局，1982年，第1191页。
⑦ （明）欧大任：《百越先贤志》卷三，文渊阁四库全书本，第453册，第745—746页。
⑧ （晋）陈寿：《三国志》卷五三，第1250页。
⑨ （晋）陈寿：《三国志》卷五三，第1248页。
⑩ （晋）陈寿：《三国志》卷四二，第1022页。

大儒刘子奇为师，学《春秋左传》，是公认的学问渊博的经学大师，著《春秋经注》《公羊穀梁传注》，北方陈国名儒袁徽称其"玩习《书传》《春秋左氏传》，简练精微，皆有师说"，①"学问优博，又达于从政，处大乱之中，保全一郡，二十余年，疆场无事，民不失业，羁旅之徒，皆蒙其庆"。②清代广西著名诗人黎申产有诗赞说："南国经师推士燮，西京朴学数陈元。祖孙稽古传千古，训诂专门萃一门。黉舍只今多诵读，儒林谁复溯渊源？却来怅望东湖水，犹有尚书德业尊。"③

唐时柳宗元在柳州传播儒学，"衡湘以南为进士者，皆以子厚为师，其经承子厚口讲指画为文词者，悉有法度可观"，④使柳州俨然成了一个区域文化中心，且"子严父诏，妇顺夫指，嫁娶葬送，各有条法。出相弟长，入相慈孝"。⑤（乾隆）《马平县志》说："柳侯刺柳州，而不鄙夷其民，以身示教，柳人知学自此始。"⑥为纪念柳宗元对柳州的贡献，柳州人在罗池畔修祠庙祭祀他，创柳江书院纪念他。柳宗元对儒学的传播不局限于柳州一地，清人汪森称："自昔南滨于海，西濒于金沙江者，皆为蛮乡，王化所不宾。而蜀开最先，粤闽继之。其兴文教也，蜀推汉之文翁，闽推唐之常衮尚已。若以粤西论，则宜推柳子厚始。"⑦在此影响下，儒学文献应该不少，但湮没甚多，无从考察。

自宋至清，广西经学渐兴，《易》则有《乾乾篇》《周易贯

---

① （清）屈大均：《广东新语》卷七，第222页。
② （晋）陈寿：《三国志》卷四九，第1191页。
③ （清）黎申产：《菜根草堂吟稿》，广西人民出版社，1993年，第205页。
④ （唐）韩愈著，马其昶校注：《韩昌黎文集校注》卷七，上海古籍出版社，1998年，第512页。
⑤ （唐）韩愈著，马其昶校注：《韩昌黎文集校注》卷七，第493页。
⑥ （清）舒启修，吴光升等纂：《马平县志》卷五，见《中国方志丛书》第128号，成文出版社，1967年，第190页。
⑦ （清）汪森编辑，黄振中等校注：《粤西丛载校注》发凡，广西民族出版社，2007年，第1页。

义》《大易掌镜》《愚一录易说》《周易类象》《周易拟象》等三十二部著作，《书》则有《书经精义汇钞》《禹贡地理考略》《洪范图书》《尚书讲义》等六部著作，《诗经》则有《葩经念本》《诗经精义汇钞》《诗经大义》等六部著作，《礼》则有《礼记精义钞略》《仪礼精义钞略》《读缁衣集传》《王制通论》《王制义按》等十一部著作，《春秋》则有《春秋精义钞略》《春秋属辞比事记补》《春秋偶语》《春秋属比录》等十二部著作，《孝经》则有《孝经刊误节训》《孝经刊误合本》《小学孝经刊误简表》等四部著作，《乐》则有《燕享乐谱》《律吕参解》《乐律辨正》等四部著作，《四书》则有《大学衍义辑要》《大学衍义补辑要》《四书考辑要》《三难通解训言》《愚一录四书翼注论文》等三十二部著作，群经则有《小学分节》《篋匨十经》《愚一录》《尔雅经注集证》等十八部著作。从著作类型看，《易经》的研究成果最为丰硕；从朝代来看，以清为繁盛，元则最为寂寞，仅有唐朝一人的著作被载录；从地域看，有学术中心从苍梧到桂林的转换；从学术影响看，以汉代的陈钦、陈元、吴士燮，宋代的契嵩、林勋，明代的王启元，清代的陈宏谋、郑献甫等人成就较大，而以陈宏谋为最，《清儒学案》立临桂专案。纵观广西的经学研究，基本上走的是宋学路径，以阐发义理为主，即使在考据学兴起的乾嘉之时及西学盛行的清末，亦是如此。程大璋《王制通论》《王制义按》则为例外，与其师康有为的经学研究一样，用经学以改制。

# 易 类

录得三十二部，存十一部，未见十部，佚十一部。其中，宋存一部；明存一部，佚四部；清存九部，未见十部，佚七部。广西易学研究总体上有这样两个特点：一是宋明多义理的阐述，创作多；清代沿袭宋明之路，但创意少，大多承程朱之旧说，鲜有突破。二是清代易学的研究对象多为象数、卦图、洛书等，且掺杂道家卜算命理，内容庞杂，理论驳杂。

## 巽说　宋·契嵩撰

契嵩（1007—1072），俗姓李，字仲灵，别号潜子，赐号明教大师，广西镡津（今藤县）人。熙宁五年（1072）卒，终年六十六岁。《四库全书总目》说："（宋代诸僧）大抵有诗而无文，其集中兼有诗文者，惟契嵩与惠洪最著。契嵩……博而辨，惠洪……轻而秀。"[①] 著《辅教编》《中庸解》《巽说》《传法正宗记》《传法正宗定祖图》《传法正宗论》《山游唱和诗》《嘉祐集》《治平集》等，辑有《六祖大师法宝坛经》。门人将其百余卷著述编为《镡津文集》，汇集了契嵩所撰的各种论、书、启、状、叙、志、记、铭、碑、赞、传评、诗和杂著，内容十分丰富。《禅林僧宝传》卷二七、《新雕皇朝类苑》卷四三、（咸淳）《临安志》卷七〇、《舆地纪胜》卷一〇九、《释氏稽古略》卷一、《佛祖历代通载》卷一九、《指月录》卷二四、《南屏净慈寺志》卷五、《续传灯录》卷五、《宋诗纪事》卷九一、《续文献通考》卷二五二、《武林梵志》卷九、《两浙名贤录外录》卷六、（雍正）《浙江通志》卷一九八、（万历）《广西通志》卷四〇、（康熙）《广西通志》卷二一、（康熙）《浙江通志》卷四三、（雍正）《广西通志》卷八七、（嘉庆）《广西通志》卷二七七、（崇祯）《梧州府志》卷

---

① （清）永瑢：《四库全书总目》，第1405页。

二〇、（嘉庆）《藤县志》卷一五、（同治）《藤县志》卷一七、（民国）《藤县志稿》卷六等并有传。

《巽说》。《巽说》成文之后，曾单独流传，后来编入《镡津文集》卷六《论原》。《巽说》一文主要阐述巽与用巽、权变与权力、君子与大人之间的关系，以及权变所需的时机和条件，且着重阐述了权变的条件。契嵩说：

> 《易》曰："巽以行权。"何谓也？曰：君子乘大顺而举其事者也。时不顺，虽尧舜未始为也。重巽，顺之至也。阳得位而中正，当位也；刚正以用，巽用之当也。故君子为之也，乘其顺，履其中，效其用，其道莫不行也，其物莫不与也。然则时之顺，必大权然后帅其正也。权之作，必大人然后理其变也。权也者，适变之谓也。夫大人其变也公，小人其变也私。权也者，治乱安危之所系也，故权也不可以假人也。孔子曰："可与学，未可与适道；可与适道，未可与立；可与立，未可与权。"盖慎之至也。至顺者，大有为之时也；位中正者，君之位也。刚正则用巽，天下之大权也。唯天子居其位，行其权，以顺其时也。用巽则以制其物也，用巽不可以示其民而使知之也。制莫之制则乱也，慎密则民不知其所以，而奸不生也。故《文言》曰："同声相应，同气相求，水流湿，火就燥，云从龙，风从虎，圣人作而万物睹。本乎天者亲上，本乎地者亲下，则各从其类也。"九二曰："巽在床下。"概言卑而失其正也，不可以用巽也，用巽则物不与而且乱也。上九曰："巽在床下，丧其资斧，其贞凶。"盖言过其时则用断不可，是失其权也。九五曰："先庚三日，后庚三日。"盖言慎其出号令也，故号令不可轻发而屡改也。是故用巽不宜在九二也，上九用巽，固不可也，九五其用巽

者也，宜专乎号令者也。①

他认为权变要当时，"过其时则用断不可，是失其权也"；权变之人要得其位，"言卑而失其正也，不可以用巽也，用巽则物不与而且乱也"，出自公心和谨慎择人才能得其位，即"夫大人其变也公，小人其变也私""制莫之制则乱也，慎密则民不知其所以，而奸不生也"；用权则要号令谨慎专一，"盖言慎其出号令也，故号令不可轻发而屡改也"。如此才能顺应大势、顺势而为、乘势而兴。朱彝尊《经义考》、（嘉庆）《广西通志》、（光绪）《广西通志辑要》、（民国）《广西通志稿》、《广西历代经籍志》等将此书归入经部。《镡津文集》，各大书目如《文献通考》《文渊阁书目》《天禄琳琅书目》《四库全书》《经义考》《艺风藏书记》《宋集珍本丛刊目录》《大藏经总目录》等皆有著录。

一篇。

存。今见于《镡津文集》卷六《论原》。朱彝尊《经义考》载："一篇，今存。"《镡津文集》的主要版本有：②（1）释怀悟所编《镡津文集》。包括《辅教编》《嘉祐集》《非韩》以及诗歌，得三十万余言。在编次时将原有次序打乱重排，"自《皇极》《中庸》而下总五十余论，及书、启、叙、记、辩、述、铭、赞、《武林山志》与诸杂著等，约一十六万余言，皆旧所闻名而未及见者。虽文理少有差误，皆比较选练诠次，几始成集，庶可观焉"。③怀悟又将陈舜俞所作《明教大师行业记》标为卷首，后

---

① （宋）契嵩：《镡津文集》卷六《论原》，《四部丛刊》三编，上海书店出版社，1936年。
② 《镡津文集》的版本情况多参纪雪娟：《宋僧契嵩〈镡津文集〉版本考述》，见于《宋史研究论丛》第14辑，河北大学出版社，2013年，第561—576页；林仲湘、邱小毛校注：《镡津文集校注》附录《〈镡津文集〉版本考》，巴蜀书社，2014年，第441—447页。
③ （宋）释怀悟：《镡津文集序》（绍兴四年九月），《四部丛刊》三编。

以《辅教编》之《原教》《劝书》、《广原教》、《孝论》《坛经赞》为前三卷，又以《真谛无圣论》缀于《坛经赞》后，自文章《论原》而下至于赞、辞，约为十二卷，加之前三卷共十五卷，皆为前《嘉祐集》之面目。后又收得周格非所收集的《非韩》，分为三卷，又以所辑诗一百二十四首编为二卷，合计为二十卷，后附怀悟《序》，于绍兴四年（1134）完成该书。因契嵩为镡津人，故题名为《镡津文集》，以示不忘本也。《滂喜斋藏书记》著录旧刻残本二卷，板宽一尺四五寸，疏行大字，谓该藏本"即非宋刻，亦明椠之出于宋刻者也"。①《宋人别集叙录》说该残本现藏于台湾"故宫博物院"。考台湾"故宫博物院"藏《镡津文集》残卷，存首二卷，高24厘米、宽19厘米，无界栏，每半叶十行，行十七字，左右双栏，新白口，单鱼尾，且有"潘祖荫藏书记"朱印。可知，该残本即《滂喜斋藏书记》所著录残本。根据此本避讳，"敬""玄""煦"字阙笔，"慎"字不避，可推测此本当刻于宋哲宗至宋高宗年间，与怀悟所记绍兴年间十分吻合，故该残本当为怀悟本，为现存最古的版本。另《经籍访古志》记日本求古楼藏二十卷宋刻本，"每半板十行，行十八字，界长六寸，幅四寸二分，四周单边，有普门院印记"，②可知此宋刊本应为圆尔辩圆从宋携回，原藏于京都东福寺普门院，③后归求古楼主人狩谷棭斋所有，今该刻本藏于日本德岛中学校附属图书馆，二十卷全存，应为《镡津文集》最好之版本。（2）元至元十九年（1282）宋刻重修本。该本为现存最早的全本，现藏于日本米泽文库，一部八册二十卷。全本皆朱笔校点，栏外间有校语，每

---

① （清）潘祖荫：《滂喜斋藏书记》，上海古籍出版社，2007年，第7页。
② ［日］涩江全善、森立之：《经籍访古志》，见《日本藏汉籍善本书志书目集成》第1册，北京图书馆出版社，2003年，第391页。
③ ［日］东福寺：《普门院经论章疏语录儒书等目录》，见《大正新修大藏经·昭和法宝总目录》第3卷，大藏出版社，1934年。

半叶有界十行，行十八字，白口，单边，该版式与普门院藏本相同，应为同一底本。版心署"嵩几"及页数，卷首有总目录，卷末有至元十九年仲夏住东禅大藏等觉禅寺住持释子成所撰跋文一篇。据此可知此版本，原藏于福州东禅等觉禅寺。其板有破损之处，宣授江淮诸路释教都总摄永福大师捐赀资刊，补修完备。① 该本讳"桓""敦"，可知此本当刻于南宋光宗之后，至元应为重修本。(3) 元至大二年（1309）刻本，日本内阁文库有藏。原为二十卷本，傅增湘《藏园群书经眼录》记之曰：

《镡津文集》二十卷，宋释契嵩撰。元刊本，中版式，十二行二十四字，细黑口，左右双阑，每卷后列捐赀助刊人姓名一行或数行。前屏山居士李之全序，次高安沙门释德洪序，卷尾有至大己酉比丘永中重刊此集疏，又法珊跋，又林之奇跋，又至大仰山比丘希陵跋。永中跋录后：

《镡津集》诸方板行已久，惟传之未广，因细其字画，重新锓梓。工食之费，荷好事者助以成之，其名衔具题各卷之末。惟冀义天开朗，性海宏深，庶有补于见闻，亦普资于教化者矣。至大己酉孟春，吴城西幻住庵比丘永中谨志。

按：此书刻写工丽方整，极似宋刊。然考《经籍访古志》，求古楼藏宋刊本为十行十八字，与此版式固不同也。②

此本今日本内阁文库藏有一部，《日藏汉籍善本书录》谓

---

① 严绍璗：《日本藏宋人文集善本钩沉》，杭州大学出版社，1996年，第22页。
② 傅增湘：《藏园群书经眼录》，中华书局，2009年，第947页。

"此本卷十五至卷十七，为日本室町时期人所补写"。① 今国家图书馆藏有一部，仅存十七卷及卷首、总目，故祝尚书谓其"当即翻刻至大本"。② （4）洪武十七年（1384）天台沙门原旭本拟重刊，后因疾病不能成其事；据永乐三年（1405）释弘宗题重刊疏，嘉禾天宁首座天全睿公施衣资重梓流行，至永乐八年（1410）刻成行世。是本与元刊本之明显区别，是由二十卷增至二十二卷，然所收诗文则与元刊本无异。该本框高17.5厘米，宽13.5厘米，每半叶十行，每行十八字，上下大黑口，四周双栏，首列总目录，目后有"永乐戊子季冬并周子名"小字二行，次以陈舜俞《明教大师行业记》为前序，后有明洪武甲子（1384）沙门原旭募刻《镡津集疏》等。盖原旭于洪武十七年募赀刊板，至永乐八年刻成始印行之。考历来藏书家志目，唯《经籍访古志》著录宋椠本行款，该行款版式与日本普门院藏宋本、米泽文库藏元重修宋刻本相同，知此本系重雕宋版。该永乐本流传稀少，清醒悦目，犹承宋元刻本遗风，为明初刻本上乘之作，今唯湖南图书馆藏一部八册。后官府下令雕印《永乐北藏》，据此版本收入"孟""轲"函，将二十二卷缩减为十九卷，《大正藏》《中华大藏经》收录《镡津文集》皆据此为底本。（5）明弘治二十二卷本。弘治十三年（1500），永乐旧板几将漫灭，嘉禾释如瑩承僧人莹然之志，兴役重刊，此刻本每半叶十行，行十九字，黑口，四周双边。前有如瑩引文，卷末广源作序。莫友芝《郘亭知见传本书目》卷一三认为弘治本即永乐本之重刊本。然其不轻改底本，旧版即有脱文，亦以小字补之，罗振常称"如抽去弘治序，则即可认为永乐本矣"。③ 因该本收录最全，保存最

---

① 严绍璗：《日藏汉籍善本书录》，中华书局，2007年。
② 祝尚书：《宋人别集叙录》，中华书局，1999年，第183页。
③ 罗振常：《善本书所见录》卷四，商务印书馆，1958年，第150页。

完整，故而《四库全书》据浙江鲍士恭家藏弘治本为底本收录，《四部丛刊》亦据瞿氏铁琴铜剑楼藏弘治本影印，所以弘治本今为通行善本。弘治本今犹有六部，中国科学院图书馆、中央党校、上海中医学院图书馆、国家图书馆、日本静嘉堂文库、大仓文化财团各藏一部。弘治刻本之后，万历三十五年（1607），完全按《永乐北藏》编次复刻，经杭州径山寺刷印，嘉兴楞严寺经房装订，平湖释在照、金陵释宗远、口溪释如圆等对校，收录于《嘉兴藏》。该刻本每半叶十行，行二十字，白口，四周双边，下方记刻工姓名，现藏于中国科学院、武汉大学图书馆、日本宫内厅书陵部。日本明历二年（1656），荒本利兵卫亦据万历本翻刻为十九卷，将杂著、书、启、状并为三卷，编为卷八至卷十，并附《校讹音释》及《镡津明教大师行业记》一卷，现藏于日本东京大学、京都大学。光绪二十八年（1902），扬州藏经院又重刻十九卷本《镡津文集》，现藏于华东师范大学、天津师范大学等七处，日本宫内省图书寮亦藏此本，桂林图书馆存卷一三至卷一九，二册（不全）。又有清古盐范氏也趣轩钞本，现存五卷，藏于国家图书馆。另有《镡津文集》二卷本，收录于《宋人小集四十二种》《宋四十名家小集》中。《潜子》六卷本，为民国五年（1916）成都文殊院刊本，实为《镡津文集》之节抄本。（6）今人林仲湘、邱小毛《镡津文集校注》。关于《镡津文集》的版本源流，还可参见祝尚书《宋人别集叙录》。①

## 太极图辩解　明·陈邦俦撰

陈邦俦（1492—?），字宋卿，陈璲之子，广西全州人。正德

---

① 祝尚书：《宋人别集叙录》，第 181—187 页。

九年（1514）进士，官至礼部主客司主事，因得罪太监，被免职归家，再无出仕经历。陈邦偁出身儒学世家，邃于理学，"所著有《遵周录》《太极图辩解》《率性篇》《静斋漫稿》等集行世"，① 今俱不存。生平事迹见（万历）《广西通志》、（康熙）《广西通志》、（康熙）《桂林府志》、（康熙）《全州志》、《粤西文载》、（雍正）《广西通志》、（雍正）《河南通志》、（乾隆）《全州志》、（乾隆）《顺德府志》、（嘉庆）《广西通志》、（嘉庆）《全州志》、（光绪）《广西通志辑要》、（民国）《全县志》等。

《太极图辩解》②。"太极图"是由一个圆圈、两条黑白鱼图形、两个圆点所构成的阴阳相互交感的圆形图案。该书对"太极图"进行了图解与诠释，是一本具有哲学意蕴的著作，属于理学范畴。（万历）《广西通志》、（康熙）《广西通志》、（雍正）《广西通志》、（嘉庆）《广西通志》、（光绪）《广西通志辑要》等将本书归入子部，《广西历代经籍志》归入儒家类。《广西省述作目录》归入自然科学天算类。《粤西文载》、（嘉庆）《广西通志》、（光绪）《广西通志辑要》、（民国）《广西通志稿》等均有著录。

卷次不详。

佚。据俞廷举《一园文集》载，该书曾存于其家。《粤西文载》有载；（嘉庆）《广西通志》、（光绪）《广西通志辑要》、（民国）《广西通志稿》曰"佚"；《广西省述作目录》曰"绝本"。

---

① （清）俞廷举著，唐志敬、张汉宁、蒋钦挥点校：《一园文集》卷二，广西人民出版社，2001年，第22页。
② 按：（万历）《广西通志》、（康熙）《广西通志》、《粤西文载》作"《太极图辩解》"，今从。（雍正）《广西通志》、（嘉庆）《广西通志》、（光绪）《广西通志辑要》、（民国）《全县志》、（民国）《广西通志稿》、《广西省述作目录》作"《太极图辨解》"。

## 衍易  明·全赐撰

全赐,生卒年不详,字申甫①,自号月华山人,广西灵川人。嘉靖二十年(1541)辛丑进士,官至严州同知。致仕归家,潜心书史,受其师黄佐②影响,以著述为事。著有《衍易》《衍乐》《心极说》,修纂《灵川志》,③ 但均已佚失。《广舆记》、(万历)《广西通志》、(康熙)《广西通志》、《粤西文载》、(雍正)《灵川县志》、(乾隆)《灵川县志》、(嘉庆)《广西通志》、(光绪)《广西通志辑要》、(民国)《灵川县志》等载有生平小传。

《衍易》。大抵推衍《周易》而成书,(嘉庆)《广西通志》、(光绪)《广西通志辑要》、(民国)《广西通志稿》、(民国)《灵川县志》、《广西省述作目录》、《广西近代经籍志》等将本书列入经部。(万历)《广西通志》、(万历)《高州府志》、《粤西文载》、(雍正)《灵川县志》、(乾隆)《灵川县志》、(嘉庆)《广西通志》、(光绪)《广西通志辑要》、(民国)《广西通志稿》、(民国)《灵川县志》、《广西省述作目录》等并有著录。

卷次不详。

佚。见《粤西文载》,(嘉庆)《广西通志》、(光绪)《广西通志辑》载"佚",《广西省述作目录》著录"绝本"。④

---

① 按:全赐之字,多数文献作"申甫";唯《广舆记》卷二〇载"全赐,字中甫,灵川人",凌迪知《万姓统谱》卷二八载"全赐,字厚甫"。按,"申""厚"与"中"形近,应为"申甫"。
② 注:黄佐(1490—1566),字才伯,号泰泉,中山人,正德辛巳进士。历官江西提学佥事、右春坊、右谕德、侍读学士、掌南京翰林院事,谥文裕。
③ (清)汪森编,黄盛陆等校点:《粤西文载校点》卷七〇,广西人民出版社,1990年,第250页。
④ (民国)广西统计局:《广西省述作目录》,广西统计局,1934年,第2页。

## 易经了义　明·张茂梧撰

张茂梧，生卒年不详，字玉林，一字春卿，广西临桂人。天启二年（1622）壬戌进士，官至云南道御史。著《易经了义》，辑《齐山志》。（康熙）《广西通志》卷二八、（康熙）《桂林府志》、《粤西文载》卷七一、（雍正）《广西通志》卷八〇、（乾隆）《长洲县志》卷二一、（嘉庆）《广西通志》卷二五八、（嘉庆）《临桂县志》卷二八、（同治）《苏州府志》卷五三、（光绪）《广西通志辑要》、（民国）《吴县志》卷六三等并有生平事迹记载。

《易经了义》。（嘉庆）《广西通志》、（嘉庆）《临桂县志》、（光绪）《广西通志辑要》、（光绪）《临桂县志》、（民国）《临桂县志》、（民国）《广西通志稿》、《广西省述作目录》和《广西历代经籍志》等皆将本书归入经部。

卷次不详。

佚。见《粤西文载》，（嘉庆）《广西通志》、（嘉庆）《临桂县志》、（光绪）《广西通志辑要》、（光绪）《临桂县志》、（民国）《临桂县志》、（民国）《广西通志稿》、《广西历代经籍志》曰"佚"，《广西省述作目录》未著录存佚情况。

## 乾乾篇　明·龙文光撰

龙文光（？—1644），字焕斗，一字中黄，号西野，广西马平人。天启二年（1622）进士，官至右佥都御史，后死于张献忠之乱，赠太子少保、兵部尚书，谥忠毅。清乾隆四十一年（1776）追谥忠节。"柳州八贤"之一，其乡为建"学宪"牌坊一座，入祀名宦。著有《尊圣志》《乾乾篇》《孝经秋订》《四书制义》《观澜社约》等书，主持修成（崇祯）《贵州通志》，均已久佚；存世诗文有《文笔峰》《尊圣志序》《广西兵巡道蔡公祖平寇大功记》《重修太平府城碑记》《重修浔州府文庙记》《乾乾篇自序》等。《明史》、《明季烈臣传》、《小腆纪传》、（康熙）《广西通志》、（康熙）《江西通志》、（康熙）《上犹县志》、（雍正）《广西通志》、（雍正）《四川通志》、（乾隆）《马平县志》、（乾隆）《雒容县志》、（乾隆）《柳州府志》、《清通志》、《大清一统志》、（嘉庆）《广西通志》、（道光）《贵阳府志》、（同治）《南安府志》、（同治）《南昌府志》、（同治）《新建县志》、（光绪）《广西通志辑要》、（光绪）《江西通志》、（民国）《雒容县志》、（民国）《柳江县志》等并有传。

《乾乾篇》。为释读、诠解《易经》并记录其感悟的一部著作，[①] 重点阐述自强不息、日日更新的观点，如《序》所说：

> 文光发种种矣。百年将半，为日苦短。夫子不自道乎？假年学《易》，《易》通上下而言，在君有君之用、臣有臣之用，父有父之用、子有子之用，以至事物莫不皆然。且合圣凡而言，故作经立教，使夫妇之愚，皆可与知与能。故六龙一人，皆有一日，皆有孔子。全以人说《易》，人能尽道最难，乃设为警惧戒谨之辞，使天下为人者，皆可勉而至焉。《易》曰："终日乾乾。"此语最尽，窃愿时习之矣。[②]

主要观点为以下两点：一是认为《易经》是一部博大精深之书，"通上下而言在昔"，所以学习"切于乾乾者而止，则易之不可以

---

① 福建省图书馆编：《萨兆寅文存》，鹭江出版社，2012年，第208页。
② （清）谢启昆修，胡虔纂：《广西通志》卷二〇五"艺文略"上一，广西人民出版社，1988年，第5406页。

易易也"。《易经》如一面镜子:"看甚物来都昭得,自天子至于庶人,看甚人都使得。然则限定九四一爻为太子者真可笑也,岂三百八十四爻只做得三百八十四件事乎?"①《易经》包含了儒家的许多思想,但长期被误认为一部算命、占卜用书;二是认为理学以解《易》为主,而理学解《易》中尤以程朱易学为其核心。② 此书体现了明代易学发展主流,着重发挥《易经》的道德学说价值,如将"君子终日乾乾,夕惕若厉,无咎"阐释为孜孜以求德性的升迁;"持己须严,立论宜宽。宁可放过他人,更无放过自己""文章有神,不苟下一字;交友有道,不苟合一人"等皆如此。

朱彝尊《经义考》、《明史》、(嘉庆)《广西通志》、(光绪)《广西通志辑略》、(民国)《广西通志稿》、《广西省述作目录》皆将本书归入经部易类。(嘉庆)《广西通志》、(光绪)《广西通志辑要》、(民国)《广西通志稿》、(民国)《柳江县志》、《福建省图书馆善本书目》、《柳州明代八贤编年》等有著录。

三册。

存。首见《明史·艺文志》著录,三卷。(嘉庆)《广西通志》载"存",(光绪)《广西通志辑略》载"今文"③,《柳州市志》等书将《乾乾篇》归入"佚书"之列,《广西省述作目录》载为"绝本"。④ 经考证,《乾乾篇》存明末清初旧钞本,三册,藏于福建省图书馆。该本有"南昌彭氏""知圣道斋藏书""陆巢居士""曾在林勿村处""项水南阳郡韩氏伟芦子""上谷自在书生""过读者善"等印记,《福建省图书馆善本书目》《柳州明代八贤编年》⑤ 著录了此本。

---

① (民国)藏进巧等修,唐本心纂:《雒容县志》,民国二十三年(1934)铅印本。
② 徐芹庭:《易经源流:中国易学史》下册,中国书店,2008年,第845页。
③ 按:今文,疑为"今佚"之讹。
④ (民国)广西统计局编:《广西省述作目录》,第1页。
⑤ 刘汉忠:《柳州明代八贤编年》,方志出版社,2019年。

## 周易讲义　明·庞希睿撰

庞希睿①，生卒年不详，字士哲②，号月川，广西陆川人，天启六年（1626）岁贡。著有《周易讲义》《仪礼杂解》，明季兵燹散失。（康熙）《广西通志》卷二八、《粤西文载》、（雍正）《广西通志》卷八三、（乾隆）《陆川县志》卷一五、（嘉庆）《广西通志》、（光绪）《广西通志辑要》、（民国）《广西通志稿》、（民国）《陆川县志》卷一六等并有小传。

《周易讲义》③。大体为一本指导子弟的讲义性质的作品。（嘉庆）《广西通志》、（光绪）《广西通志辑要》、（民国）《广西通志稿》、《广西省述作目录》、《广西历代经籍志》等将之归入经部。

卷次不详。

佚。（乾隆）《陆川县志》载录，明季兵燹散佚，（嘉庆）《广西通志》、（光绪）《广西通志辑要》、（民国）《广西通志稿》、（民国）《陆川县志》曰"佚"，《广西省述作目录》载"绝本"。④

## 易经翼注　清·麦士奇撰

麦士奇，生卒年不详，广西崇善人。康熙八年（1669）举

---

① 按：庞希睿，《桂学学术史》《清代广西〈易〉学著作辑考》作"庞希容"，而《清代科举与经学关系研究》作"庞希睿"。汪森《粤西文载》、（乾隆）《陆川县志》作"庞希睿"，谢启昆《广西通志》有四条关于"庞希睿"的记载，其中一条来自《粤西文载》，二条来自（乾隆）《陆川县志》。除载录《周易讲义》，作者为"庞希□"外，其余三处均作"庞希睿"。清朱琦《诗经大义后序》说："治礼则陆川庞希睿。"故《周易讲义》作者为"庞希睿"，而非"庞希容"，应是形讹，误"睿"为"容"。
② 按：士哲，（嘉庆）《广西通志》又作"十哲"，应是误"士"为"十"。
③ 按：《周易讲义》，（民国）《陆川县志》著为"《周易精义》"。
④ （民国）广西统计局：《广西省述作目录》，第1页。

人,博通秦汉古诗词、性理诸书,著有《易经翼注》《燕回草》。《大清一统志》、(雍正)《太平府志》、(嘉庆)《广西通志》、(光绪)《广西通志辑要》、《崇善县志》①等载有生平小传。

《易经翼注》。注解阐释《易经》之作。(嘉庆)《广西通志》、(光绪)《广西通志辑要》将之归入经部。

卷次不详。

佚。见(雍正)《太平府志》,(嘉庆)《广西通志》、(光绪)《广西通志辑要》载"未见",(雍正)《太平府志》、《大清一统志》、朱琦《怡志堂文初编》、(民国)《崇善县志》等有提及。

## 易在  清·谢济世撰

谢济世(1686—1754),字石霖,号梅庄,广西全州人。康熙五十一年(1712)进士,其在翰林院时,与山西人孙嘉淦、山东人李元直、贵州人陈法"皆清直介立,论事引义慷慨,志相得也",②并称"翰林四君子"。雍正四年(1726)为浙江道监察御史,因上疏田文镜十大罪状而被革职,充军阿尔泰。雍正七年(1729)顺承郡王锡保上疏言谢济世《大学注》诽谤程朱,下狱、陪斩。乾隆元年(1736)回京,恢复官职,任江南道御史。乾隆三年为湖南粮储道。乾隆七年参劾樊德贴而被免官待审,后又免罪开复。乾隆八年任湖南盐驿道。乾隆九年致仕归。乾隆十九年卒,年六十有八。终其一生,"直声震天下",③方苞评论其政治

---

① (民国)林剑平修,张景星纂:《崇善县志》,民国二十六年(1937)抄本,第360页。
② (清)钱仪吉:《衍石斋记事续稿》卷一〇,清道光刻咸丰四年(1854)蒋光焴增修光绪六年(1880)钱彝甫印本,第1452页。
③ (清)李元度:《国朝先正事略》卷一五《谢梅庄观察事略》,见《续修四库全书》第538册,上海古籍出版社,1995年,第342页。

品格说:"夙以抗违势要著声。"① 袁枚批曰:"然当田文镜隆赫时,朝臣嘿嘿。而谢为三日御史,露章批鳞,卒成穷边。口无二辞,可不谓豪杰哉!"② 是一种"雅正刚直与拙硬顽强"③的刚性精神。著有《古本大学注》《中庸大义疏》《论孟笺》《易在》《篋匭十经》《西北域记》《以学集》《居业集》《离骚解》《纂言内编》《纂言外编》等,但大都散佚。后胡思敬汇编其遗留下的著作成《谢梅庄先生遗集》八卷。④ 光绪三十四年(1908),赵炳麟将《谢梅庄先生遗集》重加编次为《梅庄杂著》,今广西图书馆、桂林图书馆等有存。2001年黄南津校注《梅庄杂著》,由广西人民出版社出版。生平可参见《雍正上谕内阁》、《国朝先正事略》、《清国史》、《清史稿》、《清代文字狱档》、《东华录》、《清稗类钞》、(嘉庆)《广西通志》等,还有张捷夫的《谢济世及其注书案》、李景屏的《雍正与文字狱》、霍存福的《从文字狱看弘历的思想》、吕立忠的《清代乾隆时期广西的"文字狱"》、唐志敬的《谢济世刚正不阿的一生》、高言弘的《刚正不阿的谢济世》等。

《易在》。作于作者流戍阿尔泰时,乾隆元年(1736)进呈。乾隆六年,令儿子谢梦珠将已进呈御览的《易在》付梓,而梦珠在湖南将其所注各经均行锓版。随即有人密告济世阐释经书,肆出己意,与程朱不合,离经叛道,乾隆曰:"谢济世人品颇正,

---

① (清)方苞著,刘季高校点:《方苞集》卷一〇"墓志铭",上海古籍出版社,1983年,第288页。
② (清)袁枚著,王英志编纂校点:《小仓山房文集》卷一六,浙江古籍出版社,2015年,第312页。
③ 蒋钦挥:《历史的碎片——全州地域文化纵横谈》,广西人民出版社,2015年,第51页。
④ 孙殿起《贩书偶记》载录:"《梅庄杂著》,四卷,桂林谢济世撰,道光五年其侄延桃刊。卷一《以学集》,卷二《续以学集》、史评,卷三《纂言》内外篇、《西北域记》,卷四《居业集》《一裔集》《离骚解》。光绪十年寄生草堂重刊本十二卷。"

而学术不正，令其戒之。"① 仅令销毁了事，于是《易在》《论语》《中庸》《孝经》《孟子》《书经》《春秋》《礼记》等经书一百五十四本，刊板二百三十七块，全部被销毁，并令追回已送亲友之书。

卷次不详。

未见。见于《经学答问》②、《谢梅庄先生小传并轶事》，蒙起鹏《广西近代经籍志》记载："未见。案：亦先生僝直经筵时所进本。"③ 据《〈添髩记〉序》记载："浙江齐周华既得罪，书中有谢济世赠齐《〈添髩记〉序》，于是宋邦绥劾奏，奉旨伤查。时谢济世已死，即委员查究谢家，并无此稿。然廷议不能自承其误，遂取谢所著《梅花杂著》④一本，斥为乖谬怨怅。得旨。谢若在者，当明正其罪，以昭惩创。饬地方官将谢已刷之书及原刊板，尽行查出销毁，勿使渐有遗漏。当日文字之狱，其可畏者如此。"⑤

## 读易管窥　清·蒋光昌撰

蒋光昌，生卒年不详，字载锡，广西全州人，康熙五十年（1711）辛卯举人。著有《读易管窥》《夏虫吟》等，（雍正）《广西通志》、（乾隆）《海澄县志》、（乾隆）《全州志》⑥、（光绪）《漳州府志》、（光绪）《广西通志》等有生平小传。

---

① 赵之恒、牛耕、巴图主编：《清宣宗圣训　清文宗圣训》，见《大清十朝圣训》第12—15册，北京燕山出版社，1998年，第3475页。
② （清）谢济世著，黄南津等校注：《梅庄杂著》卷七《纂言外篇·经学答问》，广西人民出版社，2001年，第252页。
③ （民国）蒙起鹏：《广西近代经籍志》卷一，南宁大成印书馆，1934年，第3页。
④ 按：《梅花杂著》，应为《梅庄杂著》之讹。
⑤ 江中柱：《林纾集》，福建人民出版社，2020年，第304页。
⑥ （清）温之诚修，曹文深等纂：《全州志》卷八"蒋光昌传"，嘉庆四年（1799）刻本。

《读易管窥》①。该书当为一部笔记体随感之作,(光绪)《广西通志辑要》、《广西省述作目录》将之归入经部,(嘉庆)《广西通志》、(嘉庆)《全州志》、(光绪)《广西通志辑要》、《广西省述作目录》等有著录。

卷次不详。

佚。见(乾隆)《全州志》,朱琦《怡志堂初编》亦有载,(嘉庆)《广西通志》、(光绪)《广西通志辑要》载"未见",现不存。

## 易义一贯　清·崔达撰

崔达,生卒年不详,字之贤,号静庵,广西灵川人,雍正五年(1727)丁未贡生,年八十卒。潜心著述,精研经史百家,旁及医卜术数诸书,于《易》者尤邃,著有《易义一贯》八卷及《治家录》《处世录》《修省录》等,参与(雍正)《灵川县志》②修纂,以综核称。生平事迹参见(雍正)《灵川县志》、(嘉庆)《广西通志》等。

《易义一贯》。大旨阐述盈虚消长、人生浮沉之理,如他说:"蓄道德而能文章者,多踬于身过而名传于无穷,此盈虚消长之理,无足怪者,贵不惑而自立耳!盖自计之审矣。"③并发明名实一贯之说。

八卷。

---

① 按:《全州志》、(光绪)《广西通志辑略》、《全州历史人物著作目录》等作"《读易管窥》",《广西省述作目录》(第4页)题名"《读易管易》",不知何据。
② (清)郑采宣、陈虞昭修,崔达纂:《灵川县志》,清雍正三年(1725)刻本。
③ (清)郑采宣、陈虞昭修,崔达纂:《灵川县志》。

佚。（雍正）《灵川县志》卷四、卷八有载，①（嘉庆）《广西通志》载"佚"。

## 易经评义　清·陆显仁撰

陆显仁，生卒年不详，字乐山，广西桂平人。雍正时岁贡生。究心诸子百家，著《孙子注》十三篇、《将略》十六卷、《天文书》十二卷、《政治录》十卷、《格物广义》约二十万言、《四书原道》二十余万言、《易经评义》约四十余万言，皆散佚。《清代文字狱档》、（民国）《桂平县志》等有生平资料。

《易经评义》②。其学术路数，（民国）《桂平县志》曾评说："此书（即《易理溯源》）举下列《易经评义》《四书源道》《格物广义》，仍为宋人学派，盖显仁所潜心者为《五经》《学庸》《论》《孟》、周邵、二程、朱张遗书时，吴皖之间渐行汉学，以训诂名物为治经要径，桂平僻在岭外，陆犹未习其风。"③《广西省述作目录》将之归入经部。④（同治）《浔州府志》卷二二、（民国）《桂平县志》卷四五、《广西省述作目录》、《广西历代文人著述目录　广西历代文人著述馆藏联合目录》等有著录。

卷次不详。（民国）《桂平县志》载约四十余万字。

佚。刊于广州，乾隆时销毁，见于袁湛业修《桂平县志》和夏敬颐修《浔州府志》，而《广西省述作目录》载"未刊"。⑤

---

① （民国）陈美文修，李繁滋纂：《灵川县志》卷四，民国十八年（1929）石印本。
② 按：《清代文字狱档》《广西省述作目录》作"《易经评义》"，（同治）《浔州府志》、（民国）《桂平县志》、《广西历代文人著述目录　广西历代文人著述馆藏联合目录》作"《易经评议》"，以《清代文字狱档》为准，已佚。
③ （民国）黄占梅等修，程大璋等纂：（民国）《桂平县志》卷四五，民国九年（1920）粤东编译公司铅印本。
④ （民国）广西统计局：《广西省述作目录》，第3页。
⑤ （民国）广西统计局：《广西省述作目录》，第3页。

## 易理溯源　　清·陆显仁撰

作者简介见《易经评义》。

《易理溯源》。为宋人的学理路数，探讨《易经》义理，《广西省述作目录》归入经学。（同治）《浔州府志》、（民国）《桂平县志》、《广西历代文人著述目录　广西历代文人著述馆藏联合目录》等有著录。

二卷。

未见。见《桂平县志》① 著录，（道光）《桂平县志》和（光绪）《浔州府志》艺文表均无记载，《广西省述作目录》载"未刊"。②

## 周易贯义　　清·卿彬撰

卿彬（1748—1813），字雅林，室号永瞻，广西灌阳人。卿彬为学严于律己，经学造诣颇深，晚年嗜好研《易》，著有《周易贯义》《洪范参解》《律吕参解》《楚辞会真》《古诗十九首注》《千字文注》等书。生平事迹见陶澍《诰授通议大夫太常寺少卿卿公墓表》③、《清国史》、（光绪）《灌阳县志》。

《周易贯义》。书前有劳崇光序、刘象恒序、卿彬自序，朱士彦撰《诰赠朝议大夫工科给事中加一级卿公永瞻传》、刘象恒《例言》，目录，最后为正文。《周易贯义》为卿彬的代表作，费

---

① （民国）黄占梅等修，程大璋等纂：（民国）《桂平县志》卷四五。
② （民国）广西统计局：《广西省述作目录》，第3页。
③ （清）陶澍：《诰授通议大夫太常寺少卿卿公墓表》，见《陶澍全集》第6册，岳麓书社，2010年，第273页。

其毕生精力而成，撰于嘉庆二年（1797），成于嘉庆十二年，逝后近四十年，至咸丰三年（1853）方由主教宣成书院的外孙刘象恒付梓出版，刊印于灌县。全书共六卷，细目：卷一《上经一乾至否》、卷二《上经二同人至离》、卷三《下经一咸至萃》、卷四《下经二升至未济》、卷五《系辞上传》、卷六《系辞下传》《说卦传》《序卦传》《杂卦传》。解说又往往从象数入手，阐述其义理，归至于《系传》，然后分释《说卦》《序卦》《杂卦》。

正文先列《周易》原文，注则先分注后总约，分注用双行小字注释，每句先用黑体大字引作标题，以发"彖象之精义"；总约则归纳"全卦旨归"。《系辞》《说卦》《序卦》《杂卦》解释也采用先分后总的方式，其目的即在于从整体上理解一卦六爻的整体涵义，并进而理解六十四卦三百八十四爻的整体涵义。对于解卦所涉之易学图象，卿彬也一改传统易学或附于篇前或附于篇后的惯例，而随传文附图，便于读者理解检索。注释时，卿彬注重博采汉晋魏唐元明诸家注，此或受考据易学方法之影响，然以《周易折中》为宪章，以求得一贯之义。卿彬认为羲文周孔之易中贯穿着同一个易理，因此以我之心即可以上求羲文周孔之心，也就能够理解易学的一贯之理，他也因之而解《周易贯义》之名意为："天地万物备于易，而皆贯以一心。然不敢曰一贯，故称《贯义》云"，①"释文串通各家之谈、综而贯之，故名《周易贯义》。"② 为说明此一贯之理，卿彬专门绘有上下枢纽图以彰显其意。可见其学不仅融贯程朱折衷于象数义理之间，而且还融贯道学心学为一。卿彬注易虽以朱子《本义》为本，但其颇为重视义理之间的融洽一贯，因而对于《本义》，他也是"或引而申之，

---

① （清）佚名撰，王钟翰点校：《清史列传》，中华书局，1987年，第5396页。
② 广西壮族自治区图书馆、广西壮族自治区桂林图书馆合编：《广西文献名录》，广西人民出版社，2009年，第686页。

或综而贯之",并不盲从。劳崇光评价说:"博采汉晋以来诸儒讲易之书,研究阐发,而以《御纂周易折中》为宗,象数义理,灿然备具,盖萃毕生精力,孳孳汲汲为之,始获成此编也,不綦难哉!"①"名曰贯义,是真将一部《周易》体用往来无不悉探其蕴奥,始终伏应罔不尽究其渊微,所以指陈之间,脉络贯通,头头是道,特著上下枢纽图说,阐古今不传之秘,学者苟潜心而默玩之,当自知获益之不浅矣。"② 总体而言,《周易贯义》本程朱易学之底蕴而解易,注重探索易学的一贯之义,但又受考据易学影响,有汉宋兼采之意,有益于从整体角度理解易理的学风的形成。《广西近代经籍志》《广西省述作目录》归入经部,《广西地方文献目录》归入哲学。《广西近代经籍志》《广西地方文献目录》《广西历代文人著述目录 广西历代文人著述馆藏联合目录》③《广西地方史志文献联合目录》《广西文献名录》④《广西省述作目录》等有著录。

六卷。现存灌邑刊本为一部六册,而朱琦《怡志堂文初编》卷五载三卷,⑤ 不知所据。

存。见于《诰授通议大夫太常寺少卿卿公墓表》,《广西近代经籍志》载"存",《广西省述作目录》未载存佚。主要版本:(1)咸丰三年(1853)灌邑刊本。珠璧洞存版,一部六册,桂林图书馆藏。⑥ (2)光绪十六年(1890)版。广西壮族自治区图书

---

① (清)劳崇光:《周易贯义序》,见《周易贯义》,清咸丰三年(1853)刻本,广西壮族自治区图书馆藏。参见(民国)蒙起鹏:《广西近代经籍志》,第5页。
② (清)卿彬:《周易贯义自序》,见《周易贯义》。
③ 广西民族学院图书馆:《广西历代文人著述目录 广西历代文人著述馆藏联合目录》,广西民族学院图书馆,1983年,第73页。
④ 广西壮族自治区图书馆、广西壮族自治区桂林市图书馆合编:《广西文献名录》,第686页。
⑤ (清)朱琦:《怡志堂文初编》,清同治四年(1865)运甓轩刻本。
⑥ 广西桂林图书馆、广西通志馆资料室合编:《广西地方文献目录》(上册),广西桂林图书馆、广西通志馆资料室编印,1987年,第2页。

馆藏。其版封面有一黑框，框内书名《周易贯义》，右边则有"光绪十六年庚寅春广西巡抚部院马发"字样，右下角有"准来就观，不准取出"字样。该版首先有隶书大字《周易贯义》，右上边有"癸丑季夏新镌"字样，右下角有"广西壮族自治区图书馆藏""归顺书局""归德修业"印章，左下角"板存灌邑珠璧洞"字样。尾页后有"共计伍拾叁页""广西壮族自治区第二图书馆"图书章。上下黑粗单栏，左右细单栏，半叶九行，行二十字；单鱼尾，黑口，中间上题卷次，下标页码。字迹大而清晰，可惜的是许多地方漶漫不清了。

## 周易观玩　清·唐仁撰

唐仁（1781—1864）[①]，字尧心，广西临桂人。嘉庆六年（1801）辛酉举人，嘉庆十九年进士。母老，以知县改教授，历柳州、庆远、泗城、镇安学教授。归里办团练，保举四品衔花翎。著有《周易观玩》《学校条规》，编纂《庆远府志》。生平事迹（光绪）《临桂县志》有载。

《周易观玩》。在程颐、朱熹等大儒《易》学基础上，观玩思索《周易》之旨。《广西地方史志文献联合目录》《广西地方文献目录》归入哲学。

三卷。

存。道光十四年（1834）抄本，三卷一册，桂林图书馆有藏。[②]

---

[①]　注：事迹见《藏书家》（第21辑），齐鲁书社，2016年，第120页。
[②]　广西壮族自治区通志馆等主编：《广西地方史志文献联合目录》（上册），广西人民出版社，1988年，第338页。

## 大易掌镜  清·苏懿谐撰

苏懿谐（1777—1836），字淑阶，号籍圃，广西郁林人，苏宗经从叔，贡生。少喜读先儒书，"未尝一履城市"，① 学以屈敬为本，肆力于经学，著有《大易掌镜》《大学两关经传要解》《葩经念本》《学庸弦诵》《孝经刊误合本》《畴图体要》《传心显义》《乐闲斋存稿》《清华家传》《鄹鲁求仁绎》《古今自讼录》《防维录》《尼徒从政录》《民彝汇翼续编》等。《清国史》、《清史列传》、（光绪）《郁林州志》、（光绪）《广西通志辑要》等有小传。

《大易掌镜》。《广西省述作目录》归入经部。

卷次不详。

佚。《广西省述作目录》载"未刊"，②《中国丛书广录》载录了书名。③

## 易经精义钞略  清·陆锡璞辑要

陆锡璞（？—1854），字琢之，广西灌阳人，④ 陆生楠曾孙，先世华亭人，元时落籍于灌阳。嘉庆十二年（1807）解元，道光二十四年（1844）任湖北松滋知县。咸丰四年（1854）卒，入祀

---

① （清）佚名撰，王钟翰点校：《清史列传》卷六七，第5398页。
② （民国）广西统计局：《广西省述作目录》记载："《大易掌镜》，苏懿谐，玉林，清光绪，未刊。"第3页。
③ 阳海清：《中国丛书广录》，湖北人民出版社，1999年，第653页。
④ 按：《续修四库全书总目提要·经部》说："广东龙川人。"（中华书局，1993年，第244页）又同书《诗经精华汇钞》说："广东龙川人。"（第384页）后罗志欢《岭南历史文献》、夏传才主编《诗经学大辞典》、宁宇《清代诗经学》、姜亮夫《先秦诗鉴赏辞典》等沿袭其说，以至于今。误，应为灌阳人，见嘉庆十二年《广西乡试题名录》、《培远堂手札节要序》、贺长龄《礼记精义钞略序》等记载。

乡贤。著有《诗经精义汇钞》《书经精义汇钞》《易经精义钞略》《春秋精义钞略》《礼记精义钞略》《周官经义钞略》《仪礼精义钞略》等书。(同治)《松滋县志》、(同治)《浔州府志》、(光绪)《广西通志辑要》、(光绪)《郁林州志》、(光绪)《荆州府志》、(光绪)《容县志》等有小传。

《易经精义钞略》①。陆锡璞节略《御纂周易折中》之书，《御纂周易折中》为御纂七经②之一。

卷次不详。

未见。蒙起鹏《广西近代经籍志》载"未见"，《广西省述作目录》未著录。

## 愚一录易说　清·郑献甫撰

郑献甫（1801—1872），名存纻，号小谷，常自称白石山人、识字耕田夫、草衣山人，广西象州人。道光十五年（1835）进士，任刑部主事，次年秋辞官。归家后，辗转于龙溪书院、德胜书院、庆江书院、榕湖书院、秀峰书院、凤山书院、越华书院、柳江书院、象台书院、孝廉书院等，以讲学为生，同治十一年（1872）病逝于桂林孝廉书院，终年七十一岁。郑献甫为清末朴学大师，一生著述丰富，是广西历史上有影响的文化名人，有"两粤宗师"之称。著《四书翼注论文》《愚一录》《补学轩续刻诗集》《补学轩文集外编》《补学轩制艺》《补学轩批选时文》等。生平见陈澧《五品卿衔刑部主事

---

① 罗志欢：《中国丛书综录选注》，齐鲁书社，2017年，第539页。
② 按："御纂七经"包括《御纂周易折中》二十二卷首一卷、《钦定书经传说汇纂》二十一卷、《钦定诗经传说汇纂》二十一卷首二卷《诗序》二卷、《钦定春秋传说汇纂》三十八卷、《钦定周官义疏》四十八卷、《钦定仪礼义疏》四十八卷、《钦定礼记义疏》四十八卷。

象州郑君传》、蒋琦龄《小谷郑先生墓志铭》、《清国史》、《清史稿》、《东华续录》、《晚晴簃诗汇》、(光绪)《广州府志》、(同治)《象州县志》等。

《愚一录易说》。该书为所著《愚一录》考说《周易》部分，因晚清民国学者杭辛斋钞录考订，而以《愚一录易说订》单行流布。郑氏其说《易》，"取惠定宇、毛奇龄、孙星衍所辑，加以考证"。① 民国七年（1918），杭辛斋居广州，于徐久成处得其《愚一录易说》，评价说："《愚一录易说》两卷，象州郑小谷先生全集经说之一种，其立论皆有根据，不为空谈，宗汉而不囿于汉，亦近今《易》说之善者也。手写一帙，以实吾《易说丛钞》。适议政多暇，并附拙见以后，为同学之商兑。"② 然亦间有错误，如"原书论《子夏传》，或云丁宽作，或云馯臂子弓，或云杜子夏，大都皆汉人，异唐人伪作……按：《子夏传》，臧庸据刘向《七略》'韩婴字子夏'，《子夏传》为韩婴作，久已论定。郑氏不见臧氏所考，仍袭旧说"等。③ 于是手抄其书，逐条加以疏订，并附己说于后，题为《愚一录易说订》，其书附刊于《学易笔谈》，《愚一录易说》因杭辛斋《愚一录易说订》而有名。对于郑献甫和杭辛斋的说易，《续修四库全书总目提要》有一个比较中肯的分析，今摘录于下：

  原名《愚一录易说》，象州郑献甫著。献甫字小谷。据杭氏序云……按郑氏易说，考订详明，列举鸿博，虽未章解句释，然举一义而贯串全经，求其凝滞，订其同异，朴实详

---

① 徐德明：《清人学术笔记提要》，学苑出版社，2004年，第164—165页。
② (民国)杭辛斋著，周易工作室点校：《愚一录易说订序》，见《杭氏易学七种》，九州出版社，2005年，第792—793页。
③ 中国科学院图书馆：《续修四库全书总目提要·经部》第137页。

尽，望而知为深于汉学者。至辛斋所订，多毛举细故，无所发明。如原书谓：王注肥遁曰赠缴不能及，是读为飞遁，最为精当。乃辛斋反谓下文注，明作肥遁，不作飞。则所见殊浅。不知王注义与字，不相应之处甚多，皆后人所改。又如原书论子夏传：或云丁宽作，或云馯臂子弓，或云杜子夏，大都皆汉人，异唐人伪作。辛斋则云玉函山房所辑者，虽非卜氏作，尚有古意。若通志堂所刻，不但非汉魏人作，亦非六朝文字，伪而又伪者也。按子夏传，臧庸据刘向七略"韩婴字子夏"，子夏传为韩婴作，久已论定。郑氏不见臧氏所考，仍袭旧说，以为丁宽，以为馯臂子弓，以为杜子夏。夫馯臂子弓，为商瞿再传弟子，非汉人也。辛斋不是之订，而云虽非卜氏作，是以原书为卜商也，则太疏矣。又原书驳卦变云：如《无妄》"刚自外来"，即《遁》之初、三相易，皆在内卦，非外来也；《晋》之"柔进上行"，即《观》之四、五相易，皆在上卦，无所谓进也；《睽》之"柔进上行"，即《大壮》三、上相易，柔为下行，非上也；《蹇》之"往得中"，即《观》之三、上相易，不得为中也。按《剥》穷上反下，是初上可上下，故《无妄》曰"刚自外来"，非《遁》之初、三相易。《晋》《睽》之"柔进上行"，凡爻在外即曰进，曰上行，不必自某位进也，凡《象传》皆如是也；今谓《晋》为《观》四、五相易，《睽》为《大壮》三、上相易，柔为下行，胡能有合？至《蹇》之"往得中"，谓九五得中位也，与三、上何涉？今谓为《观》之三、上相易，则错诂传文。乃辛斋不订正其诂经之误，而但泛论卦变之不能尽通，其疏陋亦与郑氏等。盖两人易学，均无章解句释之功，故统论大义，则通达有余，一及字句，则错误立见。以是见说易而避免章解句释者，其内容均有不足也。盖杭氏于考订训诂之学，本非所长，故其所订正，多浮泛不切也。①

《广西地方文献目录》《广西文献名录》《广西地方史志文献联合目录》《广西历代文人著述目录　广西历代文人著述馆藏联合目录》等有著录。

二卷。

存。主要版本有：（1）黔南节署刊本。光绪八年（1882）文昌书局发行，《郑小谷全集》二十八册，《愚一录易说》收入其中，桂林图书馆有藏。（2）《易藏丛书》本。光绪五年（1879）刊刻，民国十一年（1922）研几学社铅印本，广西壮族自治区图书馆、桂林图书馆、广西壮族自治区博物馆有藏。又：民国三十一年十二月铅印，收《愚一录易说订附沈氏改正法》，桂林图书馆藏，线装，二卷一册。（3）《愚一录易说订》。清郑小谷撰，杭辛斋订。二卷。书前有杭氏《自序》，还有陈守谦于民国十二年所作《序》一篇。收入《学易笔谈》集中，1988 年天津古籍出版社据研几学社影印出版。（4）潘琦主持《广西历代文献集成》，收入《郑献甫集》，《郑献甫集》收《愚一录易说》，广西师范大学出版社，2015 年。

## 周易图书疏　清·蒙会牲撰

蒙会牲，生卒年不详，名亶孩，字易生，广西贵县人，庠生。事亲以善养称，家贫嗜学，邃于象数，著《周易图书疏》。②

---

① 中国科学院图书馆：《续修四库全书总目提要·经部》，第 137 页。
② （民国）欧仰羲修，梁崇鼎等纂：《贵县志》卷一六《詹嗣贤序》，民国二十四年（1935）铅印本，《中国方志丛书》（69），成文出版社影印，1967 年。

《周易图书疏》①。书前有郑献甫和詹嗣贤的序,郑序作于同治六年(1867)、詹序作于光绪十年(1884)。对该书体例、学术特点等,詹嗣贤说:

> 甲申按试浔州,乡贡士蒙生寿祺呈其先人所著《河洛图疏》一卷,大旨不外发明河图用两、洛书用三之义,而以爻象剖别先后。天卦虽重,言数于理,实相贯穿,所增诸图系自诸图中衍出,皆自然之理。其疏河洛异同,据《洪范》之用立说,至为有本。谓无洛书,则河图道废,尤为不刊之论。②

郑献甫说:

> "河出图,洛出书,圣人则之",《易·系》特混举为说耳。以《图》属羲易,以《书》属禹畴,始于孔安国、刘子骏、郑康成诸人。然言《易》之焦、京,流为术数,未尝涉《河图》也;言《畴》之向、歆,流为灾异,亦未尝涉《洛书》也。自陈希夷倡为先天卦图,李之才创为后天卦变图,而邵子推而尽之,朱子拓而尊之,后人拘而守之,于是《河图》之数大行,而《洛书》之数亦略具。虽然,汉儒言易不废数,故支离穿凿,参以别说,为爻辰、为卦气、为互体、为纳音,令导其绪者缭绕而益棼;宋人言易多主数,故引申凑合,似为自然,如方圆、如体用、如纵横、如顺逆,令索

---

① 按:郑献甫《补学轩文集》载为《蒙易生图书疏》,詹嗣贤序中称《河洛图疏》,《广西近代经籍志》《广西省述作目录》载为《图书疏》,《贵县志》《广西历代文人著述目录 广西历代文人著述馆藏联合目录》载为《周易图书疏》。

② (民国)欧仰羲修,梁崇鼎等纂:《贵县志》卷一二《周易图书疏》。

其解者深沉而自得。昔人谓"辅嗣易行无汉学",不知希夷图出,而并无晋学,是古来图书象数之大变也。国朝胡文良著《周易函书》,并采象数,诸说博而杂;胡胐明著《易图明辨》,力斥卦变诸图,又专而狠。吾乡易生蒙君,积平生之力,于《河图》以两相从,《洛书》以三相从,实能通贯其旨,所论河洛之数,皆确然有独得处,亦自然无相碍处。如曰气数之加减始于二之两,而即统于两;气数之乘除全于三之叁,而即统于叁。又曰自一至十凡各数,上三实象其数,则有十者数三体之实而全也;自一至十凡各数,间三虚象其数,又止九者数三用之虚而神也。又曰二八七三一九六四皆能加减《河图》之数,使之流行不已,天道也;若乘除,则惟三与七能圆其数而不已,余则不能,人道也。又曰《河图》之加减,乃两仪为之,非人之责;若《洛书》之乘除,则三才为之,是人之责。然非圣贤在上,则人非其人,虽两仪之加减如故,而三才不备,则叁数不行。有加减无乘除者,则气数衰;有乘除而无加减,则气数盛,皆能发前人所未发,并能解后人所欲解。惜乎不得令胡文收入函书,而胡胐明参之明辨也。献甫之生后君不过五六年,相距不过数百里,平时绝不相闻,盖君萧然著书,而余则碌然应世,所从事于观象玩辞者甚粗,乃浪以经生得名,致君亦以文人相许,故临终属其子寿琪茂才,挟其书乞序。丁卯秋于桂林乡试时,偶以他事至,得寓目,则君已久归道山矣。抚卷惊服,下笔惭感,正不知冥冥中以为何如也。[①]

《广西近代经籍志》《广西省述作目录》归入经类。《广西历代文

---

[①] (清)郑献甫:《蒙易生图书疏附序》,见潘琦主编《广西历代文献集成·郑献甫集》第8册,广西师范大学出版社,2015年,第434—437页。

人著述目录　广西历代文人著述馆藏联合目录》有著录。

一卷。

未见。见郑献甫《补学轩文集》所载，（光绪）《贵县志》、（民国）《贵县志》著录"稿本""未付梓"，《广西近代经籍志》载"未见"，《广西省述作目录》未著录存佚。

### 易经注解　清·苏时学撰

苏时学（1814—1873），字敩元，号琴舫，又号爻山，晚年又号猛陵山人，广西藤县人。道光二十六年（1846）丙午科举人，曾任藤州书院、经古书院主讲，与省内名人龙启瑞、郑献甫、彭昱尧、王拯等有很深交往，著有《易经注解》《孝经合本》《镡津考古录》《墨子刊误》《宝墨楼诗册》《宝墨楼楹联》等。他对墨学尤为精通，《墨子刊误》一书专注于攻《墨子》一书的错误之处，论证精辟，为世人所赞颂，陈柱说："孙诒让著《墨子间诂》，多征引其说，至近年墨学大显，而苏君之书始为学者所重视。"[①] 生平事迹参见李慈铭《越缦堂读史札记》、（同治）《藤县志》、（光绪）《北流县志》等。

《易经注解》。《广西省述作目录》归入经部。

卷次不详。

佚。见于《广西省述作目录》著录，未注明存佚。

### 易解　清·蒋启迪撰

蒋启迪，生卒年不详，全州人，道光年间人。著有《易解》

---

① 任继愈：《墨子大全》第14册，北京图书出版社，2002年，第291页。

《左绪论》《倡解》等。《全州地域文化纵横谈》、《楚粤梵音——湘山寺与寿佛爷》、(民国)《全县志》等文献中有零星生平事迹记载。

《易解》。见于(民国)《全县志》,《广西省述作目录》载清道光家刊本,① 归入经部。(民国)《全县志》、《广西省述作目录》、王绍曾《清史稿·艺文志·易类拾遗》、《广西通志》(1999年版)等有著录。

卷次不详。

未见。《广西通志》记载:"道光年间,还有全州人蒋启迪刻印的《左绪论》《易解》。"②(民国)《全县志》、《广西省述作目录》③、王绍曾《清史稿·艺文志·易类拾遗》载清道光家刊本。

## 易诗经解　清·李璲撰

李璲(1830—1899),号庸庵,广西苍梧人,李百龄之三子。同治二年(1863)癸亥科进士,官至广州知府,以廉洁著称,吏部考核"卓异"。归家后为凤台书院掌教,成就人才甚众。晚年好佛,潜心佛经,光绪二十五年(1899)病逝,终年七十岁。所著有《易诗经解》一卷、《白鹤山房诗钞》八卷、《金刚精义》一卷。生平事迹参见(光绪)《高州府志》、(宣统)《番禺县续志》、(民国)《苍梧县志》、《梧州市郊区志》等。

《易诗经解》。仅见于(光绪)《高州府志》、(宣统)《番禺县

---

① (民国)广西统计局:《广西省述作目录》,第4页。
② 广西壮族自治区地方志编纂委员会:《广西通志·出版志》,广西人民出版社,1999年,第26页。
③ (民国)广西统计局:《广西省述作目录》,第4页。

续志》、(民国)《苍梧县志》①、《梧州市郊区志》②、《苍梧县志》(1997年版)等有关生平记载中,广西各大书目均未见著录。

一卷。

佚。

## 周易类象  清·金熙坊撰

金熙坊,生卒年不详,字子范,广西北流人,同治元年(1862)壬戌贡生。平生潜心研究经学,注解经书多种,易学成就尤为突出,著有《周易类象》《易卦类象》《易经偶语》《羲轩丹易》《洪范图说》《春秋偶语》《春秋属比录》《粤璞》等。生平事迹参见(光绪)《郁林州志》、(光绪)《北流县志》③、(民国)《陆川县志》、《广西文献名录》④ 以及《清代广西〈易〉学著作辑考》⑤ 等。

《周易类象》⑥。其书集中讨论经文、《彖传》、《象传》、《文言》、《说卦》、《系辞》等《周易》经传中的八卦之象。此处的八卦包括三爻经卦与六爻纯卦中的全部取象,比《说卦》所言八卦

---

① (民国)李衡宙纂:《苍梧县志》,民国三十一年(1942),第74页。
② 梧州市长洲区地方志编纂委员会编:《梧州市郊区志》,广西人民出版社,2008年,第661页。
③ (清)徐作梅等修、李士琨等纂:《北流县志》,《中国方志丛书》(华南地方198),成文出版社,1975年,第988—989页。
④ 广西壮族自治区图书馆、广西壮族自治区桂林图书馆合编:《广西文献名录》,第686页。
⑤ 孙艳庆:《清代广西〈易〉学著作辑考》,见《桂学研究》第2辑,广西师范大学出版社,2015年,第50—51页。
⑥ 按:《广西历代文人著述目录 广西历代文人著述馆藏联合目录》(第7页)或载录为《周易类汇》,同一本书不同处载录为《周易汇类》。考察《广西历代文人著述目录 广西历代文人著述馆藏联合目录》,错误不少,此处记载并不可靠。而《广西省述作目录》《广西地方史志文献联合目录》均载录为《周易类象》,从之。

取象要广，故有乾卦类象、坤卦类象、坎卦类象、离卦类象、震卦类象、巽卦类象、艮卦类象、兑卦类象八类。每一类象分成说卦象、本卦象、爻象三个部分，说卦象是指《说卦》中出现的八卦取象，本卦象是指八种六爻纯卦卦爻辞及《象传》、《象传》中出现的卦爻取象，爻象指《说卦》、八纯卦之外其他卦中出现的含有某纯卦的爻辞及《象传》中的卦爻取象。此处含有的纯卦，"兼正体、互体、变体而言"。如释否卦"为禄"之象，金注曰："否传曰不可营以禄，虞翻曰乾为野。"否卦象上乾下坤，象中有乾，此所谓正体。又如释蒙卦"为躬"之象，金注曰："蒙六三见金夫不有躬，虞翻曰坤身称躬。"蒙卦上艮下坎，三四五爻互坤，此所谓互体。又如释讼卦"为户"之象，金注曰："讼九二邑人三百户，虞翻曰坤为户。"讼卦上乾下坎，无坤象，但下卦坎二变则为坤，此所谓变体。亦可看出，金注取象一般皆取汉易之象，但也有所谓"管见"，即作者的自得之见。如其释《说卦》"为参"之象注曰："参天两地而倚数，虞翻曰倚立也，谓分天象为三才，以地两之，立六化之数故倚数。管见：天象圆，圆者径一而围三；地象方，方者径一而围四。阳以一为一，三各一奇，故参天；阴以二为一，四各二偶，故两地也。"金注中偶亦引《周易折中》为说，如释"为甲"之象时即曰："御案：兑为言语，可以通彼此之情，书之象也；乾为坚固，可以坚彼此之信，契之象也。"此书以汉易取象为基础，间出己意，杂以《周易折中》之说，为考据易学之作，可见清代象学之一斑。著书体例似参项安世《周易玩辞》，但主要宗旨在玩象，有汉宋兼采的意向，对于《周易》象学的发展具有深化作用。《广西省述作目录》归入经部，《广西地方文献目录》《广西地方史志文献联合目录》归入哲学。《广西地方文献目录》《广西省述作目录》《广西地方史志文献联合目录》《广西历代文人著述目录　广西历代文人著述馆藏联合目录》等著录。

一册。

存。首见于同治十一年（1872）金熙坊之子金瑞昌在《易经偶语》后叙的记载，清徐作梅等修、李士琨等纂《北流县志》①沿袭其说，后各大书目有关生平文献记载相同。民国时期，广西统计局向社会广泛征集而得的广西籍作者著作有不少是写抄本，金熙坊的《周易类象》就是其中之一，广西通志局藏抄本一册。②另外，桂林图书馆藏抄本，广西壮族自治区图书馆根据桂图抄本抄写，其抄本封面有"广西壮族自治区图书馆藏"篆章。

## 羲轩丹易　清·金熙坊撰

作者简介见《周易类象》。

《羲轩丹易》③。成书于道光三十年（1850），金氏说："己酉（1849）作《三易金丹图说》，既成，置之箧"，"庚戌（1850）复作大小方圆图说，并爻象所取之象，先儒不能通者，亦略为指出，统名曰《羲轩丹易》"。其内容分为图、说两部分。图由"金丹六十四卦全图""外二十八卦炉鼎图""金丹三十六卦颠倒图""内十二卦火候图""次一层二十卦龙虎图"五图组成。文有《羲轩丹易叙》《三十六卦圆图说》《三十六卦方图说》《丹法阴阳论》《艮巽》《三十六卦方图内十二卦先后天五行颠倒说》《艮巽说》《震兑艮巽居外一层四隅说》《第三层十二卦复天卦位》《十二卦变先天火候图说》《十二卦应图书之教》《四易》《论不反易

---

① （清）徐作梅等修、李士琨等纂：《北流县志》，第988—989页。
② （民国）广西统计局编：《广西省述作目录》，第3页。
③ 按：《广西地方文献目录》《广西地方史志文献联合目录》题作《义轩丹义》，错，应为《羲轩丹易》。

八卦》《方图五十六卦对待礼》《颠倒说》《女子贞不字十年乃字》《屯以子甲蒙用寅戌》《先甲后甲及乾父乾母解》《君子得舆小人剥庐》《颐求蒙求》《璧卦之始》《卦德解》《已日乃孚》《宜日中》《遇其配主虽旬无咎》《遇其夷主》《亿丧贝跻于九陵勿逐七日得》《履虎尾不咥人亨》《尾遁》等。其著述目的和体例，《羲轩丹易叙》中作者论述说：

> 物生而后有象，象而后有滋，滋而后有数，象数之所以然曰理。是故有理学、有数学、有象学。《尚书》"人心惟危，道心惟微，惟精惟一，允执厥中"，理学也；河洛之一二三四五六七八九十，数学也；大易天地定位，山泽通气，风雷相薄，水火不相射，象学也，三者皆吾儒之教也。然理不可说，数不可极，圣人不得已假象以明道，故象学独详焉。昔者伏羲氏始作八卦，因而重之为六十四卦。轩辕氏作三易，曰《周易》、曰《连山》、曰《归藏》，其中阴阳消长之机，万物化生之理，人事得失之故，以暨风云雨露鸟兽草木之情状，匪不毕具。而其交易之妙，通幽明、贯生死、超空有、冥前后，变动不居，周流六虚，上下无常，惟变所适然。要其归，不过和顺道德而理于义，穷理尽性而至于命而已。伏羲、轩辕传之文王、周公，文王、周公传之孔子，故文王作《彖辞》、周公作《爻辞》、孔子作《十翼》，合理与数，一以贯之，而象学遂大备矣。孔子后诸儒不得其传，方外之士遂窃其象而为金丹之说，魏伯阳作《参同契》，张紫阳作《悟真编》，有炉鼎之象焉，有水火之象焉，有龙虎铅汞之象焉，后人读者皆曰此道数之书也。夫道教始于博大真人，柱下五千，其言具在，究其宗旨，不过曰"损之又损，至于无为"已，何尝有此种种诸象乎？惟大易八卦，坎离为

男女水火，震兑为龙虎魄魂。及六十四卦，一阳一阴及五阳五阴者为炉鼎，三阳三阴者为龙虎，二阳二阴者为铅汞，金丹之象始兆端。现而其颠倒往来之妙，则备于三易：乾坤颠倒而为坎离，坎离颠倒而为震兑，震兑颠倒而为艮巽，艮巽颠倒而为复乾坤。所谓四者混沌，竟入虚无也。然则金丹非道教，乃大易象学之渊微，而为儒教圣圣传心之要典也。然儒者一闻其说，必正襟危坐而责之曰是异端也，是邪说也。弱者征于色，强者奋于辞。噫！是亦惑矣。譬犹穷子衣中所系之珠为人窃去，及后相遇，忘其为自家之宝，不思夺取，反抵掷之，甚矣其愚也。试观吾儒之言与金丹之说，有二理乎？颜子之坐忘，内丹修性也；孟子之养气，外丹修命也；三戒为降龙，四勿为伏虎；采铒即复礼之功，烹求乃克己之力，总以《大学》之诚意为黄婆，丹法奥妙，四书已微露其端矣。特性道之旨，弟子罕闻，圣人惟寓其象于易，故儒者无得而传焉。余读《说卦》"帝出乎震"一节，因悟《连山》《归藏》卦位。己酉作《三易金丹图说》，既成，置之筐，衍一日昧爽，忽见三珠，大如拇指，毫光闪闪，盘旋筐上，急以手抟之，不可得，良久乃灭。余悟曰："此《三易》之精也。"从此神思涌发，于六十四卦种种法象，融摄该贯，洞为观火，遂得《三十六卦方圆颠倒图》及《六十四卦方图》，丹经之药物火候悉备焉。庚戌复作《大小方圆图说》，并爻象所取之象，先儒不能通者，亦略为指出，统名曰《羲轩丹易》，以阐象学之传，以复大易无上至真之法宝，俾世儒者知金丹为伏羲、轩辕、尧、舜、文王、周公、孔子精一执中之大道，当珍重秘惜，认取故物，不可分门别户，而自舍灵龟也。夫吾儒经典，惟大易经数圣手笔故，伭之又伭，不可思议，而后儒滞交着相，逐爻索解，于身心性命之旨，熟视无睹，无怪乎彼二氏者浅视吾教也。余不揣固陋，于爻画中，指出金丹作用，何者为炉鼎，何者为龙虎，何者为铅汞，以及药物之爻铢老嫩，大候之进退浮沉，无不粲露。庶震旦众生，知出世大道不待青牛西去、白马东来，而东鲁韦编已有长生妙诀也，得不欢喜赞叹，称为希有哉！然象者迹也，圣人设象以示人，要人得意而忘象，其有凤慧之士，一超直入，顿悟真常，则一十六字、五十五数、六十四卦，皆为刍狗，毫无所用。即十二部大经，五千言道德，亦无一字用着，象云乎哉？苟或未然，则余此书者，其亦中流之一筏也欤。①

正文分两部分，第一部分为《三十六卦圆图说》《三十六卦方图说》等诸图说，第二部分则运用丹道易理论解释一些难解的卦爻辞。此体例似与周敦颐《太极图》及《图说》《通书》相似。金熙坊认为易学包括理学、数学与象学三个部分，但"理不可说，数不可极"，因此自伏羲、轩辕、文王、周公、孔子相传的易学唯有"象学独详"，且"合理与数，一以贯之"。孔子后象学失传，后人遂误以为金丹之说出自道教，实质上丹学所言炉鼎、水火、龙虎、铅汞诸象皆出于象学，"八卦，坎离为男女水火，震兑为龙虎魄魂。及六十四卦，一阳一阴及五阳五阴者为炉鼎，三阳三阴者为龙虎，二阳二阴者为铅汞，金丹之象始兆端。现而其颠倒往来之妙，则备于三易：乾坤颠倒而为坎离，坎离颠倒而为震兑，震兑颠倒而为艮巽，艮巽颠倒而复乾坤"。丹易诸图以《三十六卦圆图》为根基，其他如方图、炉鼎、火候、龙虎诸图皆从中引出。金熙坊批评邵雍《六十四卦圆图》没有考虑到天道

---

① （清）金熙坊：《羲轩丹易》，广西壮族自治区图书馆藏民国二十三年（1934）抄本。

左旋、地道右旋的问题，因而将六十四卦归并为颠倒反易的二十八卦，加上不反易的八卦（乾、坤、坎、离、小过、中孚、颐、大过），共三十六对颠倒卦象，"规为圆图"。图左由坤至旅共十八卦由一阳到三阳左旋顺行，图右接涣至乾共十八卦由三阳到六阳右旋逆转，因三十六对卦为反卦，故图右自乾至节由一阴到三阴共十八卦则为左旋顺行，图左接丰至坤由三阴到六阴共十八卦遂为右旋逆转，从而形成"阴阳相涵，顺逆相错，因其卦画，鳞次叠去，循环无端，不可思议，而其法象实为大小方图之所仿焉"的颠倒丹图。金熙坊并用此丹易之学解释疑难卦爻辞，如他解释"君子得舆小人剥庐"时说："剥之上九曰：硕果不食，君子得舆，小人剥庐。剥之一阳，在丹法逆用则为复，故曰君子得舆；在世法顺用则为剥，故曰小人剥庐。"又如释"遇其配主虽旬无咎"时，他认为先儒释配为丰卦初九与九四相配敌，释旬为均，皆与易理相悖，而其主张如字解，如知"丰卦颠倒为旅"，丰初九与旅初六"阴阳对待，颠倒相交"，就可说"遇其配主"；知丰初九至旅初六之间相隔十爻，就可说"虽旬无咎"。用丹法颠倒之义解释卦爻辞的涵义，试图力证金丹炉鼎是儒家固有之学说，传授渊源有自，虽显牵强，但也不违易画的形式变化规则，亦能启人深思。三十六圆图画法奇妙，在继承邵雍、来知德等图书学思想的基础上，蕴含了更丰富的易学思想，实有助于后之学者深思易学之理。《广西省述作目录》归入儒学及杂家，《广西地方文献目录》《广西地方史志文献联合目录》归入哲学类。《广西地方文献目录》《广西省述作目录》《广西地方史志文献联合目录》《广西历代文人著述目录　广西历代文人著述馆藏联合目录》等有著录。

一册。

存。首见于同治十一年（1872）金熙坊之子金瑞昌在《易经偶语》后叙的记载,清徐作梅等修、李士琨等纂《北流县志》①及其后各大书目沿袭其说。民国时期,广西统计局存清同治抄本;广西壮族自治区图书馆、桂林图书馆藏民国二十三年(1934)抄本。

## 易经偶语　清·金熙坊撰

作者简介见《周易类象》。

《易经偶语》。应为《易经》的杂感杂记,撰述于咸丰之前。其成书经历,金熙坊子金瑞昌说:

> 先君子恬静性成,淡于名利,生平无他嗜好,癖好读书,手未尝释卷,赀产出纳皆置不问。家有如楼,独处其中,足不出户,孳孳矻矻,寒暑无稍辍。尝自署楹联云:"卷帘如画江山秀,闭户著书岁月多。"盖纪实也。方昌髫龄时,侍先君读书楼上,凡有撰述脱稿,必命誊正,前后所著书盈尺许。有《易象》《卦类象》《洪范图说》《春秋属比录》《粤璞》《易经偶语》《纲鉴提要》《文选集句》《如楼诗稿》《如楼文稿》等编。咸丰初年叠遭兵燹,转徙流离,尔时昌等尚幼稚,不知收藏保护,诸稿遂散佚无完。而《属比录》《粤璞》二种均系平定后续著者,时则赖及门诸君钞存,然亦仅十之五六而已。维《易经偶语》于故簏中,得残稿十数,亟检出缮录,付诸剞劂,俾后人略见一斑云尔。男瑞昌谨识。②

---

① (清)徐作梅等修,李士琨等纂:《北流县志》,第988—989页。
② (清)金瑞昌:《易经偶语序》,见《金子范杂著》,清同治十一年(1872)本。

《易经偶语》是一本阐述《易经》的日记体之书，大都比较简短，如"泰之开也，际会风云，拨茅茹而贤才辈出；否之休也，忧危明盛，系苞桑而社稷灵长""枯杨生华，枯杨生稊，造物反常之事。日中见斗，日中见沫，大明被蚀之时"，① 从中也可看出，其阐释还是沿袭宋学道路，且夹杂佛道一些虚妄之说，说教意味较为浓厚，"见金夫不有躬，乃不贞之淫女在中馈，无攸遂为守礼之名媛""乾乾而闭户潜修，蹇蹇而登廷拜献""在家以嘻嘻而失节，处旅以琐琐而取灾"② 之类。该书广西各大书目如（嘉庆）《广西通志》、（光绪）《广西通志辑要》、《广西近代经籍志》、《广西省述作目录》、《广西地方史志文献联合目录》、《广西文献名录》等均未载录，（光绪）《郁林州志》、（光绪）《北流县志》、（民国）《陆川县志》等有关作者生平著述的地方史志文献也未提及。

一册。

存。首见于同治十一年（1872）金熙坊之子金瑞昌在《易经偶语》后叙的记载，清同治十一年（1872）刻本，半叶九行，行二十五字，白口，四周双边，单鱼尾，收录于《金子范杂著》中。《金子范杂著》现存于国家图书馆。

## 易卦类象　清·金熙坊撰

作者简介见《周易类象》。

《易卦类象》。类似《周易类象》，从卦与象的角度阐发易学，故《北流县志》评价说："《易卦类象》《洪范图说》二编造极玄微。"③

---

① （清）金熙坊：《易经偶语》，见《金子范杂著》。
② （清）金熙坊：《易经偶语》，见《金子范杂著》。
③ （清）徐作梅等修，李士琨等纂：《北流县志》，第989页。

一编。

未见。首见于同治十一年（1872）金熙坊之子金瑞昌在《易经偶语》后叙的记载，清徐作梅等修，李士琨等纂《北流县志》沿袭其说，其后有关生平文献中的记载相同，而广西相关目录书未见著录。

## 周易拟象　清·龚延寿撰

龚延寿（1850—1891），字德征、衡生，号衡庵，广西贵县人，光绪十九年（1893）癸巳举人。"里居二十余年，讲圣贤之学"。[①] 著述丰硕，有《周易拟象》二卷、《周易史证》二卷、《文庙圣贤典型》四卷、《典型外篇》一卷、《人材纪略》一卷、《知人绪论》一卷、《衡庵文编》四卷、《言志诗》二卷、《衡庵随笔录》四卷、《衡庵论世录》二卷、《游艺集》二卷、《立定脚跟集》十二卷、《诸子要语》四卷、《五子要语》四卷、《桐岭学规》一卷等十五种，数十万言。生平事迹参见龚仁寿《衡庵行述》、（民国）《贵县志》等。

《周易拟象》。上、下两卷，分别以《周易》词语五十九个作标目，下以四句、每句四字共十六字的对偶韵文作解释。然后以一段或数段文字阐发本词语的深刻哲理，并用一动物形象比拟，故名《周易拟象》。正如作者在序中所说：

> 系辞曰：易者，象也；象也者，像也。又曰：圣人有以见天下之赜，而拟诸其形容，象其物宜，是故谓之象。则知垂象者，作易之大端；而观象者，读易之要务也。读易而不

---

① （民国）欧仰羲修，梁崇鼎等纂：《贵县志》卷一六，第994页。

得其象，譬诸瞽者之无相，伥伥其何之昏。应有求于暗室，非烛其何得之。窃以为易之有象，犹诗之有比兴也。诗主乎性情，得比兴而性情益显。易兼乎理数，得象而理数益明。盖理数难明，必假借乎事物之象以仿佛摩拟之。其中或远取诸物，或近取诸身，其称名也小，其取类也大。凡一切龙马风雷之语，首腹足股之词，莫不言各有当，旨各有归焉。虽变化不拘，难以按图而索，如乾取象于龙，而《说卦》又言乾为马；坤取象于马，而《说卦》又言坤为牛，要其词各有所之，杂而不越也。观玩之暇，试取其象而释之，庶于学易不无小补云。若夫象不一象，或虚象或实象，或一象可兼万象，神而明之，存乎其人矣。光绪癸未贵县龚延寿书于见天心斋。①

作者试图用动物形象的比拟方式阐发易经中的深奥哲理，达到把抽象的哲学思想解释清楚的目的。②《广西省述作目录》归入经部，《广西地方文献目录》归入哲学。陈此生《杨朱》、（民国）《贵县志》、《广西省述作目录》、《广西历代文人著述目录　广西历代文人著述馆藏联合目录》、《广西地方史志文献联合目录》、《广西文献名录》等有著录。

二卷③。

存。见龚仁寿《衡庵行述》④，（光绪）《贵县志》、（民国）

---

① （民国）欧仰羲修，梁崇鼎等纂：《贵县志》卷一二，第747页。
② 广西壮族自治区图书馆、广西壮族自治区桂林图书馆合编：《广西文献名录》，第686页。
③ 按：（民国）《贵县志》卷一六龚仁寿《衡庵行述》载"《周易史证》二卷，《周易拟象》二卷"，（民国）《贵县志》卷一二载"《周易拟象》二卷，《周易史证》二卷"，而同条又说"《周易史证》《周易拟象》各一卷"，前后矛盾，以二卷说比较准确。下条《周易史证》卷数同此。
④ （民国）欧仰羲修，梁崇鼎等纂：《贵县志》卷一六，第993—994页。

《贵县志》著录稿本。主要版本有：(1) 光绪九年（1883）稿本。一册，线装，桂林图书馆有藏。① (2) 抄本。民国时期，广西统计局向社会广泛征集而得到龚延寿的《周易拟象》，广西修志局有存。②

## 周易史证　　清·龚延寿撰

作者简介见《周易拟象》。

《周易史证》。刊刻于光绪十年之前，③ 该书创作目的正如龚仁寿《周易史证序》所说：

> 古今之言易者，不下数十家。言数自京房始，至邵子出，而房之数不足言矣。言理自王弼始，至程传出，而弼之理不足言矣。朱子本义，则兼乎理、数，而究不倚于理、数，其说所以独尊。然《易》之为书，广大悉备，无所不通，制器尚象而佃渔耒耜各有所取，固也。此外有以卦配分野者；有以星数当物数者，谓其皆万有一千五百二十也；有以卦气值日者，自乾坤至节历六十卦，得三百六十爻，分值一年三百六十日，所谓天地节而四时成，而《中孚》复起甲子也。此虽属小数，按之于经，亦无不吻合也。今吾兄衡庵又著有《周易史证》二卷，举凡三百八十四爻，皆以古今一人一事实之，盖亦不离乎理而证诸实事，尤为深切著明者也，岂言数诸家所能望其肩背乎。然亦有不可拘者，即如以事论，而九四一位，或以宜当近臣，或以为宜作太子。《小

---

① 广西桂林图书馆、广西通志馆资料室：《广西地方文献目录》（下册），第279页。
② （民国）广西统计局编：《广西省述作目录》，第4页。
③ （民国）欧仰羲修，梁崇鼎等纂：《贵县志》卷一六。

过》上九一爻，或以为杀身成仁之君子，或以为行险侥幸之小人。若执而拘之，则三百八十四爻，只做得三百八十四件事矣。故曰"神而明之，存乎其人"耳。光绪甲申春二月胞弟仁寿序于见天心斋。①

本书分两部分，第一部分，史证例言八例；第二部分，解释《易经》中的乾坤二字，分别以"乾""坤"二字标目，接着用一句话解释，最后用历史事例、自然现象、人事推理阐明乾、坤二字的深刻哲理。②其阐说拘泥于象数之说，有牵强附会之嫌。《广西省述作目录》归入经部，《广西地方史志文献联合目录》《广西地方文献目录》归入哲学。陈此生《杨朱》、（民国）《贵县志》、《广西文献名录》、《广西地方史志文献联合目录》、《广西地方文献目录》、《广西历代文人著述目录　广西历代文人著述馆藏联合目录》、《广西省述作目录》等有著录。

二卷。

存。见龚仁寿《衡庵行述》，③（光绪）《贵县志》、（民国）《贵县志》著录稿本。主要版本有：（1）清光绪七年（1881）抄本。一册，线装，桂林图书馆藏。④（2）清光绪十年民国抄本。民国时期，广西统计局征集到龚延寿的《周易史证》，一册，现广西统计局、桂林图书馆有藏，⑤桂图仅存卷一上。

---

① （民国）欧仰羲修，梁崇鼎等纂：《贵县志》卷一二，第748页。
② 广西壮族自治区图书馆、广西壮族自治区桂林图书馆合编：《广西文献名录》，第687页。
③ （民国）欧仰羲修，梁崇鼎等纂：《贵县志》卷一二。
④ 广西壮族自治区通志馆等主编：《广西地方史志文献联合目录》（上册），第346页。
⑤ 广西壮族自治区通志馆等主编：《广西地方史志文献联合目录》（上册），第339页。

## 周易史证样本　清·龚延寿撰

作者简介见《周易拟象》。

《周易史证样本》。《广西省述作目录》归入经部,《广西地方文献目录》《广西地方史志文献联合目录》归入哲学。《广西地方文献目录》《广西历代文人著述目录　广西历代文人著述馆藏联合目录》《广西地方史志文献联合目录》等有著录。

一册。

存。民国时期,广西修志局贵县采辑局得到龚延寿的《周易史证样本》,清光绪七年(1881)抄本,一册,广西统计局、桂林图书馆有藏。

## 易经讲义　清·植增高撰

植增高,生卒年不详,广西怀集(今属广东)人[①],光绪元年(1875)乙亥科举人,曾任灵川教谕。著《易经讲义》《孝经合本》。生平事迹参见(民国)《怀集县志》。

《易经讲义》。大抵为灵川教谕任上的讲义,《广西省述作目录》归入经部。

卷次不详。

未见。(民国)《怀集县志》著录,[②]《广西省述作目录》未著录存佚。

---

① 按:《怀集县志》载为怀集人,《广西省述作目录》(第4页)载为博白人。
② (民国)周赞元纂修:《怀集县志》,民国五年(1916)铅印本,《中国方志丛书》(华南地方210),成文出版社影印,1975年,第644页。

## 读易札记　清·刘榘撰

刘榘①，生卒年不详，字玖石，广西桂林人。道光二十三年（1843）癸卯举人，历任云南蒙自知县、威远厅同知、寻甸知州、云南广南知府。后归里不出，卒年七十九岁。著有《文庙祀位考略》《读易札记》《自课日记》等著作以及诗七十多首。（光绪）《临桂县志》有小传。

《读易札记》。属于杂说杂论类读易之作。

卷次不详。

未见。刘名誉《守经堂诗汇抄》载录有"《读易札记》"，② （光绪）《临桂县志》承其说。

## 荀氏易异文疏证　清·祁永膺撰

祁永膺（1861—1909）③，字伯福，别字荫杰，号子服，广西博白人。光绪二十年（1894）进士，官至拱州府代理知府。著作有《勉勉钽室类稿》五卷、《墨斋存稿》六卷、《岭学祠诸先生事迹学术考》一卷，此外还有《朱传宗序传录》《明堂图考》《天问疏证》《无邪堂杂录》《□岐山房杂著》若干卷。生平可参见《无邪堂答问》、《清稗类钞》、《东华续录》、（民国）《增修华亭县志》等。

---

① 注：广西学人刘名誉之父，刘名誉《守经堂诗汇抄》载为刘榘。
② 徐雁平编著：《清代家集叙录》（中），安徽教育出版社，2017年，第1120页。
③ 按：关于祁永膺生卒年有两种说法，一种说法为1861—1909年，持此说有1989年版《博白县概况》；另一种说法是1853—1905年，持此说有凌世耀、刘斯主编《博白大观》和钟文典主编《广西通史》。据《陇西金石录》（下）收录的《陇西邑侯伯福祁公去思碑》记载，该碑立于光绪三十二年（1906），所以在这一年之前，祁永膺肯定已经去世了。据此判断，生卒年为1853—1905年说当是可靠的，故本书采用此说。

《荀氏易异文疏证》。《广西省述作目录》归入经部。《广西省述作目录》《易学史》《广西通志》等著录。

卷次不详。

未见。(民国)《增修华亭县志》有载,《广西省述作目录》载光绪家刻本,① 现未见。

### 易经精义撮要　清·陈开祯辑纂

陈开祯,生卒年不详,字干丞,广西北流人,岁贡生,民国国学大师陈柱之父。著有《易经精义撮要》,生平事迹见《北流县志》。

《易经精义撮要》。属辑要抄纂之作,《广西省述作目录》归入经部。

卷次不详。

未见。仅见《广西省述作目录》,载"未刊"。②

# 书　类

《尚书》在广西的研究甚为寥落,共录得七部,存二部,未见二部,佚三部。其中,明佚一部,清存二部,未见二部,佚二部,其学术成就与《易经》相比,略显逊色。其著述非讲义、注释,即辑要抄纂之作,学术影响较小。

---

① (民国)广西统计局:《广西省述作目录》记载:"《荀氏易异文疏》,祁永膺,博白,光绪,家刊。"第5页。
② (民国)广西统计局:《广西省述作目录》记载:"陈开祯《易经精义提要》。"第6页。

## 尚书注释　明·文立缙撰

文立缙（？—1620），字天民，广西全州人①。万历二十九年（1601）辛丑进士，官至川南按察副使。卒于泰昌元年（1620），赠吏部侍郎，从祀乡贤。通五经，尤精于《尚书》。著有《尚书注释》《政事纪》《承庆堂诗文》等。（康熙）《建宁府志》、（康熙）《全州志》、（雍正）《广西通志》、（乾隆）《福建通志》、（嘉庆）《广西通志》、（光绪）《广西通志辑要》、（光绪）《吉安府志》、（民国）《庐陵县志》等有小传。

《尚书注释》。（嘉庆）《广西通志》、（光绪）《广西通志辑要》、（民国）《广西通志稿》、《广西省述作目录》、《广西历代经籍志》入经部。（嘉庆）《广西通志》、（光绪）《广西通志辑要》、（民国）《广西通志稿》、（民国）《全县志》、《广西省述作目录》有著录。

卷次不详。

佚。见（康熙）《全州志》，（雍正）《广西通志》、（光绪）《广西通志辑要》、（民国）《广西通志稿》等载"佚"，《广西省述作目录》载"绝本"。②

## 尚书讲义　清·刘世炌撰

刘世炌，生卒年不详，广西武鸣人，贡生。广西著名教育

---

① 按：（康熙）《建宁府志》卷一九、卷二〇载："广西全州籍庐陵人，进士。"清康熙五年钞本。（康熙）《江西通志》卷一八载："庐陵人，全州籍。"（光绪）《吉安府志》卷二一载："万历二十九年张以诚榜，全州籍。"
② （民国）广西统计局：《广西省述作目录》，第2页。

家、学者刘定逌祖父，大致生活在康雍时期，"力学能文，潜心训诂，于经传多所发明"。① 著有《尚书讲义》等，生平见（光绪）《武缘县图经》、（民国）《武缘县志》等。

《尚书讲义》。大概为训诫弟子门人、子侄的讲义，《广西省述作目录》归入经部。

卷次不详。

佚。《广西省述作目录》载"绝本"。②

## 洛书洪范解　清·卿彬撰

作者简介见《周易贯义》。

《洛书洪范解》。《广西省述作目录》题名《洪范参解》，故宫博物院藏书题名《洛书洪范解》，全书由《洛书衍九畴解》与《洪范注》两部分组成。《洪范注》含洪范原文、蔡沈注、自注三个部分，《洛书衍九畴解》落款永瞻卿彬识，前附《洛书衍九畴之图》。《图》以九畴之序配洛书之数，并各如其方位，皇极居中配五，五行配一在北，五福六极配九在南，八政配三在东，稽疑配七在西，五事配二在西南，五纪配四在东南，三德配六在西北，庶征配八在东北，图式承蔡沈之意而简略，其后接《洛书衍九畴解》，与周敦颐《太极图》及《图说》体例略似。《洛书衍九畴解》之意，是用洛书之数推演九畴之序与整体意蕴。卿彬认为阳数为尊，五为天地全数，皇极居中可代表天下之君。洛书数一、三、九、七配四时为阳气循环，二、四、八、六配时月为阴气循环，一年循环以阳数始、阳数中而阳数终，阴数蕴藏于内，

---

① （清）黄君钜、黄诚沅：《武缘县图经》，宣统三年（1911）铅印本，第42页。
② （民国）广西统计局：《广西省述作目录》记载："刘世灯《尚书讲义》，武鸣，清同治，绝本。"第4页。

象征地之包于天，以阳为主、以阴为辅之意。卿彬还认为河图之数是体，以交合为义；洛书之数是用，以纲纪为重，重在君臣之义。洛书"本天德以行王道"，故九畴首列五行。他借中庸天人之道的说法，与洛书天数地数相结合，分九畴一、三、五、七、九为天道之言，二、四、六、八为地道之言，并主张天数为主，地数为辅，从而将九畴描述为一个完整的以皇极为中心的治道体系。《洪范注》中，卿彬继承蔡沈注的精神而更加系统化地解释九畴的具体内容，表明卿彬摒弃五行灾异之说，而专注于理学图书派传统，所谓"行道必得其与，传道必得其徒"。卿彬继承了蔡沈重视九畴之序的特点，但其更加注重"五行生序"，并进一步发挥蔡沈对于中道的重视，而将中庸的思想更全面地引入到对九畴的解释中。此外，对于咎征五与六极不匹配的传统范学难题，卿彬没有沿用惟皇不极阴弱的解释，而采用"蒙乖乎土之德，土有刚柔，刚极则为恶，柔极则为弱"的解释，此解有新意。总体而言，《洛书洪范解》一书继承理学图书派的学术传统，在九畴的系统性阐释上吸收了传统解说的精粹，而有进一步的整合，加深了对洪范治道的系统化理解。

不分卷。

存。《广西省述作目录》未著录存佚。[①] 故宫博物院藏清乾隆抄本，不分卷，该本封面为题名"洛书洪范解"，右列小字"不分卷（清）卿彬撰 抄本 清乾隆"字样。扉页空白，没有目录、序文，接下来就是《洛书衍九畴之图》，其次为《洛书衍九畴解》一篇，下有永瞻卿彬注，旁有"故宫博物院藏书"印章，最后为《洪范》，没有边框，上下页之间稍宽，中间下端标有页码。

---

① （民国）广西统计局：《广西省述作目录》，第2页。

## 畴图体要　清·苏懿谐撰

作者简介见《大易掌镜》。

《畴图体要》①。《尚书·洪范》中的九畴："初一曰五行，次二曰敬用五事，次三曰农用八政，次四曰协用五纪，次五曰建用皇极，次六曰乂用三德，次七曰明用稽疑，次八曰念用庶征，次九曰飨用五福，威用六极。""图"指河图。《畴图体要》阐发各畴之义以及天人关系、五行灾异思想。在清代《洪范》诠释趋向考辨、走向朴学的治学背景下，苏氏的研究却沿袭的是南宋蔡沈《洪范皇极内篇》推演之路。《广西省述作目录》归入经部。《清史列传》《广西省述作目录》《广西近代经籍志》等有著录。

二卷。

未见。见于《清史列传》②，《广西近代经籍志》载"未见"，《广西省述作目录》未注明存佚③。

## 书经精义汇钞　清·陆锡璞辑要

作者简介见《易经精义钞略》。

《书经精义汇钞》④。该书为《七经精义钞略》之一，辑要《钦定书经传说汇纂》而成，⑤ 为汇辑性质之书。蒙起鹏案："《七

---

① 按：《清史列传》题名《畴图体要》，而《广西省述作目录》题名《图畴体要》，今从《清史列传》。
② （清）佚名撰，王钟翰点校：《卿彬传》，见《清史列传》卷六七，第5398页。
③ （民国）广西统计局：《广西省述作目录》记载："《畴图体要》，苏懿谐，玉林。"第3页。
④ 按：《广西省述作目录》题名《书经精义汇钞》，《广西近代经籍志》题名《书经精义》，今从前者。
⑤ 罗志欢：《中国丛书综录选注》，第539页。

经精义》其名与前清御纂《七经精义》同，或系纂辑之节本。"①的确如此，据（道光）《大定府志》记载："钦定《春秋左传读本》、龙川陆锡璞《诗书精义汇钞》《礼记精义钞略》、黄忠端公《孝经辑注》、陈文恭公《四书直解》、《陆清献公年谱》，俾偏陬僻壤之士，咸知穷经所以致用，读书所以明理，趋而正而学术端，贤才茂起，其效在百数十年之后，盖大有造于此邦者，为谋远而用心良厚矣。"② 其资料来源、体例等如《书经精义汇钞序》所言：

> 此篇所辑，多从钦定中录出。《集传》《集说》《附录》各条仍遵照分列，御案之语皆敬谨全载。有从他书辑入者，即附于《集说》《附录》之后。其指称书名，如《大全》《日记》等类，旁用双行墨线标记者，皆采自万氏本中。惟《地理今释》则皆系钦定所采《禹贡》中存《锥指》语，则兼采之原本中。凡所采他书，间有异说，则另标"附存"二字以别之。其分疏《集传》者，仍标"释传"二字，列于《集传》之后。偶有管窥一二语，亦标"窃疑"二字，未敢信以为是。六经皆圣人至教，而《书》之所载，古圣人之心法、治法悉在其中，学者穷经之功，四书而外，当以此为尤要。熟此一经，则唐虞三代之规模，略已晰于胸中，帝王师相之盛德大业、嘉言至训，昭然若揭，一一与《学》《庸》《语》《孟》所言之理交相发明，而其义显而易知，其言纯粹无弊。非如诵《诗》之易以辞害义，亦非如讲《易》之难以浅学窥也。顾文多错简，语或诘曲，解者不归于一。汉孔

---

① （民国）蒙起鹏：《广西近代经籍志》，第7页。
② （清）黄宅中主修，邹汉勋总纂，傅汝怀分纂：《大定府志》卷二九，清道光二十九（1849）年刻本。

氏之传不无可疑，唐孔氏之疏惟详制度，宋元以来诸儒讲说渐备，亦或互有得失，而书肆中常行之讲章，第主于诠释字句。①

阐释体例则是按《书经》经文语句，逐句汇集《集传》《释传》《集说》关于此句的解说。比如，"五载一巡守，群后四朝，敷奏以言，明试以功，车服以庸"，首列《集传》解说，其诠释《集传》者，标"释传"二字，附于《集传》之后，然后《集说》。除汇集以上三书外，偶附《附录》《御案》，御案语全载之，他说则多节录。或此书凡汇钞名言警句，均用黑体框围标名题目，目次清晰，查阅甚便。间下己见，标曰"窃疑"二字。每篇后又有总论。其价值如《续修四库全书总目提要》所说："亦简要便观览，但殊少心得。仅别于坊间讲章而已。"②《广西近代经籍志》《广西省述作目录》《广西地方文献目录》《广西地方史志文献联合目录》《贵州省古籍联合目录》《续修四库全书总目提要》《广西通志》等有著录。

六卷。一函六册。

存。蒙起鹏《广西近代经籍志》载未见，不确，存。主要版本有：(1) 平南县武城书院刻本。《续修四库全书》收入。该书首刻于清道光十八年（1838）平南县武城书院，六卷，刊本。③ 故宫博物院藏线装，④ 桂林图书馆藏一册（卷一）。⑤ (2) 清道光二

---

① （清）陆锡璞：《书经精义汇钞》，平南武城书院刊本。
② 中国科学院图书馆：《续修四库全书总目提要·经部》，第244页。
③ 中国科学院图书馆：《续修四库全书总目提要·经部》，第244页。
④ （民国）广西统计局：《广西省述作目录》记载："《书经精义汇钞》，陆锡璞，灌阳，清道光，故宫图书馆存。"第2页。
⑤ 广西桂林图书馆、广西通志馆资料室：《广西地方文献目录》（上册），第9页。

十年大盛堂刻本。贵州省图书馆藏《书经精义汇钞》，六卷。①另外贵州省图书馆藏有清末残本，六卷，存五册，未署名。②

## 禹贡地理考略　　清·周思宣撰

周思宣，生卒年不详，字立生，又字节卿，号嵩臣、萱陔，广西临桂人，嘉庆优贡。以教学为生，讲学敦崇实学，及门多砥行励节之士。著有《禹贡地理考略》《春秋释地考证》《藚苣堂说经质疑》《诸子会通》《周秦五子辑要》《唐宋七子粹语》《学案姓氏小传》《侍养要义》《读史丛论》《堂北负暄录》《小学梯航》《率性庐文集》《率性庐诗存》等，藏于家，惜未付梓刊刻，③后多散佚，（光绪）《临桂县志》有小传。

《禹贡地理考略》。（光绪）《临桂县志》、《广西省述作目录》、《广西历代文人著述目录　广西历代文人著述馆藏联合目录》等皆有著录，归入经部。

卷次不详。

佚。见于（光绪）《临桂县志》，《桂林历史人物录》说该书未付梓刊刻，④《广西省述作目录》却说清咸丰年间曾刊印，后"绝本"。⑤

---

① 陈琳主编：《贵州省古籍联合目录》（上册）记载："《书经精义汇钞》，六卷，（清）陆锡璞辑，清道光二十年（1840）大盛堂刻本，6册。"贵州人民出版社，2007年，第9页。
② 陈琳主编：《贵州省古籍联合目录》（上册），第10页。
③ （清）吴征鳌等修，黄泌、曹驯等纂：《临桂县志》卷二九，清光绪三十一年（1905）刻本。
④ 张益桂、张阳江：《桂林历史人物录》，广西师范大学出版社，2013年，第552页。
⑤ （民国）广西统计局：《广西省述作目录》，第2页。

### 洪范图说　清·金熙坊撰

作者简介见《周易类象》。

《洪范图说》。又名《洪范图书》或《洪范图》,(光绪)《北流县志》说:"《易卦类象》　《洪范图说》二编,造极元(玄)微。"①

一编。

未见。首见于同治十一年(1872)金熙坊之子金瑞昌在《易经偶语》后叙的记载,(光绪)《北流县志》沿袭其说,后各大有关生平文献的记载相同。《广西省述作目录》载为"未刊",② 后广西各馆藏目录亦未见著录。

## 诗　类

从汉至清,广西见于著录的《诗经》研究著述共六部,存两部,未见一部,佚三部。其中,明佚一部,清存二部,未见一部,佚二部。所存陆锡璞《诗经精义汇钞》,为辑要抄纂之作,间有己见,但不多;苏懿谐《葩经念本》有一己之见,但影响不大。

### 诗经说意　明·唐瑄撰

唐瑄,生卒年不详,字德润,广西阳朔人。成化七年

---

① (清)徐作梅等修,李士琨等纂:《北流县志》卷一八,第989页。
② (民国)广西统计局:《广西省述作目录》,第3页。

(1471)辛卯举人,除四川都司经历。博览群书,精详议论,著有《诗经说意》《大学中庸直讲》行于世,《怡情杂咏》《词林切要》《辟谚录》藏于家,惜散佚。(康熙)《阳朔县志》、《粤西文载》、(雍正)《广西通志》、(嘉庆)《广西通志》、(道光)《阳朔县志》、(光绪)《广西通志辑要》、(民国)《阳朔县志》等并有传。

《诗经说意》。大抵是一本关于《诗经》的经注经解之作,(光绪)《广西通志辑要》、《广西省述作目录》、《广西历代经籍志》归入经部。(康熙)《阳朔县志》、《粤西文载》、(雍正)《广西通志》、(嘉庆)《广西通志》、(道光)《阳朔县志》、(光绪)《广西通志辑要》、(民国)《阳朔县志》等有著录。

卷次不详。

佚。《粤西文载》载藏于家,(嘉庆)《广西通志》、(光绪)《广西通志辑要》、(民国)《广西通志稿》、(民国)《阳朔县志》、《广西历代经籍志》等载"佚",《广西省述作目录》未标注存佚。①

## 葩经约旨歌　清·袁启翼撰

袁启翼(1600—1672),字自贞,广西平乐县人。所著书有《隐居志恒言》五卷、《诗论序记》二卷、《葩经约旨歌》一卷,纂《平乐志》。生平事迹参见(雍正)《广西通志》、(光绪)《平乐县志》、《广西博物馆文集》等。

《葩经约旨歌》。韩愈说:"《诗》正而葩。"后人称《诗经》为"葩经",该书探讨的是《诗经》的意蕴和主题。李绂《广西

---

① (民国)广西统计局:《广西省述作目录》,第1页。

通志》、(嘉庆)《广西通志》、(光绪)《广西通志辑要》归入经部,《广西省述作目录》归入诗歌。

一卷。

佚。见李绂《广西通志》、朱琦《怡志堂文初编》载录,(嘉庆)《广西通志》、(光绪)《广西通志辑要》载"佚",《广西通志》《平乐县志》《广西博物馆文集》[①]《广西历代文人著述目录 广西历代文人著述馆藏联合目录》[②]等有提及,《广西省述作目录》载"绝本",[③]今不存。

## 葩经念本  清·苏懿谐撰

作者简介见《大易掌镜》。

《葩经念本》。本书是研究《国风》的专书。作者认为《国风》在《诗经》中最有价值,为"葩",特别讨论了《国风》各部分之间的结构。所言多得要旨,而且对诗歌思想的解释也有一定的独特见解,[④]有不少探本之论。《广西省述作目录》《广西地方史志文献联合目录》归入经部,《广西地方文献目录》归入文学。《广西地方文献目录》《广西省述作目录》《广西历代文人著述目录 广西历代文人著述馆藏联合目录》《广西文献名录》《广西地方史志文献联合目录》等均有著录。

一册。

---

① 吴伟峰、黄启善主编:《广西博物馆文集》第5辑,广西人民出版社,2008年,第131页。
② 广西民族学院图书馆编:《广西历代文人著述目录 广西历代文人著述馆藏联合目录》,第20页。
③ (民国)广西统计局:《广西省述作目录》,第86页。
④ 广西壮族自治区图书馆、广西壮族自治区桂林图书馆合编:《广西文献名录》,第449页。

存。广西统计局藏清光绪稿本,① 没有卷次；桂林图书馆藏抄本。②

## 诗经精义汇钞 清·陆锡璞辑要

作者简介见《易经精义钞略》。

《诗经精义汇钞》。是《七经精义钞略》之一，辑要《钦定诗经传说汇纂》而成书。《诗经精义汇钞》为《诗经传说汇纂》和《诗义折中》二书的节略本，原书二十八卷。《续修四库全书总目提要》有载,③ 后作者花几个月将"精华"改作"精义"，节略为四卷，"体例与刊行年全同，惟内容略增，系增近儒之说，想是再版时增订"。④ 节略的方式、体例、用意，陆锡璞说：

> 是编所辑先儒之言，多从钦定中录出。《集传》《集说》《附录》皆照依标明。其诠释《集传》者，不便分注于各句下，特标"释传"二字，列于《集传》之后。其有从他书辑入者，另标"附存"二字以别之。偶有管窥，则用"窃疑"二字，未敢自以为是也。又是编之辑，欲省卷帙，惟《集传》全录，其余各说，多节录处。御案语敬谨全载，间有详辨各说是非之处，未能全载者，载其断制之词，仿连斗山《周官精义》之式，取足明大意而止。其兼存数说，义各不

---

① （民国）广西统计局：《广西省述作目录》记载："《葩经念本》，苏懿谐，玉林，稿存本局。"第3页。
② 广西桂林图书馆、广西通志馆资料室：《广西地方文献目录》（下册）记载："《葩经念本》，抄本，1册。"第304页。
③ 中国科学院图书馆：《续修四库全书总目提要·经部》，第384页。
④ 夏传才主编：《诗经学大辞典》下，河北教育出版社，2014年，第1545页。

同者，总系从钦定二书录出，为学人多识之资，未敢擅以己意去取，阅者详之。①

全书奉《诗经传说汇纂》与《诗义折中》为准绳，体例与《诗经精华汇钞》全同，"惟所钞间采近儒之说，又彼书止载御案，此则兼及《折中》，是其微异者，其意主简要亦同"。② 首列纲领，载传诗渊源，并引班固、孔颖达、王通、陆德明、郑樵、程大昌等辨《诗序》之说，而以御案为终。篇中先《集传》，次《集说》；其释《集传》则标"释传"二字，附于《集传》之后，其从他书辑入者，别以"附存"二字；御案语全载之，他说则多节录，或但录其断制之词；间下己见，标曰"窃疑"；每篇后又有总论。其篇目繁多，顾《续修四库全书总目提要》说"篇中每章之下，标目猥多，有集传、释传、折中、御案、集说、附录、附存诸目，又有总论"。③ 对其节要的目的和动机，作者在《诗经精义汇钞序》有明确阐述：

> 自古教人之法，《诗》为首重，见于《论语》及传记中者，言之备矣。顾其辞吟咏而出，未尽显言其事，后人以意逆志，盖亦难之。自汉以来，训诂家参差互异，虽经朱子《集传》约其指归，后儒仍有异议者，论说众则别择愈难，非可以浅见窥也。我朝经学昌明，既有《钦定传说汇纂》极其精详，又有《钦定诗义折中》归于简要，有志之士博综约取，奚俟他求哉。第其卷帙重大，未能家有其书。学者案头

---

① （清）陆锡璞：《诗经精义汇钞》，道光二十年（1840）大盛堂发兑，日本内阁文库藏书本。
② 中国科学院图书馆：《续修四库全书总目提要·经部》，第384页。
③ 中国科学院图书馆：《续修四库全书总目提要·经部》，第384页。

所存，多系坊间浅俗解本，《集传》外类无甚精义。其矜言博涉者，又或徒趋汉学，曼衍支离，于经旨究少融洽之处，窃尝病之。不揣固陋，撮录钦定两书精要语汇为一编，间亦取近出经解附入，持与同人讲习。诸友因谋付之梓，窃维著述固非易事，而此辑前人之训释，奉御纂为准绳，视浅俗支离者不同，卷帙无多，便于研究，藉众力以刊行之，于学人未尝无补也。夫《诗》之为益，其大者使人事理通达、心气和平。其绪余所及，足以广见闻、辨名物，皆于是乎在，学之者其可苟焉已哉。兹编辑于丙申之岁，仅数阅月，诚不免于缺漏。笃学之士晰其大略，尤详究钦定全书以穷其蕴，优游厌饫，当有实益于身心者。从此敷之文辞，原原本本，异于浅俗支离之学，又不待言矣。刊既竣，弁数语于卷端，冀识者有所取择云。道光十八年戊戌岁仲夏月龙川陆锡璞谨叙于平南学署。①

《续修四库全书总目提要》认为该书汇辑之意多，而创意、发挥少，"其云偶有管窥，则用窃疑二字，未敢自以为是也。虽有此说，盖不多见，适成其为汇钞而已。"② 对陆锡璞所说"其矜言博涉者，又或徒趋汉学，曼衍支离，于经旨究少融洽之处，窃尝病之。"③ 理解为陆氏"斥汉学为曼衍支离"，批评说"可云不自量矣"，④ 则未为中允。《续修四库全书总目提要》、罗志欢《岭南历史文献》、夏传才主编《诗经学大辞典》、宁宇《清代诗经学》、姜亮夫《先秦诗鉴赏辞典》、蒙起鹏《广西近代经籍志》、

---

① （清）陆锡璞：《诗经精义汇钞》，道光二十年（1840）大盛堂发兑，日本内阁文库藏书本。
② 中国科学院图书馆：《续修四库全书总目·经部》，第384页。
③ 中国科学院图书馆：《续修四库全书总目·经部》，第384页。
④ 中国科学院图书馆：《续修四库全书总目·经部》，第384页。

《广西省述作目录》、《广西通志》、《日本藏先秦两汉文献研究汉籍书目》、《贵州省古籍联合目录》等有著录。

四卷。

存。《广西近代经籍志》《诗经学大辞典》载"未见",不确。主要版本有:(1)道光十八年(1838)刊本。《续修四库全书》收入,中国科学院图书馆整理《续修四库全书总目提要》载录:"《诗经精华汇钞》二十八卷,道光十八年刻本。"又载:"《诗经精义汇钞》,四卷,道光戊戌刊本。"① 国家图书馆、北大图书馆、社科院图书馆等有藏。又,陈琳主编《贵州省古籍联合目录》载:"《诗经精义汇钞》四卷,卷首一卷。"② (2)道光十八年平南武城书院活字本。八册,北大图书馆、吉林大学图书馆有藏,江苏图书馆藏重刊本。(3)道光十八年桂林三新堂刻本。③ 但没有收藏地载录。(4)道光二十年大盛堂刊本④。日本内阁文库藏,⑤ 封面有"内阁文库"标签,十二册一函,四卷,第一至五册为卷一,六至九册为卷二,九至十一册为卷三,十二册为卷四。日本内阁文库、复旦图书馆有藏。(5)《广西省述作目录》记载,故宫博物院图书馆存清道光本。⑥ 具体刊刻年还需进一步查证。(6)清道光十八年刻本。四册,藏重庆图书馆。

---

① 中国科学院图书馆:《续修四库全书总目提要·经部》记载:"《诗经精义汇钞》四卷。"第384页。
② 陈琳主编:《贵州省古籍联合目录》,第1336页。
③ 广西壮族自治区地方志编纂委员会编:《广西通志·出版志》,第499页。
④ 按:夏传才主编《诗经学大辞典》载录:"《诗经精义汇钞》,四卷,首一卷,陆锡璞撰。《续修四库全书总目提要》著录,道光十年(1830)刊本,存日本内阁文库。"(第1531页)宁宇著《清代诗经学》沿袭其说。该说不确。陆锡璞《自序》成于道光十八年戊戌岁仲夏月,书刊成不当早于该年。现存日本内阁文库本为道光二十年大盛堂发兑。
⑤ 刘毓庆、张小敏:《日本藏先秦两汉文献研究汉籍书目》记载:"《诗经精义汇钞》四卷,清陆锡璞撰,内阁文库藏,清道光二十年刊本。"三晋出版社,2012年,第94页。
⑥ (民国)广西统计局:《广西省述作目录》,第2页。

这个四册本与北大图书馆等所藏四卷本是否为同一版本，待查。

## 诗经草木解　　清·黄蕴锦撰

黄蕴锦，生卒年不详，字六梅，广西贵县人。父黄鳌峰，乾隆年间人，道光五年（1825）乙酉拔贡，终生教书为业。著《诗经草木解》《诗文集》。（同治）《浔州府志》、（民国）《贵县志》等有小传。

《诗经草木解》。类似于陆机《毛诗草木鸟兽虫鱼疏》，是一部考据之作。

卷次不详。

佚。（同治）《浔州府志》载稿本，未刊；（民国）《贵县志》著录有稿本，① 今佚。

## 诗经大义　　清·闵光弼撰

闵光弼，生卒年不详，号鹤雏，广西临桂人。道光十五年（1835）乙未举人，曾官湖南清泉知县、桑植知县、祁阳知县、永定知县、湘阴县代理知县等职。著有《诗经大义》。生平事迹参见（同治）《浔州府志》、（同治）《桑植县志》、（同治）《祁阳县志》、（同治）《永顺府志》、（同治）《续修永定县志》、（光绪）《临桂县志》、（光绪）《湘阴县图志》、（民国）《祁阳县志》。

龙启瑞在《复闵鹤子书》中论及《诗经大义》时说：

---

① （民国）欧仰羲修，梁崇鼎等纂：《贵县志》卷一二，第748页。

鹤子仁兄足下：递中辱奉手书，并惠读《诗经大义》第一卷，快慰之至！计维兴居康胜，课士之余，得以经籍自娱。大著一编，实能好学深思，窥见古诗人之意旨。大约考古而不泥于古，从今而不蔽于俗。所谓《诗》之失愚者，此宜可以免焉。某学植寡陋，于是经无能为役。意有所疑，或可以匡助于足下者，辄逐条注于简端，伏候采择……向拟辑为一书，以朱子《集传》大旨标举于各章之下，复引小序而下汉儒专门之说附焉，使学者知《集传》之外古说诗者之家法如是，又可知朱子慎择之意之所存，名曰《诗经今义证》。牵于人事，又治他书，未卒业，故不暇及。今读足下书，大足以起发鄙意，故不耻浅露而自竭其说焉。①

其治《诗》以毛郑为主，但于朱熹《诗集传》亦有所取择、有所辨析，有融通汉宋之旨。朱琦《诗经大义后序》曰：

　　吾乡经学，自汉魏陈长孙父子始，然皆治《春秋》而不及《诗》……及国朝蒋光昌、麦士奇，治《礼》则陆川庞希睿、全州陈宣，而皆不及《诗》。其善说《诗》者，惟阳朔唐瑄一人，而平乐李志亦有《葩经约旨》一卷，盖治《诗》者之难其人如此……吾友闵君喜言诗，尤笃信《诗序》，琦尝笑谓闵君："吾乡治经者不乏，独治《诗》者少耳。以予所闻，近代惟唐、李二君，今至子而三矣。"后与别，京师又数年，予假归，闵君亦自某州学归。问其所业，则出《诗大义》若干卷。予取而视之，其说大抵申明《序》

---

① （清）龙启瑞：《龙启瑞集》卷六"外集"，见潘琦主编《广西历代文献集成》，《龙启瑞集》第1册，广西师范大学出版社，2015年，第288—290页。

义，自毛传讫朱子止，旁及杂家，而尤详于唐以前，引据赅洽，断以己意。闵君自言："吾所学虽本之大小《序》，然于《序》所不合者，不强为牵附，至于朱子之说，有未安者，必虚己辨析，不敢如今之考订家妄肆诋毁。"郑梦白中丞尝称其书为毛郑功臣，又于宋儒不相牴牾，为得古人说《诗》之意，既为之序而张之矣。而予更为考吾乡经学源委，及历代说《诗》者异同附之简末，以为治经者劝云尔。①

《广西近代经籍志》《广西省述作目录》归于经部。《广西地方文献目录》亦有著录。

卷次不详。朱琦说"临桂闵某有《诗经大义》，数卷"。②

未见。《广西近代经籍志》载"未见"，③《广西省述作目录》未著录存佚。

## 礼 类

共十一部，存六部，未见二部，佚三部。明未见一部，佚三部；清存六部，未见一部。其影响比《书》类、《诗》类大。所存陆锡璞《礼记精义钞略》《仪礼精义钞略》《周官经义钞略》三部，分别被故宫博物院图书馆、桂林图书馆、贵州省图书馆收藏；朱琦《读缁衣集传》，《续修四库全书总目提要》载录传抄

---

① （清）朱琦：《怡志堂文初编》卷五，见《续修四库全书》第1530册，第225页。
② （民国）黄占梅等修，程大璋等纂：《桂平县志》卷三六，民国九年（1920）铅印本，第1555页。
③ （民国）蒙起鹏：《广西近代经籍志》，第8页。

本。其学术价值以程大璋《王制通论》《王制义按》为最，既有训诂名物、辨章学术的严谨探讨，又有古为今用、托古改制的经世致用，在当时产生了一定的影响。

## 礼经意旨　明·陈宣撰

陈宣，生卒年不详，广西全州人。正统九年（1444）甲子举人，授澄迈教谕，转高州府训导，成化十四年（1478）升扬州府教授，著有《礼经意旨》《续貂集》。生平小传见（正德）《琼台志》、（万历）《高州府志》、（康熙）《广西通志》、（康熙）《桂林府志》、（康熙）《全州志》、《粤西文载》、（雍正）《广西通志》、（乾隆）《全州志》、（嘉庆）《广西通志》、（嘉庆）《全州志》、（嘉庆）《扬州府志》、（光绪）《广西通志辑要》、（民国）《全县志》、《寻觅全州先贤》等。

《礼经意旨》。大抵阐释、探讨礼经的旨意，（嘉庆）《广西通志》、（光绪）《广西通志辑要》、《广西省述作目录》、《广西历代经籍志》将之归入经部的礼类。（万历）《高州府志》、（嘉庆）《广西通志》、（嘉庆）《扬州府志》、（光绪）《广西通志辑要》、（民国）《广西通志稿》、《广西省述作目录》有著录。

卷次不详。

佚。见《粤西文载》，（嘉庆）《广西通志》、（光绪）《广西通志辑要》、《广西历代经籍志》载"佚"，《广西省述作目录》载为"绝本"。

## 五礼古图　明·吕景蒙撰

吕景蒙，生卒年不详，字希正，一字修饬，广西象州人，弘治十七年（1504）举人。嘉靖七年（1528）升南京监察御史，因对官场的腐败敢"奏""劾"，被贬任州判。嘉靖十二年（1533）以直言谪为凤阳府颍州判官，<sup>①</sup>转河南汲县知县，后升为福建福州府通判，大理寺评事，俱未就。著有《五礼古图》一卷、《定性发蒙》十六卷、《象郡学的》十六卷、《藏用集》三十卷，编有（嘉靖）《柳州府志》十六卷、（嘉靖）《颍州志》二十卷。《国榷》、《南京都察院志》、《大明一统名胜志》、（万历）《广西通志》、（万历）《开封府志》、（万历）《金华府志》、（康熙）《广西通志》、（雍正）《广西通志》、（雍正）《河南通志》、（乾隆）《江南通志》、（乾隆）《颍州府志》、（乾隆）《柳州府志》、（乾隆）《象州志》、《粤西文载》、（嘉庆）《广西通志》、（道光）《阜阳县志》、（同治）《象州志》、（光绪）《广西通志辑要》、（光绪）《重修安徽通志》、（民国）《象县志》等载有生平小传。

《五礼古图》。为三礼图总图之作，《万卷堂书目》《授经图义例》《国史经籍志》《千顷堂书目》等皆归入经部礼类。朱睦㮮《授经图义例》《万卷堂书目》、焦竑《国史经籍志》、黄虞稷《千顷堂书目》、《古今图书集成》、《明史》等有著录。

一卷。

未见。《万卷堂书目》<sup>②</sup>、《授经图义例》<sup>③</sup>、《国史经籍志》载"《五礼古图》，一卷"，《千顷堂书目》未著存佚，《元史艺文志辑本》载"佚"，<sup>④</sup>《广西省述作目录》《广西地方文献目录》《广西地方史志文献联合目录》等广西史志目录未有著述，也无馆藏记载。

---

① 吴海涛主编：《皖北文化研究集刊》第1辑，黄山书社，2009年，第168页。
② （明）朱睦㮮：《万卷堂书目》卷一，见《宋元明清书目题跋丛刊》（明代卷1），中华书局，1970年，第581页。
③ （明）朱睦㮮：《授经图义例》卷二〇，见《宋元明清书目题跋丛刊》（明代卷3），第579页。
④ 雒竹筼编著，李新乾编补：《元史艺文志辑本》，北京燕山出版社，1999年，第48页。

## 仪礼杂解　明·庞希睿撰

作者简介见《周易讲义》。

《仪礼杂解》。《仪礼杂解》一书，在广西礼学研究上的价值，大致可在朱琦《诗经大义后序》一文中窥见：

> 吾乡经学，自汉陈长孙父子始，然皆治《春秋》而不及《诗》。其后治《书》有全州文立缙，治《易》有灵川全赐、临桂张茂梧及国朝蒋光昌、麦士奇，治《礼》则陆川庞希睿、全州陈宣，而皆不及《诗》。[①]

（嘉庆）《广西通志》、（光绪）《广西通志辑要》、《广西通志稿》、《广西省述作目录》、《广西历代经籍志》等归入经部。

卷次不详。

佚。从朱琦《诗经大义后序》记载可知，《仪礼杂解》曾流行于世，《陆川县志》有载，明季兵燹散失。（嘉庆）《广西通志》、（光绪）《广西通志辑要》、《广西通志稿》、《广西历代经籍志》曰"佚"，[②]《广西省述作目录》载"绝本"。[③]

## 丧礼仪节　明·赵雍节略

赵雍，生卒年不详，字国重，号石台，广西崇善人，明末清

---

[①] （清）朱琦：《怡志堂文初编》，见《续修四库全书》第1530册，第225页。
[②] 彭子龙：《广西历代经籍志（汉—明）》，广西师范大学出版社，2016年，第454页。
[③] （民国）广西统计局：《广西省述作目录》，第1页。

初人,岁贡生。卒,祀乡贤。著有《丧礼仪节》等,可惜散佚不见。(雍正)《广西通志》、(雍正)《太平府志》、(嘉庆)《广西通志》、(民国)《崇善县志》等有小传。

《丧礼仪节》。作于赵雍丽江司训任上,"常念丽江丧祭过侈,乃取考亭《家礼》,视土俗所宜,斟酌损益,编次成书,名《丧礼仪节》。梓之以示乡人,乡人翕然从之"。① 该书对《朱子家礼》进行了删减、改编,是一种从俗、从时、从简的变通本,是一本有关移风易俗的政教之书。

卷次不详。

佚。最早见于(雍正)《太平府志》,(雍正)《广西通志》、(嘉庆)《广西通志》、(民国)《崇善县志》等著"佚"。

## 礼记精义钞略　清·陆锡璞辑要

作者简介见《易经精义钞略》。

《礼记精义钞略》②。成书于清道光二十年(1840),贺长龄于道光二十四年重刊。贺氏重刊本首有善化人贺长龄于道光二十四年及作者于道光二十年撰的序各一篇,次列《礼记》卷目,是陆锡璞所作《七经精义钞略》之一,辑要《钦定礼记义疏》而成。乾隆十三年(1748)纂《钦定礼记义疏》,"广采说《礼》诸家,于郊社、乐舞、裘冕、车旗、尊彝、圭鬯、燕饮、飨食以及月令、内则诸名物,皆一一辩订,即诸子轶闻,百家杂说,可以参考古制者,亦详征博引,曲证旁通。其辩说则多采宋儒之说,

---

① (清)甘汝来等纂修:《太平府志》卷三五,清雍正四年(1726)刻本。
② 按:或作《礼记精义汇钞》,或作《礼记精义》,道光二十七(1847)重刊本作《礼记精义钞略》,今从。

以补郑注所未备。"① 陆锡璞《礼记精义钞略》选取《钦定礼记义疏》，是因为此书与其他"是非淆乱异"②，是潜心实学、穷经之人应该深究之书，作者在序言中阐述了辑要的目的：

> 今此小戴所传，虽非先王制作本经，而微文大义迭出散见。庄坐而研穷之，切己而体验之，其裨益于身心者，可胜言哉。若乃安于固陋，或节读删本，或略观句解，苟且应场屋用，不求诸学问之实，是买椟还珠之见也。抑或侈新奇炫博奥，于群书多涉及之，而于此反以为非圣人本经，不欲深究，则轻重失其伦，非求实得于身心者耳……撮录先儒之解，为学人讲习之资，冀皆不诬于是非淆乱之说，而有实获于身心之效，高明者鉴此微忱，庶不以妄作为余罪也夫。③

对该书的整体结构及如此架构的目的，陆锡璞在序中也作了详细的阐述：

> 今本先儒之意，拟为读经次序。仍旧以《曲礼》为首，此学礼入门之始基。次《少仪》，次《深衣》《玉藻》，以其多与《曲礼》相仿也。次《内则》，次《文王世子》，以其事多切近也。次《学记》，言考业之要。次《儒行》，言行谊之实。次《经解》，则言达之于政也，由是及《哀公问》《仲尼燕居》《孔子闲居》，多关乎经世宰物之大。又及《坊记》《表记》《缁衣》，博涉乎人情世故之繁。次及乎《乐记》，次

---

① 罗志欢：《中国丛书综录选注》下，第540页。
② （清）陆锡璞：《礼记精义钞略》，见《稀见清代四部辑刊》第9辑第18册，经学文化事业有限公司，2016年。
③ （清）陆锡璞：《礼记精义钞略序》，见《稀见清代四部辑刊》第9辑第18册。

及乎《礼运》《礼器》，而礼之源流，观其会通矣。次及乎《郊特牲》《祭法》《祭义》《祭统》《大传》，皆言祭礼。次及乎《冠义》《昏义》《乡饮酒义》《射义》《燕义》《聘义》，皆言吉礼，其以《投壶》附于《射义》之后，为其与射相类也。由是及乎丧礼，则自《奔丧》《问丧》《服问》《间传》《三年问》五篇，皆仍其旧之次。次及乎《丧大记》《丧服小记》，则以大小为先后也，《曾子问》穷其变又后之，《杂记》又后之。《丧服四制》后人之所掇辑，非小戴本中所有，故又后之。《檀弓》所言亦多丧礼，而杂出传闻，多不可信，故以殿于丧礼之后。至于《明堂位》《王制》《月令》则后儒之书也，故属之集末焉，以此连类而及于诵读讲贯为较易。然不敢没古昔相传之次，故以旧称第几者标于各篇之首，而以今拟第几者注于下，每篇自为一册，读者可各从其便焉。诠释取其简明，于先儒之言有所去取，皆本之《钦定义疏》中。①

其节要先列经文，用大字特出；下以双行小字加以注解。注解首先注音，于经文注音，用反切；其次解释经文，抄汇"朱子曰""御案云""陈氏祥道曰""徐氏师曾曰""疏云""注云"等有关语句于经文之下，全书抄录颇精练，言辞简明。②《广西近代经籍志》《广西省述作目录》归入经部，《广西地方文献目录》归入社会科学。《广西近代经籍志》《广西省述作目录》《广西文献名录》《广西地方文献目录》《贵州省古籍联合目录》等有著录。

十卷。

存。蒙起鹏《广西近代经籍志》载未见，不确，存。主要版

---

① （清）陆锡璞：《礼记精义钞略序》，见《稀见清代四部辑刊》第9辑第18册。
② 广西壮族自治区图书馆、广西壮族自治区桂林图书馆合编：《广西文献名录》，第377页。按：《广西文献名录》书名题为《礼祀精义钞略》。

本有：(1) 清道光二十四年（1844）宝翰楼刻本。陈琳主编《贵州省古籍联合目录》有载，十卷，十册。① (2) 清道光二十七年大盛堂重刊本。《广西地方文献目录》载录：《礼记精义钞略》十卷，大盛堂藏版，道光二十七年，线装，一部八册十卷，今桂林图书馆有藏。② 2016 年台湾经学文化事业有限公司据道光二十七年大盛堂刻本影印《礼记精义钞略》。此本国家图书馆、③ 天津图书馆有藏。又据陈琳主编《贵州省古籍联合目录》记载，贵州省存清道光二十七年重刻本，八册。④ (3) 清末刻本。陈琳主编《贵州省古籍联合目录》载，五册，贵州图书馆存；⑤ 又载，佚名撰，七册，贵州图书馆存。⑥

## 仪礼精义钞略　　清·陆锡璞辑要

作者简介见《易经精义钞略》。

《仪礼精义钞略》⑦。为陆锡璞所作《七经精义钞略》之一，辑要于《礼记精义钞略》之前，即道光二十年（1840）之前。《广西近代经籍志》《广西省述作目录》有著录。

五册。

存。蒙起鹏《广西近代经籍志》载"未见"，不确。主要版本有：(1) 陈琳主编《贵州省古籍联合目录》载录《仪礼精义钞略》，清末刻本，存，三册，但未署作者名，没有卷次。(2) 清

---

① 陈琳主编：《贵州省古籍联合目录》（上册），第 26 页。
② 广西桂林图书馆、广西通志馆资料室：《广西地方文献目录》（下册），第 295 页。
③ 林登昱主编：《稀见清代四部辑刊》第 9 辑。
④ 陈琳主编：《贵州省古籍联合目录》（上册），第 26 页。
⑤ 陈琳主编：《贵州省古籍联合目录》（上册），第 26 页。
⑥ 陈琳主编：《贵州省古籍联合目录》（上册），第 26 页。
⑦ 按：《广西省述作目录》题名《仪礼精义钞略》，《广西近代经籍志》题名《仪礼精义》，今从前者。

道光本。藏于故宫博物院图书馆，《广西省述作目录》著录。
(3)清刻本。五册，存五卷（卷二至六），乐平市图书馆藏。

## 周官经义钞略　　清·陆锡璞辑要

作者简介见《易经精义钞略》。

《周官经义钞略》①。为陆锡璞所作《七经精义钞略》之一，为乾隆十三年（1748）《钦定周官义疏》的辑要本。《广西近代经籍志》《广西省述作目录》有著录。

六册十一卷。

存。蒙起鹏《广西近代经籍志》载"未见"，不确。清道光二十六年（1846）刻本，半叶九行，行二十六字，小字双行，黑口，四周双边，天津图书馆藏。又据《广西省述作目录》记载，清道光本，藏于故宫博物院图书馆，② 但未标明确切年份。

## 读缁衣集传　　清·朱琦撰

朱琦（1803—1861），字濂甫，号伯韩，广西临桂人。道光十五年（1835）进士，改庶吉士，由翰林院编修补福建道御史，性刚毅，屡上书论政，以直言敢谏与苏廷魁、陈庆镛称"谏垣三直"。③ 道光二十六年辞官南归，主持桂山、孝廉、秀峰书院。咸丰十年（1860），王有龄抚浙，次年令朱琦总办团练。太平

---

① 按：《广西省述作目录》题名《周官经义钞略》，《广西近代经籍志》题名《周官精义》，今从前者。
② （民国）广西统计局：《广西省述作目录》记载："《周官精义钞略》，陆锡璞，灌阳，清道光，故宫图书馆存。"第2页。
③ （清）方宗诚：《朱伯韩先生传》，见《清代碑传全集》（上册），上海古籍出版社，1987年，第1218页。

军攻杭州,朱琦督守清波门,城陷而死。赠太常寺卿,予骑都尉世职,祀昭忠祠。有《怡志堂诗集》《怡志堂文集》等传世。清徐世昌《清儒学案》、黄嗣东《道学渊源录》、刘师培《清儒得失论》和史革新《程朱理学与晚清"同治中兴"》皆列他为广西理学代表人物之一。《清史稿》《清史列传》等均有传,郑献甫《朱伯韩侍御小传》对朱琦评价说:"在词馆时以诗与张亨甫、何子贞齐名;在谏垣时以直言与陈颂南、苏赓堂齐名,在本籍时又以文与吕月沧、龙翰臣齐名。"①

《读缁衣集传》。该书是对明黄道周《缁衣集传》的节略,并附于《缁衣集传》后。朱琦一生行事,深受理学影响,《读缁衣集传》沿袭宋学之路,发挥义理。《续修四库全书总目提要》称:

> 黄忠烈《集传》引《易·系传》"易知简能"及《论语》"易事难说"为证,其《集传》历考汉唐以下刑制,谓刑不烦由于省刑,此未尽然。自秦以后,专恃刑为治,举先王之法尽坏之,由汉历元明数千年而莫之复。民之好恶,日失其性,而多惧于刑辟;上之好恶,又与民相反。枉直乖错,而民不服;民不服,则虽威以刀锯斧钺而莫能胜,刑乌得不烦?子思子述《缁衣》,举要以明之,与《坊记》《表记》同为论学论治之要,故记礼者,次《中庸》之后。郑氏曰:"君不苛虐,臣无奸心,则刑可以措。"斯言尽之。琦与伊子遇夔,重加商榷,于《集传》稍节繁复,并采史传及先儒之说,别为论次,附卷后。而伊子又仿皇侃《表记》推寻义脉,分为七支云云。按《明史·艺文志》有黄道周《缁衣集传》二卷,是书又有所删节加增,皆以君民一体、上下一心

---

① (清)郑献甫:《补学轩文集外编》卷四,见潘琦主编《广西历代文献集成》,《郑献甫集》第9册,第58页。

为主，既以裨补君德，又以消弭乱源，用心殊苦。黄氏仕明启祯以至弘光，亲见时君苛察之弊、乱亡之本，不惜放言昌论，为箴废之剂、不死之药。如于《集传二》引司马光《稽古录序》；《集传三》引范祖禹及程子之说；于《集传四》引陆贽令群下言事之疏；《集传五》引魏徵之疏、朱子之言；《集传七》引贾谊、方苞之说，谓贾生论取舍过在上，其词激；方氏原人在下，其言痛，皆可以阐明经义，究极世变。此外或以史证经，或以今解古，均有至理；而于《集传十四》，言欲取《司马法》补军礼，而备引《孙子》、《荀子》诸说，尤足为治军者龟鉴。又按：郑注于《甫刑》一节下，注：三苗治民，不用政治，专制之以严刑，由是民皆背畔，三苗见灭；又"小人溺于水，民闭于人，而有鄙心"注：人君敬慎以临之则可，若凌虐而慢之，分崩离畔，君无所尊，亦如溺矣，此即角、巢、闯、献畔乱之源。郑注所明，已极悚切。是书则更畅发意义。近如英法之变法，亦迭因仇君而起，足征理有相同，朱氏所见固非寻常解经者所能知。黄氏尤痛崇祯之自用，故往复言之。《隋书·音乐志》言梁沈约奏汉初诸儒编礼，"《中庸》《表记》《坊记》《缁衣》皆取《子思子》"。陆氏《经典释文》又谓刘献云："公孙尼子作《缁衣》。"盖各据所传而言。实则《缁衣》之作，当本宣圣，沈约时《子思子》一书尚未全亡，似较《经典释文》为可信也。是书刊本，误以黄道周为黄忠端，《文选》李善注《四子讲德论》及张茂先《答何劭诗》，均以《缁衣》"民以君为心，君以民为体，昔吾有先正，其言明且清"为《子思子》，此更可证《缁衣》为子思子作。①

---

① 中国科学院图书馆：《续修四库全书总目提要·经部》，第582—583页。

一卷。

存。《续修四库全书总目提要》载存"传钞本",①《三礼研究论著提要》② 有提要。

## 礼记集观　清·王师说撰

王师说,生卒年不详,清人,灌阳人。余则不详。
《礼记集观》。仅见于《广西省述作目录》,归入经部。
卷次不详。
未见。《广西省述作目录》未著录存佚。③

## 王制通论　清·程大璋撰

程大璋(1873—1925),原名程式谷,字子良,广西桂平人。举人,分发江苏任知县。不久,弃官从学。光绪三十三年(1907)致力于桂平办学。民国二年(1913)为众议院议员,民国十年继任国会议员,之后因收受曹锟贿赂退出政坛,民国十四年病逝。著有《王制通论》《王制义按》《经学通论》《春秋讲义》《礼记各篇书后》《曲礼注疏摘要》《左传略释》《史记经义》《汉书艺文志书后》《子学论纂》《说文部首演解》《无终始斋诗文集》等,纂修《桂平县志》。生平事迹见(民国)《来宾县志不分卷》、(民国)《桂平县志》、(民国)《贵县志》等。

《王制通论》。《王制》是《礼记》中的一篇,早在两汉时期,《王制》被视为孔子垂法改制的作品,渗入了大量的政治理念。

---

① 中国科学院图书馆:《续修四库全书总目提要·经部》,第582页。
② 王锷:《三礼研究论著提要》,甘肃教育出版社,2001年,第624页。
③ (民国)广西统计局:《广西省述作目录》,第2页。

康有为对《王制》极为关注，称"《礼记·王制篇》大理物博，恢恢乎经纬天人之书。其本末兼该，条理有序，尤传记之所无也"，① 因此康有为仿效宋儒从《礼记》中抽取《大学》自成一书的做法，提出要将《王制》独立出来："《礼记》义理博大，皆七十子之说，孔子之微言大义多存焉。《大学》之教，义理精美；《王制》之法，经世条备。其博大弘深，首尾毕举，则一也。宋儒精于义理，独拔出《大学》以教士，而《王制》尚杂《戴记》中，又多错简，或记注杂出。今考定经文条理秩序，因与门人东莞张篁溪，集周、汉传说证明之，使孔子经世之学一旦复明于天下。"② 他还一再向门人宣讲《王制》的微言大义，为开展维新变法制造理论依据，为引进西方政制寻找历史资源。作为康氏门人，《王制通论》说《王制》为孔子作，《王制》之制即春秋之制；并讲到孔子作《王制》之时势，《王制》之中央集权义，制限君权义，分权于民，平民族阶级，普及教育，改良事业，均民贫富，裁制神权等；还谈到了《王制》所以缺立法权的原因。《王制》之义有为今日所当行者，其既有训诂名物、辨章学术的严谨探讨，更有通经致用的政治诉求，把《王制》作为经世变法、托古改制的理论依据乃至现成方案。《广西省述作目录》归入经部。(民国)《桂平县志》、《广西省述作目录》等著录。

一卷。

存。作于光绪二十九年（1903）讲学广州时敏学堂时，民国十八年（1929）广州刊，收入邬氏《半帆楼丛书》，有民国刊本。

---

① （清）康有为著，乔继堂选编：《考定〈王制〉经文序》，见《康有为散文》，上海科学技术文献出版社，2013年，第195页。
② （清）康有为著，乔继堂选编：《考定〈王制〉经文序》，见《康有为散文》，第196页。

北京大学图书馆、北京师范大学图书馆、桂林图书馆、广西统计局等有藏。

## 王制义按　　清·程大璋撰

作者简介见《王制通论》。

《王制义按》。作者在书中指出，当时从东洋流入的一种研究理财学认为，凡是置办各种设施及推行新政，没有钱财都行不通；要推行新政就不能藏富于民。这种风气风靡全国，无人敢持异议，作者甚为担忧，特撰此书。书前有程大璋传记一篇，后附有邬庆时校勘记。《广西省述作目录》归入经部。（民国）《桂平县志》、《广西省述作目录》等著录。

三卷。

存。（民国）《桂平县志》卷四五载为《王制义案》，但卷三六载为《王制义按》，不知何故。三卷，"义按"为光绪二十九年（1903）讲学广州时敏学堂时所加，民国十九年（1930）广州刊，邬庆时校勘《王制义按》后刊刻出版，收入《半帆楼丛书》和《白坚堂丛书》中。北京大学图书馆、北京师范大学图书馆、桂林图书馆、广西统计局等有藏。

# 春秋类

共十一部，存四部，未见一部，佚六部。汉代佚三部；三国佚二部；清存四部，未见一部，佚一部。在两汉三国时期，广西的春秋类著述以陈钦、陈元父子为代表，学术成就高，影响大。可从晋到明这样一个漫长的历史时期里，被著录的春秋之作难以寻觅,其学术成就无从考察。直到清嘉道年间,陆锡璞的出现才接续上汉晋时期的研究,其后还有况澄、蒋启迪、周思宣、金熙坊等人的春秋研究。不过总体上看,成就不高,影响也不大。

## 陈氏春秋　汉·陈钦撰

陈钦(?—15),或作歆,西汉古文经学家,字子佚,或作子逸,广西苍梧人。汉成帝时被交州刺史以茂才荐举。① 到长安后被任为五经博士,封奉德侯,与当时另一大学问家刘歆齐名。不久,又获举荐为教育皇家子弟及族戚和掌管朝廷君臣祭祀宗庙礼仪的太常官员。建平元年(前6),西汉爆发第一次今古文经大争论,陈钦完全赞同刘歆等三人论点。始建国二年(10)十二月,王莽命陈钦率军出征匈奴,驻云中(今内蒙古托克托)。始建国四年,陈钦上奏朝廷:"犯边者皆孝单于咸子角所为。"② 建议处死咸之子登,王莽怒斩登于长安。天凤元年(14)秋,汉匈和好,王莽将陈钦免职并调回长安。天凤二年二月,王莽将杀登之责推给陈钦,以他罪系狱,钦曰:"是欲以我为说于匈奴也。"③ 遂自杀。陈钦邃于春秋之学,著有《陈氏春秋》,东汉赵岐说:"元传《左氏》,远在苍梧。"④ 生平事迹见载于《汉书》、《论衡》、《后汉书》、(崇祯)《梧州府志》、《经义考》、(雍正)《苍

---

① 按:陈钦通过的荐举科目,历史上有三种说法:一是清郝浴主修(康熙)《广西通志》持"孝廉"说,二是金鉷主修(雍正)《广西通志》"贤良方正"说,三是吴九龄主修(乾隆)《梧州府志》与蒯光焕等主修(咸丰)《苍梧县志》"成帝时举茂才"说。根据陈钦到京后的经历看,唐志敬认为陈钦于西汉成帝建始年间被荐举为茂才之说较有说服力,今从其说。
② (汉)班固:《汉书》卷九九,第4128页。
③ (汉)班固:《汉书》卷九九,第4139页。
④ (宋)王象之:《舆地纪胜》卷九四,第2307页。

梧志》、(嘉庆)《广西通志》、(光绪)《广西通志辑要》、(民国)《广西通志稿》等。

《陈氏春秋》。初，陈钦治今文经学①，但之后不久，他就从黎阳（治所在今河南浚县东）人贾护（哀帝时待诏为郎）学习古文经《左氏传》，著《陈氏春秋》一书，以阐述自己的古文经学见解。从其赞同刘歆的观点可窥见其经学思想：一是对孔子经书，认为不能死守秦灭后残缺不全的今文经，排斥古文经，而应容许各学派并存，开放经学；二是要出诸公心，考察实情，服从真理，不要党同伐异，"雷同相从，随声是非"；②三是不搞烦琐治学，"分文析字，烦言碎辞，"③也不要死守家法、不究事实而随意非古，主张用《左氏传》去解释《春秋》文章的大意，因繁就简，别其一格。《广西省述作目录》归入经部，④《广西历代经籍志》归入经部"春秋类"。⑤

卷次记载不一。《后汉书》注无卷数记载，《隋书·经籍志》和《新唐书·艺文志》无著录，说明此书亡佚已久。(万历)《广东通志》卷六三载"一卷，今亡"。(崇祯)《肇庆府志》载"十卷"。对于"十卷"说法，(道光)《广东通志》说："《黄志》作十卷。按语：《隋书·经籍志》未有著录，则其亡佚已久，《后汉书》著录，亦无卷数，不知黄氏何据载录为十卷。"⑥

佚。(嘉庆)《广西通志》载"《陈氏春秋》，见《后汉书》

---

① 注：武帝采纳董仲舒"罢黜百家，独尊儒术"建议后，立《诗》（鲁、韩二家）、《书》（欧阳）、《易》（施、孟二家）、《礼》、《春秋》（公羊）五部，名曰"五经"。建元五年（前136）立五经博士。凡阐发、训诂这些儒家经典的，就叫做经学。
② （汉）班固：《汉书》卷三六，第1970页。
③ （汉）班固：《汉书》卷三六，第1970页。
④ （民国）广西省统计局：《广西省述作目录》，第1页。
⑤ 彭子龙：《广西历代经籍志（汉—明）》，第26页。
⑥ （清）阮元修，陈昌齐等纂：《广东通志》，道光二年（1822）刻本。

注，佚"。① （光绪）《广西通志辑要》载"今佚"，《广西省述作目录》载为"绝本"。不存的主要原因或许是受王莽的株连，"以左氏授王莽"的陈钦，其人其事，被后世史家有意无意地遮蔽了，因而在史书中对他缺乏详细的记述。《后汉书》、《经义考》、（嘉庆）《广西通志》、（光绪）《广西通志辑要》、《广西通志稿》、《广西省述作目录》等均有载录。

## 左氏同异　　汉·陈元撰

陈元，生卒年不详，字长孙，广西苍梧人，陈钦之子。元少从父习《左氏春秋》，《后汉书·陈元传》载："少传父业，为之训诂，锐精覃思，至不与乡里通。以父任为郎。"② 陈元作为古文经学派代表，对《左氏春秋》的研究与桓谭、杜林、郑兴齐名，在全国的学术界有着相当大的影响，据《后汉书·儒林传》说：

> 及光武中兴，爱好经术，未及下车，而先访儒雅，采求阙文，补缀漏逸。先是，四方学士多怀协图书，遁逃林薮。自是莫不抱负坟策，云会京师，范升、陈元、郑兴、杜林、

---

① （清）谢启昆修，胡虔纂：《广西通志》卷二○六，第5408页。
② 陈元入仕的途径，历史上有三种说法：一是《后汉书·陈元传》的"以父任为郎"说；二是（嘉靖）《广西通志》、（万历）《广西通志》、（康熙）《广西通志》、（雍正）《广西通志》、（乾隆）《梧州府志》、（咸丰）《苍梧县志》等察举"明经说"；三是不清楚，（嘉庆）《广西通志》、（道光）《广东通志》以《后汉书·陈元传》不载为由，判为未知。从第一和第三种说法来看，"以父任为郎"较为可信。入仕的时间，也有两说：一是（嘉靖）《广西通志》说先举明经，东汉建武初又被征召入京为官，二是（雍正）《广西通志》、《梧州府志》、《苍梧县志》则称是"建武初举明经"。"建武初辟"可能是比较符合历史事实的，谢启昆、阮元拘于《后汉书》未载而简单地予以否定，未必得当。

卫宏、刘昆、桓荣之徒，继踵而集。①

建武四年（28）正月，尚书令韩歆提出设立《费直易》《左氏传》博士，光武帝命群臣讨论，今文派代表人物范升反对，表示可以缓议。对此，陈元《上疏难范升奏〈左氏〉不宜立博士》予以反驳：

> 陛下拨乱反正，文武并用，深愍经艺谬杂，真伪错乱，每临朝日，辄延群臣讲论圣道，知丘明至贤，亲受孔子，而《公羊》《穀梁》传闻于后世，故诏立《左氏》，博询可否，示不专己，尽之群下也。今论者沉溺所习、玩守旧闻，固执虚言传受之辞，以非亲见实事之道。《左氏》孤学少与，遂为异家之所覆冒。夫至音不合众听，故伯牙绝弦；至宝不同众好，故卞和泣血。仲尼圣德，而不容于世，况于竹帛余文，其为雷同者所排，固其宜也。非陛下至明，孰能察之！
> 臣元窃见博士范升等所议奏《左氏春秋》不可立，及太史公违戾凡四十五事。案升等所言，前后相违，皆断截小文，媟黩微辞，以年数小差，掇为巨谬，遗脱纤微，指为大尤，抉瑕摘衅，掩其弘美，所谓"小辩破言，小言破道"者也。升等又曰："先帝不以《左氏》为经，故不置博士，后主所宜因袭。"臣愚以为若先帝所行而后主必行者，则盘庚不当迁于殷，周公不当营洛邑，陛下不当都山东也。往者，孝武皇帝好《公羊》，卫太子好《穀梁》，有诏诏太子受《公羊》，不得受《穀梁》。孝宣皇帝在人间时，闻卫太子好《穀梁》，于是独学之。及即位，为石渠论而《穀梁氏》兴，至

---

① （南朝宋）范晔撰，赵一生点校：《后汉书》卷七九《儒林列传》上，第2545页。

今与《公羊》并存。此先帝后帝各有所立，不必其相因也。孔子曰，纯，俭，吾从众；至于拜下，则违之。夫明者独见，不惑于朱紫，听者独闻，不谬于清浊，故离朱不为巧眩移目，师旷不为新声易耳。方今干戈少弭，戎事略戢，留思圣艺，眷顾儒雅，采孔子下拜之义，卒渊圣独见之旨，分明白黑，建立《左氏》，解释先圣之积结，洮汰学者之累惑，使基业垂于万世，后进无复狐疑，则天下幸甚。

臣元愚鄙，尝传师言。如得以褐衣召见，俯伏庭下，诵孔氏之正道，理丘明之宿冤；若辞不合经，事不稽古，退就重诛，虽死之日，生之年也。①

此疏的意见十分尖锐强烈，光武帝再令群臣讨论。陈元与范升互相辩难达十余次之多，最后陈元辩胜，《左氏》学获光武帝允立，太常选博士四人，元为第一：

初，中兴之后，范升、陈元、李育、贾逵之徒争论古今学。②

建武初，〔陈〕元与桓谭、杜林、郑兴俱为学者所宗。时议欲立《左氏传》博士，范升奏以为《左氏》浅末，不宜立。元闻之，乃诣阙上疏曰……书奏，下其议，范升复与元相辩难，凡十余上。帝卒立《左氏》学，太常选博士四人，元为第一。③

---

① （南朝宋）范晔撰，赵一生点校：《后汉书》卷三六"郑范陈贾张列传第二十六"，第1229—1232页。
② （南朝宋）范晔撰，赵一生点校：《后汉书》卷三五"张曹郑列传第二十五"，第1208页。
③ （南朝宋）范晔撰，赵一生点校：《后汉书》卷三六"郑范陈贾张列传第二十六"，第1230—1233页。

可光武帝以陈元忿争，乃用司隶从事李封。会封病卒，《左氏》复废，立《左氏》学之事遂作罢。元以才高著名，辟司空李通府，为司空南阁祭酒。李通罢，元后复辟司徒欧阳歙府，数陈当世便事、郊庙之礼，不能用，以病去。年老，卒于家，著《春秋训诂》《左氏同异》，均已散佚。《隋书·经籍志》有《陈元集》一卷，亦注明为亡书，今所存陈元的文字仅有《后汉书·陈元传》中的三篇文章，它们是：《上言虏犯边》《上疏难范升奏〈左氏〉不宜立博士》《上疏驳江冯督察三公议》。《后汉书》卷三六、（嘉靖）《广西通志》卷四四、（万历）《广西通志》卷二七、（崇祯）《梧州府志》卷一五、（康熙）《广西通志》卷七六、（嘉庆）《广西通志》卷二六四、（同治）《苍梧县志》卷一五、（光绪）《广西通志辑要》卷一〇等并有传。

《左氏同异》。《补后汉书·艺文志》作"《春秋左氏同异》，一作《左氏同异》"，《经典释文》载"《左氏同异》"，《后汉书训纂》、（嘉庆）《广西通志》、（道光）《广东通志》、（道光）《肇庆府志》、（光绪）《广西通志辑要》、（民国）《广西通志稿》、（同治）《苍梧县志》作"《左氏异同》"。考辨《左氏春秋》与其他阐释《春秋》著述的异同，《广西省述作目录》归入经部，①《广西历代经籍志》②归入经部"春秋类"。

卷数不详。

佚。见《经典释文·叙录》，（嘉庆）《广西通志》、（光绪）《广西通志辑要》载"佚"，《广西省述作目录》载为"绝本"。

---

① （民国）广西省统计局：《广西省述作目录》，第1页。
② 彭子龙：《广西历代经籍志（汉—明）》，第28页。

## 春秋训诂　汉·陈元撰

作者简介见《左氏同异》。

《春秋训诂》。（同治）《苍梧县志》、（民国）《广西通志稿》作"《春秋左氏训诂》"。该书是对《春秋》进行文字训诂的研究，《广西省述作目录》归入经部，① 《广西历代经籍志》归入经部"春秋类"。② 《后汉书》、《经义考》、（嘉庆）《广西通志》、（光绪）《广西通志辑要》等有著录。

卷次不详。

佚。见《后汉书》，（嘉庆）《广西通志》、（光绪）《广西通志辑要》载"佚"，《广西省述作目录》载为"绝本"。

## 春秋经注　三国·士燮撰

士燮（137—226），字威彦，广西苍梧人。举茂才，迁交阯太守，安远将军，封龙度亭侯。建安十五年（210），孙权加为左将军，迁卫将军，封龙编侯。在郡四十多年，黄武五年（226），年九十卒。著有《士燮集》五卷、《春秋经注》十一卷、《公羊注》、《穀梁注》，又著《交州人物志》等，均佚，后世很少载录。《三国志》卷四九、《建康实录》卷一、《舆地纪胜》卷一〇八、郝经《续后汉书》卷一一及卷二五、《通志》卷一一九、《安南志略》卷七、《越峤书》卷三、《大明一统志》卷八四及卷九〇、《大清一统志》卷四四八及卷四六九、《万姓统谱》卷七四、《广舆记》卷二〇、（嘉靖）《广西通志》卷四四、（万历）《广西通

---

① （民国）广西省统计局：《广西省述作目录》，第1页。
② 彭子龙：《广西历代经籍志（汉—明）》，第27页。

志》卷二七、（崇祯）《梧州府志》卷一五、叶春及《石洞集》、（康熙）《广西通志》卷二七、（雍正）《广西通志》卷七六、《粤西文载》卷六八、（乾隆）《苍梧县志》卷二、（嘉庆）《广西通志》卷二六四、（同治）《苍梧县志》卷一五、（光绪）《广西通志辑要》卷一〇等并有传。

《春秋经注》。据本传记载，士燮少游学京城，从学于颍川刘子奇，治《左氏春秋》，袁徽《与尚书令荀彧书》对其学问尤为赞赏，其云：

> 〔士燮〕官事小阕，辄玩习书传，《春秋左氏传》尤简练精微，吾数以咨问传中诸疑，皆有师说，意思甚密。又《尚书》兼通古今，大义详备。闻京师古今之学，是非忿争，今欲条《左氏》《尚书》长义上之。①

此处表明，三国时候士燮注解《春秋》，还没有书名，直到《隋书·经籍志》著录"《春秋经》十一卷"，②《旧唐书·经籍志》《新唐书·艺文志》《经典释文》《通志·艺文略》《四库全书》，书名与《隋书·经籍志》同。元明载录何名，待考。清代书名多歧，朱彝尊《经义考》名"《春秋传注》"，姚振宗《三国艺文志》作"《春秋左氏经注》"，侯康《补三国艺文志》、（道光）《肇庆府志》、（同治）《苍梧县志》、《广西省述作目录》作"《春秋经注》"，（道光）《肇庆府志》、（道光）《广东通志》作"《春秋经》"，（光绪）《广西通志辑要》载为"《注春秋经》"。这是一部以注释方式阐说的经注经解著述，《广西省述作目录》归入

---

① （晋）陈寿：《三国志》卷四九，第1191—1192页。
② （唐）魏徵：《隋书》卷三二，中华书局，1973年，第928页。

经部,① 《广西历代经籍志》② 归入经部"春秋类"。后世学者对士燮治《左氏春秋》很是称赏,屈大均说:"汉议郎陈元以《春秋》《易》名家。其后有士燮者,生封川,与元同里,撰有《春秋左氏注》,陈国袁徽尝称其简练精微,有师说。"③

十一卷。《隋书·经籍志》有十一卷之说,《新唐书·艺文志》、(光绪)《广西通志辑要》沿袭其说,而清姚振宗《三国艺文志》作"十三卷",(崇祯)《肇庆府志》说"十卷",不知所据。

佚。见《三国志》本传,《新唐书·艺文志》、(嘉庆)《广西通志》、(道光)《广东通志》、(光绪)《广西通志辑要》等载为"佚",《广西省述作目录》载"绝本"。④

## 公羊穀梁注　三国·士燮撰

作者简介见《春秋经注》。

《公羊穀梁注》。《文献通考》说:"眉山李氏《古经后序》曰:《汉艺文志》有《春秋古经》一十二篇,《经》十一卷,隋、唐《志》同。《古经》十二篇十一卷者,本公羊、穀梁两家所传,吴士燮始为之注,隋氏载焉。"⑤《广西省述作目录》合两书为一书,题名为《公羊穀梁注》,归入经部。⑥ 该书是一部经注经解性质的著述,但其注解体例、方式等无从知晓。

卷次不详。

---

① (民国)广西统计局:《广西省述作目录》,第1页。
② 彭子龙:《广西历代经籍志(汉—明)》,第29页。
③ (清)屈大均:《广东新语》卷一一"文语",第320页。
④ (民国)广西统计局:《广西省述作目录》,第1页。
⑤ (宋)马端临:《文献通考》卷一八二,中华书局,2011年,第5373页。
⑥ (民国)广西统计局:《广西省述作目录》,第1页。

佚。《广西省述作目录》载"绝本",① 现不存。

## 春秋精义钞略　清·陆锡璞辑要

作者简介见《易经精义钞略》。

《春秋精义钞略》②。为陆锡璞《七经精义钞略》之一，辑要《钦定春秋传说汇纂》而成。

十六册。

存。清咸丰四年（1854）华元堂刻本。半叶十行，行二十八字，小字双行，黑口，四周双边，天津图书馆藏。又据《广西省述作目录》载，故宫博物院图书馆存清咸丰本，③ 但没标明刊刻年。

## 春秋属辞比事记补　清·况澄撰

况澄（1799—1866），字少吴，号西舍，笔名梅卿，况祥麟之子，广西桂林人。道光二年（1822）进士，历任户部主事、刑部员外郎、监察御史、给事中、陕甘乡试主考官，后官至河南按察使。工于诗词，尤精考证，著述丰富，有《西舍文遗篇》《粤西胜迹诗钞》《西舍诗钞》《杂体诗钞》《使秦纪程》《两论纂说》《广千字文》《春秋属辞比事记补》《说文征典》等。④ 生平事迹参见（光绪）《临桂县志》、（光绪）《江西通志》等。

---

① （民国）广西统计局：《广西省述作目录》，第1页。
② 按：《广西省述作目录》题名《春秋精义钞略》，《广西近代经籍志》题名《春秋精义》，今从前者。
③ （民国）广西统计局：《广西省述作目录》，第2页。
④ （清）吴征鳌等修，黄泌、曹驯等纂：《临桂县志》卷一九，清光绪三十一年（1905）刻本。

《春秋属辞比事记补》。萧山毛奇龄编有《春秋属辞比事记》，其书未全。况氏依毛氏体例，作本书补之，故名。全书二卷，上卷列有改元、即位、生子、立君、朝、聘、盟、会盟、侵、伐、会伐等目；下卷列有在、放、纳、居、奔、周王葬、诸侯卒、大夫卒、弑君、祭享、日食等目。每目之下，依照《春秋》时间先后，将史实排比编撰，目下又分细目。全书依目归类，将《春秋》史实排比，年份与事件联系，行文清晰。①（光绪）《临桂县志》、《广西近代经籍志》、《广西省述作目录》归入经部，《广西地方文献目录》归入综合性图书。②（光绪）《临桂县志》、蒙起鹏《广西近代经籍志》、《广西地方文献目录》、《广西历代文人著述目录 广西历代文人著述馆藏联合目录》、《广西文献名录》等有著录。

一册二卷。

存。（光绪）《临桂县志》载"二卷，存"，《广西近代经籍志》载"未见"，③《广西省述作目录》未注明存佚。④《广西地方文献目录》载桂林图书馆有藏，一册，手稿本，为《况氏丛书》的第五十七至五十八册。⑤

## 左绪论　清·蒋启迪撰

作者生平简介见《易解》。

《左绪论》。《广西省述作目录》归入经部。《广西省述作目

---

① 广西壮族自治区图书馆、广西壮族自治区桂林图书馆合编：《广西文献名录》，第41页。
② （民国）广西统计局：《广西省述作目录》，第3页。
③ （民国）蒙起鹏：《广西近代经籍志》，第8页。
④ （民国）广西统计局：《广西省述作目录》，第3页。
⑤ 广西桂林图书馆、广西通志馆资料室：《广西地方文献目录》（上册），第97页。

录》《广西通志》等著录。

卷次不详。

未见。见于(民国)《全县志》,《广西省述作目录》《广西通志》记载有清道光家刊本,现《全州历史人物著作目录》有载录。①

## 春秋释地考证　清·周思宣撰

作者简介见《禹贡地理考略》。

《春秋释地考证》。(光绪)《临桂县志》、《广西省述作目录》等归入经部。(光绪)《临桂县志》、《广西省述作目录》、《广西历代文人著述目录　广西历代文人著述馆藏联合目录》等有著录。

卷次不详。

佚。见于(光绪)《临桂县志》,《广西省述作目录》载"绝本"。②

## 春秋偶语　清·金熙坊撰

作者简介见《周易类象》。

《春秋偶语》。仅见于《广西省述作目录》,归入经部。

卷次不详。

存。见于《广西省述作目录》,广西统计局存抄本。

---

① 蒋钦挥主编:《寻觅全州先贤》,第416页。
② (民国)广西统计局:《广西省述作目录》,第2页。

## 春秋属比录  清·金熙坊撰

作者简介见《周易类象》。

《春秋属比录》。成书于咸丰十一年（1861）。该书封面题"春秋属比录"五字，接着就是金熙坊的序，《序》曰：

> 属词比事，《春秋》教也。故治《春秋》者，贵于精熟，方能比前后事而观之，以得圣人精意所在。然《春秋》编年纪事错综杂撰，非如他经文义联属，易于默识，王安石目为断烂朝报，以记诵难也。自来传《春秋》家，事挨《左传》，随文疏解，鲜有熟悉全经，默会二百四十二年之得此失彼，不能会通甚矣，治《春秋》之难也。余少好《左传》，及长，习《春秋》，既成诵，每日焚香默念一次，岁余不辍。初时寻讨以为圣人微显志晦，婉而成章，非《传》莫窥旨趣。熟复既久，先后义例粲若日星，絜此度彼，觉直书其事而善恶自见，始叹圣人作《春秋》，非为隐谜，不待传而自明也，如纪伯姬殉国之节，宋司马、司城守节保国，羽父、叔彭生无字之褒贬，叔孙婼之忠贤。昭定后之三家，叔氏乃叔盻之后，非叔孙氏，骰戾为叔氏司马，荣王命以褒成风，假天意以绝敬嬴，书用致以贬声姜，此千古未彰之节义，未辨之名分。然皆以书重词复此事而得，三传未发也。夫生千百年之后，欲契圣人之心印，则必取证于去圣未远之人之言，然证于去圣未远之人之言，何如证于圣人自言之言乎？故以《春秋》解《春秋》，其确当乃不可易也。余洛诵之余，悟大义千余条，皆非传注所道者，荟撮成篇，名曰《春秋属比录》。门人曾少兰一见深许，可为自来传《春秋》者所未及，亟携

## 第一篇　广西经学文献叙录

去抄录，因嘱藏于勾漏后岩之怀萝洞，以俟赏音，且勿示外人也。①

咸丰十有一年岁在重光作噩仲冬月戊子麟吐玉书日北流熙坊金子范氏书

《广西近代经籍志》《广西省述作目录》《广西通志》归入经部，《广西地方文献目录》《广西地方史志文献联合目录》归入史部。(光绪)《北流县志》卷一八、《广西近代经籍志》、《广西省述作目录》等有著录。

一册二卷，或一册不分卷，或四卷。② 同治十一年（1872）刻本，一册二卷；民国二十二年（1933）抄本，一册不分卷；《广西近代经籍志》著录"四卷"。

存。版本有：（1）同治十一年刻本。收录于北流范瑛、范瑞昌编《金子范杂著》，半叶九行，行二十五字，白口，四周双边，单鱼尾，国家图书馆③、广西统计局④藏。（2）光绪间抄本。一册，线装，广西壮族自治区图书馆和桂林图书馆藏。⑤（3）民国二十二年抄本，一册不分卷，线装，藏于广西壮族自治区图书馆。该抄本封面为竖排书名《春秋属比录》，接着是金熙坊序，接着为正文，封底右上方为"著作者金子范公"，中间为抄录者姓名"景模　景升仝抄"，左上角为"民国二十二年二月"。

---

① （清）金熙坊：《春秋属比录》，民国二十二年（1933）抄本，藏于广西图书馆。
② （民国）蒙起鹏：《广西近代经籍志》卷一"经部"，第21页。
③ （清）范瑛、范瑞昌编：《金子范杂著》，清同治十一年（1872）刻本。
④ （民国）广西统计局：《广西省述作目录》，第3页。
⑤ 广西桂林图书馆、广西通志馆资料室：《广西地方文献目录》，第342页。

# 孝经类

共四部,存二部,未见一部,佚一部。明佚一部;清代存二部,未见一部。它们是龙文光《孝经秋订》、高熊徵《孝经刊误节训》、苏懿谐《孝经刊误合本》、封奕璠《小学孝经刊误简表》。存高熊徵、苏懿谐二部,属于辑要考据类经学著作。

## 孝经秋订　明·龙文光撰

作者简介见《乾乾篇》。

《孝经秋订》。为经辨经考之作,朱彝尊《经义考》、(嘉庆)《广西通志》、(光绪)《广西通志辑要》、(民国)《广西通志稿》、《广西省述作目录》、《广西历代经籍志》等归入经部。

一卷。

佚。见《经义考》,载"一卷",(嘉庆)《广西通志》、(光绪)《广西通志辑要》、(民国)《广西通志稿》、(民国)《柳江县志》、《广西历代经籍志》、《罗振玉学术论著集》等载"佚",[①]《广西省述作目录》载录为"绝本"。[②]

## 孝经刊误节训　清·高熊徵撰

高熊徵(1636—1706),字渭南,号西岑,室名郖雪斋,先

---

① (民国)罗振玉:《经义考目录(附校记)》,见《罗振玉学术论著集》第5集,上海古籍出版社,2013年,第1319页。
② (民国)广西统计局:《广西省述作目录》,第1页。

居宜山，后移居广西岑溪。清顺治十七年（1660）庚子乡试副贡。康熙十三年（1674）吴三桂构乱，孙延龄叛据广西，高熊徵为作《平滇三策》，并作《讨贼檄》。康熙十七年傅宏烈委署团练同知。康熙十八年补桂林府学教授。康熙二十六年任思明土州府教授。康熙三十九年经广西巡抚特疏荐之，升河北真定府井陉县知县。到任月余，召见，升任两江盐运使。康熙四十五年卒。著有《小学分节》二卷、《安南志纪要》一卷、《邬雪斋集》六卷、《孝经刊误节训》一卷、《文庙木主考辨》一卷，编纂《广西通志》《桂林府志》《临桂县志》《思明府志》《岑溪县志》等，事迹见《高渭南纪年录》、《高氏族谱》、（乾隆）《庆远府志》、（乾隆）《岑溪县志》、（嘉庆）《广西通志》、（光绪）《广西通志辑要》等。

《孝经刊误节训》。（乾隆）《梧州府志》载录为"《孝经刊误》"，（嘉庆）《广西通志》沿袭其说，误。《孝经刊误》为朱子所作，《孝经刊误节训》是《孝经刊误》的节要之作，为教授子侄辈的教材讲义。朱子以《古文孝经》为据，重新刊定《孝经》经、传，《孝经刊误》成于南宋淳熙十三年（1186），朱子时年五十七岁，主管华州云台观。朱子取《古文孝经》分为经一章，传十四章，并删除旧文二百二十三字，故名之曰"刊误"。《孝经刊误》经部分一章，主要是《古文孝经》的前七章、《今文孝经》的前六章；传部分十四章，第一章为《古文孝经》的第十六章，第二章为《古文孝经》的第十五章，第三章为《古文孝经》的第八章，第四章为《古文孝经》的第九章，第五章为《古文孝经》第十章，第六章为《古文孝经》的第十一、第十二章，第七章、第八章为《古文孝经》的第十三、第十四章，第九章为《古文孝经》第二十一章，第十章为《古文孝经》的第十七章，第十一章为《古文孝经》的十八章，第十二章为《古文孝经》的第十九章，第十三章为《古文孝经》的第二十章，第十四章为《古文孝经》的第二十二章。此书首开删改《孝经》之风，对后世影响极大，"南宋以后，作注者多用此本"。① 高熊徵奉祀朱熹，在《文公书舍记》一文中把程朱的义理之学称为圣学，说："汉晋以还，佛老徒出，圣学榛芜，天人理昧，讲而明之，孰有过于周、程、张、朱数夫子者乎……孔子、孟子，始为之者也；周、程、张、朱数夫子使天下晓焉者，而昌黎公则群惑而正之者也。"② 高熊徵十九才读《孝经》，读至五孝，"见所引诗书，多不类其旨"，③ 充满了疑惑。最后在朱熹《孝经刊误》中找到了答案，他说：

> 今读《孝经刊误》，爰击节曰："余固疑今文所引诗书舛驳也。"即手录之，至传十四章，悉依朱子所正。首至德，次要道，次以顺天下，次民用和睦、上下无怨，次孝德之本，次始于事亲及不敢毁伤，次中于事君，次天子之孝，次立身扬名及士之孝，皆释经文。其谏诤与奔丧二章，则不释经文，而别为一义，以足孝之意。噫！何其言之详且确也……于是并录所衍五孝之目与衍经之序，述经之旨于篇首，以授儿曹，使肄习之。④

"其篇章次第，一遵朱子所定"，⑤ 而其阐释，"则述取他氏而又附以己见，以发挥其大旨"，"而《刊误》芟去者，标以别之，令世之尊古文尊今文各燎然于心眼，当自能辨而知宝，不拘拘以碍

---

① （清）永瑢：《四库全书总目》，第265页。
② （清）高熊徵：《文公书舍记》，见《郢雪斋纂稿》前集卷下，道光庚戌（1850）本，第22—24页。
③ （清）高熊徵：《孝经刊误节训序》，见《郢雪斋纂稿》后集卷二，第53—54页。
④ （清）高熊徵：《孝经刊误节训序》，见《郢雪斋纂稿》后集卷二，第53—54页。
⑤ （清）张泰交：《受祜堂集》卷一一《孝经刊误序》，康熙高熊徵刻本。

今举业,可谓用心通达矣"。①《孝经刊误节训》的意义和价值,如张泰交所说:

> 苟取是书而读之,融会贯通,畅然于作经之旨,率皆亲亲长长,家喻户晓,风俗时雍,又何病乎人众地广,而化理之不上臻于前古耶?②

一卷。

存。见《郢雪斋纂稿》。(乾隆)《梧州府志》载,③(嘉庆)《广西通志》、(光绪)《广西通志辑要》载"未见",《广西省述作目录》未著录存佚。④

## 孝经刊误合本　清·苏懿谐撰

作者简介见《大易掌镜》。

《孝经刊误合本》。《清史列传》⑤《广西省述作目录》《中国丛书广录》《广西历代文人著述目录　广西历代文人著述馆藏联合目录》或名"《孝经合本》"。本书将《孝经》的各种主要版本合为一篇,在文内加以圈点及编列并列字句,或读或不读或择读。加〇者,是古文有今文无的字句;加□者,是古文无今文有的字句,重要之处有双行小字注释。⑥《广西省述作目录》归入经

---

① (清)张泰交:《受祜堂集》卷一一《孝经刊误序》。
② (清)张泰交:《受祜堂集》卷一一《孝经刊误序》。
③ (清)吴九龄修,史鸣皋等纂:《梧州府志》卷一八,乾隆三十九年(1774)刻本。
④ (民国)广西统计局:《广西省述作目录》,第4页。
⑤ (清)佚名撰,王钟翰点校:《清史列传》卷六七,第5398页。
⑥ 广西壮族自治区图书馆、广西壮族自治区桂林图书馆合编:《广西文献名录》,第580页。

部,《广西地方文献目录》《广西地方史志文献联合目录》归入哲学。《清史列传》《广西省述作目录》《广西地方文献目录》《中国丛书广录》《广西历代文人著述目录　广西历代文人著述馆藏联合目录》《广西地方史志文献联合目录》《广西文献名录》等均著录。

二卷。

存。见于《清史列传》载"二卷",①《广西近代经籍志》载"未见";《广西省述作目录》载稿本,广西统计局存;②又桂林图书馆藏抄本。③

## 小学孝经刊误简表　清·封奕璠撰

封奕璠,生卒年不详,又字玉亭,字焕霄,广西容县人,封昌熊玄孙。嘉庆六年(1801)拔贡,北流教谕。著有《小学孝经刊误简表》,存《修文昌阁记》一篇。生平事迹见(光绪)《容县志》、(光绪)《北流县志》、《容州封氏家谱》、《容州史话》④ 第一期等。

《小学孝经刊误简表》。该书是对朱子《孝经刊误》查漏补缺之作。(光绪)《容县志》、《容州封氏家谱》⑤、《容州史话》第一期等有著录。

卷次不详。

未见。见(光绪)《容县志》,广西各大藏书目录均未有记载。

---

① (清)佚名撰,王钟翰点校:《卿彬传》,见《清史列传》,第5398页。
② (民国)广西统计局:《广西省述作目录》,第3页。
③ 广西桂林图书馆、广西通志馆资料室:《广西地方文献目录》(下册),第284页。
④ (清)易绍惪、王永贞修,封祝唐、黄玉年纂:《容县志》卷一八,光绪二十三年(1897)刊本。
⑤ 保华主编:《容州封氏家谱》卷一,容州封氏修谱理事会,2004年,第570页。

## 乐 类

乐类共录得四部，明代佚二部，清代未见二部。其具体如何进行乐教的阐释，仅能依靠现存的序以及一星半点的记载，叙录于下。

### 燕享乐谱　明·李璧撰

李璧①（1473—1525），字白夫，号琢斋，广西武缘（今武鸣县）人，正德年间进士。浙江兰溪县教谕，从章懋讲学。② 正德元年（1506）任浙江杭州府仁和县教谕，并聘为福建主考。正德十年任剑州知州。正德十六年调任云南临安府同知，在职四年，政绩显著。嘉靖四年（1525）召进京为户部侍郎，死于赴京途中，年五十二岁。著有《剑门新志》《燕享乐谱》《琼瑰录》《名儒录》《剑阁集》等，皆散佚不存；编辑《三礼经注疏》，考证订正钟律、乡射、冠婚仪节，被誉为"今之胡瑗"。③ 李璧对武缘文化产生过很大的影响，韦丰华说："李白夫先生生当明季，姚江之学派衍支流几遍天下，独能上宗孔孟，下绍程朱……昔吾

---

① 按：大多数文献，如（延祐）《四明志》卷二〇、《大明一统名胜志》卷二、（嘉靖）《南宁府志》卷八、嘉靖《广西通志》、（嘉靖）《仁和县志》、（隆庆）《云南通志》卷一〇、（康熙）《大清一统志》卷二九五、（康熙）《全州志》、嘉庆《四川通志》卷二〇二、（嘉庆）《临安府志》卷一一及卷一二等，载录为"李璧"，而（万历）《杭州府志》卷六四、（万历）《四川总志》卷一一等载录为"李璧"。阮元《文选楼藏书记》把作者李璧误为"孝璧"，"李"与"孝"、"壁"与"璧"形近易讹。
② （明）郎瑛：《七修类稿》卷四七"事物类"，见《续修四库全书》第1123册，第317页。
③ （明）郎瑛：《七修类稿》卷四七"事物类"，第318页。

师黄凤泉先生尝谓李白夫为吾乡诗人首冠。不独其理学，吏绩非时所及也。今读此数诗，始信其品评之不谬。"① 武缘县将其列为乡贤，供入县孔庙中。（嘉靖）《广西通志》、（嘉靖）《南宁府志》、（嘉靖）《仁和县志》、（万历）《广西通志》、（万历）《杭州府志》、（康熙）《广西通志》、（康熙）《全州志》、（康熙）《仁和县志》、（雍正）《广西通志》、（雍正）《浙江通志》、（雍正）《四川通志》、（乾隆）《武缘县志》、（乾隆）《杭州府志》、（乾隆）《全州志》、（嘉庆）《广西通志》、（光绪）《广西通志辑要》、（民国）《武缘县图经》、（民国）《武鸣县志》、（民国）《全县志》等有小传。

《燕享乐谱》。《广西省述作目录》按现代分类，归入音乐类。该书并不是一部纯粹的音乐书，而是着重探讨音乐教化的著作，属于儒家六经之一的乐属，其内容大致可从吕柟《燕享乐谱序》见之：

> 夫一准且如此难也，而白夫乃能稽其全、贡其妙、绎其旧、附其新，七声之次、十二诗之用，灿乎如指诸掌。如有作者，必采斯谱矣。②
> 
> 夫风雅颂之乐不闻于世久矣，而白夫之谱具风雅，允荐之谱则颂也。愚也何幸得闻二君子之道哉！夫二讲皆用太常谱声，而以十二律旋相为宫。白夫之学，多祖宋声，故其谱采蘩采蘋，犹存越调，鹿鸣四诗，或用凡声。夫凡声益高，

---

① （清）韦丰华著，丘振声、赵建莉点校：《韦丰华集》，广西民族出版社，2009年，第338页。
② （明）吕柟：《泾野先生文集》卷五《燕享乐谱序》，见《续修四库全书》第1337册，第601页。

越调近俗，去雅古则有疑焉。①

《千顷堂书目》、《明史》、（嘉庆）《广西通志》、（光绪）《广西通志辑要》、（民国）《广西通志稿》、《广西历代经籍志》等有著录，归入经部。

卷次不知。

佚。见《千顷堂书目》著录，（嘉庆）《广西通志》、（光绪）《广西通志辑要》、（民国）《广西通志稿》著"未见"，（民国）《武鸣县志》载"佚"，《广西省述作目录》未著录存佚。

## 衍乐　明·全赐撰

作者简介见《衍易》。

《衍乐》。已佚，无从知其大要，但从其为老师黄佐《乐典》所作的《序》所阐述的关于乐的见解，可窥见《衍乐》思想内容之一二。序文如下：

> 我泰泉夫子夙志礼乐，自督学弃官归养，征起，累迁至大司成，其教胄子，盖行古之道也。其著《乐典》也，盖留心于《韶》者二十余年矣。尝梦孔子授以图书，指示知崇礼卑如太极状，因悟乐本于太极，函三为一；五声协五行，即河图也；八音合八卦，即洛书也。乃综核群籍，以《周礼·大司乐》为主，证以《乐记》，暨朱子、蔡氏诸编，登歌下管，参诸诗书，无一不合。羽水知崇，徵火礼卑，西汉以前

---

① （明）吕柟：《泾野先生文集》卷五《大成乐舞图谱序》，见《续修四库全书》第1337册，第602页。

知音者类能道之，于是立乐，均述乐义，详载名物度数，而阐明其理。合《大司乐》《乐记》《诗乐》共三十六卷，有扩前哲所未发者焉。赐也受而卒业，乃知《楚辞》《咸池》《承云》《九韶》为有虞之乐，信然矣。《箫韶》十六管，合钟磬之悬，同用四清，声为清角。周人七律益三清，声为清徵，而韦昭误解以为七音，殊不知七音乃五声兼二变，伏羲纪元声即有之，非待周而后益也。朱子钟律，蕤宾重上生者，月律也，与《月令》同；蔡氏《新书》蕤宾下生大吕，则乐均也，与《史记》同。黄钟以下生者倍，始于丑三分二，而三之则得林钟之实，凡律生吕皆如之。林钟以上生者四，始于寅九分八，而三之则得太簇之实，凡吕生律皆如之，此则朱、蔡之所未及也。横渠以喉、齿、牙、舌、唇调宫、商、角、徵、羽，转声而不变字，为善歌。今证诸黄帝五钟，宫与角、徵常显诸仁，而商、羽则藏诸用。歌奏合则羽比于角，徵流于商，以反为文，则归其宫焉。是知仁礼义统于圣象，夫臣民事物从其君矣。此又横渠之所未及，非妙于审声以知音者乎。明道以八十四声，分清浊，取中声，而上下之。今证诸《韶》，本六府三事，宫羽之中声为清角，商羽之中声为流徵，移宫换羽，角必返宫。以水和土，以土和火，以火化金，以金治木，木复返土，五行合和以正德、厚生、利用，故能降天神、出地祇、格人鬼而九成焉。是天、地、四时、人之七始，皆自中声往返，又明道之所未及者，非妙于审音以知乐者乎。盖夫子务躬行而心得，一动一静，通于德性而知天地。言而履之，礼也；行而乐之，乐也。故能合生气之和以和志，道五常之行以成行。夫遗行以语知，犹去足而存目也；离器以语道，犹逃儒以入墨也。世之近理乱真者，虚谈而已。详载名物度数，而理存焉。理不可伪，则妙不可测。故曰：天则不言而信，神则不怒而威。其惟泰泉夫子与是书，行则宫倡商和，而《韶》可兴。彼《宋史》所志，蔡元定所谓夹钟紧五、混宫于商者，俗乐郑声，自不容于世矣。欲赞一辞，则赐也恶乎敢。嘉靖二十三年岁次甲辰季春吉旦。①

《乐制考》②《皇言定声录》③曾引用《乐典序》阐述乐典。可见，全赐对乐的见解对后世还是有一定影响的。（嘉庆）《广西通志》、（光绪）《广西通志辑要》、（民国）《广西通志稿》、《广西省述作目录》、《广西历代经籍志》等有著录，归于经部。

卷次不详。

佚。见（明）黄佐《乐典》，《粤西文载》、（嘉庆）《广西通志》、（光绪）《广西通志辑要》、（民国）《灵川县志》、《广西历代经籍志》载"佚"，《广西省述作目录》载"绝本"。

## 律吕参解　　清·卿彬撰

作者简介见《周易贯义》。

《律吕参解》。（嘉庆）《大清一统志》载为《参解》，《广西省述作目录》归入经部，属于儒学文献的乐类著述。

卷次不详。

未见。见于陶澍《诰授通议大夫太常寺少卿卿公墓表》，《广西省述作目录》未著存佚。

---

① （明）全赐《书〈乐典〉目录后》，黄佐《乐典》，见《续修四库全书》，第113册，第275—276页。
② （清）清允禄、张照等：《律吕正义后编》卷八四"乐制考"，清文渊阁四库全书，第215册。
③ （清）毛奇龄：《皇言定声录》卷二，清文渊阁四库全书，第220册。

## 乐律辨正  清·王维新撰

王维新（1785—1848），字景文，号竹一，又号竹尹，别号都峤山人，广西容县人，著名诗人王贵德七世孙。嘉庆十五年（1810）庚午举人，道光六年（1826）大挑以二等除武宣县教谕，不久升平乐府教授、泗城府教授，直至六十四岁时逝世，执掌教职凡二十余年。与覃武保、封豫合称"都峤三子"。王维新"淹贯百家，渔猎群籍，衔华佩实，著作衮然"，① 有《古近体赋钞》二卷、《绿猗园初草》二卷、《峤音诗》二卷、《丛溪集》八卷、《十省游草》八卷、《宦草》八卷、《海棠桥词》六卷、《红豆曲》二卷、《都峤山志》六卷、《天学钩铃》八卷、《乐律辨正》二卷。生平见（光绪）《容县志》。

《乐律辨正》。完成于道光十九年（1839），有灌阳人陆锡璞序：

> 乐者，天地之和也。古者教人之法，乐为最重，观之《虞书》《周礼》，可见士无故不撤琴瑟，所以养其心，而底于和平也。后世乐教失其传，而士之成材者不如古，程子尝论及之。顾古法虽不尽可考，先儒之潜心讲学者，未尝不寻求其蕴，以著为说。第非深于学者，不足以知之。容县竹一先生，星历外留心乐律，尝著有《辨正》二卷，出以示璞。大意谓中声非专指黄钟，并解明《史记》五声各数，破《淮南子》变徵、变宫之谬，更及琴笛各法，而皆准以自然之元音。璞素未肄业及之，又伤迟暮，无由讲习以穷其妙，后之

---

① （清）易绍惪、王永贞修，封祝唐、黄玉年纂：《容县志》卷一八。

君子将究心于乐律以治其心，以成其德，于是编将有取择焉。时道光己亥春。①

其旨还是在乐教，属于儒学文献，《广西省述作目录》归入音乐。

二卷。

未见。道光时期家刊，曾流行于世，（光绪）《容县志》载"存，已梓"，《广西省述作目录》载"家刊"，《广西近代经籍志》载"未见"，今不见。

# 四书类

共三十二部，存十一部，未见八部，佚十三部。其中，宋存一，明佚四部；清存十部，未见八部，佚九部。散佚较多，其主要原因大概是许多著作为科举而作，以讲义式发挥为主，类型雷同，观点陈旧，整体质量不高。现存十一部著述中，陈宏谋的《大学衍义辑要》《大学衍义补辑要》《四书考辑要》为辑要之作；刘定逌《三难通解训言》为劝学之文；苏懿谐《学庸弦诵》《大学两关经传要解》《两关日课》旨在挖掘、发挥朱子义理；而郑献甫《四书翼注论文》一书有词语训诂考据、义理的发挥、辞章技巧的讲解，力图调和汉学、宋学，其观点有不少自我发挥之处，在十一部现存四书著作中，是最有价值的一部。"乾嘉时期，考据盛行，高手如林，硕果累累，后人在经学方面似乎很难有所超越。但郑献甫的《愚一录》《四书翼注论文》洋洋洒洒数十万

---

① （清）易绍惪、王永贞修，封祝唐、黄玉年纂：《容县志》卷二二。

言，纠谬订讹，阐幽发微，将其列入中国近代经学要籍，当毫无愧色"。①

## 中庸解  宋·契嵩撰

作者简介见《巽说》。

《中庸解》。契嵩认为礼为立人之道、立国之道，是形而下之道；是天下之终极本体，是礼的极致，礼、乐、刑、政、仁、义、智、信八个方面无一不本于《中庸》，具有"不为""不器"的特性，为形而上之道。《中庸》不仅属于礼经的范畴，而且是礼的终极意义所在，仁义的本原。君子之道即中庸之道，不是高深莫测的玄妙之理，而是从最基本的人伦关系入手，通过礼、乐、刑、政的外在规范作用，使得天下各得其所，各安其分；通过内在的道德修养，使得四海安、万物宜、事业举、天下实。其中礼、乐、刑、政、仁、义、智、信的作用都可归结为"礼"的作用，正如曾国藩所说的"一秉乎礼"。契嵩认为，这便是圣人作《中庸》的目的，而其目标的实现则是靠礼的作用。本书采用设问、对答的方式阐述了中庸与礼的关系以及中庸的实现问题，目的还是力图打通儒佛之间的关节。《广西历代经籍志》归入子部的四书类，广西的其他书目没有单独开列论述。②

五篇。

存，为《镡津文集》卷四，《中庸解》没有单行本，版本情况已在《辅教论》中有所讨论，此不赘述。

---

① （清）郑献甫：《郑献甫集》前言，第9—10页。
② 彭子龙：《广西历代经籍志（汉—明）》，第204页。

## 率性编　明·陈邦俪撰

作者简介见《太极图辩解》。

《率性编》。《中庸》说："天命之谓性，率性之谓道，修道之谓教。"① 子思认为人的道德原本于性，性本于天命，天命具有道德法则；循性而行之，是为道德；率性之效，是谓中庸。《率性编》大抵承袭程朱理学的路径，阐述率性之方之途。（嘉庆）《广西通志》、（光绪）《广西通志辑要》、（民国）《广西通志稿》等归入子部，《广西省述作目录》归入伦理修身类，②《广西历代经籍志》归入子部儒家类。（康熙）《全州志》、《粤西文载》、（雍正）《广西通志》、（嘉庆）《广西通志》、（光绪）《广西通志辑要》、（民国）《广西通志稿》、（民国）《全县志》、《广西省述作目录》等有著录。

卷次不详。

佚。见（康熙）《全州志》载录，《粤西文载》、（嘉庆）《广西通志》、（光绪）《广西通志辑要》、（民国）《广西通志稿》载"佚"，《广西省述作目录》载"绝本"。③

## 大学中庸直讲　明·唐瑄撰

作者简介见《诗经说意》。

《大学中庸直讲》。直讲是一种直接陈述或阐释的方式。朱子

---

① （宋）朱熹：《四书章句集注》，中华书局，1983年，第17页。
② （民国）广西统计局：《广西省述作目录》，第20页。按：《广西省述作目录》题名为"《率性篇》"。
③ （民国）广西统计局：《广西省述作目录》，第20页。

阐说经书常用直讲方式，语言浅近通俗，犹如大白话，务使人人了悟。本书仿此解说《大学》《中庸》，故号《大学中庸直讲》。《广西省述作目录》归入经部，① 《广西历代经籍志》归入经部的四书类②。（康熙）《阳朔县志》、《粤西文载》、（雍正）《广西通志》、（嘉庆）《广西通志》、（道光）《阳朔县志》、（光绪）《广西通志辑要》、（民国）《阳朔县志》等有著录。

卷次不详。

佚。《粤西文载》卷六九载藏于家，（嘉庆）《广西通志》、（光绪）《广西通志辑要》、（民国）《广西通志稿》、（民国）《阳朔县志》载"今佚"，《广西省述作目录》未标注存佚，《广西历代经籍志》载"佚"。

## 四书制义　明·龙文光撰

作者简介见《乾乾篇》。

《四书制义》。明洪武十七年（1384），正式规定科举专以四书五经命题。乡会试三场所试分别为：第一场试四书义三道，五经义四道。《四书》用朱子集注，《易》用程传、朱子本义，《书》用蔡氏传及古注疏，《诗》用朱子集传，《春秋》用左氏、公羊、穀梁三传及胡安国传，《礼记》用古注疏及陈澔集说；第二场试论一道，判五道，诏、诰、表内选一道；第三场试经史时务策五道。殿试则只有一场，试时务策一道。而且形成仿古人语气的固定格式，即所谓制义，通称八股。《四书制义》一书，大概为课训子弟科举业而作。（雍正）《广西通志》、（嘉庆）《广西通志》、（光绪）《广西通志辑要》等广西各大史志和书目皆未见著录。

---

① （民国）广西统计局：《广西省述作目录》，第1页。
② 彭子龙：《广西历代经籍志（汉—明）》，第49页。

卷次不详。

佚。书仅见于（同治）《新建县志》，其载："龙文光，字焕斗，马平人……案无留牍，人称廉能，著有《四书制义》，舒碣石曰敬序之，累官至巡抚。"①

## 四书会解　明·高翀撰

高翀（？—1648），字翼生，广西宜山人，高熊徵之父。以贡生任广东信宜知县，旋致政，侨寓岑溪，著《四书会解》。（康熙）《广西通志》、（雍正）《广西通志》、（乾隆）《庆远府志》、（乾隆）《梧州府志》、（道光）《庆远府志》、（光绪）《高州府志》、（民国）《宜山县志》等有小传。

《四书会解》。著于侨寓岑溪时。该书为高翀取濂洛关闽以来诸儒说《四书》之旨连贯而成，是一部解读《四书》之书。（康熙）《广西通志》、（雍正）《广西通志》、（乾隆）《梧州府志》、《广西省述作目录》归入经部，《广西历代经籍志》归入经部四书类。（康熙）《广西通志》、（雍正）《广西通志》、（乾隆）《梧州府志》、《广西省述作目录》、《宜山文史》等有载录。

卷次不详。

佚。《广西省述作目录》未著明存佚，《广西历代经籍志》载"佚"。

## 四书讲旨　清·陈誉斯撰

陈誉斯，生卒年不详，字造生，康熙元年（1662）岁贡生，

---

① （清）承霈主修：《新建县志》卷三〇，清同治十年（1871）刻本。

广西兴业人。博通经史，手不释卷，足迹不履公门，辑《四书讲旨》。(乾隆)《兴业县志》、(嘉庆)《续修兴业县志》有小传。

《四书讲旨》。(嘉庆)《续修兴业县志》题为《四书讲子》，①误以"旨"为"子"。这是一本辑录四书大义之书，用以教授子弟。

卷次不详。

佚。见（嘉庆）《续修兴业县志》载录，《兴业县志》著录为"佚"，②《广西省述作目录》有著录，但未著存佚情况。

## 中庸讲义　　清·刘世𤊻撰

作者简介见《尚书讲义》。

《中庸讲义》。仅见于《广西省述作目录》，不知所据，归入经部。

卷次不详。

佚。《广西省述作目录》载"绝本"。③

## 学庸注疏　　清·谢济世撰

作者简介见《易在》。

《学庸注疏》④。雍正四年（1726），谢济世因弹劾田文镜一事受讯，《清稗类钞》记载："谢则曰：'文镜之恶，中外皆知。

---

① （清）苏勒通阿修，彭焜基等纂：《续修兴业县志》卷七，嘉庆钞本。
② 《兴业县志》编辑委员会编：《兴业县志》，玉林市政协文史资料工作委员会，1996年，第391页。
③ （民国）广西统计局：《广西省述作目录》，第4页。
④ 按：是书题名有三：一《学庸注疏》，见于谢济世《进〈学庸注疏〉疏》、乾隆元年御批；二《古本大学注中庸大义疏》，见《近代广西经籍志》；三析为《古本大学注》《中庸大义疏》二书，见于《寻觅全州先贤》。今以第一种题名为准。

济世读孔孟书,粗识大义,不忍视奸人罔上,故冒死以闻,必欲究指使者,乃独有孔子、孟子耳,拷掠急,复大呼圣祖仁皇帝,王大臣皆瞿然起立,乃罢讯。入告曰:'是狂生,妄欲为忠臣,口剌剌称孔孟不休,终不言指使者。'世宗意亦解,曰:'是欲为忠臣,且令从军。'遂命往阿尔泰军前效力。"① 在塞外九年,究心圣绪。《大学注》不从程朱,于雍正七年受到锡保弹劾。据雍正七年《上谕》载:

> 上谕:据顺承郡王锡保以在军前效力之谢济世,注释《大学》,毁谤程朱。参奏前来,朕观谢济世所注之书,意不止于毁谤程朱。乃用《大学》内有"见贤而不能举"两节,言人君用人之道,借以抒写其怨望诽谤之私也。其注有"拒谏饰非,必至拂人之性,骄泰甚矣"等语。观此则谢济世之存心昭然可见。朕即位以来,于用人之际,至公无私,不惟可以自信,亦天下臣民所共知者。②

后九卿等议奏谢济世"批注《大学》,肆行讥讪,怨望毁谤,怙恶不悛",③ 陆生楠"编写《通鉴》,妄抒愤懑,猖狂恣肆,悖逆已极",④ 都拟以斩立决。雍正最终下旨:"陆生楠著交与该将军(锡保),于军前即行正法。"而"谢济世,从宽免死,交与顺承郡王锡保,令当苦差效力赎罪"。⑤ 乾隆帝即位后,复任御史,乾隆元年(1736)进呈该书,同时又呈《进〈学庸注疏〉疏》,《疏》说:

---

① (清)徐珂:《清稗类钞》第四册"谏诤类",中华书局,2010年,第1488页。
② (清)允禄编:《世宗宪皇帝上谕内阁》卷八二,清文渊阁四库全书,第415册,第260—261页。
③ 彭勃主编:《中华监察执纪执法大典》第2卷,中国方正出版社,2002年,第512页。
④ 彭勃主编:《中华监察执纪执法大典》第2卷,第512页。
⑤ 彭勃主编:《中华监察执纪执法大典》第2卷,第513—514页。

窃惟致治必以王道，王道本乎圣功。二帝三王之心，传递至孔、曾、思、孟。孔、曾、思、孟之微旨，著于《论》《孟》《学》《庸》。第其书，牧竖农夫皆能诵读；而其义，老师宿儒未或贯通，良由历代诸儒注疏舛驳之所致也。

臣边方下士，识浅学疏，荷蒙世宗宪皇帝赦其重辜，留之荒塞，俾得索居省过，闭户穷经。九年以来四书粗晓，虽《论》《孟》之笺未就，而《大学》之注、《中庸》之疏早成。内中《大学》一书，曾经振武将军、顺承郡王锡保参其"诽谤程朱"，世宗并不诘问；又经九卿科道议其"讽刺朝政"，世宗复加宽容。盖以诽谤者，因先儒之有疵；讽刺者，特行文之失检也。

今书中九卿科道所议"讽刺"三句，臣已改删，惟是分章释义，遵古本而不遵程朱，诽谤之罪，臣实难辞。但臣亦有辩，何者？遵朱之令始于明洪武十七年甲子（1384）乡试，盖明祖起家江北，文公祖籍新安，乡同兼之姓同，故此科定为此令。名虽表章圣学，实则推崇本朝。然其时习举业者有成规，讲道学者无厉禁。以故卢格著荷亭之论，守仁肆贫鬼之讥，未有持三尺以绳之者。况我圣朝，安用沿袭前代！

考我朝超晚近而追隆古者有三：明运既终，中原无主，敦请世祖章皇帝入主大统，不费一矢，不戮一人而得天下，此唐虞禅让以后所未有，一也；圣祖仁皇帝享国六十一年，此殷中宗以后所未有，二也；三代以下大一统者八代，秦、隋两世而运倾，晋、明再传而兵起，汉、唐以后称制，国祚几移，宋、元以弟祢兄，家牒亦紊。我太祖至世宗一脉相承，五圣相续。兹又伏遇我皇上善继善述，有别有容，从谏如流，求贤如渴，黜异端以崇正学，亲九族而和万邦，甫数月而囹圄几空，未逾年而恩膏已遍。此太王、王季、文、武、成、康以后所未有,三也。

当世道方隆之时,即圣学大明之日。但当发挥孔、曾、思、孟,何必拘泥周、程、张、朱?臣所虑者,程朱之说固非,臣之说亦未尽是。是以恭呈御览,伏候上裁。纵窥测无当高深,知圣慈矜其庸而恕其妄;倘千虑还有一得,乞睿鉴舍其瑕而取其瑜。臣不胜惶悚之至。①

依然不从程、朱,"子论殿试之弊,并进《古本大学注》《中庸大义疏》,政府鄂尔泰、朱轼二相公怒其无知妄作,请旨严饬,还其书",② 事在乾隆元年(1736)。乾隆御批:"御史谢济世进自著《学庸注疏》,于经义未窥毫末,其称明初尊朱之令,以同乡同姓之故,'名为表章圣贤,实则推尊本朝',尤属谬妄无稽,甚为学术人心之害,请严饬,发还其书。"③ 乾隆六年,谢济世将出外督运,交代其子梦珠将曾经呈贡御览的《易在》印行。其子误听,连同未经改定的其他著书一起付梓,后遭人密奏"离经叛道,惑世诬民",④ "悔且惧,尽毁其版"。⑤ 乾隆得知此事,说"朕从不以语言文字罪人",⑥ 但又认为应当销毁:

> 谕军机大臣等:朕闻谢济世将伊所注经书刊刻传播,多系

---

① (清)谢济世著,黄南津等校注:《进〈学庸注疏〉疏》,见《梅庄杂著》,第16页。
② (清)谢济世著,黄南津等校注:《纂言外篇·经学答问》,见《梅庄杂著》卷七,第252页。
③ (清)实录馆:《清实录·高宗纯皇帝实录一》(第九册),中华书局,1985年,第351页。
④ (清)谢济世著,黄南津等校注:《纂言外篇·经学答问》,见《梅庄杂著》卷七,第252页。
⑤ (清)谢济世著,黄南津等校注:《纂言外篇·经学答问》,见《梅庄杂著》卷七,第252页。
⑥ 郑天挺主编:《明清史资料》(下册),天津人民出版社,1981年,第154页。

自逞臆见，肆诋程朱，甚属狂妄。从来读书学道之人，贵乎躬行实践，不在语言文字之间辨别异同。况古人著述既多，岂无一二可指摘之处？以后人而议论前人，无论所见未必即当，即云当矣，试问于己之身心有何益哉？况我圣祖将朱子升配十哲之列，最为尊崇，天下士子莫不奉为准绳。而谢济世辈倡为异说，互相标榜，恐无知之人为其所惑，殊非一道同风之义，且足为人心学术之害。朕从不以语言文字罪人，但此事甚有关系，亦不可置之不问也。尔等可传谕与湖广总督孙嘉淦，伊到任后，将谢济世所注经书中有显与程朱违悖牴牾、或标榜他人之处，令其查明具奏，即行销毁，毋得存留。①

乾隆七年（1742），湖广总督孙嘉淦奏言："遵查谢济世所注经书，立说浅陋固滞，不足以欺世盗名，无庸逐条指渎，谨将原板查毁，并通饬收毁已印之本。"② 此次共查毁谢济世所著经书一百五十四本，刊板二百三十七块。

卷次不详。

未见。见于《进〈学庸注疏〉疏》，《广西近代经籍志》归入经部，载"未见"，③ 现不存。

## 论孟笺　清·谢济世撰

作者简介见《易在》。

《论孟笺》。作于复任御史之时，后被销毁，④ 大抵补《篋匪

---

① 郑天挺主编：《明清史资料》（下册），第154页。
② 李世愉主编：《清史论丛》，中国广播电视出版社，2008年，第309页。
③ （民国）蒙起鹏：《广西近代经籍志》卷一，第3页。
④ （民国）蒙起鹏：《广西近代经籍志》卷一，第3页。

十经》之缺漏,不承袭朱子之说。《广西近代经籍志》归入经部,不见于广西其他史志书目。

卷次不详。

佚。见于《纂言外篇》,蒙起鹏《广西近代经籍志》著录,载"未见",今佚。

## 大学衍义辑要 宋·真德秀撰,清·陈宏谋辑纂

陈宏谋(1696—1771),字汝咨,号榕门,广西临桂人。雍正元年(1723)进士,翰林院庶吉士、检讨。雍正四年,为吏部封司郎中兼文选考功两司,公正勤俭而受到重用,选为浙江监察御史。雍正对张廷玉说:"陈宏谋能识政体,必能知文章。"① 充任山西省乡试副主考官。雍正七年出为扬州知府,仍兼监察御史之职。雍正十一年任云南布政使。乾隆三年(1738)补授天津分巡河道。乾隆五年任江苏按察使。乾隆六年任江西布政使。乾隆九年调任陕西巡抚。乾隆十一年十月调任江西巡抚,未上任,十一月改调湖北巡抚。乾隆十二年十二月调任陕西巡抚。乾隆十六年十月补授河南巡抚。乾隆十七年三月调任福建巡抚。乾隆十九年七月调任陕西巡抚。乾隆二十年三月调任甘肃巡抚,六月调任湖南巡抚。乾隆二十一年十一月调任陕西巡抚。乾隆二十二年六月调任江苏巡抚。乾隆二十三年二月抵任两广总督,七月调离两广总督,仍任江苏巡抚。乾隆二十七年十月调任湖南巡抚。乾隆二十八年五月补授兵部尚书,署理湖广总督兼署湖北巡抚,六月调任吏部尚书,赴京上任,十月晋太子太保衔,十一月充武英殿试读卷官,十二月充经筵讲官。乾隆二十九年为协办大学士。乾

---

① (清)袁枚著,王英志编纂校点:《小仓山房文集》,第530页。

隆三十年暂署礼部尚书，充国使馆副总裁官。乾隆三十一年充殿试读卷官。乾隆三十二年充三通馆副总裁官，补授东阁大学士兼工部尚书，仍暂兼吏部尚书。乾隆三十六年六月，病逝于山东兖州韩庄舟次。奏闻，赐祭葬，谥文恭。陈宏谋著述宏富，撰辑刊书达四十多种、七百多卷，大略有《大学衍义辑要》六卷、《大学衍义补辑要》十二卷、《吕子节录》四卷《补遗》二卷、《养正遗规》三卷《补》一卷、《教女遗规》三卷、《训俗遗规》四卷、《从政遗规》二卷、《学仕遗规》四卷、《在官法戒录》四卷、《培远堂偶存稿》十卷等，为岭南大儒、理学名臣。《清史稿》评价道："乾隆间论疆吏之贤者，尹继善与陈宏谋其最也。尹继善宽和敏达，临事恒若有余；宏谋劳心焦思，不遑夙夜，而民感之则同。宏谋学尤醇，所至惓惓民生风俗，古所谓大儒之效也。"①《大清一统志》评价说："宏谋内行敦笃，奉职勤慎，少有过失。所在视官如家，爱民如子，兴利救弊，知即为之，在乡奏免粤省劝垦浮粮，捐设临桂学田，因事设宜，率多类此。"② 生平见陈钟珂《先文恭公年谱》、沈德潜《陈宏谋七十寿辰祝寿文》、袁枚《东阁大学士陈文恭公传》、彭启丰《陈文恭公宏谋墓志铭》、唐鉴《学案小识》、徐世昌《清儒学案》、黄嗣东《道学渊源录》、《国朝先正事略》、《清史稿》、《清史列传》、钱仪吉《陈宏谋》、朱荫龙《陈榕门先生评传》、高吉人《陈榕门之生平》、陈乃宣《清朝乾隆年间宰相陈宏谋年谱简编》、陈乃宣、陈乃通《乾隆名相　盛世重臣——陈宏谋纪实》、谢康《陈宏谋》、盘桂生《陈宏谋传》、黄继树《大清名臣陈宏谋》、黄海英《岭南大儒陈宏谋》等记载。

---

① （清）赵尔巽等：《清史稿》卷三〇七，中华书局，1977年，第10564页。
② （清）和珅等撰：《大清一统志》卷三五六，清文渊阁四库全书本。

《大学衍义辑要》。是书刊成于乾隆元年（1736）[①] 云南布政使任上，其撰述目的在于为云南读书人提供一本简要通俗的读本，这在《大学衍义大学衍义补辑要序》中有述：

> 真氏之书四十三卷，邱氏百六十卷，卷帙浩繁，学者未免有望洋之叹。而远方学者不但难读，且亦难购……公余展阅，手自抄录，择其精要，积久成编。以是呈之两台，得所诲定，并令刊发以惠此邦也，因颜之曰《辑要》，以付梓人……邱氏采古今大经大法，以实治平之道，而未尝不根极于审几，推本于君德，补之云者，所以推而广之，而非两书之各有所缺也……余故取两书而合纂之，而著其论如此。[②]

《大学衍义》四十三卷，今纂成六卷；《大学衍义补》原著一百六十卷，今纂成十二卷，"以原书之大纲领分卷，其条件悉如原目"，[③]《大学衍义辑要》结构如下：

| | | | |
|---|---|---|---|
| 卷一 | 帝王为治之序 | | |
| | 帝王为学之本 | | 尧舜禹汤文武之学 |
| | | | 商高宗周成王之学 |
| | | | 汉高文武宣帝之学 |
| | | | 汉光武明帝唐三宗之学 |
| | | | 汉魏陈隋唐数君之学 |

---

[①] （清）陈钟珂辑：《先文恭公（陈宏谋）年谱》卷二，清刻本。
[②] （清）陈宏谋：《大学衍义大学衍义补辑要序》，见《培远堂文集》卷一，民国三十二年（1943）排印本。
[③] （清）陈宏谋：《大学衍义辑要》卷首《总序》，乾隆元年（1736）桂林陈氏刻本。

续　表

| | | | |
|---|---|---|---|
| 卷二 | 格物致知之要 | 明道术 | 天理人心之善 |
| | | | 天理人伦之正 |
| | | | 吾道源流之正 |
| | | | 异端学术之差 |
| | | | 王道霸术之异 |
| 卷三 | 格物致知之要 | 辨人才 | 圣贤观人之法 |
| | | | 帝王知人之事 |
| | | | 奸雄窃国之术 |
| | | | 憸邪罔上之情 |
| | | 审治体 | 德刑先后之分 |
| | | | 义利重轻之别 |
| | | 察民情 | 生灵向背之由 |
| | | | 田里戚休之实 |
| 卷四 | 诚意正心之要 | 崇敬畏 | 修己之敬 |
| | | | 事天之敬 |
| | | | 遇灾之敬 |
| | | | 临民之敬 |
| | | | 治事之敬 |
| | | | 操存省察之功 |
| | | | 规儆箴戒之助 |
| | | 戒逸欲 | 总论逸欲之戒 |
| | | | 沉湎之戒 |
| | | | 荒淫之戒 |
| | | | 盘游之戒 |
| | | | 奢侈之戒 |

**续　表**

| 卷五 | 修身之要 | | 谨言行 |
| --- | --- | --- | --- |
| | | | 正威仪 |
| 卷六 | 齐家之要 | 重妃匹 | 谨选立之道 |
| | | | 赖规警之益 |
| | | | 明嫡媵之辨 |
| | | | 惩废夺之失 |
| | | 严内治 | 宫闱内外之分 |
| | | | 宫闱预政之戒 |
| | | | 内臣忠谨之福 |
| | | | 内臣预政之祸 |
| | | 定国本 | 建立之计宜早 |
| | | | 谕教之法宜豫 |
| | | | 嫡庶之分宜辨 |
| | | | 废夺之失宜鉴 |
| | | 教戚属 | 外家谦谨之福 |
| | | | 外家骄恣之祸 |

是书沿袭《大学衍义》体例，在保持基本框架和思想内容不变的情况下，节略、删节大量的历史事实和一些先贤言论。陈宏谋的一己之见以按语形式附于条目之中，"所引经史子传疏议则于各门类中分次前后……兹编所采六经、诏诰俱照原本全录，其史传之言以限于卷帙，故一篇一段之中间或删繁就简。两先生之论断，亦稍节之，文理务取明顺、血脉必期贯通，未尝裂割混淆

以失庐山面目"。[①] 如"《尧典》：曰若稽古，帝尧曰放勋。钦明文思安安，允恭克让，光被四表，格于上下，克明俊德，以亲九族"条，注释部分保留了"钦，敬也"，且将之置于原文中，随文注释；增加了真氏文中没有的"文，英华之发"；对真氏文中"思，去声"进一步解释了其含义："思，意虑深远。"其余注释和"臣按"部分全删。第二条《皋陶谟》之"臣按"部分，把《大学衍义》"臣按：皋陶陈谟首重修身，盖君身天下国家之本，而谨之一言，又修身之本也。九族吾之屏翰也，众贤吾之羽翼也"以下概为"则国与天下由此可推"；最后接上《大学衍义》词条的最后一句"《中庸》九经之序，其亦有所祖欤"。第三条"伊尹作《伊训》"，注释部分保留"罔不在初"条，并有自己的发挥，把原注释"初，谓即位之初立"变为"欲继成汤之德当在嗣位之初"；"臣按"部分采用节要概括形式，改为"臣按：此即齐家治国平天下之序也。成汤盖躬行之，故伊尹举之以训太甲。亲长者爱敬之本，家国天下由此而推耳"。第四条"诗《思齐》之二章"条，删去全部的注释，而"按"则节要修改为"臣按：当时后妃有躬俭节用之德，公子皆信厚，王姬亦肃雍，则化行于家矣。中林武夫莫不好德，《汝坟》妇人勉夫以正，则化行于国矣。《尧典》若出一揆，帝王无异道也"。第五条《易·家人》"象曰"删去全部注释和按语，只保留了经文本身；另外，在经文后，以双行小字形式附以自己的解释："言反身者，欲人君严于自治，言动不苟，非以猛暴为威也。"第六条《大学之道全章》，删去经文内容部分，按语部分删去了"发前圣未言之蕴，示学者以从入之涂，厥功大矣"句。第七条《中庸》"凡为天下国家有九经曰修身也"三节，删去吕大

---

[①] （清）陈宏谋：《大学衍义辑要凡例》，见《四库全书存目丛书》子部第5册，齐鲁书社，1995年，第339页。

临之言，删去朱熹之言，节要真德秀的按语。① 《大学衍义辑要》一经刊刻，影响很大，曾作为经筵读物，《翁同龢日记》写道："读极顺，燮臣始将《大学衍义辑要》进讲。"② 也是不少文人家藏书，如姚永概说"十九日……夜，看《大学衍义辑要》二十八页"。③（光绪）《广西通志辑要》归入子部。《四库全书总目》《清通志》《清史稿》《四库全书存目丛书》《广西文献名录》《广西地方文献目录》《广西地方史志文献联合目录》等皆有著录。

六卷。（光绪）《广西通志辑要》载录为十八卷，不确。

存。《四库全书总目》载录为六卷；《四库全书存目丛书》收录。主要版本有：（1）桂林陈氏培远堂刻本。清乾隆元年（1736）刻，线装二册，半叶十行，行二十二字，白口，四周单边。国家图书馆、上海图书馆、清华大学图书馆、桂林图书馆、广西壮族自治区图书馆、黑龙江图书馆、南京图书馆、云南大学图书馆、江苏图书馆、中山大学图书馆等有藏。（2）乾隆二年刻本。香港中文大学图书馆藏。（3）培远堂本。江苏省立国学图书馆藏。（4）陈氏培远堂刻本。清道光十七年（1837）刻，广西壮族自治区图书馆、桂林图书馆有藏。（5）宝恕堂重刊本。清道光二十二年刻，线装，十三卷。国家图书馆、桂林图书馆、广西师范大学图书馆、北京师范大学图书馆、天津图书馆、上海图书馆、辽宁图书馆、吉林大学图书馆、内蒙古自治区图书馆、山东省图书馆、东京大学东洋文化研究所图书馆等有藏。（6）明德堂

---

① （清）陈宏谋：《大学衍义辑要》卷一，见《四库全书存目丛书》子部第5册，第343—344页。
② 余音：《帝国突围——摇晃中的光绪二十四年》，上海远东出版社，2019年，第162页。
③ （清）姚永概：《慎宜轩日记》（上），黄山出版社，2010年，第129页。

藏版。清同治四年（1865）刻本，湖北大学图书馆藏。（7）清同治十年新刻本。南京图书馆、彭州文物管理所藏。（8）合州同善堂重刻本。清同治十年刻本，成都市图书馆藏。（9）章士堂重刊本。清同治十年刻，成都市图书馆藏，温江图书馆存残本。（10）清光绪刻本。上海图书馆藏。（11）大学堂铅印本。清宣统元年（1909）印，十二册，国家图书馆、吉林大学图书馆、东北师范大学图书馆、天津图书馆、天一阁博物馆等有藏。（12）清刻本。国家图书馆藏。

## 大学衍义补辑要 明·邱濬撰，清·陈宏谋辑纂

陈宏谋简介见《大学衍义辑要》。

《大学衍义补辑要》。邱濬《大学衍义补》，因嫌真德秀《大学衍义》止于"齐家"，而不及"治平"，即补此。世遂谓真氏专主言"体"，邱氏专主言"用"，其实皆理学家之陈言。《大学衍义补》有一百卷之多，涉及明代社会的方方面面，卷帙浩繁，难以卒读。《大学衍义补辑要》乃删减邱濬《大学衍义补》而成。《大学衍义补辑要》的结构是：卷首《诚意正心之要》，仅"审几微"一条目；卷一《正朝廷》，收总论朝廷之政等六条目；卷二《正百官》，收总论任官之道等十一条目；卷三《固邦本》，收总论固本之道等十一条目；卷四《制国用》，收总论理财之道等十一条目；卷五《明礼乐》，收总论礼乐之道等六条目；卷六《秩祭祀》，收总论祭祀之礼等七条目；卷七《崇教化》，收总论教化之道等十一条目；卷八《备规制》，收都邑之建等十六条目；卷九《慎刑宪》，收总论制宪之义等十四条目；卷十《严武备》（上），收总论威武之道等九条目；卷十一《严武备》（下），收治国平天下之要七条目；卷十二收《驭夷狄》《成功化》两条

目。该书遵循《大学衍义补》的"衍义"体例，依照删繁就简的原则，删去按语、诸儒之言和一些史实，而保留了《大学》《中庸》《易》《尚书》等经典原文，中夹双行小字注释，用程颐、朱熹等儒学大师名言加以说明，撰者加按语阐明其见解。仅事编选，并无发明，如《大学衍义补辑要》卷一"治国平天下之要"之"正朝廷"之"总论朝廷之正"，删去"臣按"，删去朱熹之言，删去吴澄之言，保留邵雍和苏辙之言。第三条"《大禹谟》嘉言罔攸伏，野无遗贤，万邦咸宁"，仅录经文。第七条"《洪范》次三曰农用八政"，删去蔡沈之言，节要"臣按"部分。但按语表达了陈宏谋的学术观点，是研究其思想的重要资料，因此有补充史料的价值。

十二卷。

存。是编刊刻于云南布政使任上，《四库全书总目》载录为十二卷。版本众多，主要有：（1）桂林陈氏培远堂本。清乾隆元年（1736）刻，半叶十行，行二十二字，白口，四周单边。国家图书馆、桂林图书馆、广西壮族自治区图书馆、上海图书馆、黑龙江图书馆、江苏图书馆、中山大学图书馆等藏。（2）培远堂刻本。乾隆二十八年（1763）刻，东京大学东洋文化研究所图书馆、南京图书馆、南京师范大学图书馆等藏。（3）《培远堂全集》本。道光十七年（1837）刻，广西壮族自治区图书馆、桂林图书馆藏。（4）宝恕堂重刊本。清道光二十二年（1842）刻，《四库全书存目丛书》收录。国家图书馆、上海图书馆、天津图书馆、辽宁图书馆、吉林大学图书馆、南京图书馆、桂林图书馆、广西师范大学图书馆、东京大学东洋文化研究所图书馆、内蒙古自治区图书馆、山东省图书馆等藏。（5）来鹿堂刻本。清道光二十七年刻，国家图书馆、南京图书馆、桂林图书馆、广西壮族自治区图书馆等藏。（6）赵培桂刻本。清同治五年（1866）刻，普林斯顿大学葛思德东方图书馆藏。(7)合州同善堂刊本。清同治十年刻,成都市图书馆藏。(8)章士堂重刊本。清同治十年刻,温江图书馆、彭州文物管理所藏。(9)大学堂铅印本。清宣统元年(1909)刻,国家图书馆、天津图书馆、长春图书馆、吉林大学图书馆、东北师范大学图书馆、天一阁博物馆等藏。(10)清刻本。国家图书馆、辽宁图书馆藏。

## 四书集解　清·刘圣文撰

刘圣文,生卒年不详,广西桂平人。雍正二年(1724)举人,乾隆十年(1745)任常山县知县,著有《四书集解》。(乾隆)《桂平县志》、(乾隆)《新昌县志》、(嘉庆)《广西通志》、(嘉庆)《长山县志》、(道光)《济南府志》、(同治)《浔州府志》、(民国)《桂平县志》、(民国)《山东通志》等有小传。

《四书集解》①。为《四书》经注的汇辑本,《广西省述作目录》归入经部。(乾隆)《桂平县志》、(同治)《浔州府志》、(民国)《桂平县志》、《广西省述作目录》等有著录。

卷次不详。

佚。见于(乾隆)《桂平县志》、(同治)《浔州府志》,曾行于世,《广西省述作目录》未注明存佚,今佚。

---

① 按:(乾隆)《桂平县志》、(同治)《浔州府志》作《四书集解》,(民国)《桂平县志》卷三六"文学传"载:"刘圣文著《四书集解》,陆显仁家居铅椠,自《大》《易》《语》《孟》《学》《庸》,及宋儒语录、政治兵法、天文地理,及格物致知之学,皆有述作。嘉庆间有覃图书著《四书镜》及《七经精义》。"又(民国)《桂平县志》卷四五"书目"载录为:"《四子集解》,刘文著。"《广西省述作目录》沿袭其说。本书以(乾隆)《桂平县志》、(同治)《浔州府志》为准。

## 四书约旨　清·何宜猷撰

何宜猷，生卒年不详，广西邕宁人。雍正六年（1728）荔浦教谕，官终直隶澧州知州。著《四书约旨》，生平事迹参见（嘉庆）《广西通志》、（民国）《邕宁县志》①。

《四书约旨》。大抵为教谕时的讲义，《广西省述作目录》归入经部，属于儒学文献中经注经解之作。

卷次不详。

佚。（民国）《邕宁县志》载录，《广西省述作目录》载录为"绝本"。

## 西粤二子文　清·唐一飞、庞屿撰

唐一飞，生卒年不详，字念蒿，广西全州人。乾隆六年（1741）辛酉举人，历掌秀峰、宣成、柳江等书院讲习，时人评价说："大作家文齐斗岳，老名士品重珪璋。"② 生平见（民国）《全县志》。

庞屿（1696—1751），字石洲，广西陆川人。雍正四年（1726）丙午科举人。雍正六年知归善县，七年知番禺，历官至两广盐运使、广东按察使、布政使等，卒于官。著有《颇亭》《景轩》《颇景轩》三部诗集。（同治）《番禺县志》、（光绪）《广州府志》、（民国）《陆川县志》等有小传。

---

① （民国）谢祖莘、陈寿民修，莫炳奎纂：《邕宁县志》卷四二"艺文志"，成文出版社，1975年，第1683页。
② （民国）黄昆山、虞世熙修，唐载生、廖澡纂：《全县志》第5编"选举"，民国二十四年（1935）铅印本，第475页。

《西粤二子文》。本书收录二人四书研究的言论。书中所论，都是从这四本书的某一篇文章中抽出一两句话，阐明它们的含义及现实意义，对匡时政、挽时弊等方面有帮助。[①]《广西地方文献目录》归入文学，《广西文献名录》有著录。

一册。

存。桂林图书馆藏乾隆七年（1742）刻本。

## 格物广义　清·陆显仁撰

作者简介见《易经评义》。

《格物广义》。此书在乾隆四十年（1775）曾遭遇销毁，此事《清代文字狱档》中有清晰记载。巡抚熊学鹏称“因粤西僻陋，素不闻有藏书甚富之家，并未设局查收”，[②]但接禁书命令后，指派署布政司使朱椿、按察使周升桓，“于各属丞倅佐贰教职内，择其为人诚妥通晓文义者，亲往旧绅宦族及素以学问著名乡里之家，遵旨明白传谕，令其即行交出，并无干碍，并令向各亲友转传遵照，各委员即将所往何家及如何谆切转传之处，据实禀覆”。[③]如书内有忌讳诞妄字句、不应留以惑乱后世，“惟是粤西虽系边隅，非江浙等省可比，然所属十一府、直隶一州，地方辽阔，岂无一二家因所藏书内有字句关碍畏惧不缴者”。[④]梧州知府温葆初查送岑溪县已故两浙盐运使高熊徵所著抄本《郢雪斋文

① 广西壮族自治区图书馆、广西壮族自治区桂林图书馆合编：《广西文献名录》，第561页。

② 中国第一历史档案馆：《广西巡抚熊学鹏奏给还遗书折》，见《清代档案史料·纂修四库全书档案》（上册），上海古籍出版社，1997年，第320页。

③ 中国第一历史档案馆：《广西巡抚熊学鹏奏遵旨察访干碍藏书情形折》，见《清代档案史料·纂修四库全书档案》，第281—282页。

④ 中国第一历史档案馆：《广西巡抚熊学鹏奏遵旨察访干碍藏书情形折》，见《清代档案史料·纂修四库全书档案》，第281页。

集》一部、《安南志纪要》一部。又据浔州府知府陆燝查送桂平县贡生陆显仁所著刻本《格物广义》一部、《四书原道》一部、《易经评义》一部。《熊学鹏奏查出高熊徵陆显仁所著书籍缴毁折》称："其已故两浙盐运使高熊徵所著《郢雪斋文集》一部，语多谬妄，且每过为愤激以博美名，又所称昭义将军、顾内院等俱不知何名，不应留以贻惑后世……其贡生陆显仁所著《格物广义》《四书原道》《易经评义》三部，乃节录杂说，就其浅陋学识，间添己见，多涉支离，且内有牢骚悖谬之语。臣谨与司道等将各书内违碍字句逐一粘签进呈，恭候圣鉴训示销毁。臣现饬令浔州府知府陆燝，将陆显仁所著《格物广义》《四书原道》《易经评义》三部刊板查明缴官，另行赍送军机处，并令各该府温葆初、陆燝再行细查高熊徵、陆显仁各家，倘另有刻本、抄本遗漏未缴者，一并查出缴官销毁，毋许存留，自干罪戾。"① 欲以"讪诋之语""悖逆"危言耸听以邀功。结果，乾隆认为，"粤西此等事少，不必过求"，② 高熊徵《平滇三策》等不在应毁之列，且被乾隆褒为"尚属有见""并非谬妄"。至于陆显仁《格物广义》，则被认为多系剽窃前人讲学尘言，杂以一己拘墟之说，所论多舛驳不纯，留之恐贻误后学，令"其书板、书本自应销毁，并书名亦不必存，至其书内所签各处均非讪诋之语，不能谓之悖逆，竟可无事苛求"。③《广西省述作目录》归入杂述，④ 实际上是一部探讨理学之书，"仍为宋人学派，盖显仁所潜心者为五经、《学》、《庸》、《论》、《孟》、周、邵、二程、朱、

---

① 上海书店出版社：《熊学鹏奏查出高熊徵陆显仁所著书籍缴毁折》，见《清代文字狱档》，第428—429页。
② 上海书店出版社：《止将〈格物广义〉销毁谕》，见《清代文字狱档》，上海书店出版社，2011年，第429页。
③ 上海书店出版社：《止将〈格物广义〉销毁谕》，见《清代文字狱档》，第429页。
④ （民国）广西统计局：《广西省述作目录》，第9页。

张遗书"。① 《清代文字狱档》、（同治）《浔州府志》卷二二、（民国）《桂平县志》卷四五等有著录。

卷次不详。（民国）《桂平县志》说约二十余万言。

未见。刊于广州，乾隆时刊板缴官，销毁。见于（道光）《桂平县志》、（同治）《浔州府志》②，《广西省述作目录》未注存佚，今不存。

## 四书原道　清·陆显仁撰

作者简介见《易经评义》。

《四书原道》③。该书遵循程朱之学，旨在推究四书大意。（民国）《桂平县志》评说："仍为宋人学派。"④《广西省述作目录》归入经部。（同治）《浔州府志》、（民国）《桂平县志》、《广西历代文人著述目录　广西历代文人著述馆藏联合目录》等有著录。

卷次不详。（民国）《桂平县志》载约二十余万言。

未见。刊于广州，乾隆时刊板缴官，销毁。（道光）《桂平县志》，（光绪）《浔州府志》、（民国）《桂平县志》有载录，《广西省述作目录》未注存佚。

## 四书考辑要　明·薛应旂辑，清·陈宏谋、陈兰森辑要

陈宏谋简介见《孝经注解》。

---

① （民国）黄占梅等修，程大璋等纂：《桂平县志》卷四五。
② （清）魏笃等修，王俊臣纂：（同治）《浔州府志》，清同治十三年（1874）刻本。
③ 按：《广西省述作目录》、（民国）《桂平县志》载为《四书源道》，《广西历代文人著述目录　广西历代文人著述馆藏联合目录》名《四书道源》。
④ （民国）黄占梅等修，程大璋等纂：《桂平县志》卷四五。

陈兰森（1734—1804），字长筠，① 号松山，广西临桂人。陈钟珂之子，陈宏谋长孙。乾隆二十二年（1757）丁丑科进士，历任刑部郎中、袁州知府、南昌知府、江西盐法道、督粮道、署理江西藩臬印、湖南粮储道、湖北宜施督盐道、荆州钞关等职。乾隆二十八年以后不离陈宏谋左右，潜心著述。陈宏谋去世后，陈兰森把大部分精力花在了对陈宏谋遗著的校勘整理和刻印出版上，现存《培元堂偶存稿》《培远堂文檄》《陈文恭公年谱》《课士直解》等，都经他手定，收入《陈榕门先生遗书》。编撰《三通序目》《四书考辑要》，著《白云草》《居庐草》《春信草》《岭南游草》《太平寰宇记补阙》《南陔纪咏》《泛舟纪程》等。生平见徐世昌《清儒学案》《清国史》《东华录》《清史稿》等文献。

《四书考辑要》。明朝薛应旂辑、陈明卿订《四书人物考》，陈宏谋认为此书采集繁冗，初学者难以记诵引用。因令长孙兰森详加参核，辑其要略，增以注释；有疑义者，申以按语；宏谋自己加以审定。经过七年编纂，葛正笏等人鉴阅、高自芳校订，于乾隆三十四年（1769）刊。卷首有陈宏谋序言《章句集注》以及《大全》诸书；序后有凡例，又有春秋十二国、战国七雄二图。体例为每录四书一章，即以此考究一章之典章制度、人物，触类旁通。是书就薛应旂《四书人物考》删繁订误，引古注经传及先儒成说，对四书所引诗书系断章取义者，概引本义释明原文，更申所引之意。标题照书次排序，不为分类。惟所引悉属旧说，关

---

① 按：胡大雷《粤西古代士人研究》（漓江出版社，2019年，第240页）、桂林市政协文史资料委员会编《桂北文史集粹·桂林文史资料》第51辑（广西区新闻出版局，2006年，第16—17页）所引横山陈兰森墓刻材料皆云其"字均"。但张益桂、张阳江著《桂林历史人物录》又称其"字长筠"，盘桂生《陈宏谋传》（广西人民出版社，2007年，第16页）亦作"字长筠"。陈钟珂另一子陈兰枝字"佩华"，所以陈兰森的字也有可能与植物有关，"字长筠"的可能性比较大，本书从之。

于典礼制度及器名、地名之类，多未精考，即毛奇龄《改错》、阎若璩《释地》诸书，亦似未寓目，"其引古以六经三传及先儒成说为主，纪载先后以事为断，于四书中典章制度、人物地名，均详加注释。大致取其简明，不取其富丽；取其切要，不取其浮泛。书为秉承祖训而作。既成，文恭为序而梓行之"。① 其收取范围、原则标准以及框架结构等都秉承陈宏谋之意而作，而其论述多引先儒成说，缺乏独特的学术见解，按语也有浅陋之嫌，疏忽、错谬不少，如"九州山川总图，误列青于兖之界，考《史记·夏本纪》'海岱维青州'，《集解》云：'郑玄曰，东至海西至岱，东岳曰岱山。'《正义》云：'按：舜分青州为营州辽西及辽东，以今地约言之，盖在今山东青登莱三府地。东北跨海，为今奉天锦州等府，及朝鲜皆青州域也。'"② 但该书为科举业者计，殊可省翻检之劳耳。《广西省述作目录》归入经部，《广西地方文献目录》归入哲学。《续修四库全书总目提要》《广西地方文献目录》《广西省述作目录》《广西地方史志文献联合目录》《广西历代文人著述目录　广西历代文人著述馆藏联合目录》《广西文献名录》等有著录。

二十卷。(光绪)《临桂县志》载录为十卷，不知何据。

存。主要版本有：(1) 培远堂刊本。乾隆三十四年 (1769) 陈氏培远堂刻本，二十卷，广西壮族自治区图书馆、万县师专图书馆、东莞图书馆等有藏；③ 另外，桂林图书馆藏第一至三、九至二十册。(2) 乾隆三十五年吴门穆大展局刻本。二十卷八册，④

---

① （清）徐世昌：《清儒学案》卷六四"临桂学案"，人民出版社，2010年，第1685页。
② 中国科学院图书馆整理：《续修四库全书总目提要·经部》，第960页。
③ 四川省高等学校图书情报工作委员会编：《四川省高校图书馆古籍善本联合目录》，四川大学出版社，1994年，第11页。
④ 广西桂林图书馆、广西通志馆资料室合编：《广西地方文献目录》（下册），第280页。

桂林图书馆藏。(3) 培远堂刻本。乾隆三十六年刻，十册，桂林图书馆、日本内阁文库、日本国会图书馆、山西大学图书馆、贵州省图书馆皆有藏。又二十册，云南大学图书馆藏。(4) 桂林蒋存远堂刻本。清光绪四年（1878）岑毓英印，十册二十卷，广西图书馆、桂林图书馆、广西统计局有藏。

## 论语讲义　清·刘定逌撰

刘定逌（1720—1806），字叙臣，号灵溪，广西武缘人。乾隆十三年（1748）进士，任翰林院编修，因不肯趋附大学士兼翰林院掌院和珅，乾隆二十二年被"诬以大考论事不如式"[①] 罢归。归乡后到病逝，历时数十载，辗转于秀峰书院、阳明书院、葛阳书院、宾阳书院、浔阳书院等，教学育人，有"育才养士"之功，被称为"粤西第一流人物"，"刘定逌堪称十八世纪壮族大教育家、大儒家"，[②] 著有《灵溪诗稿》《论语讲义》《四书讲义》《读书六字诀》，存论文《三难通解训言》一篇、《灵溪时文》一册以及散文《重修灵水庙碑记》《移建葛圩隘碑记》《重修武缘县学碑记》《重建武缘县忠义祠碑记》《罗衣古寺碑记》和诗五十余首，其生平事迹可参见（光绪）《武缘县图经》、（民国）《武鸣县志》、（民国）《隆安县志》等。

《论语讲义》。该书是《四书讲义》的一部分，是刘定逌乾隆四十年（1775）桂林秀峰书院讲学时所编教材，《广西省述作目录》归入经部。

二卷。

未见。(宣统)《武缘县图经》、(民国)《武鸣县志》著录，

---
① (清)黄君钜、黄诚沅:《武缘县图经》卷五,第42页。
② 何成轩:《儒学在壮族地区的传播》,《孔子研究》1995年第3期,第104页。

《广西省述作目录》载:"同邑黄□生先生存残本。"① 现未见。

## 三难通解训言　清·刘定逌撰

作者简介见《论语讲义》。

《三难通解训言》。是刘定逌乾隆四十年(1775)桂林秀峰书院讲学时所编教材之一,曾作为教材单独流行过。光绪十九年(1893)曹驯重新编辑,收录:(一)刘定逌《三难通解训言》。(二)刘定逌《秀峰书院学规》。(三)刘定逌在乾隆四十年为秀峰书院学生所订的课程内容。(四)曹驯写于光绪十九年的跋。现抄录《三难通解训言》如下:

> 乾隆元年,岁在丙辰,夏五月十五日。先明经立轩府君,手著《三难通解训言》。逌曰:人生世上,不满百年,日子不是糊混过的,饭不是糊混食的,屋不是糊混住的,朋友不是糊混勾搭的,事不是糊混做的,话不是糊混讲的。一日之内,人人各有当尽之职,当循之分。职之所当,然者义也。义之所发于言,则为庸德之言;义之见于行,则为庸德之行,而皆统之于心。义者,心之制也;言者,心之声也;行者,心之表也。小慧者,义之贼而心之害也;怍者,心之羞恶而义之端也。其要只在立志。志者,心之所之,义之帅也。须是把平日旧染积习的关头攻破得开,直从自己心头上,立定学做好人、直向上去的主意。读书穷理,以明其志。循规蹈矩,以习其义。一日之内,自旦而昼而夕而夜,立定课程,循序渐进,读正经之书,习正经之字,存正经之

---

① (民国)广西统计局:《广西省述作目录》,第4页。

心，交正经之友，行正经之事，讲正经之话。毋畏难，毋苟安，毋因循，毋姑待，毋旁杂，毋间断，毋妄语，毋多言。此志一立，如白日当天，魍魉潜形，到得日新月异，而岁不同，自有向上之一机。上之不愧为天地之肖子，宇宙间有体有用之完人；次之亦不失为省身寡过、保世保家之子弟，才不辜负父母生下我来，出世一番。世上却有一种孟浪的庸才，一日之间，自朝至暮，饱饱闷闷，昏昏沉沉，有诗书不读，有师友不亲，有父母兄弟不知，有妻子不问，有身家不顾，把自己生来至虚至灵之本体，置之无用之地。如已槁之木，已死之灰。一点真元，竟成顽石，一日混过一日，一年混过一年。到结果时，只成了人世间一废物。又有一群后生小子，三三五五，聚集一堂，穷一日之力，讲的刻薄话，行的刻薄事，闻一正言则鄙为迂谈而不听，见一正行则鄙为迂阔之行而不亲。相习成风，牢不可破，不知虚度了许多少年子弟之光阴，败坏了许多少年子弟之心术，废弛了许多少年子弟之才华。①

他在《三难通解训言》一文中，把《论语》"其言之不怍，则为之也难"（《宪问编》）、"群居终日，言不及义，好行小慧，难矣哉"（《卫灵公篇》）、"饱食终日，无所用心，难矣哉"（《阳货篇》）称之为"三难"，做了充分发挥，用作教育学生的准则。阐述其目的时说："圣人见得此种病症深入膏肓，法语之言激厉他不得，巽语之言（婉转的话）鼓舞他不得，只轻轻以一难字拨动他，唤醒他，立下一剂极简便的良方，苦口之良药，待他本人徐徐咽下，滴入心头，猛然有觉，自呻自吟，自怨自艾，陡然出

---

① （民国）温德溥修，曾唯儒纂：《武鸣县志》卷一〇，民国四年（1915）铅印本，第84—86页。

一身大汗而愈。"① 鼓励学生做"有体有用之完人"②。吕璜主持秀峰书院时，对刘定逌的《三难通解训言》极为推崇，其杂诗云："有美刘夫子（灵溪先生），前徽几许存。其言应不朽，于道亦玄尊。学的端初（一作"经"）步，经畲厚本根。所嗟人已逝，谁与更重论。"③《广西地方文献目录》《广西地方史志文献联合目录》归入哲学。《广西文献名录》《广西地方文献目录》《广西历代文人著述目录　广西历代文人著述馆藏联合目录》《广西地方史志文献联合目录》有著录。

一册。

存。桂林图书馆藏清光绪十九年（1893）曹驯重刊本，线装。

## 四书秘旨　清·曾熹撰

曾熹，生卒年不详，字达明，号璞斋，广西苍梧人④。乾隆五年（1740）庚申举人，著有《四书秘旨》和时艺、吟咏，今不存。⑤（乾隆）《梧州府志》、（同治）《苍梧县志》等有小传。

《四书秘旨》。大抵为教学时的讲义，以讲解意旨为主，《广西省述作目录》归入经部。

卷次不详。

佚。见（乾隆）《梧州府志》，曾传于世，《广西省述作目

---

① （清）黄君钜、黄诚沅：《武缘县图经》卷五，第42页。
② （清）黄君钜、黄诚沅：《武缘县图经》卷五，第42页。
③ （清）黄君钜、黄诚沅：《武缘县图经》卷五，第42页。
④ 按：（嘉庆）《广西通志》卷七七、《广西省述作目录》经部载为苍梧人（第4页），（乾隆）《梧州府志》载为修仁人，应以苍梧说为准。
⑤ （清）吴九龄修，史鸣皋等纂：《梧州府志》卷一八。

录》① 载"绝本"。

## 学庸弦诵　　清·苏懿谐撰

作者简介见《大易掌镜》。

《学庸弦诵》。本书是作者通读《大学》《中庸》二书时所作的评点和见解论述。正文收圣经、首传至十传共十一篇，每传先引二书原文加以圈点，然后注释论证，阐发个人见解，书末附《大学补传论》一篇，论述朱子补《格致》一传的重要性。②《广西省述作目录》归入经部，《广西地方文献目录》《广西地方史志文献联合目录》归入哲学。《清国史》《广西省述作目录》《广西地方文献目录》《广西历代文人著述目录　广西历代文人著述馆藏联合目录》《广西文献名录》《广西地方史志文献联合目录》均有载录。

一卷。

存。《清史列传》载"一卷"，③《广西近代经籍志》载"未见"，广西统计局存稿本一卷，桂林图书馆藏民国二十三年（1934）抄本。④

## 大学两关经传要解　　清·苏懿谐撰

作者简介见《大易掌镜》。

---

① （民国）广西统计局：《广西省述作目录》，第4页。
② 广西壮族自治区图书馆、广西壮族自治区桂林图书馆合编：《广西文献名录》，第595页。
③ （清）佚名撰，王钟翰点校：《卿彬传》，见《清史列传》卷六七，第5398页。
④ 广西壮族自治区通志馆等主编：《广西地方史志文献联合目录》（上册），第345页。

《大学两关经传要解》。"两关"一词来自朱熹,朱熹把"格物致知"和"诚意"称为两关,"格物是梦觉关,诚意是善恶关"。又:"致知、诚意,是学者两个关。致知乃梦与觉之关,诚意乃恶与善之关。透得致知之关则觉,不然则梦;透得诚意之关则善,不然则恶。"① 强调了格物对理解客观事物的重要性,只有具备了认识善、恶的能力,才有"诚意"的可能。故而,朱子说:"诚意是转关处。"又曰:"诚意是人鬼关。"② 朱子强调,"诚意"是君子、小人的区分之处。"诚意"是君子开始成圣成贤的功夫的肇端:"诚其意者,自修之首也。"③ 但正如上文所说,"诚意"的功夫一定要以格物致知的完成为前提条件,否则便无法开始真正的诚意:"须是真知了,方能诚意"。④ 如此看来,"格物致知"功夫的完成就显得尤为关键了。而朱子既然说"诚意"功夫处是人鬼关、是君子小人之分所在,而"诚意"本身,则是《大学》八条目中紧接在"格物"之后的功夫。本书收录孔咸容《爽心》、王步青《四书朱子本义汇参》、邓柱澜《四书引解》、汪鲤翔⑤辑《四书题镜》、张甄陶《四书翼注》等,是孔咸容、邓柱澜、王步青、汪鲤翔、张甄陶等五位经学师对四书和朱熹《格物补传》中关于"格物""诚意"的解读。⑥《广西地方文献目录》《广西地方史志文献联合目录》归入哲学。《广西地方文献目录》

---

① (宋)朱熹撰,黎靖德编,王星贤点校:《朱子语类》卷一五,中华书局,1986年,第299页。
② (宋)朱熹撰,黎靖德编,王星贤点校:《朱子语类》卷一五,第298页。
③ (宋)朱熹:《大学》,见《四书章句集注》,第7页。
④ (宋)朱熹撰,黎靖德编,王星贤点校:《朱子语类》卷一五,第302页。
⑤ 按:伦明著,东莞图书馆整理:《伦明全集》(第3册)、山西大学图书馆《山西大学图书馆线装书目录》、陈琳主编《贵州省古籍联合目录》(上册)等作者皆题为"汪鲤翔",而《广西文献目录》则题为"汪鲤",本书从前者之说,著录为"汪鲤翔"。
⑥ 广西壮族自治区图书馆、广西壮族自治区桂林图书馆合编:《广西文献名录》,第47页。

《广西文献名录》《广西地方史志文献联合目录》等有著录。

一册。

存。《广西地方史志文献联合目录》载,抄本,一册,桂林图书馆藏。

## 两关日课　清·苏懿谐撰

作者简介见《大易掌镜》。

《两关日课》。此乃讲解"致知""诚意"的训蒙之书,《广西省述作目录》归入经部。《清史列传》有载录。

一卷。

存。《清史列传》载"一卷",① 《广西近代经籍志》载"未见",《广西省述作目录》载存稿本,藏于广西统计局②。

## 格物论　清·袁钰撰

袁钰,生卒年不详,字醴庭,广西平南人。嘉庆七年（1802）壬戌科进士,初为镇安教授,后提为翰林院典籍,不就。潜心学问,著述甚多,有《五亩山房文集》《今是轩诗草》《归园田居诗草》《浔州传信录》《格物论》《求古质疑》《联床风雨楼随笔》《农圃占验》等。（光绪）《平南县志》有生平介绍。

《格物论》。讨论的就是格物的工夫问题,《广西省述作目录》归入杂述。

卷次不详。

---

① （清）佚名撰,王钟翰点校：《卿彬传》,见《清史列传》卷六七,第5398页。
② （民国）广西统计局：《广西省述作目录》,第3页。

佚。《广西省述作目录》未注明存佚。①

## 四书镜　　清·覃图书撰

覃图书，生卒年不详，字西园，广西桂平人。嘉庆十八年（1813）癸酉科举人。著《四书镜》《七经精义》，藏于家。（同治）《浔州府志》、（民国）《桂平县志》有小传。

《四书镜》。《广西省述作目录》归入经部。

卷次不详。

佚。见（同治）《浔州府志》，②（民国）《桂平县志》载大致作于嘉庆期间，藏于家，未曾行于世，《广西省述作目录》未注明存佚。

## 四书性理录　　清·覃武保撰

覃武保，生卒年不详，字心海，号臣山，广西容县人，嘉庆二十一年（1816）解元，大挑一等，补贵州余庆令。道光五年（1825）任永从知县，七年任从江县令，九年任荔波知县，后辞职还乡。在乡间设馆讲学，培育人才，成就甚众。咸丰六年（1856）死于范亚音之难。为学讲求根柢，崇儒重道，著有《四书性理录》《容县烈女志略》及《夕阳楼草》《驴背集》《半帆集》。经乱，散佚无存。（光绪）《容县志》、（光绪）《荔波县志》、（光绪）《信宜县志》、（民国）《贵州通志》等有小传。

《四书性理录》。覃武保的学术根柢于宋学，该书大概是对四

---

① （民国）广西统计局：《广西省述作目录》，第9页。
② （清）魏笃等修，王俊臣纂：《浔州府志》卷二二。

书中有关性理的辑录,《广西省述作目录》归入经部。

卷次不详。

佚。见于（光绪）《容县志》，遭太平天国乱，文稿散佚无存，《广西省述作目录》载为"绝本"。①

## 中庸脉络　　清·林先梁撰

林先梁，生卒年不详，号玉堂，又号爱庐，广西北流人。道光九年（1829）进士，官湖南巴陵县知县，十年任桂东知县，十一年任江华知县。道光十二年（1832）因赵金陇滋事罣误罢职。归乡后，迭掌高郁郡属书院，两郡弟子多成大器。其于四子六经传史百家笺注、钩玄、提要，著《学规》《中庸脉络》二书。生平见（同治）《桂东县志》、（同治）《江华县志》、（光绪）《湖南通志》、（光绪）《北流县志》、（民国）《蓝山县图志》、（民国）《文昌县志》等。

《中庸脉络》。《广西省述作目录》归入经部。（光绪）《北流县志》、《广西省述作目录》等有著录。

卷次不详。

未见。见于（光绪）《北流县志》，《广西省述作目录》未著录存佚。

## 四书翼注论文　　清·郑献甫撰

作者简介见《愚一录易说》。

《四书翼注论文》。或名《愚一录四书翼》，道光二十三年

---

① （民国）广西统计局：《广西省述作目录》，第4页。

(1843)，作者任龙溪书院山长时著述，同治十一年（1872）春主讲榕湖书院时刊印。该书是郑献甫研读四书时的笔记，其中《大学》十一章约两万字，《中庸》三十一章三万字，《论语》四百五十四章二十一万字，《孟子》一百一十二章十四万字，正如其弟子林肇元说："《四书翼注论文》，吾师子郑子年二十四五岁，读四子书有得，随笔著之，讲章上方旁行，几无隙纸。肇元受业时偶请读之，师曰：'此不过就吾所见，逐章逐节逐句书之，凌杂间断不足存。'然触类引申其义蕴，亦有与朱注相发明者，吾党倘肯流览，未尝不可为学问之一助。"① 初，郑氏受知于伍实生，伍实生乃桐城弟子。后师从陈澧，《清儒学案》（卷一七四至卷一七五）列入其门下。陈澧之学，"兼以郑君、朱子为宗，主通汉宋之邮，意在补偏救弊，不为无益无用之学，其宗旨特为醇正"。② 受陈澧的影响，郑献甫推崇儒学，不满程朱理学的教条主义和科举制艺的死板僵化，主张抛开程、朱、陆、王，返归于孔子，其"经学观是以古文经学为基础，兼采今文经学及众家之说解经"，③ "益贯综六经诸子百家，于经义、史论、古文、诗词、四六骈体皆精之。其文于事物必钩述源委，见于何书，一一疏证"。④ 故评述经学各家，以事实判断是非曲直，不论汉宋，评析观点较为公允，逻辑严密。书中多见作者就某一句话、某一章节作大段文字的评述，为文直抒己见，兼有校勘。解说中没有过多的字句分析以及训诂、文字、音韵等小学方面的注解，而以阐释大义为主，比较精到、中肯，语言简洁、明了，如卷一《大

---

① （清）郑献甫：《四书翼注论文序》，见潘琦主编《广西历代文献集成·郑献甫集》第2册，第183—184页。
② （清）徐世昌：《清儒学案》卷一七四 "东塾学案上"，第4530页。
③ 韦玖灵：《壮族哲学思想》，知识产权出版社，2017年，第183页。
④ （清）蒋琦龄：《小谷郑先生墓志铭》，见《空青水碧斋诗文集》卷七，广西人民出版社，2001年，第174页。

学》"郑注大音泰,指其地,对小学言也,今如字,指其书对小子之学言后也。朱彝尊《经义考》大学或以为七十子之徒所共撰,或云子思所作,朱子乃定为曾子之书"。① 《广西近代经籍志》归入经部,《广西地方文献目录》归入综合性图书。该书著录众多,收藏单位也多,流传版本不少。

十二卷。

存。主要版本有:(1)采菽堂刊本。咸丰十一年(1861),采菽堂刊刻。(2)林肇元刻本。光绪五年(1879),刻于黔南节署,文昌书局发行,收入林肇元所刻《郑小谷全集》。广西壮族自治区图书馆、桂林图书馆、广西壮族自治区博物馆、东莞图书馆、贵州师范大学图书馆等藏。(3)光绪八年(1882)刻本。十二卷,十一册,桂林图书馆藏。(4)潘琦主持的《广西历代文献集成》本,收入《郑献甫集》;《郑献甫集》收《愚一录四书翼注论文》,广西师范大学出版社,2015年。

## 四书串讲　清·韦景儒撰

韦景儒(1775—1857),字仰山,广西修仁(今广西荔浦)人。道光十四年(1834)举人。晚年设教于永宁州(今广西永福县),著有《四书串讲》《韦仰山先生杂著诗文集》。《韦仰山先生杂著诗文集》一卷,收祭文等十九篇、诗二十余首、对联九幅。② 《壮族百科辞典》有小传。

《四书串讲》。大概为作者在永宁州为教时的讲义,《广西省述作目录》归入经部。

---

① (清)郑献甫:《四书翼注论文》,见潘琦主持《广西历代文献集成·郑献甫集》第2册,第185页。
② 潘其旭,覃乃昌主编:《壮族百科辞典》,广西人民出版社,1993年,第418页。

卷次不详。

未见。仅见于《广西省述作目录》，载"未刊"。①

## 论说衍说　清·朱世杰撰

朱世杰②，生卒年不详，广西荔浦人。同治年间人③。

《论说衍说》。《广西省述作目录》归入经部。

卷次不详。

未见。《荔浦县志》④载录，《广西省述作目录》⑤未注明存佚。

## 论语注解辨订　清·刘名誉撰

刘名誉（1861—?），字嘉树，号钝翁，广西临桂人。光绪六年（1880）进士，由翰林院编修历官国史馆协修、功臣馆纂修。任贵州、河南主考，琼州、江宁、淮安等府知府。民国初年曾任桂山中学校长。邃于《论语》，著有《论语注解辨订》《论语集注辨订》。此外，著有《越事备考案略》《慕庵治心诗钞　慕庵治心韵语》《初学源例篇》《纪闲游草》《桂隐辛壬集》《〈桂隐〉正续集》《竹雨斋诗抄》等。生平事迹参见《刘忠诚公遗集》、《翁文恭公日记不分卷》、（民国）《阳朔县志》、（民国）《贵州通志》、（民国）《山东通志》等。

---

① （民国）广西统计局：《广西省述作目录》，第4页。
② 按：《广西历代文人著述目录　广西历代文人著述馆藏联合目录》作"朱士杰"，不知所据（第19页）。
③ （民国）广西统计局，《广西省述作目录》，第5页。
④ 荔浦县地方志编纂委员会编：《荔浦县志》，生活·读书·新知三联书店，1996年，第795页。
⑤ （民国）广西统计局：《广西省述作目录》，第5页。

《论语注解辨订》①。属传注性质著述,有强烈的经世色彩,从其结构安排就可知一二。比如"圣迹考",除了"何晏集解叙""朱子要义叙""义疏论语说""论语考""论语本末"等内容外,还有"读论语之法""学者用力之方""论语汇言"等方法论的指导。在传注指导思想上,走的是汉宋兼采、考据义理并重之路。所谓汉宋兼采,是指不拘汉学宋学门户之见,唯求旨意之至,《论语集注辨订自叙》说:

> 论者伦序也,语者答述也,此圣人与及门答述,皆论义理之词也云尔。夫子删诗书、订礼乐、赞《周易》,大半述古人之作,惟《春秋》为特笔,惟《论语》为圣言,殆非它经所可拟。然在当时传学之士,已有齐鲁之互异。迨秦烬之后,篇次尤多残佚,盖此经之大义重焉矣。张包周马郑孔之徒出,补苴掇拾,魏何晏萃众说为《集解》,而《论语》之义一洽《集解》者,集汉学之成者也……其治此者弊凡两派:一汉学派非真汉学也,苟焉于博洽之名而已,拾取一训话之讹,剔抉一制度之颐,嚣嚣以驳朱子。艾千子有言,学莫陋于厌薄集注,骄语汉疏,遂欲驾马郑王杜于程朱之上,不知汉儒于道十未窥其一二也。宋大儒之所不屑,今且尊奉其弃余乎!诚哉斯言!其弊一也。一宋学派非真宋学也,漫然以为制艺而已。试观坊塾讲章,不曰某理某事也,而曰某字若何,某语气若何,某虚神若何。噫!抑未已具此两弊,安得有实学真材耶?②

---

① 按:《广西地方史志文献联合目录》《广西历代文人著述目录 广西历代文人著述馆藏联合目录》(第11页)题名为"《论语集注辨订》",以"辨"为是,"辩"为形似而误。据民国七年(1918)著易堂校印本改。
② (清)刘名誉:《论语注解辨订》卷首"序",民国七年(1918)排印铅印本。

以"论耻""论直""论志"等核心观点为主题词进行编排，汉宋兼采。《论语注解辨订》中字音字义以及古代社会典章制度等的考核和辨正，主要采用《论语集解》，力求实事求是，无征不信，广参互证，追根求源，言之有物，言之有据。阐述义理主要用《论语集注》，阐发程朱之学。这类著述，在有清一代存在相当大的数量，如戚学标《四书偶谈》、焦循《论语补疏》《论语通释》等是其代表，刘名誉的《论语注解辨订》与之相比，其影响力相对逊色。《广西省述作目录》归入经部，《广西地方文献目录》归入哲学。《广西省述作目录》《广西地方文献目录》《广西历代文人著述目录　广西历代文人著述馆藏联合目录》《贩书偶记》《广西地方史志文献联合目录》《广西通志》等有著录。

二十二卷。

存。（1）光绪二十八年（1902）自刻。《广西省述作目录》载，广西统计局藏光绪年间家刻本。（2）民国七年（1918）桂林铅字排印本。线装，二十一卷，卷首一卷，十册。[①] 桂林图书馆、广西统计局藏。

## 中庸浅引　清·赖汝松辑

赖汝松，生卒年不详，字寿南，广西贵县人，光绪十九年（1893）癸巳科举人。光绪二十四年在顺德麦孺博《上都察院呈反对俄人胁割旅顺、大连湾书》上签名。光绪二十八年办团务，二十九年任董局务。宣统三年（1911）曾任广州地方审判庭委属民庭推事，协修民国二十二年（1933）《贵县志》,[②] 辑《中庸浅引》。生平事迹参见（民国）《贵县志》。

---

[①] 广西桂林图书馆、广西通志馆资料室合编：《广西地方文献目录》，第281页。
[②] （民国）欧仰羲修，梁崇鼎等纂：《贵县志》题名。

《中庸浅引》。是一本辑录《中庸》阐释、解说之书。

卷次不详。

未见。(民国)《贵县志》载有稿本,① 后来广西的各大书目未见载录。

## 群经总义类

共录得十八部,存六部,未见五部,佚七部。其中,明代佚三部;清代存六部,未见五部,佚四部。存的是高熊徵的《小学分节》、况祥麟的《花矼经述》、龙启瑞的《尔雅经注集证》、郑献甫的《愚一录》、龙继栋的《十三经地名韵编》、祁永膺的《墨斋存稿》。高熊徵《小学分节》针对童蒙读经问题,随章按节分解;况祥麟《花矼经述》是研究经学、小学的著述杂集;《尔雅经注集证》一书,为训诂学著作,采邵、郝、卢、阮诸说,简明透彻;郑献甫《愚一录》,十二卷,约二十万字,注释、发挥经义,一己之见颇有心得,成就最高。

### 五经训义　明·陈伯魁撰

陈伯魁②,生卒年不详,广西兴业人。洪武八年(1375)以经明行修为兴业县训导,③ 后升教谕,集生徒朝夕讲解,诘难不穷,时有"便便腹笥,孝先再世"之誉。擢南海教谕,卒于官,

---

① (民国)欧仰羲修,梁崇鼎等纂:《贵县志》卷一二。
② 按:(乾隆)《兴业县志》、(嘉庆)《广西通志》、(嘉庆)《续修兴业县志》、(光绪)《广西通志辑要》、(民国)《广西通志稿》作"陈伯魁",《广西省述作目录》作"陈百魁",误"伯"为"百"。
③ (清)谢启昆修,胡虔纂:《广西通志》卷六一,第1777页。

著有《五经训义》。(雍正)《广西通志》、《粤西文载》、(乾隆)《兴业县志》、(嘉庆)《续修兴业县志》、(嘉庆)《广西通志》、(光绪)《广西通志辑要》、(民国)《广西通志稿》、《广西省述作目录》等有小传。

《五经训义》。应该作于教谕任上,是一本具有讲义性质的经解经注之作,(光绪)《广西通志辑要》、《广西省述作目录》、《广西历代经籍志》归入经部。(雍正)《广西通志》、《粤西文载》、(乾隆)《兴业县志》、(嘉庆)《续修兴业县志》、(嘉庆)《广西通志》、(光绪)《广西通志辑要》、(民国)《广西通志稿》、《广西省述作目录》等著录。

卷次不详。

佚。见《粤西文载》,(嘉庆)《广西通志》、(光绪)《广西通志辑要》、《广西历代经籍志》载"佚",《广西省述作目录》著录为"绝本"。①

## 经义摭言　明·陈大纶辑纂

陈大纶②,生卒年不详,字伯言,号豹谷,广西宣化(今南宁邕宁区)人。嘉靖八年(1529)进士,十一年知宁都县事,政绩卓著,升户部主事。嘉靖二十五年(1546)任韶州知府,又任福州知府,祀名宦祠。所著有《经义摭言》三卷、辑有《敷文语录》二卷,明末毁于战火。今除《永淳聚仙岩一绝》外,尚有

---

① (民国)广西统计局:《广西省述作目录》,第2页。
② 按:或作陈大伦,一般学术著作如《王文成公全书》《王阳明》《湛若水年谱》《王阳明全集》《明儒学案》等作"陈大伦";地方史志,如《宁都直隶州志》、《广西通志》、《江西通志》、《广东通志》、《续修四库全书》、《广西省述作目录》、《粤西文载》、(民国)《邕宁县志》等作"陈大纶"。《邕宁县志》记载,"陈大纶"为"陈大经"之弟,都应从绞丝旁,故应为"陈大纶";且《宁都直隶州志》考证说,《阳明全集》误将"陈大纶"记作"陈大伦",本书从其"陈大纶"说。

《洞卢亭记》《易安轩记》《青山记》几篇诗文留存。《邕州陈君施学田碑》、（嘉靖）《南宁府志》、（嘉靖）《赣州府志》、（万历）《福州府志》、（康熙）《江西通志》、《粤西文载》、（乾隆）《福建通志》、（乾隆）《福州府志》、（嘉庆）《广西通志》、（道光）《广东通志》、（同治）《赣州府志》、（同治）《韶州府志》、（光绪）《广西通志辑要》、（光绪）《江西通志》、（民国）《邕宁县志》等有小传。

《经义摭言》。《广西省述作目录》归入经部，《广西历代经籍志》归入经部五经总义类，属于经义的辑要抄纂之作。（嘉靖）《南宁府志》、《粤西文载》、（民国）《邕宁县志》、《广西省述作目录》等有著录。

三卷。

佚。《经义摭言》书曾流传，（民国）《邕宁县志》载"三卷"，明末毁于火，佚。[①]（嘉庆）《广西通志》、（光绪）《广西通志辑要》载"佚"，《广西省述作目录》载为"绝本"。

## 五经要旨　明·梁方图撰

梁方图，生卒年不详，广西怀集（今属广东）人。崇祯二年（1629）岁贡，任象州教谕，十三年任养利州教谕，十四年任左州学正，后升平乐府教授，卒年八十四，祀乡贤。著有《五经要旨》《家礼四训约要》《忠孝廉节传》，今不存。《古今图书集成》、（康熙）《广西通志》、（康熙）《养利州志》、（康熙）《左州志》、《粤西文载》、（雍正）《广西通志》、（雍正）《太平府志》、（乾隆）《柳州府志》、（乾隆）《象州志》、（嘉庆）《平乐府志》、（嘉庆）

---

[①] （民国）谢祖莘、陈寿民修，莫炳奎纂：《邕宁县志》卷四二，第1682页。

《广西通志》、(光绪)《广西通志辑要》、(同治)《象州志》、(民国)《怀集县志》等有传。

《五经要旨》。大概为课士教士而作,以章句训解为主,是一本讲义性质的经注经解之书。(嘉庆)《广西通志》、(光绪)《广西通志辑要》、(民国)《广西通志稿》、(民国)《怀集县志》、《广西省述作目录》、《广西历代经籍志》等皆归入经部。

卷次不详。

佚。见《粤西文载》,(嘉庆)《广西通志》、(光绪)《广西通志辑要》、(民国)《广西通志稿》、(民国)《怀集县志》、《广西历代经籍志》等载"佚",《广西省述作目录》载"绝本"。

## 小学分节　清·高熊徵撰

作者简介见《孝经刊误节训》。

《小学分节》。作于高熊徵思明府儒学教授任上,正文前有自序一篇、张泰交序文一篇、宋谨序文一篇,指明其纂注对象是思明诸生:

> 天子明圣,右文图治尤先实行,特允言臣之请,命童子试以《小学》为论一篇,则思乐泮水必无不通小学之人可知也。檄行之后一年有余,而诸生之知《小学》者尚无几人,况童子乎?因取《小学》之书与之讲习……命儿曹抄录,以授诸生。①

其目的在于"诚使父兄以此教子弟,以此习为之;师者为之讲解

---

① (清)高熊徵:《小学分节序》,见《鄛雪斋纂稿》后集卷二,第55—56页。

指示，责其躬行，攀古贤哲之行谊而效法"。① 《小学》为朱熹所作，分内外两篇，"内篇"五卷，分别是：《立教》《明伦》《敬身》《稽古》；外篇六卷，分别是：《嘉言》《善行》。高熊徵《小学分节》针对童蒙读经问题，取朱熹《小学》，因为"喜其简而明，足以启示幼稚，第有进焉者"②。为让小孩明白易晓，故随章按节分解，③ "随章案节，略为分解，特使童子读之易于明晓而已。"④ 分内外两卷，卷一为"内篇"，包括《立教第一》《明伦第二》《敬身第三》，卷二为"外篇"，包括《稽古第四》《嘉言第五》《善行第六》。"其《立教》《明伦》《敬身》三篇皆杂引经传之文，照依旧注去烦纂要，逐节示解，要使明乎本文之旨而止。至《稽古》《嘉言》《善行》三篇，则皆举古人之言与事，而示人以是则是做，则亦逐节□其大旨，俾观者灿然识其所引之意，额曰《小学分节》。"⑤ （嘉庆）《广西通志》、（光绪）《广西通志辑》归入子部，《四库全书总目》归入儒家类存目，《广西省述作目录》归入儒家及杂家。《受祜堂集》、《清通志》、《清史稿》、（嘉庆）《广西通志》、（光绪）《广西通志辑要》、（乾隆）《梧州府志》、《广西省述作目录》等有著录。

二卷。

存。《四库全书总目》著录"二卷"。（嘉庆）《广西通志》、（光绪）《广西通志辑要》载"存"。哈佛大学汉和图书馆藏清康熙四十三年（1704）刊本。该本四周单栏，黑粗，每半叶八行，

---

① （清）高熊徵：《小学分节序》，见《郢雪斋纂稿》后集卷二，第55—56页。
② （清）张泰交：《受祜堂集》卷一一。
③ （清）永瑢：《四库全书总目》卷九五记载："《小学分节》二卷，国朝高熊徵撰。熊徵字渭南，岑溪人，顺治庚子副榜贡生，官至浙江都转盐运使。是书随章按节，略为分解，特使童子读之易于明晓而已。"
④ （清）永瑢：《四库全书总目》卷九五，第804页。
⑤ （清）高熊徵：《小学分节序》，见《郢雪斋纂稿》后集卷二，第55—56页。

朱熹原文大字，开头一字顶格，每行二十字；随文注解小字，另起一行，开头低两格。单黑鱼尾，上头题写书名，版心中间上面写卷次，下面标页码。

## 勉果斋经义撷腴　　清·封昌熊辑纂

封昌熊（1655—?），字振子，别字飞渭，广西容县人，封氏第十三代。康熙二十三年（1684）举人，后官直隶钜鹿县知县，莅治有贤声，寻以母老乞归。生平关怀桑梓，设公利墟、捐租造渡等，光绪二十一年（1895）入乡贤祠①。著有《宦游贻训》《勉果斋经义撷腴》《理学宗传摘要》《勉果斋诗文集》《北征草》《钜鹿吟》等。生平事迹见覃武保《封飞渭公崇祀福善祠碑文》、（雍正）《广西通志》、（乾隆）《梧州府志》、（光绪）《容县志》、（光绪）《钜鹿县志》、《容州封氏家谱》、《容州史话》第一期等。

《勉果斋经义撷腴》。辑录经义中的嘉言善行而成，《容县史话》第一期、《容州封氏家谱》著录。

八卷。

未见。见于覃武保《封飞渭公崇祀福善祠碑文》，《容州封氏家谱》《容县史话》等载录，② 但未有藏地信息。

## 箧匡十经　　清·谢济世撰

作者简介见《易在》。

---

① （清）易绍惠、王永贞修，封祝唐、黄玉年纂：《容县志》卷一八"人物志"，第717页。
② 保华主编：《容州封氏家谱》，第569页。

《箧匪十经》①。"十经"即《大学》《中庸》《论语》《孟子》四经，合之《易》《书》《诗》《礼》《春秋》《孝经》。

本书作于阿尔泰，刻于湖南。后曾有毁板之举，《与方少宗伯灵皋书》谈及此事，说：

> 某不敏，往岁妄意穷经，曾有《箧匪十经》问世，厥后逐年递有寸进，自觉其中错误殊多，遂毁其板。自甲子秋蒙圣恩归田，永惟《大》《中》"慎独"，《孟子》"存夜气"、"求放心"之旨，杜门静坐，口不谈经者，于今四年矣。因读大集，未能缄默，适估客某有金陵之行，故献其刍荛如此，外旧刻二种，并求斧正不宣。某再拜。②

卷次不详。

未见。谢启昆《广西通志》也未有著录。道光中尚有传本。光绪中，长沙张星楼氏深柳读书堂亦有藏本，惟阙《春秋》《礼记》二经。《广西近代经籍志》载"未见"，③后广西各大藏书目录未见有著录。

## 读经释义　清·张鹏展撰

张鹏展（1760？—1840），字南崧，号惺斋，广西上林人。

---

① 按：关于书名，有三种记载：一、谢庭瑜《谢梅庄先生小传》《谢梅庄先生事略》、黄南津注《梅庄杂著》均作"箧匪十经"。二、《翳匪》，为"翳藏"之古文，犹庋藏，恐误。三、《四库禁毁书丛刊补编》收谢济世《与方少宗伯灵皋书》，作"医匪"，恐误。可参考崔娟《谢济世及其〈西北域记〉研究》，内蒙古师范大学硕士论文，2014年。
② （清）谢济世著，黄南津等校注：《梅庄杂著》，第60—61页。
③ （民国）蒙起鹏：《广西近代经籍志》卷一，第1页。

出生于教育世家，曾祖父张鸿翮官永宁州（今永福县）学正，终身教授为业。祖父张友朱①为庆远教授，父张滋为金州学正。张鹏展乾隆五十四年（1789）进士，授翰林院检讨、武英殿纂修。乾隆五十七年（1792）任云南乡试副考官，升福建道监察御史。转工科给事中，遇事敢言。嘉庆十四年（1809）迁光禄寺少卿，上《正人心》一疏，以崇实学、黜浮风、守正要、以躬行为大旨。迁太常寺少卿、奉天府府丞、兼管学正。嘉庆十五年充山东乡试正考官，提督山东学政，编纂《山左诗续抄》三十二卷，收上千诗人作品，为保存山东文化作出了很大贡献，官终通政司使。嘉庆二十五年引疾归，不复出仕。辞归后，先后受聘为桂林秀峰、上林澄江、宾州宾阳等书院山长，共达二十余年，造就后学，培养人才，著名弟子有上林黄金声、武缘韦天宝。道光二十年（1840）卒，光绪二十二年（1896）入乡贤祠。著述丰富，历时十年编定《峤西诗钞》，保存岭西大量作品。著有《女范》《读鉴绎义》《离骚经注》《芝音山房诗存》《读经释义》《穀诒堂稿》（一作《穀诒堂全集》）②等。生平见《李文恭公遗集》、（嘉庆）《广西通志》、《清史列传》、《清史稿》、《清国史》、《清秘述闻》、《增补贡举考略》、陶澍《印心石屋文钞》、（光绪）《江西通志》、《钦定平定教匪纪略》、（光绪）《广州府志》、（光绪）《山西通志》、（光绪）《上林县志》、《东华续录》、（民国）《山东通志》、（民国）《上林县志》等文献。

《读经释义》。是一部读经的杂记随感，《广西历代文人著述目录　广西历代文人著述馆藏联合目录》等有著录。

卷次不详。

---

① 注：张友朱，号麓旺，清上林（今广西上林县）人。康熙十年（1671）副榜，官义宁（今广西临桂县）教谕、庆远府（今广西宜山县）教授。
② 注：《穀诒堂全集》五卷，现仅存1962年抄本第一卷（册），广西图书馆有藏。

佚。见《广西历代文人著述目录　广西历代文人著述馆藏联合目录》著录,① 仅有书名,没有卷次、存佚、收藏等情况载录。

## 五经纂解② 　清·潘成章撰

潘成章,生卒年不详,字屏山,广西武鸣人,乾隆年间贡生,官柳州训导。著有《屏山诗赋稿》《五经纂解》《翰墨楼时艺》,均已散佚。地方志中存其《春山赋》一篇,《三管英灵集》存其诗十五首,多为五古,有魏晋风格。③ 生平资料见(嘉庆)《广西通志》、(光绪)《平乐县志》等。

《五经纂解》。《广西省述作目录》归入经部。《广西省述作目录》《武鸣县志》《壮族百科辞典》等有著录。

卷次不详。

佚。《壮族百科辞典》《武鸣县志》④ 等载有书名,《广西省述作目录》载"绝本"。⑤

## 七经精义⑥ 　清·覃图书辑纂

作者简介见《四书镜》。

---

① 广西民族学院图书馆编:《广西历代文人著述目录　广西历代文人著述馆藏联合目录》,第38页。
② 按:此书有两名,一为《五经纂解》,《广西省述作目录》持是说;一为《五经解纂》,《壮族百科辞典》《武鸣县志》持是说,今从前者。
③ 潘其旭、覃乃昌主编:《壮族百科辞典》,第738页。
④ 黄庆勋主编:《武鸣县志》,广西人民出版社,1998年,第805页。
⑤ (民国)广西统计局:《广西省述作目录》,第4页。
⑥ 按:此书有两名,《广西省述作目录》和《桂平县志》卷三五、三六、四五作《七经精义》,《浔州府志》和《桂平县志》卷三一作《七经义疏》,今从前者。

《七经精义》。《广西省述作目录》归入经部。（同治）《浔州府志》、（民国）《桂平县志》、《广西省述作目录》等有著录。

卷次不详。

佚。见于（同治）《浔州府志》，①（民国）《桂平县志》说大致作于嘉庆期间，藏于家，未曾行于世，《广西省述作目录》未注明存佚。

## 花矼经述　　清·况祥麟撰

况祥麟，生卒年不详，字皆知，号花矼、华矼，室名"红葵斋"，广西临桂人。嘉庆五年（1800）庚申恩科举人，有《红葵斋诗集》《红葵斋文集》《红葵斋笔记》《灯说劘存》《六书管见》等著述。

《花矼经述》。本书为况氏研究经学、小学的著述杂集。书中所录关于《关雎》、《桑中》三章等篇为况氏研究《诗经》方面的著述；《窈窕》《昂》《驺虞》《驺吾》《驺牙》《得此戚施》等篇，当是况氏对文字学研究的文章，每字引《尔雅》《说文》《正字通》等书进行解说。②

卷次不详。

存。桂林图书馆藏，线装。

## 两论纂说　　清·况澄撰

作者简介见《春秋属辞比事记补》。

---

① （清）魏笃等修，王俊臣纂：《浔州府志》卷二二。
② 广西壮族自治区图书馆、广西壮族自治区桂林图书馆合编：《广西文献名录》，第315页。

《两论纂说》。《论语》分为上下两篇,前十篇为上论,后十篇为下论,合称两论。纂说是一种著述方式,该书汇集《论语》的一些说法,并阐说一己之见。(光绪)《临桂县志》、《广西近代经籍志》、《广西省述作目录》归入经部。《广西近代经籍志》《广西省述作目录》《广西历代文人著述目录 广西历代文人著述馆藏联合目录》《广西文献名录》有著录。

十卷。

未见。见于(光绪)《临桂县志》,载《两论纂说》"十卷,存";《广西省述作目录》载有咸丰年间况氏登善堂家刊本;蒙起鹏《广西近代经籍志》载"未见"。①

## 愚一录　清·郑献甫撰

作者简介见《愚一录易说》。

《愚一录》。又名《愚一录经学》,是郑献甫《十三经》的阅读笔记,为群经汇解,卷一至三《易经》、卷四《春秋左传》、卷五《公羊　穀梁》、卷六《周礼》、卷七《仪礼》、卷八《礼记》、卷九《孝经　尔雅》、卷一〇《论语上》、卷一一《论语下》、卷一二《孟子》,十三经中除《孝经》以外全收其中。十二卷,约二十万字。

据《拟作愚一录自序》记载,该书著述于道光二十九年(1849),其成书有一个复杂过程,《拟作愚一录自序》说:

> 第以《说文》之异字、《释文》之异音,姑试求之《四书》,颇有发明。更求之九经,便漫无归宿,间有得,则标

---

① (民国)蒙起鹏:《广西近代经籍志》卷一"经部",第8页。

之上方，或有论，则录之别集。其后旁读诸史诸子，亦用此法。为日既久，成帙遂多，大都凌杂无次。其底本《论语》约一册、《孟子》约一册、《尔雅》各一册，《三传》共一册，《周易》《尚书》一册、《三礼》共一册，《史记》《汉书》二册、《后汉书》《晋书》共一册、《庄子》一册、《荀子》约二册、《吕览》《淮南》共一册，及得徐司寇所刊《通志堂经解》，皆宋人书，幸不相袭。后得阮文达所刊《皇朝经解》，皆近人书，则大半相同。悔其用心散置杂厕，懒不卒业。乙卯在桂林讲院，今抚军长沙劳中丞索别录，底册敬呈一二种，既观大略，因勉令卒业。曰："文集不必自刊，苟可传后人，谅能流布也。经说则必自订，苟未成，后人不能妄补也。"感其言，次年携所标志各本，并搜所录散本，将以次删其雷同者，节其散蔓者，稿其缺少者，拟编十卷，勒为一书。①

这是《愚一录》的初稿，是为《手批十三经注疏》，是在阮元《十三经注疏》基础上，把不同版本和有关资料加以分析比较，考订文字异同，在校勘中直抒己见，进行详细的评点，写下约十多万字的手稿，称《手批十三经注疏及校勘记》。只可惜这些手稿在咸丰六年（1856）献甫自柳州乘船去桂林中途经永福时，被强盗劫掠而丢失。"嗣又东西避寇，往来作客，偶扪腹悟之，大半忘矣。幸耳目未甚衰，而朝夕尚有余晷，乃追忆所可记得十之三焉，而稍增其所未有，编为此书，以示后人。"② 刊于同治十

---

① （清）郑献甫：《愚一录》，见潘琦主持《广西历代文献集成·郑献甫集》第1册，第9—11页。
② （清）郑献甫：《愚一录》，见潘琦主持《广西历代文献集成·郑献甫集》第1册，第11页。

一年（1872）。光绪二年（1876）郑氏门人林肇元刊刻《郑小谷先生全集》于黔南节署，《愚一录》为其中一种，这在林《序》有清楚记载：

> 昔从吾师游，闻著《愚一录》，未请稿一读也。咸丰乙卯，师自象州至桂林，告肇元曰《愚一录》被盗劫舟，投诸水矣。平生心血所聚，竟为鬼神所忌，子未见之，或不之惜耳。肇元闻之怃然。丙辰，省师桂林，又相告曰："前录追忆不及二三，涂改未清，编次未定，子家遭乱，又须亟归，不能为我一助商订也。"自是拜别，各伤流离，不通消息。己未，师自粤东投书湘南，肇元读之泣下。既而师归桂林，肇元且走鄂蜀秦黔，而仕黔矣。师手书敦论，月一再至，辄以非俗吏见许，且屡言未梓之书若干种，抑若以是相属者，肇元识之不敢忘。先是梓吾师《批选时文》《补学轩制艺附杂话》成，亟请《愚一录》，答以王定甫通使借去，徐而再请，而吾师已捐馆舍。肇元惧是录之相与俱亡也，走书同门周芜江武部，求之王氏，幸已为印渠制军所得，且属芜江校定。越年，芜江校本来，吾师之嗣栗田亦以其初本至，肇元始得受而读之，其考据辨论之精且详，窃以为可与王伯厚《困学纪闻》、顾亭林《日知录》后先鼎立。会肇元详改黔之正习书院为学古书院，亟资说经之书，与诸生讨论，乃捐廉付手民。未竣工而肇元又行入觐，爰请简堂中丞代毕其事，中丞固欣然，乐为致力也。初本视校本多数，则或吾师删润之余，肇元不忍弃之，悉为附入。若夫芜江之出，所按论互相发明，有功是录，不在禹下。肇元从戎十年，从仕十年，学殖荒落，诚不能赞一词矣。骊驹在门，仓皇行色，谨识缘起。掷笔回望，象山千里，吾师吾师，长与此终古矣。任师

之道相与并传者,谁耶?吁噫嘻。光绪二年丙子暮春门人林肇元倚装谨识于黔垣之屏翰堂。①

郑献甫解经不拘成说,不执私见,参之原书,以求其是。融合汉学宋学之长,运用汉学的研究方法,文字训诂、典章制度考订等力求做到渊源有自,分列经书字句并评论前人传注得失,这是他认为:"《经》有阙文有衍文,又有重文有误文。《传》皆从而为之词。"②他在《愚一录》中指出了经书中大量的字句错误和前人乱引经文的错误。如他在《诗》一篇中指出引文的错误:"有明是《书》而误引为《诗》者,如《战国策》黄歇引《诗》曰:'树德莫如滋,除恶莫如尽。'是也。""有明是《诗》而误引为《书》者,《吕览·慎大篇》引《周书》曰:'若临深渊,若履薄冰。'是也。"③诸如此类的校勘在《愚一录》中占绝大部分篇幅。在义理的阐述上,沿袭宋学思想,许多地方有自己的独到见解。如他把《诗》的毛传和郑笺相比较,批评了郑玄的失误:"毛传不破字,郑笺多破字,且于此破之,旋于彼引之。今人反疑有误矣。"④"毛传仅为训诂,不著议论,可谓简易之至。"⑤而"郑笺虽立官学,刻本多有妄增……毛传已有,郑笺可省,岂有重复为注哉"。⑥另外还有一些内容就是评析某一段话或某一句

---

① (清)林肇元:《愚一录》,见潘琦主持《广西历代文献集成·郑献甫集》第1册,第5—8页。
② (清)郑献甫:《愚一录》卷四《春秋左传》,见潘琦主持《广西历代文献集成·郑献甫集》第1册,第228页。
③ (清)郑献甫:《愚一录》卷三《诗》,见潘琦主持《广西历代文献集成·郑献甫集》第1册,第141页。
④ (清)郑献甫:《愚一录》卷三《诗》,见潘琦主持《广西历代文献集成·郑献甫集》第1册,第148页。
⑤ (清)郑献甫:《愚一录》卷三《诗》,见潘琦主持《广西历代文献集成·郑献甫集》第1册,第156页。
⑥ (清)郑献甫:《愚一录》卷三《诗》,见潘琦主持《广西历代文献集成·郑献甫集》第1册,第154—155页。

话，如评析孟子的话"王迹熄而《诗》亡，《诗》亡然后《春秋》作",① 可谓言简意赅、一针见血。郑献甫在《愚一录》中体现的这种"论学不宜有汉宋之分"②的通达学术观，是其学术的一贯主张。郑献甫《家记·家学》中说："平生最不喜立汉学之目，尤不喜立宋学之目。夫学安有汉与宋之别名哉？王辅嗣、何平叔，妙善元言，虽近汉，何尝非宋？王伯厚、郑渔仲博览群书，虽在宋，何尝非汉？"③郑献甫本人摒弃门户之见，不管汉学宋学，欣赏所有鸿博之士、精策之论，如他说：

> 余少时见钱辛楣先生《养新录》，欣然喜谓：读书者当如是矣。复见顾亭林先生《日知录》，则骇然叹曰：读书者乃如是耶。家无藏书，学无师承，姑置之。后得王厚斋《玉海》，观其著汉志、韩诗诸考，知读书法。又得郑渔仲《通志》，观其所辑《六书》《七音》诸略，因知著书法。遂妄拟《愚一录》为职志，其实无《愚一录》之撰述也。④

全州蒋琦龄赞曰："考据之精博如此，而不屑以汉学自名。其品之高、行之笃如彼，而生平不喜宋儒讲学。"⑤学者葛元照评价该书："淹贯精通，标新立异，非读破万卷，独具只眼而

---

① （清）郑献甫：《愚一录》卷一二《孟子》，见潘琦主持《广西历代文献集成·郑献甫集》第2册，第158页。
② （清）蒋琦龄：《小谷郑先生墓志铭》，见《空青水碧斋诗文集》卷七，第173页。
③ （清）郑献甫：《郑氏家记》"记家学"，见潘琦主持《广西历代文献集成·郑献甫集》第9册，第407页。
④ （清）郑献甫：《愚一录》，见潘琦主持《广西历代文献集成·郑献甫集》第1册，第9页。
⑤ （清）蒋琦龄：《小谷郑先生墓志铭》，见《空青水碧斋诗文集》卷七，第174页。

又别有会心者，勿可臻此造诣哉！是诚学者津梁，后人之矩矱也。"① 《广西省述作目录》归入经部，②《广西地方文献目录》归入综合性图书，《广西地方文献目录》归入哲学。

十二卷。

存。主要版本有：（1）《郑小谷全集》本。光绪二年（1876），郑氏门人林肇元刻于黔南节署，十二卷，为《郑小谷全集》之一种。广西壮族自治区图书馆、桂林图书馆、广西师范大学图书馆、贵州省图书馆等有藏。（2）光绪四年啸园刊袖珍本。（3）光绪四年本。线装，十二卷、六册，桂林图书馆藏。（4）采菽堂刊本。咸丰十一年（1861），采菽堂刊。

## 尔雅经注集证　清·龙启瑞撰

龙启瑞（1814—1858），字辑五，号翰臣，广西临桂人，龙光甸之子。道光二十一年（1841）状元。道光二十四年充广东乡试同考官。道光二十七年大考翰詹二等七名，以侍讲升用、迁湖北学政。道光三十年丁父忧回籍。咸丰元年（1851）"夺情"总办团练事。咸丰二年七月省城解围，以功升侍讲学士，赏戴花翎。咸丰六年擢通政司副使，十一月，任江西学政。咸丰七年迁江西布政使。咸丰八年（1858）九月逝于任所。同治十一年（1872）入祀江西名宦祠。著有《经德堂文集》十二卷、《经籍举要》一卷、《尔雅经注》三卷附《音释》一卷、《尔雅经注集证》三卷、《古韵通说》二十卷、《小学高注补证》、《是君是臣录》、《班书识小录》、《通鉴识小录》、《诸子精言》、《庄子字诂》、《浣月山房诗草》、《汉

---

① 转引自苏彩和主编：《历史文化名人郑献甫论丛》，广西人民出版社，2005年，第79页。
② （民国）广西统计局：《广西省述作目录》，第4页。

南春柳词钞》等,尤以音韵学成就为后世所称赞。《清史稿》云:"启瑞切劘经义,尤讲求音韵之学,贯穿于顾、江、段、王、孔、张、刘、江诸家之书,而著《古韵通说》二十卷。以为论古韵者,自顾氏以前失之疏,自段氏以后过于密,江氏酌中,亦未为尽善。阳湖张氏分二十一部,言:'凡言古韵者,分之不嫌密,合之不嫌广。惟分之密,其合之也脉络分明,不至因一字而疑各韵可通,亦不至因各韵而疑一字之不可通。'启瑞服膺是言,故其集古韵也,意主于严,而其为通说也,则较之顾氏而尚觉其宽。不拘成说,不执私见,参之古书,以求其是而已。其论本音、论通韵、论转音,皆确有据依,而以论通说总之,故以名其全书焉。"① 生平参见蔡冠洛《清代七百名人传》、《清史稿》卷四八二、《清史列传》卷六九、《清国史》、《增补贡举考略》、《清经世文续编》、《清秘述闻续》、《续碑传集》、《碑传集补》、《东华续录》、《续古文辞类纂》、《晚晴簃诗汇》、(光绪)《广州府志》、(光绪)《江西通志》、(光绪)《广西通志辑要》、(光绪)《临桂县志》、(光绪)《江西通志》等。

《尔雅经注集证》。书成于道光二十八年(1848)湖北学政任上,刊刻于咸丰四年(1854),自言就正于潘克溥,潘时为兴国州知州,自谓受益良多②。该书的撰述缘由,龙启瑞说:

> 《尔雅》一书,学者多苦其难读。盖其书止立篇目,不分科段。至于句读,因以混淆。而传习者复以近鄙别字乱之,虽郭景纯、陆元朗之俦,尚不能有所谠正。唐宋以降,其学渐微。国朝诸儒,潜心经学,始复表章此书。其中笺疏

---

① (清)赵尔巽:《清史稿》卷四八二"儒林三",第13292页。
② (清)李慈铭著,由云龙辑:《越缦堂读书记》,上海书店出版社,2000年,第144页。

> 文义，以邵、郝之学为尤精；订正文字，以卢、阮之书为最备。暇辄折衷数子，博采群言，于发疑正读之间，务求讲明至是。诸说不同者，则择取其至善，间复参以鄙见，求析所疑。凡所易知及无关小学者，皆不复录。以学者探抉闳深，自有诸家之全书在，此特为家塾便读之本，故无取繁焉。书成，姑名之曰《尔雅经注集证》，用附本经之末云尔，道光二十八年十二月，临桂龙启瑞序。①

此书定位为通俗普及读物，力求简洁明快。李慈铭说："龙氏所刻《尔雅经注》附《音释》一卷、《尔雅集证》三卷，皆翰臣所辑。《集证》引用者，自《经典释文》至宋翔凤《过庭录》共二十一种，皆习见之书，务在简明，不取博辩也。间下己意，亦甚谨严。又采同时山东人潘泽农克溥说教条，颇有新意，而根据殊确。"② 比如，解"艐"字，引用比较有代表性的阮元、郝懿行、孔广森等人的说法，说"艐，阮云按：《释文》：艐音届，孙云古届字，此音经，艐字也。又届音界，此音注届字也，为经注异文之证。《五经文字》：艐，《尔雅》或作届，非。郝懿行《尔雅义疏》：郭本孙炎以艐为届，届注竟作届，届字误也。据《方言》，宋曰艐。按：《说文》艐，船著不行也，从舟夋声，子红切。音与《释文》引'顾子公反'相近。郭本孙炎竟音为届，亦误也。艐、届，盖古今字。义相似而音实不同。孔广森氏谓艐格连文，即《商颂》所谓'鬷假无言'者也。按：《中庸》引此作'奏假'，假音格，鬷与奏为双声，益知'子公切'之为正矣"。③ 比

---

① （清）龙启瑞：《尔雅经注集证》序，见潘琦主持《广西历代文献集成·龙启瑞集》第3册，第3—4页。
② （民国）蒙起鹏：《广西近代经籍志》，第18页。
③ （清）龙启瑞：《尔雅经注集证》，见潘琦主持《广西历代文献集成·龙启瑞集》第3册，第9页。

较简洁，并不繁琐，自己的结论直接、明了。《续修四库全书总目提要》说该书："博采诸家，复参己见，意在发疑正读，于句读及近鄙别字，务求谠正……正误析疑，明辨以晢。初学得此书，《尔雅》不苦其难读矣。"①《续修四库全书总目提要》《广西近代经籍志》归入经部，《广西省述作目录》归入说文训诂及韵书类，《广西地方文献目录》归入文学。

三卷。

存。《尔雅经注集证》有四种收录方式：(1)单行本。《尔雅经注》，清咸丰四年（1854）刻，线装，二卷，广西壮族自治区图书馆有藏；《尔雅经注集证》，龙继栋校刊，清光绪七年（1881）刻，线装，三卷一册，桂林图书馆、广西壮族自治区图书馆、北京大学图书馆等有藏。②(2)《经德堂集》本。《尔雅经注集证》附入，龙继栋校刊，清光绪七年刻，线装，三卷一册。《续修四库全书》《贩书偶记》《国学图书馆图书总目》《广西地方史志文献联合目录》等有载录，桂林图书馆、广西壮族自治区图书馆、北京大学图书馆等藏。(3)《清经解续编》丛书本。丁仁《八千卷楼书目》卷三载：三卷，刊本。③《续文献通考》《八千卷楼书目》等有著录。(4)桂学文库组织编撰《广西历代文献集成》，2015年由广西师范大学出版社出版《龙启瑞集》，《龙启瑞集》收《尔雅经注集证》。

## 小学高注补正　　清·龙启瑞撰

作者简介见《尔雅经注集证》。

---

① 中国科学院图书馆：《续修四库全书总目提要·经部》，第1018页。
② 广西壮族自治区通志馆等主编：《广西地方史志文献联合目录》，第441页。
③ （清）丁立中编：《八千卷楼书目》卷三，浙江古籍出版社，2016年，第1926页。

《小学高注补正》。成书于道光二十九年（1849）湖北学政任上，是龙启瑞对无锡人高愈①《朱子小学纂注》的补注。龙启瑞《自序》说：

> 高紫超先生所著《朱子小学纂注》，较陈氏旧注加详，于朱子辑书次第脉络，尤能周洽融贯，前之论者无异辞。今年夏重刊此书，再三校读，窃见其中不免千虑之失，训诂文字或乖古义。不揣固陋，辑为《补正》一编，于朱子原书岂能有助涓埃？或于读高注者不无小补焉尔。道光己酉季秋月临桂龙启瑞记。②

龙启瑞的经学研究走的是汉学之路，不拘一格，融合各汉学家之长为己用，贯通顾、江、段、王、孔、张、刘诸家之书，不拘成说，不执私见，参文章典籍，以求其是。"经术固不可不明，然行之贵得其意，如徒拘于章句训诂，则是俗儒之学"，"要惟约其理而返之于身，因以推之于世而不泥于其迹者，庶有当焉"。③《广西近代经籍志》归入"子部"，《广西省述作目录》归入儒家及杂家类④。《广西近代经籍志》《广西省述作目录》等有著录。

---

① 注：高愈，字紫超，无锡人，明左都御史高攀龙从孙也。十岁读从祖遗书，即立志向学。补博士弟子员，益博涉先儒语录。张伯行巡抚江苏，请主东林讲会，以疾辞。同县顾栋高事愈，谈经不倦，栋高每谈曰：便便之腹，真五经笥。但不为孝先之假卧耳。卒，年七十有八。有《朱子小学纂注》《读易偶存》《春秋经传日钞》等著作。参见（清）李桓撰《国朝耆献类征初编》卷四〇一至四〇二，北京中国书店，1983年，第157页。
② （清）龙启瑞：《经德堂文集》，见潘琦主持《广西历代文献集成·龙启瑞集》第1册，第252页。
③ （清）龙启瑞著，吕斌校笺：《龙启瑞诗文集校笺》，岳麓书社，2008年，第415页。
④ （民国）广西统计局：《广西省述作目录》，第23页。

一卷。龙启瑞《小学高注补正》自题一编，蒙起鹏案语改为一卷，① 今从。

未见。《广西省述作目录》《广西近代经籍志》载"未见"，也未见馆藏记载。

## 十三经地名韵编今释　清·龙继栋编纂

龙继栋（1845—1900），字松琴，号槐庐，广西临桂人，龙启瑞之子。同治元年（1862）举人。曾官云南南安知州、户部候补主事，后任江南官书局图书集成总校，江南尊经书院山长。著有《槐庐诗学》《槐庐词学》《十三经地名韵编》《清汉学家列传》《龙松琴先生词》《侠女记》《图书集成校勘记》《皇朝谥法考》等，总纂（光绪）《盐城县志》。生平见《东华续录》、（光绪）《盐城县志》、（民国）《宣化县新志》等。

《十三经地名韵编今释》。《广西省述作目录》归入地理，但从所研究对象十三经看，则属于儒学文献。《浙江图书古籍善本书目》②《桐城文学渊源考撰述考》等著录。③

三册五卷。贵州省图书馆藏本载三册，浙江图书馆藏张宗祥抄本载五卷。

存。《广西省述作目录》载"未刊"。④ 贵州省图书馆存清抄本，三册；浙江图书馆存张宗祥抄本，三册五卷。

---

① （民国）蒙起鹏：《广西近代经籍志》"子部"，第11页。
② 浙江图书馆古籍部编：《浙江图书古籍善本书目》，浙江教育出版社，2002年，第64页。
③ （清）龙继栋：《十三经地名韵编今释》，见刘声木《桐城文学渊源考撰述考》，黄山书社，2012年，第553页。
④ （民国）广西统计局：《广西省述作目录》，第112页。

## 藟苉堂说经质疑　清·周思宣撰

作者简介见《禹贡地理考略》。

《藟苉堂说经质疑》。(光绪)《临桂县志》、蒙起鹏《广西近代经籍志》作"《藟庇堂说经质疑》"。(光绪)《临桂县志》、《广西近代经籍志》、《广西省述作目录》、《广西历代文人著述目录广西历代文人著述馆藏联合目录》等归入经部。

卷次不详。

佚。(光绪)《临桂县志》著录,《桂林历史人物录》载该书未付梓刊刻,① 蒙起鹏《广西近代经籍志》著录"未见",②《广西省述作目录》载"绝本"。③

## 朱子小学辑略　清·莫以莹辑要

莫以莹(1833—1915),字作鉴,号埌阳村叟,广西邕宁人。光绪元年(1875)乙亥科举人,主讲正谊、左江两书院。光绪二十四年办理团防局,二十九年主办团防局。好读书,"尤笃好儒先性理诸书",④ 性亢直、重名节,有经世志。民国四年(1915)卒,年八十三。(民国)《邕宁县志》有小传。

《朱子小学辑略》。"撮集解为节本",⑤ 是一部以便阅读推广的通俗读物,《广西省述作目录》归入儒家及杂家。⑥

---

① 张益桂、张阳江:《桂林历史人物录》,第552页。
② (民国)蒙起鹏:《广西近代经籍志》"经部",第7页。
③ (民国)广西统计局:《广西省述作目录》,第2页。
④ (民国)谢祖莘、陈寿民修,莫炳奎总纂:《邕宁县志》卷三八"人物二",第1551页。
⑤ (民国)谢祖莘、陈寿民修,莫炳奎总纂:《邕宁县志》卷四二"艺文志",第1688页。
⑥ (民国)广西统计局:《广西省述作目录》,第23页。

卷次不详。

未见。（民国）《邕宁县志》载"存"，《广西省述作目录》，未著录存佚。

## 墨斋存稿 清·祁永膺撰

作者简介见于《荀氏易异文疏证》。

《墨斋存稿》。该书辑录了祁永膺对于儒家经典的见解。本书分六卷，卷一载录《儒有一家之学说》《性理学义疏证》等篇；卷二载录《周礼遗官考证诸文》篇；卷三载录《郑君诂经用方言疏证》《诂训传笺注解名义疏》；卷四载录《汉制考补遗》等篇；卷五载录《马援立铜柱以分汉界论》等；卷六载录《拟朱子白鹿洞赋》《董生明春秋颂》等。所收论文全面阐述了作者在四书五经、官制礼制、历法等方面的见解，对以后的研究有一定的启发意义。《广西地方文献目录》归入文学。《广西地方文献目录》《广西地方史志文献联合目录》《广西文献名录》等有著录。

二册六卷。

存。陇西县署弌卷石轩刻溉园丛钞本，清光绪三十二年（1906）刊刻，线装，二册六卷，桂林图书馆、广西壮族自治区图书馆有藏。

广西的经学著作一百二十五部。汉代的陈钦、陈元父子，三国时士燮，他们对《春秋》的研究都达到了全国顶尖水平，于是便有了赵岐"《左氏》远在苍梧"之说。清代郑献甫的经学研究，调和宋学、汉学，别开生面，创见不少，其学术成就获得了杭辛斋、尚秉和等人的肯定。

# 第二篇　广西儒论文献叙录

儒论文献是以阐发儒学观点和实践为主的文献。儒学之道，极高明而道中庸，其文献既包括儒家理论思想，又包括政教文献、礼制教化、学规劝学、课文制艺、杂说杂考杂论等涉及政治实践、制度安排、人伦日用等方面的文献。下面就此几个方面对广西的儒论文献加以叙录。

## 理论思想类

共三十一部，存十五部，未见二部，佚十四部。其中，宋代存一部，佚二部；元代佚一部；明代存八部，佚八部；清代存六部，未见二部，佚三部。宋代数量不多，却产生过大的影响，契嵩《辅教编》《中庸解》《巽说》沟通儒学与佛的视角和路径，令欧阳修等人叹服；林勋在《本政书》《本政书比校》中所提出的借鉴井田制解决当时的土地矛盾的思想，得到了张栻、朱熹、吕祖谦、陈亮、陈傅良的赞许，陈亮甚至还刊刻了《本政书》。明清的著述大都沿袭宋学之路，以阐述义理为主，即使在考据学兴盛的乾嘉时期以及西学东渐的清末亦如此，其结果则是被湮没在了历史之中。而周琦的《东溪日谈录》，因其系统、完整、清晰地阐述了作者自身理学思想，其学术价值得到了四库馆臣的认可，而被收入《四库全书》。

## 辅教编　宋·契嵩撰

作者简介见《巽说》。

《辅教编》。成书于皇祐年间，献书于嘉祐七年（1062），是一部阐述儒佛会通之作，《广西历代经籍志》归入子部释家类，广西的其他书目没有单独开列论述。① 据陈舜俞《镡津明教大师行业记》记载："当是时，天下之士学为古文，慕韩退之排佛而尊孔子。"② 便作《辅教论》以辨，该书分上中下卷，十余万言，为《镡津文集》卷一至卷三。卷一即《辅教编》上，细目：《原教》一篇，《劝书》第一、《劝书》第二、《劝书》第三。卷二即《辅教编》中，细目：《广原教》二十五篇、《叙》一篇，共二十六篇，卷末亦有音释。卷三即《辅教编》下，细目：（1）《孝论》十二篇：《明孝章》《孝本章》《原孝章》《评孝章》《必孝章》《广孝章》《戒孝章》《孝出章》《德报章》《孝略章》《孝行章》《终孝章》十二篇，并《序言》一篇；（2）《坛经赞》；（3）《真谛无圣论》，卷末附音释。运用比较法，力图证明儒佛二道的会通点，进而提出儒佛会通观，目的是得出佛理应崇的结论。在契嵩看来，首先佛教的五戒与儒家的五常有相同的出发点和目的，都致力于人心世态治理，只不过实现的路径不同，一个在戒，一个在

---

① 彭子龙：《广西历代经籍志（汉—明）》，第204页。
② （明）董斯张辑：《吴兴艺文补》卷一四，明崇祯六年（1633）刻本。

劝,并提出"孝为戒先"的重要命题,这样儒家"百善孝为先"的思想正是佛教戒律的基础。其次,儒、佛的五戒十善与五常的会通,因为二者皆出于善,归于治。最后,儒家的礼乐教化与佛家心性学也有相通性,不过在契嵩看来儒家先圣之道心性的问题不易被民众理解,所以只教人以礼乐来控制人情而治世。契嵩进一步认为佛教关于心性的理论要比儒家讲得更深入、清晰、明确,因而儒者不应排斥佛教,而要积极吸收,来丰富自身的性命之学。儒佛二道的和合会通,消解了儒、佛的对抗,"推会二教圣人之道,同乎善世利人矣",① "这种儒释的交流和融合,为士大夫审视儒家经典提供了一个全新的视角,从而使儒学研究从汉唐经学的繁琐训诂考据中解放出来,成为活泼泼的观察体验与心性证悟"。②

存。其版本有单行本《辅教编》和合集本《镡津集》两个系统。《辅教编》原为单行本,嘉祐二年(1057)前后即已刊印,又有两个不同的书名在流行:(一)《辅教编》,三卷。除马端临《文献通考》、晁公武《郡斋读书志》载录五卷外,其余各大文献如《通志》《宋史》皆载录为三卷,今从众,其版本如下:(1)福州开元禅寺校定本。绍兴庚辰(1160)秋,福州太平寺正言长老因游东山龙首涧得《传法正宗记》十二卷,"以《辅教编》三册增之",③ 成十五卷本,开元寺空明禅师遂率诸师同力刊板于福州,寿山广应禅寺佛灯大师法珊作跋,教忠崇报禅寺住持道印校正,开元禅寺住持解空大师慧明都欢缘、左奉议郎前提举福建路市舶晋安林之奇为之作跋。隆兴二年(1164)成书,因刊板于福州开元寺,故该本应为《毗卢藏》之续刻本。《碛砂藏》在元代

---

① (宋)契嵩:《镡津集》卷九,清文渊阁四库全书本,第1091册,第499—500页。
② 周裕锴:《禅宗语言》,复旦大学出版社,2017年,第151页。
③ 彭子龙:《广西历代经籍志(汉—明)》,第221页。

补修时,将《辅教编》《传法正宗记》等编修入藏,题记载"平江路碛砂延寿寺大藏经局今依福州开元禅寺校定元本重新刊板流通",说明《碛砂藏》本以《毗卢藏》本为底本,今《碛砂藏》仍保留《辅教编》三卷,甚为可贵。① 除此之外,《永乐北藏》"汉"函、《永乐南藏》"回"函、《频伽藏》"露"帙、新文丰影印本《卍正藏经》、日本筑摩书房1981年版《禅の语录》等有著录。(2)民国常州天宁寺毗陵刻经处刻本。日本酒田市立光丘文库和桂林图书馆藏。(3)民国时北京中央刻经院铅印本《辅教编》三卷。贵州图书馆藏。(4)张宏生注译本《辅教编》。该本以光绪二十八年(1902)扬州藏经院刻本《镡津文集》卷一至卷三之《辅教编》为底本,佛光文化事业有限公司1996年初版,2012年再版,《佛光经典丛书》收录。② (5)民国九年(1920)《辅教编》。一册,桂林图书馆藏。(二)《夹注辅教编》。有六卷本和十卷本。契嵩晚年又重新对《辅教编》进行详细的注解,帮助时人理解,编定名称为《辅教编要义》,也称《夹注辅教编》《夹注辅教编原教要义》③,其后又累经镂板,盛传于世。流传到现在,其版本有:(1)元延祐七年(1320)刻本《夹注辅教编原教要义》。今北京大学图书馆藏有一部,是书总三卷,存第一卷,著录为元延祐七年翻宋刻本,已入选首批《国家珍贵古籍名录》。日本京都大学图书馆藏有观应二年(1351)影元刻本一部,是书总六卷,第六卷卷末有春屋妙芭刊记,此影刻本卷尾有壬寅秋七月晦日平阳府十方大梵禅寺释子柔所作后序。明无隐晦所藏《夹注辅教编要义》,乃元大德六年(1302)刻本,时间比北大图书

---

① 以上参纪雪娟《宋僧契嵩〈镡津文集〉版本考述》,第565—566页。
② 彭子龙:《广西历代经籍志(汉—明)》,第231页。
③ 《辅教论》文辞简约,旨趣幽微,义理赅博,契嵩"复恐人不悉其意,自注释之",这个自注本,名为《夹注辅教编要义》。

馆藏元延祐七年（1320）本还要早。此书据宋濂《夹注辅教编序》，明初时虚白曾"重刻是编"，然其本久无著录。对于《镡津文集》校勘来说，影元本《夹注辅教编要义》是一个重要的参考版本。①（2）张炳翔影钞本。清光绪七年（1881）张炳翔据元延祐七年刻残本影印《夹注辅教编原教要义》，南京图书馆有藏。（3）释大旺刻本。明正统十三年（1448）释大旺刻《夹注辅教编原教要义》六卷，中国国家图书馆藏。（4）五山本。日本观应二年（1351）刻本。六卷，日本东北大学狩野文库、东洋文库、酒田市立光丘文库、京都大学谷村文库等藏。日本临川书店1999年出版的《禅学典籍丛刊》和西南师范大学出版社、人民出版社2012年出版的《域外汉籍珍本文库·日本五山版汉籍善本集刊》收录五山本。（5）日本宽永十九年（1642）京都田原仁左卫门刻本。六卷，北京大学图书馆、日本大阪大学怀德堂文库、东京都立中央图书馆诸桥文库、东京大学东洋文化研究所、新潟大学佐野文库等处藏。（6）日本元禄九年（1696）原刻文久元年（1861）柳枝轩小川多左卫门重印本金地院藏版释梁严冠注《夹注辅教编原教要义》。十卷，日本京都大学人文科学研究所之东方文化研究所、东洋文库、东京大学总图书馆、牧野文库等藏。（7）日本文久元年京都出云寺文治郎刊本释梁严冠注《夹注辅教编原教要义》。十卷，北京大学图书馆、日本东北大学狩野文库、东京大学总图书馆、高知大学小岛文库、大阪大学怀德堂文库等处藏。（8）日本明治二十一年（1888）刻本。西山禾山、三关定真编《训点读本五部合刻》收录，日本内阁文库有藏。（9）邱小毛《夹注辅教编校译》。西南交通大学出版社，2011年出版。该本以京

---

① 以上参林仲湘、邱小毛校注《镡津文集校注》附录《〈镡津文集〉版本考》，第446—447页。

都大学谷村文库所藏五山版《夹注辅教编原教要义》为底本，以国家图书馆所藏元刻残本《镡津文集》为校本而成。① 著录《辅教论》单行本的主要有《宋史·艺文志》"《辅教编》三卷"，《郡斋读书志》"《辅教编》五卷"，马端临《文献通考》"《辅教编》"。

《镡津集》合集本。契嵩离开京师后还吴三年，吴郡人曹仲言与其弟玘仲彝者，"乐闻其盛事，乃募工于其州之万寿禅院，施财镂板"，② 将其著作结集成书。关于书名，据陈舜俞熙宁八年（1075）所作《明教大师行业记》记"自定祖图而下谓之《治平集》，又有《嘉祐集》"，③ 既取名"嘉祐""治平"，说明该集于嘉祐至治平间，即契嵩生前既已成书，惜全貌今已不复目睹。契嵩圆寂后，"杨公济蟠收全集"，④ 后由契嵩甥僧法澄保管收藏，后散佚。《镡津集》的版本见《巽说》，此不赘述。

## 本政书　宋·林勋撰

林勋，生卒年不详，广西贺州人。⑤ 政和五年（1115）进士，为广州教授。建炎元年（1127）五月，献《本政书》十三篇，书奏不久，被任命为桂州节度（治今广西桂林）掌书记。在桂州期间，又献《比校书》二篇，再迁转运判官。著《本政书》《本政书比校》《治地旁通》，又撰有（建炎）《清远县志》。《宋

---

① 彭子龙：《广西历代经籍志（汉—明）》，第 231 页。
② 日本东京大正一切经刊行会编：《大正藏》，第 51 卷，第 716 页。
③ （宋）契嵩：《明教大师行业记》，见《镡津文集》，第 628 页。
④ （宋）文莹：《湘山野录》卷下，中华书局，1984 年，第 50 页。
⑤ （宋）王象之：《舆地纪胜》卷一二三载："林勋，字上达，殷州人，为廉州教授，献《本政书》十五篇，又献《北校书》二篇十卷，运使王次翁取《本政书》缴奏，作《今古治地旁通》及《治政沿革图》以献。"《建炎以来系年要录》《鹤林玉露》《宋史》等文献载录为"贺州人，广州教授"，今从众。

史》卷四二二、李心传《建炎以来系年要录》卷二六、《宋史新编》卷一四〇、罗大经《鹤林玉露》、《舆地纪胜》卷一二三、《大明一统志》卷八四、《大清一统志》卷四六八、《万姓统谱》卷六四、《广兴记》卷二〇、《钦定续通志》卷四一三、（嘉靖）《广西通志》卷四四、（万历）《广西通志》卷二七、（康熙）《广西通志》卷二七、（雍正）《广西通志》卷七六、（雍正）《平乐府志》卷一五、《粤西文载》卷六八、（嘉庆）《广西通志》卷二六三、（嘉庆）《平乐府志》卷二一、（道光）《广东通志》卷二四〇、（光绪）《广西通志辑要》卷九、（光绪）《贺县志》卷五、（光绪）《广州府志》卷一〇四、（民国）《贺县志》卷八等并有传。

《本政书》。建炎元年（1127）五月，南宋王朝建立，命有司招农归业，归业者振贷之，蠲欠租，免耕牛税。建炎三年八月，身为广州州学教授的林勋，为此献《本政书》十三篇，详记古井田纳税钱米及赋兵马更番之数，主张借鉴井田制而斟酌变通的解决方案，是一部有关社会治理思想的论著，"其说甚备"。一些观点和措施得到了朱熹、吕祖谦、陈亮、陈傅良等人的认可和赞许。张栻说："贺州有林勋《本政书》，想亦须见，漫付一本。期间固多未尽，然其人一生用功于此，其说亦多可贵。此外又于其家求得数书，有论屯田项，自亦甚有工，才抄录，续当奉寄。此公所至有惠政，乃是广中人才之卓然者，殊惜其不得施诸用也。"① 陈傅良说："苟得如《井田谱》与近时所传林勋《本政书》者，数十家各致其说，取其通如此者，去其泥不通如彼者，则周制可得而考矣。周制可得而考，则天下亦几于理矣。"② 其具体

---

① （清）谢启昆修，胡虔纂：《广西通志》卷二〇七，第5434页。
② （宋）陈傅良：《止斋集》卷四〇，文渊阁四库全书本，第1150册，第813—814页。

设想和措施《建炎以来系年要录》卷二六、《宋史》卷一七三载录,《宋史·食货志上》《鹤林玉露》等有摘录。现录李心传《建炎以来系年要录》于下：

> 辛酉,广州州学教授林勋献《本政书》十三篇。勋以为:"国朝兵农之政,大抵因唐末之故。今农贫而多失职,兵骄而不可用,是以饥民窜卒,类为盗贼。宜仿古井田之制,使民一夫占田五十亩,其有羡田之家,毋得市田,其无田与游惰末作者,皆驱之使为隶农。以及耕田之羡者,而杂纽钱谷,以为什一之税。本朝二税之数,视唐增至七倍。今本政之制,每十六夫为一井,提封百里为三千四百井,率税米五万一千斛、钱万二千缗;每井赋二兵,马一匹,率为兵六千四百人、马三千五百匹,此方百里之县所出赋税总数。岁取五之一以为上番之额,以给征役。无事则又分为四番,以直官府,以给守卫。是民凡三十五年而役始一遍也。悉上则岁食米万九千余斛,钱三千六百余缗,无事则减四分之三,皆以一同之租税供之。匹妇之贡绢三尺、绵一两。百里之县,岁收绢四千余匹,绵三千四百斤。非蚕乡则布六尺、麻二两,所收视绵绢率倍之。行之十年,则民之口算、官之酒酤,与凡茶、盐、香、矾之榷,皆可弛以予民。"其说甚备。书奏,以勋为桂州节度掌书记。①

陈亮刊刻了此书,并《书林勋〈本政〉后》一篇以阐述其观点,全文如下：

---

① （宋）李心传：《建炎以来系年要录》卷二六,中华书局,1988年,第521页。

右林勋《本政书》一十卷、《比校》二卷。徐宗武得之巩氏家，勋尝游宦广中，盖绍兴初容州所刊本也。勋为此书勤矣！考古验今，思虑周密，世之为井牧之学所见未有能易勋者。顾其间将使隶农耕良农之田，纳租视其俗之故。经赋出于良农，而隶农出军赋，疑非隶农所利。又使他人得以告地之可辟者，而受其赏焉。有趋利起争之渐，疑非王政所当出者。一人之智，而思虑小小不中不足怪，大要归于可行，则补其不及，行之者之责也。顾余有所甚疑者，古者王畿千里，定为六乡六遂，而禄地公邑所占之地宜倍千里之间。开方计之，地之所未尽者，宜尚多有。盖王政宽大，纳民于其间，不用一律以齐之，则制度虽密，人不思裂去，法可长守而经数常齐矣。汉之民田固已无制，大略计之，邑居道路、山林川泽，群不可垦，盖居三分之二，又有所谓可垦不可垦者，居其四分之一，而定垦田直十五分之一耳，盖虽汉法不能尽数以齐之也。今勋欲举天下而用，一律以齐之，无乃非圣人宽洪广大之意乎？宜亦非民之所甚便也。今宜于山林川泽、邑居道路之外，以三分计之，定其一以为经数，起贡、起役、起兵、简教之法悉如勋所定；以其二为余夫闲田及士工贾所受田，凡朝廷郡县之官，皆使有田，参定其法，别立一官掌之，并使其属以掌山林川泽，大为之制，使民得尽力于其间，而收其贡赋以佐国用，以苏疲民，则经数常齐矣。立政以公，而示天下以广，则民不骇而政易行，然后勋所定之制可以一定而不易，庶几勋之志也。虽然，事不习熟，则人之视听易以惊动，骤而行之，非成顺致利之道也。勋之书至矣，要岂人之视听所常习者乎？非其所常习，虽用勋三年颁降之说，犹恐不能无动也。夫成顺致利之道，《易》所载十三卦，圣人盖用此道以开天地而立人极者。自汉以来，英雄特起之君，亦必用是以有为。惟其一变之余，安之而不思其所以善其后，此后世之所以治乱不常，而古道卒不可复也。勋之书可用于一变之后，安得其人以开其先者乎？要非察古今之变，识圣人之用，而得成顺致利之道者，不能知也。然则余之刊勋书，所望于世之君子，盖甚厚。①

## 宋朝薛季宣《书林勋〈本政书〉》也说：

林勋《本政书》十四篇，地图一篇，久藏走家。走初学问经史，病未尽通，不暇习也。置书箧中，与故纸不异。盖未始拂其尘埃，而视其篇目也。暇日检文籍见之，谓人著书必不徒尔，其间容有大过人者。取而疾读数过，乃知为井地书也。言皆叶往则，应经义，诚可行，亦可举。方之中古而不谬，措之于今而不悖。走恒病先儒之言田制者，往往拘名数，执死法，不能得圣人意。乃谓传之将来，读之且茫然厌烦，奚暇举而措之事业？勋书则异此，不牵于百氏之说、一本之经，能复引古以验今，即今以求古，不远于古今之夐而得其旧，亦不必劳人而曲尽乎事物之变。居今之世求古之制，识其真则难能矣。勋书盖简且易，后之人主，思将追迹三王，而尽井天下之田，此书不可置也。初，走未见此书时，视之则故纸若也，逮习其言，乃知远甚，人之不可易，书之不可不读也如此。古人有言曰："学然后知不足"，讵不信然。②

## 明代危素《本政书叙》云：

---

① （宋）陈亮：《龙川集》卷一六，清文渊阁四库全书本，第1171册，第67—68页。
② （宋）薛瑄：《艮斋先生薛常州浪语集》卷二六，清钞本。

《本政书》十卷，宋贺州学教授林勋所著。始素得东阳陈亮同父所作序于《龙川集》中，欲求其书不可得。及至四明，从铅山州儒学教授程端礼敬叔家乱书中仅得三页。端礼曰："吾求此书久矣，而未尝见，或得之，愿以告我。"至括苍，又从王兴祖君起家观朱文公与潘叔度氏手帖，属抄写校正。此访至松江，始从庄肃幼恭家得亮所刻，大至精好，而求永嘉薛士龙季宣跋其后。素既假于庄氏，缮写之，亟以书告端礼，书未至而端礼没。端礼守经好古，皆不及见也。呜呼！任土作贡之法尚矣。而儒者之论三政必曰井田，井田岂不善哉？然治天下之道，或损或益，或沿或革，因时御变，与民宜之。以阡陌既开，而欲复井田之制，是犹书契已作而欲反结绳之时，三尺童子知其不可也。勋于是书，处之至精，而虑之至密，足以见其经世之大略矣。当宋高宗之南迁，行经界之法，其时勋之书方作也，惜乎未有能荐其人而用之。我世祖皇帝一天下，因胜国之荐以定赋役，其时勋之书犹存也，惜乎未有能献其书而行之。失此二机，勋之志卒未克信于后世，功名之士亦足以慨然于此乎。皇上诏修《宋史》，素为勋立传，而撮其书大要存焉。顾家贫不能刻其书以传，姑叙而藏之，以俟后之知者。①

（嘉庆）《广西通志》、（光绪）《广西通志辑要》等归入子部，《广西省述作目录》归于政治经济类，② 彭子龙《广西历代经籍志》归入农家类。③ 晁公武《郡斋读书志》与陈振孙《直斋书录解题》均未著录《本政书》，尤袤《遂初堂书目》著录但无卷数。

---

① （明）危素：《危学士全集》卷三，清乾隆二十三年（1758）刻本。
② （民国）广西统计局：《广西省述作目录》，第27页。
③ 彭子龙：《广西历代经籍志（汉—明）》，第162页。

另外,《宋史》、《宋史新编》、(嘉庆)《广西通志》、(光绪)《广西通志辑要》、(民国)《广西通志稿》、《广西省述作目录》等有著录。

卷数载录不一,有十三篇、十四篇、十五篇、十卷之说。《本政书》原本十三篇,李心传《建炎以来系年要录》卷二六、留正《中兴两朝圣政》卷五、佚名《中兴两朝编年纲目》卷三、脱脱《宋史》卷一七三及卷四二二、《宋史全文》卷一七、陈桱《通鉴续编》卷一四、《贺县志》等均作十三篇。十四篇出自薛季宣《书林勋〈本政书〉》,"《本政书》十四篇,《地图》一篇",是十三篇加上《地图》一篇之数。十五篇之说首见于王应麟《玉海》,《玉海》卷一七八说《本政书》十三篇,小字注解又说:"《疆理》至《地图》本十五篇,十卷。"① 王应麟认为《本政书》应该加上《疆理》《地图》二篇,传统十三篇之说把《疆理》《地图》作为附录,没有计入。十卷之说出自陈亮《书林勋〈本政〉后》,沿袭其说还有危素《本政书叙》、柯维骐《宋史新编》、(光绪)《广西通志辑要》等,十卷之说与十三篇之说并无矛盾,只是篇与卷的不同分合而已。

佚。绍兴初容州所刊本,② 当为现今有记载的最早版本,十卷附《比校》二卷。后来陈亮得到此书,大为赞叹,进行了重刊,大行于世,《宋史·艺文志》有载。直到明初,《本政书》还流传于世。危素四处收集《本政书》,最后在松江庄肃③家得陈亮刻本,可惜没有重刊,此后渐被湮没。(嘉庆)《广西通志》、(光绪)《广西通志辑要》、(民国)《广西通志稿》载"佚",《广

---

① (宋)王应麟:《玉海》卷二五二,光绪九年(1883)浙江书局刊本。
② (宋)陈亮:《龙川集》卷一六,清文渊阁四库全书本。
③ 注:庄肃,字幼恭,又字恭叔,号蓼塘,家住青龙镇。曾在宋朝做过秘书院六品小吏,宋亡,弃官回乡。元至正六年(1346),修宋、辽、金三史。著有《艺经》《画继余谱》。

西省述作目录》载"绝本"。①

## 本政书比校② 宋·林勋撰

作者简介见《本政书》。

《本政书比校》。仅《建炎以来系年要录》卷二六与《宋史》本传摘录之数语，尚可窥其要旨。《建炎以来系年要录》载：

> 其后勋又上《比校书》二篇，大略谓："桂州地东西六百里，南北五千里，以古尺计之，为方百里之国四十，当垦田二百二十五万顷，有田夫二百四万余人，出米千二十四万斛，禄卿大夫以下四千人，赋兵三十万人。今桂州垦田约万四十二顷，丁二十一万一千，税钱万五千余缗，苗米五万余斛有奇，州县官不满百员，官兵五千一百人。盖土地荒芜，而游手末作之人众，是以地利多遗，财用不足，皆本政不修之故。"勋，临贺人也。③

《宋史》本传和《宋史·食货志上》大体与之相同，不同之处在于：《宋史》把"五十里"改为"五百里"，"二百二十五万"之"万"下增加了"二千八百"，把"余人"改为"八千"，"出米千二十四万"句"万"下增加"八千"，"赋兵"改为"禄兵"，"一千"改为"六千六百一十五"，"五万余斛"改为"五万二百斛有奇"。所改动、增删之处，所据何本，不得而知。从以上文献所

---

① （民国）广西统计局：《广西省述作目录》，第27页。
② 按：此书有两名，一名《本政书比校》，以中华书局版《建炎以来系年要录》《宋史》为代表；另名《本政书比较》，以广西书目为多，今从前者。
③ （宋）李心传：《建炎以来系年要录》卷二六，第524页。

摘录的内容看,《本政书比校》大体上具体讨论广西一省一地的土地和赋税问题,是一部有关社会治理思想的论著,(嘉庆)《广西通志》、(光绪)《广西通志辑要》等归入子部,《广西省述作目录》归于政治经济类,① 彭子龙《广西历代经籍志》归入农家类。②

二卷。《建炎以来系年要录》卷二六、《宋史》卷四二二、《南宋名臣言行录》卷一等皆载录为"二篇",《陈亮集》卷一三《书林勋〈本政书〉后》则说"二卷"。

佚。该书作于林勋桂州(今桂林)节度掌书记期间,献书于《本政书》之后,见于《宋史·艺文志》著录。(嘉庆)《广西通志》、(光绪)《广西通志辑要》、(民国)《广西通志稿》曰"佚",《广西省述作目录》载"绝本"。③

## 心法纂图  元·唐朝撰

唐朝,生卒年不详,字用大,自号五无斋,广西兴安人,生活于元末明初。④ 至正四年(1344)科试鄂省不利,"携书游西湖茶陵西畴刘先生⑤,而请益焉"。⑥ 元至正七年(1347)考取丁亥科贡士,官辰溪教谕,不久辞归。居家,授徒家塾,以淑后进。后蒙荐举,领桂林路教事。未几,居父丧,遂不复仕。其著

---

① (民国)广西统计局:《广西省述作目录》,第27页。
② 彭子龙:《广西历代经籍志(汉—明)》,第166页。
③ (民国)广西统计局:《广西省述作目录》,第27页。
④ 按:其事迹见载于《广西通志》《粤西文载》,均将唐朝列入明代,本文据《广西通志》《古今图书集成》等改。
⑤ 注:"刘先生"即元末明初著名学者刘三吾,茶陵人,名如孙,以字行,自号坦坦翁,著《坦斋文集》,总领编修《省躬录》《书传会选》《寰宇通志》《礼制集要》等,元末避兵广西,为静江路儒学副提举,拜师时间当在此。
⑥ (清)汪森编辑,黄盛陆等校点:《粤西文载校点》卷六九,第187页。

述除《五无吟》收录在《元诗癸集》外，《训蒙小诗》《心法纂图》等今不存。(嘉靖)《广西通志》、(万历)《广西通志》、(康熙)《广西通志》、(康熙)《桂林府志》、(雍正)《广西通志》、《粤西文载》、(乾隆)《兴安县志》、(嘉庆)《广西通志》、(道光)《兴安县志》、(光绪)《广西通志辑要》等并有传。

《心法纂图》。著作缘起于兴学，使"学者从之，莫不知所趋向"。① 讲学时，他"必先示以濂洛关闽粹论，使之体认自得，尝析心字之义，为《心法纂图》"。② "图"指河图，从"原动静曲直之因，分天地阴阳之象，推其中虚之处为太极，画为性所自出，与情欲之所由，分判善恶为两途，昭然明白"。③ 显然，其思想承继宋儒而来，注重修养心性，他说的"性之所出"和"情欲之所由"，以及分天地、阴阳、虚之处为太极等思想，都没脱离程朱理学的诸多范畴。(嘉庆)《广西通志》、(光绪)《广西通志辑要》归入子部，《广西省述作目录》归入儒家和杂家类，④《广西历代经籍志》归入子部儒家类。(嘉靖)《广西通志》、《粤西文载》、(嘉庆)《广西通志》、(光绪)《广西通志辑要》、(民国)《广西通志稿》、《广西省述作目录》等著录。

卷次不详。

佚。见《粤西文载》，(嘉庆)《广西通志》、(光绪)《广西通志辑要》、(民国)《广西通志稿》曰"佚"，《广西省述作目录》载"绝本"。⑤

---

① (清)汪森编辑，黄盛陆等校点：《粤西文载校点》卷六九"人物"，第187页。
② (明)林富修，黄佐纂：《广西通志》卷四七，嘉靖十年（1531）刻本。
③ (清)汪森编辑，黄盛陆等校点：《粤西文载校点》卷六九"人物"，第187页。
④ (民国)广西统计局：《广西省述作目录》，第22页。
⑤ (民国)广西统计局：《广西省述作目录》，第22页。

## 东溪日谈录　明·周琦撰

周琦，生卒年不详，字廷玺，号东溪，广西马平人。明天顺六年（1462）举人，后"归居林下"，"非儒不接，非道不谈，惟体验万物之性，以会经传之旨"。① 成化十七年（1481）进士，官至南京户部员外郎。著《东溪日谈录》《自斋行要》《史异》，《自斋行要》《史异》久已失传。生平见于《明孝宗实录》、《国榷》、（嘉靖）《广西通志》、（万历）《广西通志》、《儒学宗派》、（康熙）《广西通志》、《粤西文载》、（雍正）《广西通志》、（乾隆）《柳州府志》、（乾隆）《马平县志》、（嘉庆）《广西通志》、（光绪）《广西通志辑要》、（民国）《柳江县志》等文献。

《东溪日谈录》。著述于天顺六年之后，书成于弘治八年（1495）。成书以后周琦本人并未付刊，而以抄本形式流传，"有问之者曰：'子著《史异》诸书，皆可行世，独《日谈录》不可欤？'琦曰：'不可。前儒濂溪之《易通》、横渠之《正蒙》、康节之《皇极经世》、元定之《律吕新书》、九峰之《洪范皇极》，下此若李耳之《道德》、庄周之《南华》、扬雄之《太玄》、王通之《中说》，与夫荀、列之俦，皆有著述，立言以传世者也……惟体验天地万物之性，以会经传之旨，根圣贤，据儒先之说，而谈于人者，悉录焉。盖俟弱息之成，岂立言以传世哉？然尧、舜、禹、汤、文、武、周公、孔子、孟轲，道之准的也。周、张、程、朱以及北许南吴，造道之羽镞也。不审视其羽镞，安求准的而造之？故曰所谈者，审羽镞而求准的也，岂别为一家之说以待

---

① （明）周琦：《东溪日谈录序》，见《东溪日谈录》卷首，清文渊阁四库全书本，第2—4页。

世者邪?'"① 说自己著述《东溪日谈录》的初衷，旨在体验天地万物之性，以会经传之旨，见之于身心，说："回视林下之所与谈者，盖亦莫非天地万物之性，具之而在太极，畀之而在人心，全之在圣贤，克之而在事业，载之始在乎经史，行古今而达上下，兼三才而弥六合，皆有所体验而真见之者也。顾岂想象而亿度邪神与，于此且以道不合忧焉，□□见以订正焉……睨视古今，旁观上下，道不外性以言真，学不指末以言本，理欲明而无杂，体用一而无间，固愿学矣。"② 这里对何以不刊刻流传，阐述了两个理由：其一，该作仅仅为自身修身养性、体验天理人性之作，传之于家，或以留给后人，以作修身齐家之用；其二，他自认该书不能成一家之说，也不成一家之说，现行于世的学术既多，该书就不想滥竽充数了。直到嘉靖十六年（1537），象州人吕景蒙为颍州州判时，才将从湛若水处得到的一部抄本，加以整理并于当年刻印。

《东溪日谈录》为学术性日记体著作，记录了周琦的学问心得，也是明代广西一部系统阐述理学思想的理论著述。分十三种：《性道谈》二卷、《理气谈》一卷、《祭祀谈》二卷、《学术谈》一卷、《出处谈》一卷、《物理谈》一卷、《经传谈》三卷、《著述谈》一卷、《史系谈》二卷、《儒正谈》一卷、《文词谈》一卷、《异端谈》一卷、《辟异谈》一卷。《东溪日谈录》是一部"下学上达""体用兼该"之书。"性道谈"和"理气谈"两种厘清太极、动静、阴阳、五行、理气等哲学范畴，是体；后十一种为形而下的人伦日用，如"祭祀谈"论述的是明以前各种祭祀典礼、章法、仪式，强调祭祀要合乎祭法和道德；"出处谈"强调

---

① （明）周琦：《东溪日谈录序》，见《东溪日谈录》卷首，第3—4页。
② （明）周琦：《东溪日谈录序》，见《东溪日谈录》卷首，第2—3页。

"君子出处贵两得其道,立朝则当致君,出牧则当泽民,大遇当功铭鼎鼐,小遇当求无愧于心,退居林下亦当以道自守,使生重于乡,死祀于社,则两全矣";①"物理谈"探讨了日月星辰、风雨雷电等自然现象的产生及其原因;在"经传谈""著述谈"里,周琦认为"六经之在天下,如夜行有烛",并分类阐述了《易》《书》《诗》《春秋》《大学》《论语》《中庸》《孟子》这些儒家经典的重要作用。除了儒家经典外,他也认为周子《太极图》《通书》、张子《西铭》、邵子《皇极经世书》、朱子《小学》、朱子定本《孝经》等周张程朱之书,"发理之秘",②是羽翼圣道之书;在"史系谈"中,周琦用历史事例,探究了历朝兴衰更替的原因;"儒正谈"以周敦颐、程颢、程颐、张载、邵雍、杨时、游酢、谢良佐、罗从彦、李侗、胡安国、胡寅、胡宏、朱熹(及其门人)、张栻、吕祖谦、陆九渊、真德秀、魏了翁、许衡、吴澄、刘因、薛瑄为正宗一脉,分析了理学大师们的学术特点和成就,并强调理学为为己之学和实学,反对世俗之徒本末倒置,不重心性修养,而以门第、科举、辞章、言语等为工具博取功名的行径;"文词谈"继承程朱"文以载道"观,强调文章的工具性价值,即要求文章"必关世教,发义理",③主张取法周、张、程、朱之文,反对取法老庄,甚至韩柳之文;"异端谈"中作者以孔孟之道为正统,批判墨、老、杨朱和佛学;"辟异谈"多叙述怪异之事,并将这些与仁义、天理联系在一起,显得牵强。在具体的论证中,将学理、经史诠释与历史经验整合起来,力求将理论与现实政治一一印证。全书虽偏重于内圣,但最终目的还是在经世致用的外王上。由此可见,周琦在将理学由哲学转化成实践的

---

① (明)周琦:《出处谈》,见《东溪日谈录》卷七,第180页。
② (明)周琦:《著述谈》,见《东溪日谈录》卷一二,第227页。
③ (明)周琦:《文词谈》,见《东溪日谈录》卷一六,第267页。

过程中，是治心与格物、价值与工具并重的。这种体例安排，显然受到真德秀《大学衍义》的影响，周琦曾赞《大学衍义》说："真景元之学悉见于《衍义》，其衍《大学》之义皆本诸圣贤心术，以示帝王治道。著前代之兴亡，亦后学之龟鉴。其为虑也不止在于当代，而实及于万世。"① 《广西省述作目录》归入文学类，② 显然有误。总体上，周琦的理学思想，从《东溪日谈录》来看，主要体现在上述三方面，其观点也大多继承薛瑄而来。对他的学术思想，《四库全书总目》评论说："一本濂洛之说，不失醇正。盖河东之学虽或失之拘谨，而笃实近理，故数传之后，尚能恪守师说，不至放言无忌也。"③ 周琦《东溪日谈录》在当时有一定的影响，毛宪说："昔柳州有周琦者，尝任南京郎官，讲道著书，吴东湖处得其所编《东溪日谈》，亦颇精密，第未知其践履何如？又近闻象郡有吕景蒙，注《定性书》，俱望访其实，行示下道南书院，工已完，甚宏壮。"④ 《大清一统志》称"邃于理学"。⑤

周琦为人端直谨厚，一生恪守理学矩矱，他的理学思想和其道德精神，转变了明代中期柳州士子的学风，对明代柳州乃至整个广西影响深远，象州人吕景蒙说："昔人谓吾柳人不知学，而知学则自柳子厚始。夫子厚之学，词章之学也，至今柳人词章往往有足称焉。岂知东溪日所谈者为儒者之学乎？使吾柳人以子厚之功而学东溪之学，持之以往，则箭箭当中鸿心矣。又何圣贤之不可至，何事业之不可成哉？"⑥（嘉庆）《广西通志》、（光绪）

---

① （明）周琦：《儒正谈》，见《东溪日谈录》卷一五，第262—263页。
② （民国）广西统计局：《广西省述作目录》，第48页。
③ （清）永瑢：《东溪日谈录提要》，见《四库全书总目》卷九三，第792页。
④ （明）毛宪：《与邹敏行》，见《古庵毛先生文集》卷二，明嘉靖四十一年（1562）毛诉刻本。
⑤ （清）穆彰阿等：《大清一统志》卷四六三，《四部丛刊续编》影旧钞本。
⑥ （明）周琦：《东溪日谈录序》，见《东溪日谈录》卷首，第139页。

《广西通志辑要》、(民国)《广西通志稿》等归入子部。《陆簪斋文集》卷五、朱睦㮮《万卷堂书目》、晁瑮《晁氏宝文堂分类书目》卷三、焦竑《国史经籍志》卷四上、《明史》卷九八、黄虞稷《千顷堂书目》卷一一、《粤西文载》卷六九、《四库全书总目》、《续通志》卷一六〇、《续文献通考》卷一七三、《广西省述作目录》、《广西历代文人著述目录》、《中国古籍善本书目》、《日藏汉籍善本书录》均有著录。

十八卷。《中国古籍善本书目》卷一五载录为"十三卷",《全明分省分县刻书考》载录为"十二卷",不知所据。①

存。见(万历)《广西通志》著录,《粤西文载》著录"十八卷"。(嘉庆)《广西通志》载佚,(光绪)《广西通志辑要》、(民国)《广西通志稿》沿袭其说,不确。该书被《四库全书》收入,流传到现在版本有:(1)明嘉靖十六年(1537)吕景蒙校刻本。日本蓬左文库藏(原尾张内库旧藏)、吉林省图书馆存残本(阙卷一四至卷尾)。柳州市地方志办公室主持编辑了《柳州乡贤著述影印丛刊》,影印嘉靖刻本,大十六开,精装,于2012年广西民族出版社出版。广西壮族自治区图书馆、桂林图书馆等藏。(2)《四库全书》本。乾隆间,嘉靖刻本传录的抄本被收入《四库全书》。

## 儒正谈　明·周琦撰

作者简介见《东溪日谈录》。

《儒正谈》。周琦认为"儒正"之端在学术,学术之途在复性体认:

---

① 彭子龙:《广西历代经籍志(汉—明)》,第138页。

> 世谓读书为为学,然为学有致知力行工夫,读书只致知中之一事耳。为学尚有许多致知处,如体认天地万物之性,是致知紧要处,何止在书!书只明此天地万物之性,与圣贤复性之切。至于体认性善与工夫处,却又在人,而不在书。故三代以前无书可读,人皆求道之切,而圣贤迭出。三代以后有书可读,虽汗牛充栋,人反为书所病,一生理会书且不能,何暇体认性道,而求之身心,故圣贤反不多见。若人能不为书所病,体认圣贤复性工夫,效其所以为仁为义者,而求之身心,见之事业,以造圣贤之域,方是为学。故朱子曰:人性皆善,而觉有先后。后觉者,必效先觉之所为,何尝说书,己自明白,今人自错认了。①

三代无书可读而圣贤辈出,关键在于切己体认,因而,他认为儒学为为己之学,儒正即为为己之学之儒:

> 古之儒者惟修于内,不修于外;今之儒者惟修于外,不修于内。修于内者,求以实之于己,不求知之于人,故无以立门户,虽举世不见知,无憾焉。修于外者,求以知之于人,不求实之于己,故立门户,使人知之。其凡论事为政学古之儒自是一等,世俗之儒自是一等,学者不别而观之,其学亦讹也。惟先正之学皆心学工夫,非世俗之学徒事乎口辩文词之间而已。先儒各有定论,《日谈》祖之,故附于此,以见古儒云。②

古儒为为己之学,强调内修;今儒为为人之学,周琦认为这是古

---

① (明)周琦:《学术谈》,见《东溪日谈录》卷六,第170页。
② (明)周琦:《儒正谈》,见《东溪日谈录》卷一五,第262—263页。

儒今儒的根本区别。在如何内修的问题上，他强调体验性原，强调落实工夫，这继承于薛瑄的明心见性思想，他说："吾师伊洛阎先生，谓薛文清公崛起于数百年之后，心印濂洛，神会洙泗。学以复性为本，言以明性为先。其言曰：六经四书，性之一字括尽。又曰：孟子之后道不明，是性不明也。至论所传之要，曰：明此性、行此性而已。"① 周琦师承于河南阎禹锡，阎禹锡为薛瑄弟子周琦则为薛瑄的再传弟子。薛瑄之学以复性为主，周琦一以依傍，主张明性。接着，他把"周濂溪之学""程明道之学""程伊川之学""张横渠之学""邵康节之学""程子门人""罗豫章之学""李延平之学""胡文定之学""胡致堂之学""胡五峰之学""朱晦庵之学""张南轩之学""吕东莱之学""陆象山之学""朱子门人""真西山之学""魏鹤山之学""许鲁斋之学""吴草庐之学""刘静修之学""薛河东之学"作为儒学之正，论述了正之所在。（嘉靖）《广西通志》赞曰："儒者贯天人，明六学，达治体，兼内圣外王而有者也。孔子曰：'女为君子儒，无为小人儒。'要亦究其心术而已。邹鲁绝绪，荀杨乱之，董与韩其犹醇疵之间乎。迄有宋诸儒出，而后粹如也，然其说益详矣。蒋公顺精研理窟，唐朝图阐心义，周琦体验性原，皆能山斗乎一方，而学者宗焉，岂亦闻濂洛关闽之风而兴起者乎。"②

一卷。

存。见《粤西文载》，（嘉庆）《广西通志》、（光绪）《广西通志辑要》、（民国）《广西通志稿》载"佚"，不确。存，为《东溪日谈录》的第十五卷。

---

① （明）周琦：《薛河东之学》，见《东溪日谈录》卷一五，第264页。
② （明）林富修，黄佐纂：《广西通志》卷四七，据明嘉靖十年（1531）刻本抄，桂林图书馆藏。

## 春秋繁露节解　明·吴廷举节解

吴廷举（1459—1525），字献臣，广西苍梧（今广西梧州）人，成化二十三年（1487）进士。除顺德知县，任内政绩斐然。弘治九年（1496）迁为成都府同知。起复，改松江同知，擢广东佥事。正德初，升广东参议副使，条奏总镇太监潘忠二十罪，逮系诏狱。正德五年（1510）官复云南副使，升江西右参政。与副使李梦阳不协，因乞休，不俟命竟去，坐停一岁俸。后起为广东右布政使，复佐陈金平府江。正德十二年升都察院右副都御史，赈湖广饥。嘉靖即位，为工部右侍郎，旋改兵部右侍郎，因上疏斥陆完、王琼、梁储及少傅蒋冕失责而被调南京工部右侍郎。嘉靖二年（1523）改南京户部右侍郎，迁右都御史，巡抚应天诸府。嘉靖四年升南京工部尚书，辞不拜，称疾乞休。归，创东湖书院，开馆教学，世人称之"东湖先生"。卒于嘉靖六年，终年六十六岁。隆庆中，追谥清惠。著有《东湖奏疏》《东湖集》《东湖吟稿》《西巡类稿》等，辑有《春秋繁露祷雨节解》《胡子粹言》《薛子粹言》，续修（正德）《湖广图经志书》。《明史》卷二〇一、《皇明书》卷二六、《明书》卷一二九、《国朝献征录》卷五二、《国朝列卿纪》卷六三、《皇明名臣言行录新编》卷二五、《本朝分省人物考》卷七六、《石匮书》卷一三一、（嘉靖）《广西通志》卷四四、（万历）《广西通志》卷二八、（崇祯）《梧州府志》卷一五、《明诗纪事》卷九、（康熙）《广西通志》卷二七、（康熙）《江西通志》卷五八、（雍正）《广西通志》卷七八、《粤西文载》卷六九、（乾隆）《苍梧志》卷二、（嘉庆）《广西通志》卷二六四、（同治）《苍梧县志》、（光绪）《广西通志辑要》卷一〇及卷一五等有小传。

《春秋繁露节解》。吴廷举节选董仲舒《春秋繁露》的第七十四章《求雨》、第七十五章《止雨》，然后以浅近之言注于各条之下，名之曰《春秋繁露节解》，是一本辑要抄纂的儒家之作，而不应归入于阴阳五行杂占类作品。① 对其节要编纂的目的，《自序》曰：

> 予尝考汉史纪传诸书，知董相传箕子洪范五行之学。当时言灾祥休咎，预验其然，惜其书泯灭无传，世无得而知者。惟《春秋繁露》一书八十二章，畜于好古者之家，而多遗缺。予又假而观焉，间得第七十四章《求雨法》，第七十五章《止雨法》，因置书而叹曰："古人精到，一至是乎？"予留心民事，每患谫薄无以扶植，且自大江以南，水旱之灾十居八九，世之俗吏每以祷祈之礼付之僧道，据坛遣将，呼召风雷，无一验者。彼且甘心以为当然，民死而莫之救，是何心哉？拊循之暇，检阅节解，悉以浅近之言注于各条之下，以便观览。非惟官司可行，而里社亦可以仿习而为之也……嘉靖乙酉季夏望，东湖吴廷举甫识。②

刊刻于嘉靖四年乙酉（1525）。

嘉靖六年丁亥熊一溁重刊，重刊的目的在于：

> 御史大夫东湖吴公抚苏松时遇旱，得汉董相《春秋繁露》祈雨止雨之法，教民行之有征，因为节解。余以嘉靖五年夏抚贵阳，亦遇旱，率属力祈不应，公盖闻其事于往来也，因检是书以相寄……此本当同医学相传方脉也，乌可外

---

① （民国）广西统计局：《广西省述作目录》，第20页。
② （明）吴廷举：《春秋繁露节解序》，见《春秋繁露祷雨直解》卷首，桂林图书馆藏民国钞本。

而不用？因令布政司再刊行于贵，分布所属，以广其传……时嘉靖六年春正月二十日，暂管原任巡抚贵州等处地方兼理军务南京大理寺卿南海熊一潢书。①

万历十三年（1585），宋应昌对《春秋繁露节解》篇章和文辞作了改动，一是增加了"大木郎神咒""四溟神咒"；二是概括吴廷举的注解，说：

> 《春秋繁露》乃汉董江陵所著，中载祈祷诸法，总之旱则闭阳纵阴，涝则闭阴纵阳，无非道之使和也……余叨役河东，自万历辛巳冬至壬午春夏，旱久无雨，诸祷不应，民乃大恐。余出是书下有司依法祷应，捷于影响，始信是术有神验焉。但中词旨深古，行者易至错谬，不效则董先生之意荒矣。故特更次直叙，俾易晓也。然不免有用罔之诮。兹刊成帙，尚俟高明。武林宋应昌跋。②

> 书凡八十余章，中有求雨、止雨法二法，粤西东湖吴公抚江左时尝用之，有验，乃为节解其文，参酌时宜刊行之。万历辛巳，武林桐冈巡輶河东，属三时大旱，乃以是法下郡邑举祷雨，随大澍，岁用有秋。宋公以汉文古奥，复隳栝吴公注，参以有司里社所尝行可用者为直解，人用便之。辽阳三桥郑公守吾蒲，事神治民，洁诚温惠……故自下车以来，无岁不稔，民用大和。公乃重刊是书，以广其传……《繁露》中古巫辩利之咒不传，宋公直解以道士诵木郎咒代之，三桥公因刻木郎咒词于末。余阅金科，见又有大木郎神咒、四溟神咒，咸请雨者，亦附之简末云。万历乙酉时届端阳，

---

① （明）熊一潢：《重刊春秋繁露节解引》，见《春秋繁露祷雨直解》卷首。
② （明）宋应昌：《春秋繁露祷雨直解跋》，见《春秋繁露祷雨节解》卷尾。

礼部仪制司员外前进士华岑张泰徵拜手谨书。①

书名改为《春秋繁露祷雨直解》。万历二十四年（1596）翻刻宋本，卢点《春秋繁露祷雨直解跋》说：

> 翻刻不独叙其始末，而复以所传金科中大木郎咒、四溟神咒刻之卷尾。嗟嗟！《春秋繁露》一编至是而始为全书矣……万历丙申季春月，属下吏河南彰德府通判卢点谨跋。②

因而，本书书名不一，《万卷堂书目》作"《繁露节解》"，翁方纲撰《经义考补正》作"《吴氏春秋繁露解》"，③《中国古籍善本书目》作"《春秋繁露求雨止雨直解》"，孙殿起《贩书偶记》题名"《求雨咒解》"，《广西地方文献目录》、《广西地方史志文献联合目录》、《广西历代文人著述目录　广西历代文人著述馆藏联合目录》题名"《春秋繁露祷雨直解》"。《晁氏宝文堂书目》卷中、朱睦㮮《授经图义例》《万卷堂书目》、黄虞稷《千顷堂书目》、朱彝尊《经义考》、（嘉庆）《广西通志》、（同治）《苍梧县志》、（光绪）《广西通志辑要》、孙殿起《贩书偶记》、（民国）《广西通志稿》、《广西省述作目录》、《广西历代经籍志》等著录。

一册。卷次有四卷、十卷以及无卷次之别。四卷之说出于朱

---

① （明）张泰徵：《重刊春秋繁露祷雨直解序》，见《春秋繁露祷雨节解》卷首，第4页。
② （明）卢点：《春秋繁露祷雨直解跋》，见《春秋繁露祷雨直解跋》卷尾。
③ （清）翁方纲：《经义考补正》，《丛书集成新编》第1册，新文丰出版公司，1985年，第413页。

彝尊《经义考》，（嘉庆）《广西通志》、（光绪）《广西通志辑要》承袭其说；十卷说出自朱睦㮮《授经图义例》，载录为"吴鹏举《春秋繁露节解》，十卷"，[①]黄虞稷《千顷堂书目》、卢文弨《宋辽金元明六史补编》沿袭其说；不分卷之说出自《晁氏宝文堂书目》，翁方纲《经义考补正》、《艺文志二十种综合引得》、《中国古籍善本书目》等承袭其说。

存。朱彝尊《经义考》卷二〇〇载"四卷，未见"。李绂《广西通志》、（嘉庆）《广西通志》、苏宗经《广西通志辑要》载"存"。主要版本有：（1）明万历王邦才刻《春秋繁露祷雨节解》。三册，半叶十行，行二十字，白口，四周双边，天津图书馆藏。（2）嘉庆二十一年（1816）至道光间畲香书屋刊本。（3）民国写抄本。民国时期广西统计局向社会广泛征集广西籍作者著作，得吴廷举的《春秋繁露节解》嘉靖四年（1525）抄本，[②]现桂林图书馆有藏。该本封面题"春秋繁露祷雨直解"，卷首有熊一潆《重刊春秋繁露节解引》、吴廷举《春秋繁露节解序》、张泰徵《重刊春秋繁露祷雨直解序》，目录页题"繁露解目录"，首卷卷端题"春秋繁露求雨止雨直解"，正文分别为《求雨法》《止雨法》《琼琯白玉蟾武夷集》（《玉蟾集咒解》）《祈雨诸咒》，卷尾有宋应昌、卢点两篇跋文。

## 胡子粹言　明·胡居仁撰，明·吴廷举辑要

吴廷举简介见《春秋繁露节解》。

---

[①] 按：误"吴廷举"为"吴鹏举"。
[②] （民国）广西统计局编：《广西省述作目录》，第20页。

《胡子粹言》。吴廷举好薛瑄、胡居仁①之学，尊事陈献章。《胡子粹言》即吴廷举节录胡居仁《居业录》之书而成。《居业录》一共八卷，细目如下：卷一《心性》，卷二《学问》，卷三《圣贤》，卷四《帝王》，卷五《古今》，卷六《天地》，卷七《老佛》，卷八《经传》。② 是书肇辑于明弘治十七年（1504）门人余祐。正德二年（1507），张吉摘其切要之语刊之，名曰《居业录要语》。正德七年，吴廷举又撮六千二百九十字梓之，名曰《胡子粹言》，其《胡子粹言序》：

> 正德中，参江西政，又求余郎中子积，得所谓《居业录》者而抄之……予于此录好甚，山行水宿，辄携以随。比来楚救荒政，暇则以此录六万余言，嗟予衰健忘，后生末学亦恐未暇遍读也，又撮取其论学、论心切要之语，计六千二百九十字，分上中下三卷，录为一帙，出入时习，且命工刻之以传，题曰《胡子粹言》。他日四方或有与予辛酸同嗜者，见其约以求其博，因其语而得其心，读其全书，推其所学，遭时遇主，不为一代巨儒名卿矣乎……正德七年孟夏吉，后学吴廷举书。③

---

① 注：胡居仁（1434—1484），字叔心，号敬斋，江西余干县梅港人，幼时习词章之学，曾从学于吴与弼，后绝意科举，筑室于梅溪山中，事亲讲学之外，不干人事。久之，欲广闻见，适闽，历浙，入金陵，从彭蠡而返。所至访求问学之士，归而与乡人娄一斋、罗一峰、张东白为会于弋阳之龟峰、余干之应天寺。提学李龄、钟诚相继请主白鹿书院。诸生又请讲学于贵溪桐源书院。淮王闻之，请讲《易》于其府。专讲穷理尽性至命，成为明代程朱学派主要代表人物之一。讲学以主忠信为先，以求放心为要，以治心养性为本，以经世宰物为用，史称"醇儒"。胡居仁著述甚丰，有《胡文敬公集》《易象抄》《居业录》及《居业录续编》等书行世。《明史》卷二〇二、《明儒学案》卷二有传。
② （明）胡居仁：《居业录》，清文渊阁四库全书本，第714册。
③ （明）吴廷举：《胡子粹言序》，见胡居仁《居业录》卷首，清雍正二年（1724）江西吉安彭仁重刻本。

所节录内容，"其为书视《要语》颇有异同，然于学者身心似尤紧要"。① 嘉靖元年（1522）马津重刊，并作序："日者，奉檄往祭其墓，过其家，求得《粹言》一书，盖分守吴东湖先生采辑所成，逮其升去，乃始就刻，故邑人鲜得见之。"《传是楼书目》《千顷堂书目》《百川学海》《湖北艺文志补遗》《广德州志》《中国古籍善本书目》《中国丛书广录》等有著录。

三卷。

存。主要版本有：(1)《千顷堂》载：《胡子粹言》，吴廷举。② 明隆庆四年（1570）刻本《畜德十书》收录《胡子粹言》一卷，南开大学图书馆有藏。(2) 雍正二年（1724）江西吉安彭仁重刻《居业录》，《胡子粹言》附入，国家图书馆有藏。

## 薛子粹言　明·薛瑄撰，明·吴廷举辑要

吴廷举简介见《春秋繁露节解》。

《薛子粹言》。作于弘治十四年（1501）四川任上，其节要缘起，吴廷举云：

> 朱子而后，立言为训者数十家，予窃爱近代薛文清先生《读书录》，因日读之，复钞其要语于册，以备时习。先生此录天理人事无不兼该，而下学之论犹多也。其一言一字皆足以训戒来学，上与濂洛关闽群哲之书为伍。予为是，非敢潜有所取舍也，取其中吾气习之病者而攻之，为日用潜修地耳。譬诸中风痹者，世医投防风、羌活诸草之剂先焉。若夫

---

① （明）马津：《胡子粹言重刻序》，见胡居仁《居业录》卷首。
② （清）黄虞稷著，瞿凤起、潘景郑整理：《千顷堂书目》，上海古籍出版社，2001年，第415页。

空青水碧,世外奇宝,非不用也,将以待别科也。弘治辛酉正月元日,后学吴廷举书于蜀署之习静轩。①

吴廷举把薛瑄②《读书录》③十一卷《续录》十二卷节录要语,为一册上中下三卷,包含两录。④ 选择主要切于身心、有助施行的言语加以摘录,如"人心有一息之怠,便与天地之化不相似","胸中无一物,其大浩然无涯","有欲,则人得而中之;惟无欲,彼无自而入","常沉静则含蓄义理深,而应事有力","少言沉默最妙","无欲则所行自简"⑤ 等。

吴本刊行后流传于世,为不少人所收藏,如萧世贤:

> 往年于南都得其《要语》三卷读之,爱其近里著己,使人肃精爽,湛虚明,心有主而众邪退听矣。其语于无欲主敬处尤加详,因分类辑之,代严师焉。近吾郡伯可泉胡先生以性理教皖,学者方刻示是《录》,取前编相与考正,曰毋庸类也,从之……后学泰和萧世贤谨识。⑥

---

① (明)吴廷举:《读书录要语序》,见《薛文清公读书录要语》卷首,日本内阁文库藏江户钞本。
② 注:薛瑄(1389—1464),字德温,号敬轩,谥号文清。和曹端向来被认为是明初积极继承和发扬朱子学的儒学家。《四库全书总目》曾指出:"端有《太极图说述解》,已著录,明初理学以端与薛瑄为最醇。"(《四库全书总目·曹月川集》)《明儒学案》则将薛瑄认定为河东之学的先驱,并认为河东之学"悃愊无华,恪守宋人矩矱,故数传之后,其议论设施,不问而可知其出于河东也"(见黄宗羲《明儒学案》,中华书局,2008年,第110页)具有"谨守规矩"之学风。
③ 注:薛瑄《读书录》十一卷《续录》十二卷,是其躬行心得之言,受张载"心有所开,不思则塞"启发,是二十余年的读书积累。以读书笔记形式,随记录所得,以备随时反躬自省。成书于景泰七年(1456)以后。主要版本有:明嘉靖四年(1525)刻本、清文渊阁四库全书本、《丛书集成初编》本等。
④ (明)吴廷举:《读书录要语序》,见《薛文清公读书录要语》卷首。
⑤ (明)吴廷举:《薛文清公读书录要语》。
⑥ (明)萧世贤:《薛氏读书录后序》,见《薛文清公读书录要语》卷首。

在此之中，也出现了《读书录》不同节要本，如胡缵宗的《读书录要语》。正德间胡缵宗在安徽见到萧世贤，后者出所藏吴书，胡缵宗于是把两书加以校勘，并题名《读书录要语》。对此，胡缵宗《题识》记述说：

> 观薛卿若有意于学横渠者，横渠之言速，河津之言近，横渠之言精，河津之言切，薛氏其有得于敬乎？读是《录》数过，而心不警身不省者鲜矣，薛氏其有得于敬乎？夫人皆读书而皆不如薛氏，读书而如薛氏而后谓之读书，否则道听涂说，与不读书等耳。读是《录》而后读《近思录》，而后读《小学》，而后读齐鲁《论语》，可以入门矣。愚有许多病痛尽在《录》中，业是《录》者咸拟为严师。于戏，真严师也！公《读书录》不止此，此特其吃紧者耳。要之为《读书录》也，其以要语名篇者，恐非公意，今正之。缵宗守皖得萧君比部时砥属焉，一日出示是《录》，类分之与缵宗所编本少异，因再与校勘，乃从缵宗本，刻之以示皖诸生，使知向往焉。正德十有六年夏四月丁未，缵宗识。①

书成于正德十六年（1521），这已是吴书流行二十年之后了。嘉靖三年（1524）钱文重刻，萧世贤《跋》云：

> 可泉胡子刻《读书录》于皖，世贤挟一册来秀，以示诸生。钱教谕文曰："以胡子惠皖学者、惠秀士何如？"曰："吾志也。"于是文遂刻之学官，刻成请序，谓文曰："此《读书录要语》也，熟玩而精择之，以惠天下士者谁与？大

---

① （明）胡缵宗：《薛氏读书录题识》，见《薛文清公读书录要语》卷首。

中丞东湖先生吴公也。"……世贤乃出家藏东湖先生所为序授文，以弁诸首，复进诸生而语之曰："择善难，固执尤难，东湖先生固其人也。"昔者，世贤适楚录刑，宿辰州，分司叹曰：是薛文清公刮旧习处也。宿是象矣。克己之学孰有如薛公哉？世贤于是请诸田子勤，题三大字于堂后，以与宿此而同志者勉焉。是《录》出而得读者多矣，读之而不体，体而不实不纯，犹无读也。体之而实且纯，有不可为圣人乎？《书》曰："凡人未见圣，若不克见；既见圣，亦不克由圣。"呜呼！勉之哉。嘉靖甲申八月望日，后学萧世贤谨识。①

三卷。分为上中下卷。

存。主要版本②有：（1）弘治十四年（1501）刊本。三卷，日本内阁文库藏。（2）明刻蓝印本《薛子粹言》。三卷，卷首卷尾无序跋，文中有小圈句读，正文"粹言"各条之间以"○"相隔，首尾相连，而非另起一行。今国家图书馆藏。

## 定性发蒙　明·吕景蒙撰

作者简介见《五礼古图》。

《定性发蒙》。是书毛宪说"近闻象郡有吕景蒙，注《定性书》"③云云，则为理学的发蒙著述，以注解、串讲大义为主。吕景蒙其人推重柳之先辈周琦、简弼，为儒者之学，以湛甘泉后学自称，强调以主敬为格物工夫。《象州志》载："从游湛甘泉之

---

① （明）萧世贤：《刻读书录跋》，见《薛文清公读书录要语》卷尾。
② 版本参见彭子龙《广西历代经籍志（汉—明）》，第147页。
③ （明）毛宪：《与邹敏行》，见《古庵毛先生文集》卷二，明嘉靖四十一年（1562）毛诉刻本。

门，倡明理学，所论说粹然一出于正。"①（嘉庆）《广西通志》、（光绪）《广西通志辑要》、（民国）《广西通志稿》归入子部，《千顷堂书目》归入类书，《广西省述作目录》归入教育类，《广西历代经籍志》归入子部儒家类。《千顷堂书目》、《大明一统名胜志》、（康熙）《大清一统志》、《粤西文载》、（雍正）《广西通志》、（乾隆）《大清一统志》、（嘉庆）《广西通志》、（光绪）《广西通志辑要》、（民国）《广西通志稿》、《广西省述作目录》、《中国丛书广录》等有著录。

卷次不详。

佚。见（万历）《广西通志》，《粤西文载》有载，（嘉庆）《广西通志》、（光绪）《广西通志辑要》、（民国）《广西通志稿》载"佚"。《广西省述作目录》载"绝本"。②

## 静观录　明·杨乔辑纂

杨乔，生卒年不详，广西苍梧人。正德二年（1507）举人，历官德化教谕、湖南衡阳知县、广东四会训导、广东南雄府学教授等。著有《静观录》《学道堂稿》。（嘉靖）《江西通志》、（嘉靖）《九江府志》、（嘉靖）《横州府志》、（嘉靖）《南雄府志》、（崇祯）《梧州府志》、（康熙）《广西通志》、（雍正）《广西通志》、《粤西文载》、（乾隆）《苍梧县志》、（道光）《广东通志》、（道光）《肇庆府志》、（同治）《苍梧县志》、（光绪）《湖南通志》有生平小传。

《静观录》。该书应为理学诸贤要语名言的辑录抄纂，借此阐

---

① （清）李世椿修，郑献甫纂：《象州志》，成文出版社，1968年，第239页。
② （民国）广西统计局：《广西省述作目录》，第33页。

述修养的途径和方法。(嘉庆)《广西通志》、(光绪)《广西通志辑要》、(民国)《广西通志稿》归入子部，《广西省述作目录》归入儒家及杂家类，《广西历代经籍志》归入杂家类。《粤西文载》、(嘉庆)《广西通志》、(同治)《苍梧县志》、(光绪)《广西通志辑要》、(民国)《广西通志稿》、《广西省述作目录》等有著录。

卷次不详。

佚。《粤西文载》卷七〇有载，(嘉庆)《广西通志》、(光绪)《广西通志辑要》、(民国)《广西通志稿》、《广西历代经籍志》等载"佚"，《广西省述作目录》未著录存佚。

## 静观录　明·冯承芳撰

冯承芳，生卒年不详，字世立，号桂山，广西苍梧人。嘉靖二年（1523）癸未科进士，授工部都水司主事。嘉靖六年为户部员外郎，因永定河决口革职。去职后，读书讲学，教育后进。著有《静观录》《桂山吟稿》《小山类稿》。生平见（康熙）《广西通志》、（康熙）《昌平州志》、《古今图书集成》、《粤西文载》、（乾隆）《梧州府志》、（乾隆）《苍梧县志》、（嘉庆）《广西通志》、（同治）《苍梧县志》、（光绪）《广西通志辑要》等。

《静观录》。主旨大致为阐述万物静观皆自得的意旨以及修为的途径和方法。(嘉庆)《广西通志》、(同治)《苍梧县志》、(光绪)《广西通志辑要》、(民国)《广西通志稿》归入子部，《广西省述作目录》归入儒家及杂家类，《广西历代经籍志》归入杂家类，应为理学之书。《古今图书集成》、(嘉庆)《广西通志》、(同治)《苍梧县志》、(光绪)《广西通志辑要》、(民国)《广西通志稿》、《广西省述作目录》等有著录。

卷次不详。

佚。见李绂《广西通志》,(嘉庆)《广西通志》、(光绪)《广西通志辑要》、(民国)《广西通志稿》、《广西历代经籍志》等载"佚",《广西省述作目录》未著录存佚。①

## 粹言录　明·苏术辑纂

苏术②,生卒年不详,字双柏,又字惟和,广西阳朔人,嘉靖五年(1526)进士。历知新建、贵溪、清丰。拜四川道御史,疏多憨直,指及皇帝,谪滦州判,复转南驾部主事,历武选司郎中。嘉靖二十二年擢绍兴府知府,致仕归。居家,潜心研究学问,所著有《粹言录》。③(万历)《绍兴府志》、(康熙)《阳朔县志》、《粤西文载》、(嘉庆)《广西通志》、(道光)《阳朔县志》、(道光)《英德县志》、(同治)《韶州府志》、(同治)《广信府志》、(光绪)《广西通志辑要》、(民国)《广西通志稿》、(民国)《阳朔县志》等有小传。

《粹言录》。是从大量历史文献中辑要抄纂有关人伦道德的言论而成的一部作品。(嘉庆)《广西通志》、(同治)《苍梧县志》、(光绪)《广西通志辑要》、(民国)《广西通志稿》、《广西历代经籍志》等归入子部杂家类,《广西省述作目录》归入儒家及杂家类。(万历)《绍兴府志》、(康熙)《阳朔县志》、《粤西文载》、(嘉庆)《广西通志》、(道光)《阳朔县志》、(道光)《英德县志》、(同治)《广信府志》、(同治)《苍梧县志》、(同治)《韶州府志》、(光绪)《广西通志辑要》、(民国)《广西通志稿》、(民国)《阳朔

---

① (民国)广西统计局:《广西省述作目录》,第22页。
② 按:《广西省述作目录》载为"苏杰,明,阳朔",其他有关的生平资料皆载录为苏术,此处应是因形似而误术为杰。又,过庭训《本朝分省人物考》卷一一三作"字子和"。
③ (清)汪森编辑,黄盛陆等校点:《粤西文载校点》卷七〇,第247页。

县志》、《广西省述作目录》等有著录。

卷次不详。

佚。见于《粤西文载》,(嘉庆)《广西通志》、(光绪)《广西通志辑要》、(民国)《广西通志稿》曰"佚",《广西省述作目录》载"绝本"。①

### 心极说　明·全赐撰

作者简介见《衍易》。

《心极说》。从全赐的学术渊源和学术经历推知,该书探讨的是安身立命问题。《广西历代经籍志》归入子部儒家类,今从之。

卷次不详。

佚。该书仅见(民国)《灵川县志》著录,未有存佚记载。

### 敷文语录　明·陈大纶辑录

作者简介见《经义摭言》。

《敷文语录》。书名《敷文语录》,可知与王阳明所创敷文书院有关。嘉靖七年(1528)王阳明接受参政汪必东、佥事吴天挺建议,动用军饷,在南宁建敷文书院,由弟子季本主持。"敷文"即"宣扬至仁、诞敷文德"之义,其目的是"敷文来远",②"用夏变夷"。陈大纶"尝受学于王守仁",③ "陈公尝从阳明先生

---

① (民国)广西统计局:《广西省述作目录》,第22页。
② (明)王守仁撰,王晓昕、赵平略点校:《王文成公全书》卷一八,中华书局,2015年,第758页。
③ (清)谢启昆修,胡虔纂:《广西通志》卷二〇五,第5406页。

学",① 亦姚江之粤右派,② 一生以阳明为楷模。在韶州建明经书院,祀阳明先生。为表达对王阳明的崇敬之情,陈大纶辑录了该书。《广西省述作目录》归入儒家及杂家类,《广西历代经籍志》列入子部杂家类。(嘉庆)《广西通志》、(同治)《苍梧县志》、(光绪)《广西通志辑要》、(民国)《广西通志稿》、《广西省述作目录》等有著录。

二卷。《敷文语录》曾流传,(民国)《邕宁县志》等载"二卷",明末毁于火。③

佚。(嘉庆)《广西通志》、(光绪)《广西通志辑要》、(民国)《广西通志稿》载"佚",《广西省述作目录》载"绝本"。④

## 二程先生粹言  明·徐养正辑要

徐养正,生卒年不详,字吉夫,号蒙泉,广西马平人,嘉靖二十年(1541)进士。嘉靖二十二年授给事中,二十四年,告假归。嘉靖二十五年复出。嘉靖二十六年任户科右给事中等职,论罢大学士严嵩党府尹戴某者,嵩衔之。嘉靖二十七年发嵩子世蕃奸状,嵩怒甚,拟旨,杖养正,谪通海典史,量移肇庆推官。嘉靖二十九年升贵州提学佥事,以丧归。嘉靖三十三年复起领云南学政,擢南光禄少卿。嘉靖三十七年改尚宝司卿,时世蕃方行尚宝事,不欲与同列,告归。嘉靖四十一年严嵩革职后,徐养正重新起用,任南京太仆寺少卿、南京通政使司右参议。嘉靖四十二年升南京通政司右通政,四十三年升南京光禄寺卿,四十四年升

---

① (清)黄宗羲著,沈芝盈点校:《明儒学案》卷二二,第520页。
② (民国)谢祖莘、陈寿民修,莫炳奎总纂:《邕宁县志》卷四二,第1682页。
③ (民国)谢祖莘、陈寿民修,莫炳奎总纂:《邕宁县志》卷四二,第1682页。
④ (民国)广西统计局:《广西省述作目录》,第23页。

南京户部右侍郎，四十五年升户部左侍郎。隆庆元年（1567），徐养正上疏弹劾权相高拱。隆庆二年升南京工部尚书，未任，丁内艰。甫服阕，卒之夕，自云："真西山先生至。"① 起，迎之，为揖逊状，须臾而逝。赠太子少保，谥忠简。"公深有得于主静之学，不以死生利害动其心。其生平德性温然可亲，而直节劲气又浩然不可挫也"。②《柳州县志》称他"与海忠介（海瑞）齐名"。③ 著《蛙鸣集》，久佚，内容无考，今存世者有《范运吉传》及《〈奚囊蠹余诗〉序》《类编标注文公先生经济文衡序》《沈公去思碑》《资政大夫南京兵部尚书赠太子少保谥恭简屠公楷神道碑铭》等文多篇，辑《二程先生粹言》。生平见《明世宗实录》、《明穆宗实录》、《明史》、《国榷》、《国朝献征录》、《国朝列卿纪》、《国朝典汇》、《本朝分省人物考》、（万历）《广西通志》、《大清一统志》、（康熙）《广西通志》、（雍正）《广西通志》、（雍正）《云南通志》、《粤西文载》、（乾隆）《柳州府志》、（乾隆）《马平县志》、（嘉庆）《广西通志》、（道光）《肇庆府志》、（光绪）《广西通志辑要》等。

《二程先生粹言》。《程氏遗书》为二程门人所记师说，采撮编次，分为十篇，如《遗书》《外书》《雅言》《师说》《杂说》等，内容庞杂，卷帙浩繁，读之茫然不知其要。嘉靖三十三年（1554）徐养正为云南学政，为了给云南的读书人提供一本实用、简便的读本，于是辑录《二程先生粹言》。书前有朱熹《后序》一篇，曰：

---

① （清）谢启昆修，胡虔纂：《广西通志》。真西山，即真德秀（1178—1235），字希元，号西山，世称西山先生，浦城人。庆元五年（1199）进士及第，开禧元年（1205）又中博学宏辞科，官至参知政事。南宋著名理学家，朱熹私淑弟子，有《大学衍义》《读书记》《文章正宗》《续文章正宗》《心经》和《政经》等存世。
② （明）焦竑：《国朝献征录》，万历四十四年（1616）徐象枟曼山馆刻本。
③ （清）舒启修，吴光昇等纂：《柳州县志》卷七，乾隆二十九年（1764）修民国二十一年（1932）铅字重印本。

> 又皆耳闻目见而手记之，宜其亲切不差，可以行远，而先生之戒，犹且丁宁若是。岂不以学者未知心传之要，而滞于言语之间，或者失之毫厘，则其谬将有不可胜言者乎？又况后此且数十年，区区掇拾于残编坠简之余，传诵道说，玉石不分，而谓真足以尽得其精微严密之旨，其亦误矣。虽然，先生之学，其大要则可知已。读是书者，诚能主敬以立其本，穷理以进其知，使本立而知益明，知精而本益固，则日用之间，且将有以得乎先生之心，而于疑信之传，可坐判矣。①

因而，挑选的条目是"亲切"而能"行远"的内容，如卷一选自《明道先生·定性书》，辑录的是"横渠先生问于明道先生曰""伯淳先生尝语韩持国曰""天地生物各无不足之理""天地之间非独人为至灵""忠信所以进德""形而上为道，形而下为器""先生常语王介甫"等几十条，九卷总共一千零九十三条。《别宥斋藏书目录》《中国古籍善本书目》《广西历代经籍志》②归入子部儒家类。《中国古籍善本书目》《别宥斋藏书目录》《新编天一阁书目》《山东省珍贵古籍名录（第一批）》有著录。

四册九卷。

存。（1）明嘉靖刻本。曲阜孔府文物档案馆有藏，其版式为：半叶十行，行二十字，白口，四周单边，双黑鱼尾，框长17.8厘米，宽12.8厘米。③已入选首批《山东省珍贵古籍名录》。（2）天一阁博物馆藏残本。该残本原为朱鼎煦先生别宥斋所藏，

---

① （宋）程颢、程颐著，王孝鱼点校：《二程集》，中华书局，2004年，目录第6页。
② 彭子龙：《广西历代经籍志（汉—明）》，第150页。
③ 山东省图书馆、山东省古籍保护中心编：《山东省古籍重点保护单位（第一批）》，齐鲁书社，2009年，第24页。

后归天一阁博物馆,该残本仅存卷七至卷九,故《别宥斋藏书目录》《新编天一阁书目》二书目未注明编辑者,书名依"二程"题为"宋程颢、程颐撰",上海古籍出版社1994年版《中国古籍善本书目》确载作者为徐养正。

## 浑然子　明·张翀撰

张翀(1531—1579),字子仪,号鹤楼,广西马平人。嘉靖三十二年(1553)进士,授刑部云南司主事。嘉靖三十七年因弹劾严嵩父子,谪戍贵州都匀。及严嵩父子伏辜,隆庆元年(1567)起补刑部浙江司主事,吏部验封司主事,历升吏部稽勋司员外郎,转文选司郎中,升太常寺少卿。隆庆二年升都察院右佥都御史,巡抚南赣、汀、韶等处,提督军务,至则抚流民、遏峒寇、平三巢,又遣兵解惠州围。隆庆四年四月以原官巡抚湖广,兼赞理军务。隆庆五年升大理寺正卿,五月升兵部右侍郎,协理部事。万历二年(1574)督漕运,兼右佥都御史,巡抚凤阳。万历三年升刑部右侍郎。万历四年二月以病乞归,遂致仕,卒于万历七年,终年五十五岁。万历三十三年追赠为兵部尚书,三十七年赐谥忠简,赐祭葬,并谕立祠以祀之。著有《浑然子》《鹤楼集》《锦囊记》,《玉钩记》存疑。《国朝献征录》、《本朝分省人物考》、《大清一统志》、万斯同《明史》、张廷玉《明史》、《明季烈臣传》、(万历)《广西通志》、(崇祯)《闽书》、《明诗综》、(康熙)《广西通志》、(雍正)《广西通志》、《粤西文载》、(乾隆)《柳州府志》、(乾隆)《柳州府志略》、(乾隆)《马平县志》、(嘉庆)《广西通志》、(道光)《广东通志》、(光绪)《广西通志辑要》、(光绪)《江西通志》、(民国)《柳江县志》、(民国)《都匀县志稿》等并有传。

《浑然子》。共十八篇，细目是：《神游论》《田说》《樵问》《将》《明心》《士贵》《体用论》《兴废》《祸福》《忠孝》《变化》《穷理》《求知》《弭盗》《用材》《强弱》《臣道》《高洁》，是一部以主客问答方式探讨理学之书，"旁引曲证，以推明事物之理，大抵规仿刘基《郁离子》也"，① 要之"以忠孝敬信以为之本，而根性命、止礼义"。② 张翀曾从学于瞿景淳③和徐阶，瞿景淳信奉理学，推崇道统，注重理学的教化功能，在《重刻五经序》中认可心学的地位，认为"孔子作经以训万世，而犹欲穷经者，求诸心。此颜氏博约之意，曾氏一贯之旨，心学之正传也"。④《四库全书总目》、《续文献通考》、《续通志》、《郑堂读书记》、《中国丛书综录》、（嘉庆）《广西通志》、（光绪）《广西通志辑要》、（民国）《广西通志稿》、《广西历代经籍志》等归于子部，《广西省述作目录》归于儒家及杂家类，《广西地方文献目录》《广西地方史志文献联合目录》归于哲学。《四库全书总目》、（嘉庆）《广西通志》、《郑堂读书记》、（光绪）《广西通志辑要》、（民国）《广西通志稿》、《广西地方文献目录》、《广西省述作目录》、《广西地方史志文献联合目录》、《中国丛书综录》、《广西文献名录》等均有著录。

一卷。

存。《四库全书存目丛书》收录，版本多，流传到现在有两个版本系统：（1）合集本，为《鹤楼集》的第一卷。张翀文集嘉靖四十三年（1564）始刻于都匀，所收主要是在都匀时期所作的

---

① （清）永瑢：《四库全书总目》卷一二五，第1074页。
② （明）王元春：《鹤楼集序》，见张翀《鹤楼集》卷首，京华出版社，2005年。
③ （明）张翀：《寿瞿母太夫人七十序》，见《鹤楼集》，第40页。记载："吾师昆湖先生，崛起南服，入对大廷，赐翰林及第。文学德行，卓然为当代冠。"
④ （明）瞿景淳：《重刻五经序》，见《瞿文懿公集》卷六，《四库全书存目丛书》集部第109册，齐鲁书社，1997年，第548页。

诗文辞赋，都匀本后世不存，流行的是隆庆四年（1570）《鹤楼集》刻本，共十四卷，收录诗作近二百首、文章一百六十余篇，包含《浑然子》十八篇。前有嘉靖四十三年吴维岳和祁清的序，以及隆庆四年王元春的序。全书每半叶九行，行十九字，单鱼尾，四周双栏。该本最后流入日本，藏于日本内阁文库，为海外孤本。2005年柳州市地方志办公室将明隆庆四年刻本《鹤楼集》影印，京华出版社出版。关于《鹤楼集》的版本流传可参见刘汉忠《天壤孤椠〈鹤楼集〉》一文。（2）陈眉公订正《浑然子》。一卷，明末陈继儒编辑《眉公秘笈》（一名《宝颜堂秘笈》）时，把《鹤楼集》卷一析出，因首篇《神游论》的第一句为"浑然子独坐于龙山之石室"而题名。卷端题"陈眉公订正《浑然子》""马平鹤楼张翀著　檇李于㺬沈道明　沈璜校"字样，是为明万历绣水沈氏刻《宝颜堂秘笈》本，收藏于丛书普集中，刻于明泰昌元年（1620），后世传刻均据此丛书本。清乾隆年间编撰《四库全书》，据浙江鲍士恭呈送丛书藏本，著录于子部杂家以存目。上海文明书局1922年石印本《宝颜堂秘笈》"普集"收录《浑然子》一卷。齐鲁书社1995年版《四库全书存目》子部第八十六册影印明刊《宝颜堂秘笈》本《浑然子》一卷。民国上海商务印书馆排印本《丛书集成初编》收录《浑然子》一卷。1936年朱奇元根据杨守真从浙江图书馆所藏原椠钞本而刊印，该本为陈眉公的订正本。一册，线装，桂林图书馆有藏。另外，广西统计局存写抄本。①

## 清署经谈　明·王启元撰

王启元（1559？—？），字心乾，广西马平县人，王化之子。

---

① （民国）广西统计局：《广西省述作目录》，第22页。

万历十三年（1585）举人，连考十三次，天启二年（1622）进士，选庶吉士，授翰林院检讨。以老告归，著书不辍，著有《清署经谈》。（乾隆）《柳州府志》、（乾隆）《马平县志》、（民国）《柳江县志》等有传。

《清署经谈》。书成于天启三年，作于晚明西学东渐潮流之下，内容以阐扬六经大用为主，排斥天主教而尊上帝与天，推孔子为教主，以此整顿朝纲，神化人主来强化皇权，要建立一个政教一体的政治体制。反映出作者改造儒家为儒教的社会政治思想。全书共十六卷，细目是：卷一《清署经谈初集》、卷二《圣道原本天地》、卷三《圣教原尊天子》、卷四《圣志原在春秋》、卷五《圣政原从周礼》、卷六《圣统原宗帝位》、卷七《圣制原伏武备》、卷八《圣品原集大成》、卷九《圣传原依中教》、卷一〇《圣派原合宗法》、卷一一《圣泽原及私淑》、卷一二《圣经原具文事》、卷一三《圣经原归说约》、卷一四《圣蕴原藏神道》、卷一五《圣教原立正坊》、卷一六《圣祀原兼圣神》。作者自序云：

> 洪惟我太祖高皇帝初辟天下，定庠序乡会之制，尽黜二氏百家，专尊孔子。皇皇乎大圣人之制，真可谓度越汉唐宋，直绍二帝三王，有万世之大功矣。不惟圣子神孙之所当恪守，亦天下臣民之所共遵者也。二百余年人才辈出，谁非以孔子之经起家而登仕者？祖宗重道崇儒之报，亦可见于前事矣。何近世以来，讲学之徒乃有张大佛氏、斥小孔子者，而西洋之人复倡为天主之说，至使中国所素尊之上帝亦几混而莫辨。呜呼！此儒者之过，亦中国之羞也。元初留京，本以为受命先臣，思博一第以为报国之藉。已而见前二家之书，窃叹高皇帝专尊孔子，而为臣子者顾反之，于王制为不忠；且士绅皆诵法孔子，及已得志而遂悖之，于圣门为不

义,宜良心稍有未泯者辄扼腕而不平也。元诚不胜公愤,复思所以致此,盖为孔子所以当尊与高皇帝所以专尊之意,前此未有为之发明者,亦千古一缺典也。于是取十三经正文,朝夕焚香危坐,反复百思,先后留京二十季,誓欲成此一事。当其立志之专、用功之笃,有虽家不顾、虽贫不悔、宁迟进取、不负圣经者,积日既久,亦若粗有入焉。岂天怜其一念之愚,殆阴有以启之耶?然未敢遽信也。家居十年,细心密体,而后乃知孔子原自至神,圣经原自大备,人自求之弗深,考之弗详耳。因随其所入,叙为数集,以俟请正大方。兹谬叨一第,荷圣主新恩广庶常之额,遂以元备粤数,是亦请正之一时已。夫元祖、元父皆自圣经起家,尝闻一饭不忍忘报,而况圣经固有大焉者乎?然此犹一身一家之私耳。顾念孔子之道不明,则高皇帝万世之功不白,先民有言,请自隗始。元粤西钝士,然且不忘明孔子之道,以扬励高皇帝万世之功,况天下之大,豪杰之众,其卓见远识,千万元而无数者,独无是忠义之心哉?岂惟远方之人,试目望之,将高皇帝在天之灵,实式临之。故于请正之后三致公祝:惟大方豪杰特为留意,吾道幸甚,天下万世幸甚。天启癸亥季春朔旦,西粤马平王启元书于玉署之丽泽轩。①

序成于明天启三年(1623)。《澹生堂书目》《经义考》《明史》《千顷堂书目》归入经解类,《广西历代经籍志》归入五经总义类。书刊行后,祁承㸁的《澹生堂藏书目》、万斯同的《明史》、黄虞稷的《千顷堂书目》、朱彝尊的《经义考》等有著录。

---

① (明)王启元撰,陈玄点校:《清署经谈》,景海峰主编《岭南思想家文献丛书》,上海古籍出版社,2017年。

十六卷。

存。现存版本有：(1) 天启三年序刊本。现藏于台湾"中央"研究院历史语言研究所傅斯年图书馆。该本《金石萃编校字记》说"《清署经谈》十卷",① 清朱彝尊《经义考》载："王氏（启元）《清署经谈》，十卷，未见。"② 1931 年冬时任中央研究院历史语言研究所所长的傅斯年先生于北平书肆得之。书前有明天启三年自序一篇；半叶九行，行十八字；文末落款"天启癸亥季春朔旦，西粤马平王启元书于玉署之丽泽轩"。书中钤印有"池北书库""光□初□□□县王氏海□□""国立中央研究院历史语言研究所图书之记""史语所考藏珍本图书记"印章。早在 1936 年陈受颐就对《清署经谈》进行过研究，发表《三百年前的建立孔教论：跋王启元的〈清署经谈〉》论文，刊载于《中央研究院史语所集刊》，其诸多观点已被学术界广泛采纳。(2) 柳州市地方志编纂委员会办公室影印天启三年序刊本。于 2005 年香港京华出版社出版。(3) 陈玄点校本。2017 年上海古籍出版社出版，收入景海峰主编《岭南思想家文献丛书》。

## 向若篇　明·龙国禄撰

龙国禄，生卒年不详，字廉孺，广西桂平人，龙渊③之子。万历二十三年（1595）进士。万历二十六年任福建海澄知县，三十年任河间府教授，三十一年任山东主考官，九月任国子助教。万历四十三年任广东惠州知府，又任湖广岳州知府、四川重庆知

---

① 罗振玉著，罗继祖编：《金石萃编校字记》，上海古籍出版社，2013 年，第 1366 页。
② （清）朱彝尊：《经义考》卷二五一，文渊阁四库全书本，第 680 册，第 258 页。
③ 注：龙渊，洪武中为良乡、嵊县知县，以才能升监察御史，后为怀庆知府，有德政，称良吏。见《（民国）桂平县志》卷三四，民国九年（1920）铅印本。

府。以忤时而罢,死后崇祀乡贤祠。著《洴澼绪言》《如水篇》《向若篇》。(万历)《河间府志》、(崇祯)《海澄县志》、(崇祯)《闽书》、(康熙)《广西通志》、(康熙)《岳州府志》、(雍正)《广西通志》、(雍正)《四川通志》、《粤西文载》、(乾隆)《桂平县志》、(乾隆)《浔州府志》、(乾隆)《海澄县志》、(乾隆)《福建通志》、(乾隆)《岳州府志》、(嘉庆)《广西通志》、(道光)《浔州府志》、(道光)《桂平县志》、(道光)《广东通志》、(同治)《浔州府志》、(光绪)《广西通志辑要》、(光绪)《浔州府志》、(光绪)《湖南通志》、(光绪)《巴陵县志》、(光绪)《惠州府志》、(民国)《桂平县志》等有小传。

《向若篇》。(嘉庆)《广西通志》、(光绪)《广西通志辑要》、(民国)《广西通志稿》归入子部,《广西省述作目录》归入儒家及杂家类,彭子龙《广西历代经籍志》归入子部儒家类,今从其说。(嘉庆)《广西通志》、(光绪)《广西通志辑要》、(民国)《广西通志稿》、(民国)《桂平县志》、《广西省述作目录》等有载录。

卷次不详。

佚。见《粤西文载》,(嘉庆)《广西通志》、(光绪)《广西通志辑要》、(光绪)《浔州府志》、(民国)《广西通志稿》曰"佚",《广西省述作目录》曰"绝本"。

## 图南会心录　明·张所蕴撰

张所蕴,生卒年不详,字壮猷,广西恭城人,[①] 贡生。万历

---

[①] 注:张仲文,世居四川嘉定州,永乐年进士,因讦误,安置昭州为民,子滔迁居恭城,时称善人,即张所蕴之始祖也。生平事迹见(雍正)《平乐府志》卷一五,清雍正四年(1726)刻本。

十九年（1591）任灵川训导，天启二年（1622）迁东安县教谕，转横州府教授、宣化县教谕。死后，祀乡贤。① 所著《图南会心编》，今不存。生平见（康熙）《广西通志》、（雍正）《广西通志》、（雍正）《平乐府志》、《粤西文载》、（乾隆）《东安县志》、（嘉庆）《广西通志》、（嘉庆）《平乐府志》、（光绪）《广西通志辑要》、（光绪）《湖南通志》、（光绪）《恭城县志》、（民国）《广西通志稿》、（民国）《恭城县志》、《广西省述作目录》等。

《图南会心录》②。张所蕴"宗西铭之学……所至端师范，出其门者，率多名士，咸称'张学'，博得横渠之世业云"。③ 该书接受张载《西铭》的伦理学说，主张置祭义田、以礼先睦族，④属于儒学文献。（嘉庆）《广西通志》、（光绪）《广西通志辑要》、（民国）《广西通志稿》归入子部，《广西省述作目录》归入儒学及杂家类，《广西历代经籍志》归入杂家类。（康熙）《广西通志》、（雍正）《广西通志》、（嘉庆）《广西通志》、（光绪）《广西通志辑要》、《广西省述作目录》等均有著录。

卷次不详。

佚。见于《粤西文载》，（嘉庆）《广西通志》、（光绪）《广西通志辑要》、（民国）《广西通志稿》载"佚"，《广西省述作目录》载"绝本"。

---

① （清）沈秉成修，苏宗经纂，羊复礼续纂：《广西通志辑要》卷九，清光绪十七年（1891）刊本。
② 按：（康熙）《广西通志》、（雍正）《广西通志》、（嘉庆）《广西通志》、（光绪）《恭城县志》等张所蕴小传作"图南会心编"。
③ （清）汪森编辑，黄盛陆等校点：《粤西文载校点》卷七一，第279页。
④ （清）陶塽修，陆履中、常静仁撰：《恭城县志》，见《中国方志丛书》（122），成文出版社，1968年，第325页。

## 性理管窥　清·余心孺撰

余心孺，生卒年不详，字允孩，号孝庵，又号慕斋，别号餐霞，家原江南，后移居广西宜山。清康熙二十年（1681）举人，三十九年官延津县知县。著有《道学渊源》《詅痴梦草》，另外编撰有（康熙）《延津县志》。（雍正）《广西通志》、（乾隆）《庆远府志》、（嘉庆）《广西通志》等有小传。

《性理管窥》。为《詅痴梦草》一书的卷一与卷二。《詅痴梦草》前有王封溁、李瑞徵[①]、刘国黻、高熊徵、申徽五从氏和自己所作六篇序。李瑞徵的序写于康熙二十年（1681），高熊徵的序写于康熙四十一年。显然，《詅痴梦草》有一个较长的成书过程。《性理管窥》的卷一《论》，包括《图序》《参赞位育图》《身心性命图》《明新至善图》《图说》《原极》《原天附地》《原命》《原道》《原身》，共十篇；卷二包括《原心》《原善》《原中附和》《原性》《原德》《原知》《原仁附义礼智信》《原率修》《原教学》《原诚》《原敬》《原圣神功化》，共十二篇。几乎所有的篇目后，都附有其师李瑞徵的点评，增强了该书的理学意味，故将该书纳入儒学著述加以编目。

首篇《小序》，阐述道统，述及著述缘起及《性理管窥》各篇主要内容和顺序安排缘由：

> 人心亦天地也，宇宙统属一心，天命性道主宰流行，纯一而不息。古圣继天立极，道统相传，天人性命垂诸经训，

---

[①] 注：李瑞徵，字吉占，又字中峰，容城人。康熙十五年（1676）进士，十八年户部主事。孙奇逢门人，著有《簏余草》。康熙二十七为容县县令，余心孺拜入其门，系统接受理学教育。

孔圣祖述宪章，上律下袭，然常罕言命、性，道鲜得闻，只忧世道人心离兹，物则之，恒任此虚灵之气，溺于佛老之虚无，尤恐风影性命，疑似乱真。师弟祖孙相传授受，推大道之原于《中庸》，开人道之门于《大学》。二书如日月并照，自典谟垂训，从无提挈纲维、开示蕴奥、精微详晰若斯也。孔子贤于尧舜远矣，曾子诚为至圣之徒，子思有光至圣之胤，孟子私淑之后，鲜得其传焉。稽《皇极经世》《家礼》《启蒙》《律吕》《新书》《洪范》《皇极内篇》《性理》《西铭》，宋明诸儒学业诸书非不明备，濂洛关闽之学非不精详，可谓震霆启寐，烈日惊迷。自是之后，渊源脉络更为缕晰，然宗旨益繁，各于所得力处自立标的，支分派别，靡所适从。先世江右得闻姚江文成王阳明先生、文恭罗念庵先生，学业历世相传，继籍江南，与外祖宗唐荆川先生学业。迨父犹龙、母舅其英董公俱籍龙水，掇魁登仕。时文肃赵大洲先生贞吉谪荔波，咸北面得泰州学业之传。迨孺幼孤，窃志于斯。岐多路黑，摘埴索途，疑南畏北，短綆汲渊，运轳旋辘，拟深返浅，涵泳圣涯，蠡测无际。蒙抚宪古燕郝雪海先生、学宪山左北野王宗师奖给"忠孝名儒"匾额，勉登贤书。晚值李中峰先生，古燕鸿儒，为孙征君高第，临令荔邑，立雪山城，出所著《讲习说存》相示，忽作下士，晚闻道，大笑曰：自性自命伤损不知，总由胸中鹘突粘滞，身心性命何自贯通，终是骑驴觅驴。爰统会天人性命，道德源流，为《参赞位育总图》；开陈天德、王道、性功合一之理，以明道德之源流，摘明新条目，功效贯通，为《明新至善图》；为人道之矩，方圆凑合，缕晰条分，书编图不胜载，分《三才》为一图，《身心性命道德》为一图，《大学条目功效》为一图。荟撮二书纲目，各为篇章，奉六经为高，会传注为规矩,语录为准绳,提要钩玄,参以己意,错综成文,以便披览。①

这两卷受韩愈《原道》《原性》《原毁》《原鬼》《原人》等篇启发,第一卷主要探讨天道、性命,探讨的是人的价值源头,属形而上;第二卷阐释人的善、德、仁、诚、敬等内涵及其修养途径,是形而下的探讨。作者的目的很明显,旨在打通天理性命、形上形下、高明之道与身体践履之间的关节,以体认天理为要,以日用伦常为实际,属于理学范畴。立论大胆,如说"孔子贤于尧舜远矣";也有王氏心学的影子,如开头"人心亦天地也,宇宙统属一心"。这是因为余心孺的家人曾从学于王阳明、罗洪先、唐顺之学。他的父亲余犹龙和其舅舅董其英后从学于赵贞吉,黄宗羲归之为泰州学派。李瑞徵评其图说:"先天之学心也,故图皆自中起;后天之学理也,故图由中推天地万物之理,皆在其中。邵子曰:自从会得环中意,闲气胸中一点无。朱子赞曰:手探月窟,足摄天根,闲中今古,静里乾坤。今观余子著书,以图为心法,皆从中起,且统天地物之理,可征其家学渊源。"②《广西省述作目录》归入文学。《宜州市志》《庆远府志》《清代档案史料》等有著录。

二卷。

存。有康熙燕台刻本。此书曾因"虽无悖逆不法字句,但语多狂瞽""多有违碍,不应存留,签出进呈请毁在案",③ 于乾隆四十年(1775)纂修《四库全书》时遭禁,国家图书馆幸存此刻

---

① (清)余心孺:《詅痴梦草》,见《四库禁毁书丛刊补编》第84册,北京出版社,2005年,第30—31页。
② (清)余心孺:《詅痴梦草》,见《四库禁毁书丛刊补编》第84册,第30—31页。
③ 中国第一历史档案馆编:《纂修四库全书档案》,第723页。

本，影印收入《四库禁毁书丛刊补编》，《贩书偶记续编》有著录。扉页中间为署名"誃痴梦草"几个大字，右边双行写"西陵王慎庵先生校正　古燕李中峰先生圈评"，右下署名"龙水余慕斋著"，左边四行书写书的主要内容，第一行从右至左并排"参赞位育图""身心性命图""明新至善图"，中间一行"性理""拟骚""诸文"，第三行、第四行模糊不清，不叙。首列序，其次为目录，最后为正文。四周单栏，半叶九行，行二十字，单黑鱼尾。版心上头写书名，中间标卷次和卷次名，下面标页码。

## 传习录辨疑　清·梁汝阳撰

梁汝阳，生卒年不详，字乔云，广西贵县人。康熙三十五年（1696）丙子科副贡。康熙五十五年任永淳县教谕，擢延津知县。与李懋培切劘理学，著《传习录辨疑》《新堂集》《北游草》《语诸生诗》。（光绪）《浔州府志》、（光绪）《贵县志》、（民国）《贵县志》等有小传。

《传习录辨疑》。《传习录》是明代心学家王守仁的语录及部分书信汇编而成的哲学专著，由其门人徐爱、钱德洪等编撰，分上、中、下三卷，卷上为王守仁讲学答疑的语录，卷中是写给别人的七封书信，卷下一部分是语录，一部分是王守仁编的《朱子晚年定论》。[1] 梁汝阳"喜读理学书，常以新建伯功烈彪炳，而《传习录》不无与朱子异，作《辨疑》四十三则"。[2] 是一本质疑辨析朱王异同之书，（光绪）《广西通志辑要》归入子部，《广西省述作目录》归入儒家及杂家类。（光绪）《广西通志辑要》、《广西省述作目录》、《浔阳府志》、（民国）《贵县志》、《广西文献名

---

[1] 谢谦：《国学词典》，四川辞书出版社，2018年，第628页。
[2] （清）谢启昆修，胡虔纂：《广西通志》卷二〇七，第5445页。

录》等著录。

三卷。

存。见《贵县志》，（乾隆）《浔州府志》载有其书，（嘉庆）《广西通志》、（光绪）《广西通志辑要》载"未见"，（民国）《贵县志》载"佚"，《广西省述作目录》未著录存佚。① 存，线装，广西壮族自治区图书馆有藏②。

## 敬至圣说　　清·钟辉廷撰

钟辉廷，生卒年不详，字光国，广西永淳人。康熙五十三年（1714）甲午科举人。乾隆四年（1739）曾任郁林州学正。③ 著有《敬至圣说》《儒士要言》。生平事迹参见（雍正）《广西通志》、（嘉庆）《广西通志》、（光绪）《郁林州志》。

《敬至圣说》。《广西省述作目录》归入杂述类。

卷次不详。

佚。见（光绪）《郁林州志》④，《广西省述作目录》载"绝本"⑤。

## 十室遗语　　清·蒋励常撰

蒋励常（1751—1838），字道之，号岳麓，广西全州人。乾隆五十一年（1786）丙午举人，辛酉大挑二等，补融县训导，六

---

① （民国）广西统计局：《广西省述作目录》，第23页。
② 广西壮族自治区图书馆、广西壮族自治区桂林图书馆合编：《广西文献名录》，第40页。
③ （清）冯德材、全文炳修，文德馨、牟懋圻等纂：（光绪）《郁林州志》卷六，清光绪二十年（1884）刊本。
④ （清）冯德材、全文炳修，文德馨、牟懋圻等纂：（光绪）《郁林州志》卷一四。
⑤ （民国）广西统计局：《广西省述作目录》，第10页。

年后辞职。后受张培春之请，主持清湘书院十年。著《岳麓制艺》《养正篇》《十室遗语》《类藻引注》《医学纂要》等书。另外，《清史列传》说有"文集八卷，名曰《岳麓斋》，皆叙述古儒先条教及训诲子孙门弟子者也"。① 生平事迹参见蒋启敦《行述》、陈继昌《蒋公墓志铭》、梅曾亮《蒋岳麓先生家传》、《清史列传》、《广西名胜志》卷二、《万姓统谱》卷八六、《大清一统志》卷四六二、（嘉庆）《广西通志》卷二五六、（嘉庆）《全州志》卷八、（光绪）《广西通志辑要》卷四、（民国）《全县志》第十一编等。

《十室遗语》②。"十室"即道光年间蒋励常就养江西新城时的斋名，所表达的意思是："静无所倚，动无不宜，十乎十乎，体用兼之。丨为大本，一为达道。息之深深，出之浩浩。欲丨必忠，欲一先恕，果焉确焉，须臾弗去。无丨不直，无一不平，无荒无怠，终身是行。"③ 又因辑录内容来自多家札记记录的蒋励常口授门人言语，故以《十室遗语》题名：

> 自聚徒讲学，为世诟病，考据代兴，而儒先语录讲义之书，人多束之高阁。然如河津读书，二曲反身之类，片语单辞，荟萃成帙，斯爱斯传，历久不废。岂非以学皆为己，语皆心得，未尝以著作为意，而有味乎其言之故，言之亦遂不朽也。
>
> 先大父训导公自辟舍岳麓，四方从游日至，论著益多，门人尝请刻所为古文，笑曰："吾岂以是为名耶？"已而日侍函丈者，又欲备记居恒言语行事，以为同志之诒。事虽未

---

① （清）佚名撰，王钟翰点校：《清史列传》卷七五，第6529页。
② 按：《广西近代经籍志》（卷三"子部"，第4页）题名为《蒙养编十室遗语》，误，把二书混为一书了。
③ （清）蒋励常著，蒋世玢、蒋钦挥、唐振真、唐志敬点校：《十室铭》，见《岳麓文集》附录，广西人民出版社，2001年，第78页。

成，顾其所以为教，或口授或札记，及门诸公或默志，或传钞，无不拳拳弗失，特未及比而合之，联而属之耳。逮乎末年，先君子裒辑古文，则存稿寥寥，兼多应酬文字，未即梓行。小子琦龄逮事王父，幼蒙爱怜，出入提携，遇物辄诲。顾童稚愚昧，长多遗忘。自戊戌弃养，文集犹未编定。始遍搜巾箧，考询门生故旧，续得诗、古文辞五十余首，而遗墨手泽，零星片纸，荟蕞杂撰，比于安石碎金，及与人问答，人所传述之语，乃多于成篇连幅者，既不能以入文集，又无割弃之理。欲聚而类分之，别为一书。时及门王琳、谢正谊、唐全采、刘凤超、李庆荣、蒋嵩诸公犹在，既各以其见闻相饷，复为订其疑似，定其去取，以"十室"名其书，凡为类十一，为卷十二，为注十之二三。特恐犹有遗漏，或当续获收也，咸曰"徐之，毋遽剞劂"。嗣是，而琦龄宦游四方，并文集稿恒以自随。丁巳奉讳归，则乱后耆旧凋落，收藏毁失，无复搜罗之望，乃先刻文集于永州。甫竣，复以寇警，跄踉北走者又五年。比陈情得请始复还山，幸烟尘渐息，乃克以此书付手民。回视戊戌，忽忽已二十九年。不独音容声颜愈远益悲，即当日王、谢诸公亦无一在者，可慨也。已昔范公偶之《过庭》，录苏籀之栾城遗言，皆追惟祖德，述忆杂事。兹篇盖仿其例，藉补文集之缺略。见者或高阁置之，或爱而传之，皆所不计耳。①

同治五年丙寅四月既望，孙琦龄谨识。

《十室遗语》刊刻于同治五年（1866），细目为：卷一《性理》、卷二《说经》、卷三《评史上》、卷四《评史下》、卷五《经世》、

---

① （清）蒋琦龄：《十室遗语跋》，见《空青水碧斋诗文集》卷七，第189—190页。

卷六《善俗》、卷七《砥行》、卷八《劝学》、卷九《论文》、卷一〇《谈兵》、卷一一《述艺》、卷一二《杂记》。内容庞杂，经史子集、天文地理无所不包；形式不一，有问答，有独立思考；有长有短，长则数百字，短则几个字，随事而发，随感而发。主要阐述程朱理学的人伦日用、修身养性等学说，是一本类似于《居业录》《读书录》的杂感心得之书。杂记部分，记载作者亲身经历或耳闻趣事，对四川省内的大小金川以及广西桂林等地的历史旧事，都有涉及。由及门诸子校订，蒋琦龄编注。[①]《广西近代经籍志》归入子部，《广西省述作目录》归入杂述类，《广西地方文献目录》归入哲学。《广西近代经籍志》《广西文献名录》《广西地方文献目录》《广西省述作目录》等有著录。

十二卷。

存。《广西近代经籍志》标"未见"，不准确，存。主要版本有：(1) 嘉庆二十四年（1819）刻本。一册，桂林图书馆藏。[②] (2)《全州蒋氏丛刻》本。咸丰、同治年间，蒋琦龄编刻，附入蒋励常《岳麓文集》中，广西壮族自治区图书馆、桂林图书馆有藏。(3) 民国二十一年（1932）排印本。广西壮族自治区图书馆、桂林图书馆有藏。(4) 蒋世玢等点校《岳麓文集》本。《十室遗语》附入，2001 年广西人民出版社出版。

## 枫山便览　　清·苏献可辑纂

苏献可（1762—1822），字都廷，号孟侯，广西玉林人，苏

---

[①] 广西壮族自治区图书馆、广西壮族自治区桂林图书馆合编：《广西文献名录》，第 494 页。
[②] 广西桂林图书馆、广西通志馆资料室合编：《广西地方文献目录》（下册），第 282 页。

宗经叔父。乾隆五十四年（1789）己酉恩科举人，调宣化县教谕，丁外艰未任，著《枫山便览》。（嘉庆）《广西通志》、（光绪）《广西通志辑要》、（光绪）《郁林府志》等有小传。

《枫山便览》。枫山为明代理学家章懋①的号。枫山之学主张穷理尽性，"人形天地之气性，天地之理，须与天地之体同其广大，天地之用同其周流，方可谓之人"，②"人生而静之谓性，得乎性而无累于欲焉之谓学"，③"学者须大其心胸，盖心大则万物皆通。必有穷理工夫，心才会得大。又须心小，心小则万理毕晰。必有涵养工夫，心才会得小。不至狂妄矣"，④"其学墨守宋儒"。⑤《枫山便览》为章懋著述的便览本，《广西省述作目录》归入儒家及杂家类。

卷次不详。

未见。《广西省述作目录》未著录存佚。

## 是君是臣录　清·龙启瑞撰

作者简介见《尔雅经注集证》。

《是君是臣录》。大约著述于道光三十年（1850），选取《通鉴》《续通鉴》中切于当世急务者，比事属辞为之，将以进御当谏书，杀青未竟而获谴，遂中辍，"某在此日，读《通鉴》一卷……拟命之曰《是君是臣录》……今尚未暇，为初脱稿者，六

---

① 注：章懋（1436—1521），字德懋，晚年又号瀫滨遗老，兰溪（今属浙江）人，成化丙戌（1466）会试第一，官终福建按察司佥事，考绩赴吏部，乞休，遂致仕。林居二十年，弟子日进，讲学枫木庵中，学者因曰枫山先生。弘治中，起为南京祭酒。嘉靖初，以南京礼部尚书致仕。谥文懿。
② （清）黄宗羲著，沈芝盈点校：《明儒学案》卷四五"诸儒学案上三"，第1075页。
③ （清）黄宗羲著，沈芝盈点校：《明儒学案》卷四五"诸儒学案上三"，第1076页。
④ （清）黄宗羲著，沈芝盈点校：《明儒学案》卷四五"诸儒学案上三"，第1075页。
⑤ （清）黄宗羲著，沈芝盈点校：《明儒学案》卷四五"诸儒学案上三"，第1074页。

代以前而已。如有成书，必当就正也"。① 其《序》曰：

> 尝观古来之治乱，天必生一代之君，亦必有一代之臣。使有其君而无其臣，则虽为善而无为之赞襄，虽为恶而无为之附和，是犹未得为治乱之极也；使有其臣而无其君，俊杰将卒老于蓬茅，而佥壬或摈斥而不得志，要所以持其权者，独有人君而已。君而贤，则以贤召贤，众贤升而不贤者退，而治之形成矣。君而不贤，则以不贤召不贤，众不贤升而贤者退，而乱之形成矣。故治与乱，岂有异术哉！贤否定于君身，好恶决于君心。然则人君之好恶，乃君子小人所视为进退，而天下安危向背之原所从出也。夫古来君臣之际遇至不一矣，其因际遇而成为治乱之局者，亦不知其几矣。然未有求治之君，而不欲其臣之贤者；即未有临乱之君，而不自贤其臣者；有明知其贤，而不能用之者；亦有明知其不贤，而不能舍之者；有既用其贤，而他人犹得以言辞间之者；有既以不贤见弃，仍夤缘他事以得进者。夫不能判贞邪之界者，失在于多蔽；不能尽爱恶之量者，失在于自欺；不能割昵比之私者，失在于多欲。夫惟明察之君，有以辨人伦之臧否而不惑；诚笃之辟，有以尽一己之性情而不贰；严正之主，有以绝左右之谗说而不私；然后佥壬远屏，众正盈廷，而至治之馨香乃可翘足待也。故禹、皋、稷、契之奋庸，非若人之自致于赫懿也，明而扬之者之效也；共、驩、苗、鲧之见弃，非若人之自甘夫剿绝也，放而殛之者之力也。否则泯棼之朝不乏忠良之佐，而混浊之世亦存彰瘅之条，其如无举而用之者，何哉。博稽史册所载，臣之有待于君者恒多，而君

---

① 龙启瑞著，吕斌点校：《龙启瑞诗文集校笺》，第501页。

之有待于臣恒少。及其用之也，则能尽其才者恒少，不能尽其才者恒多；而逸谄媚悦、倾险邪辟之人又多乘间抵隙，伺君子之盛衰而与时竞进，此天下致乱所由易、致治所由难也。夫人君莫不欲享安全之利，而求免于祸败之危，则宜思进君子以求安全，远小人以防祸败。然则省躬以端好恶，修己以正仪型，其诸为取人以身之本，而帝廷赓歌交儆，所为重望于元首者乎。某不敏，窃尝考诸两汉以来，以君为纲，以臣为目，目之中分致治之臣若干品，致乱之臣若干品，人各摘叙其生平事迹于下，简而不繁，使后之读者知为治乱之主，则必有致治之臣应之，与治同道，罔不兴。苟为致乱之主，则必有致乱之臣应之，与乱同事，罔不亡。而为臣子者知取其所当法，去其所当戒。书成，窃取朱子释《中庸》之意，名之曰《是君是臣录》，谨撮其要旨于卷端，庶几鉴古知今之助，而于保邦致治之本，实不无小补云。①

本书是纪传体体裁，起西汉，止于五代。取两汉以来君为纲，臣为目，每朝诸帝系诸臣，目之中分致治之臣若干品，致乱之臣若干品，使读者观其臣则知其君。每帝前，各书"总论"一则，评其功过，述说褒贬。对历代浅短及偏安割据之国，则每朝合为一论。自西汉以来，人各摘其生平事迹于下，知取其所当法，去其所当戒者。《广西近代经籍志》归入史部，《广西省述作目录》归为伦理修身类，《广西地方文献目录》《广西地方史志文献联合目录》归入史地类。《广西近代经籍志》《广西地方文献目录》《广西历代文人著述目录 广西历代文人著述馆藏联合目录》《广西文献名录》《广西地方史志文献联合目录》等有载录。

---

① （清）龙启瑞：《经德堂文集》卷二，见潘琦主持《广西历代文献集成·龙启瑞集》第1册，第102—105页。

一部十册。

存。见于《经德堂文集》,《广西近代经籍志》载"未见",①《广西省述作目录》"未刊"。② 主要版本有:(1) 清末手抄本。一部十册③,广西桂林图书馆藏。(2)《龙启瑞集》。桂学文库组织编撰《广西历代文献集成》,《龙启瑞集》为中一部,将《是君是臣录》收录其中。2015年,广西师范大学出版社出版。

## 率性庐录　　清·周思宣辑纂

作者简介见《禹贡地理考略》。

《率性庐录》④。《广西省述作目录》归为伦理修身类。⑤(光绪)《临桂县志》、《桂林历史人物录》、《广西省述作目录》、《广西历代文人著述目录　广西历代文人著述馆藏联合目录》等有著录。

卷次不详。

佚。(光绪)《临桂县志》有载,《桂林历史人物录》载该书未付梓刊刻,⑥《广西省述作目录》载"绝本"。

## 五子要语　　清·龚延寿辑要

作者简介见《周易拟象》。

---

① (民国)蒙起鹏:《广西近代经籍志》卷二,第11页。
② (民国)广西统计局:《广西省述作目录》,第21页。
③ 广西桂林图书馆、广西通志馆资料室:《广西地方文献目录》,第338页。
④ 按:《广西历代文人著述目录　广西历代文人著述馆藏联合目录》题名为《率性庐录》,(光绪)《临桂县志》《广西省述作目录》名曰《率性录》。"率性庐"为其室名,不是著述名,故应为《率性庐录》。
⑤ (民国)广西统计局:《广西省述作目录》,第21页。
⑥ 张益桂、张阳江:《桂林历史人物录》,第552页。

《五子要语》①。"五子"在哲学史上指的是周敦颐、程颢、程颐、张载、邵雍。《五子要语》是一部辑录之作,选取五子著述中名言要语汇辑而成。《广西省述作目录》归入儒家及杂家类。(光绪)《贵县志》、(民国)《贵县志》、《广西省述作目录》等著录。

四卷。

未见。见于龚仁寿《衡庵行述》,②(光绪)《贵县志》、(民国)《贵县志》载有稿本,《广西省述作目录》载"未刊"。③

## 初学源例篇　清·刘名誉辑纂

作者简介见《论语注解辨订》。

《初学源例篇》。本书收集了从先秦到清各家各派的为学著作以及名言粹论,分为理学、经学、史学、子书之学、古文之学、诗学、总汇、余论等几个部分,并参阅《四库全书总目》及《书目答问》,选取其切实可用的内容进行简要的阐述、说明,为初学者指示读书门津。④《广西省述作目录》归入杂述类,《广西地方文献目录》归入总类。《广西省述作目录》《广西地方文献目录》《广西地方史志文献联合目录》《广西文献名录》等有著录。

一册。

存。主要版本有:(1)光绪二十一年(1895)自刻本。不知

---

① 按:(民国)《贵县志》卷一二题名《五子约说》,不知何据。
② (民国)欧仰羲修,梁崇鼎等纂:《贵县志》卷一六"人物列传",第994页。
③ (民国)广西统计局:《广西省述作目录》,第23页。
④ 广西壮族自治区图书馆、广西壮族自治区桂林图书馆合编:《广西文献名录》,第39页。

存佚。（2）光绪二十二年刻本。不知存佚。① （3）清光绪二十八年刘氏树园自刻本。线装，一册，桂林图书馆藏。②

## 慕庵治心诗钞·慕庵治心韵语　　清·刘名誉辑纂

作者简介见《论语注解辨订》。

《慕庵治心诗钞·慕庵治心韵语》。《广西历代文人著述目录　广西历代文人著述馆藏联合目录》载为《治心诗钞》，本书是刘名誉收集古诗中的治心名篇，附以自己的评点加以刊印而成。《广西通志》《广西地方文献目录》《广西历代文人著述目录　广西历代文人著述馆藏联合目录》《广西地方史志文献联合目录》等有著录。

一册。《慕庵治心诗钞》一卷、《慕庵治心韵语》一卷。

存。光绪二十二年（1896）自刻，吴云记书庄铅印③，桂林图书、④ 广西统计局藏。

## 吕新吾呻吟语评注　　清·许载琳撰

许载琳，生卒年不详，清人，广西万承人。余则不详。

《吕新吾呻吟语评注》。吕新吾《呻吟语》的介绍，已见于陈

---

① 广西壮族自治区地方志编纂委员会编：《广西通志·出版志》记载："二十二年（1896）和二十八年（1902）有桂林人刘名誉先后自刻的《越事备考案略》《慕庵治心诗钞》和其他刻本《初学源例篇》、《论语集注辨订》等。"广西人民出版社，1999年，第27页。
② 广西桂林图书馆、广西通志馆资料室：《广西地方文献目录》（下册），第276页。
③ 广西壮族自治区地方志编纂委员会编：《广西通志·出版志》，第27页。
④ 广西桂林图书馆、广西通志馆资料室：《广西地方文献目录》（下册）记载："《慕庵治心诗钞》一卷，《慕庵治心语》一卷；刘名誉评辑，吴云记书庄排印，光绪二十二年（1896）1册。"第304页。

宏谋著述中。该书是对《呻吟语》评注之书，属于儒学文献，《广西省述作目录》归入儒家及杂家类。

卷次不详。

佚。《广西省述作目录》载"绝本"。[①]

广西的儒学理论、思想大都还沿袭宋人的论说，走的是宋学之路，这在明清时期的研究中表现突出。从著述方式看，纯思想建构的著述仅有契嵩《辅教编》《巽说》、林勋的《本政书》《本政书比校》、唐朝《心法纂图》、周琦《东溪日谈录》、张翀《浑然子》、王启元《清署经谈》等，其他大多为辑要抄纂之作，如吴廷举《春秋繁露祷雨节解》《胡子粹言》《薛子粹言》、杨乔《静观录》、苏术《粹言录》等通俗读物，或是如《定性发蒙》这样的理学启蒙之作，这说明广西的儒学思想其实还处于输入状态，其学术研究还在吸收、学习的路上。

## 政教文献类

政教文献类指的是以儒家核心思想为指导的为政理论总结和为政实践、为政经历、为政感想文献，其中不包括奏议类文献。以此标准，录得广西政教类文献二十九部，存十部，未见十一部，佚八部。其中，明代存一部，未见四部，佚四部；清代存九部，未见七部，佚四部。就政治思想而言，张居正、吕调阳的《帝鉴图说》价值最大，且影响也大；就政治实践而论，以陈宏谋《培远堂文檄》最有参考价值。

---

[①] （民国）广西统计局：《广西省述作目录》，第23页。

## 按治南畿政略　明·杨鏊撰

杨鏊（1485—1532），字时济，号静可，广西灌阳人。明弘治十七年（1504）举人。正德三年（1508）任浙江秀水县教谕，五年任湖南东安县教谕。正德十二年进士。嘉靖元年（1522）二月升贵州道监察御史，二年巡按徽州。嘉靖六年任四川按察司佥事，卒于嘉靖十一年，终年四十八岁。著《按治南畿政略》《巡仓政略》《经理马政事宜》《静可诗文集》《题稿》等。（嘉靖）《四川总志》、（隆庆）《永州府志》卷一三、（万历）《秀水县志》、（康熙）《灌阳县志》卷七、（道光）《灌阳县志》卷一一、（道光）《永州府志》卷一三、（光绪）《湖南通志》卷九九、（光绪）《东安县志》卷五、（光绪）《灌阳县志》卷七、（民国）《灌阳县志》卷一二等有传。另，《明世宗实录》卷一一和卷六二、（嘉靖）《徽州府志》、（嘉靖）《宁国府志》卷六、（隆庆）《永州府志》卷四下、（万历）《四川总志》卷三、（万历）《秀水县志》卷四、（雍正）《四川通志》、（乾隆）《江南通志》卷一〇〇、（光绪）《湖南通志》等并有生平事迹记载。

《按治南畿政略》。载录的是杨鏊为监察御史以来弹劾贪官污吏、严惩地方不法的经历和方略，是一本关于为政论述和为官之道的书。《广西省述作目录》归入政治经济类，《广西历代经籍志》归入杂史类。①（道光）《灌阳县志》卷一一、（光绪）《灌阳县志》卷七、（民国）《灌阳县志》、《广西省述作目录》等有著录。

卷次不详。

未见。见于（道光）《灌阳县志》，（光绪）《灌阳县志》、（民

---

① 彭子龙：《广西历代经籍志（汉—明）》，第63—64页。

国)《灌阳县志》著"若干卷",《广西省述作目录》未著录存佚。

## 巡仓政略　明·杨鏊撰

作者简介见《按治南畿政略》。

《巡仓政略》。该书是杨鏊为监察御史任上巡视各地仓储、赈济灾荒经历的记载,是一本关于为政论述和为官之道的书。《广西省述作目录》归入政治经济类,《广西历代经籍志》归入杂史类。①(道光)《灌阳县志》、(光绪)《灌阳县志》、(民国)《灌阳县志》等有著录。

二卷。

未见。见于(道光)《灌阳县志》,(光绪)《灌阳县志》、(民国)《灌阳县志》、《广西省述作目录》等未载存佚,②《广西历代经籍志》载"未见"。

## 牧民要略　明·刘桂撰

刘桂,生卒年不详,字子芳,广西永福人。正德间贡生,任福建长乐县主簿,升福建漳浦县知县,著有《牧民要略》。(乾隆)《福建通志》、(民国)《永福县志》等有小传。③

---

① 彭子龙:《广西历代经籍志(汉—明)》,第64页。
② (民国)广西统计局:《广西省述作目录》,第28页。
③ 彭子龙《广西历代经籍志(汉—明)》记载:"刘桂事迹,广西各志乘除(民国)《永福县志》卷三之外均未见载录。"(乾隆)《福建通志》卷二二载刘桂为长乐县主簿,而漳浦县知县并无广西刘桂此人,(民国)《永福县志》卷三载其官福建漳浦知县,未知何据,疑其所载不确,姑存以俟考。另,(天启)《海盐县图经》卷九载海盐县知县:"刘桂,字子芳,黄冈人,进士。嘉靖初任。性聪悟,工古文辞,晚年好道术,不乐仕进,终合州知州。"则明正德、嘉靖时永福、黄冈两刘桂同姓同名同字,其真巧合乎?

《牧民要略》。该书旨在发挥爱民如子、训士如师、政尚慈惠等儒家的核心政治思想,是一本讲述为官之道的政教类著述。《广西省述作目录》归入政治经济类,《广西历代经籍志》归入杂史类。①

卷次不详。

未见。见于(民国)《永福县志》,《广西省述作目录》未载存佚,《广西历代经籍志》载未见。

## 按浙录　明·张文熙撰

张文熙,生卒年不详,字念华,广西临桂人,邓州学正张腾霄之子。万历五年(1577)丁丑科进士。万历七年以御史按察浙江。万历十年壬午科主持浙文武考,得人为盛。万历十四年二月升顺天府府丞,擢应天府府丞。万历二十年任太仆寺少卿,提"调四省兵往以捣巢"之抗倭计,颇有"奇策"之誉。致仕归,以著述自娱,著有《武功县续志》《壬癸草》《云岩集》《罔嫪山房全集》《按浙录》《敉宁录》等。②《明神宗实录》、《国朝列卿纪》、(万历)《保定府志》、(万历)《顺天府志》、(康熙)《广西通志》、(雍正)《浙江通志》、《粤西文载》、(嘉庆)《广西通志》、(嘉庆)《临桂县志》、(光绪)《广西通志辑要》、(光绪)《临桂县志》等有小传。

《按浙录》。张文熙两次为官浙江,第一次是万历七年以御史按察浙西,第二次是万历十年主持壬午科文武考。在任上他恩威兼用,很快平息了军民两次动乱,《按浙录》就是对这一为政经历的真实记载。(雍正)《浙江通志》、(嘉庆)《广西通志》、(嘉庆)《临桂县志》、(光绪)《广西通志辑要》、(光绪)《临桂县志》

---

① 彭子龙:《广西历代经籍志(汉—明)》,第64页。
② (清)谢启昆修,胡虔纂:《广西通志》卷二五七,第6518页。

等皆归入史部，《广西省述作目录》归入政治经济类，《广西历代经籍志》归入杂史类。《粤西文载》、（嘉庆）《广西通志》、（嘉庆）《临桂县志》、（光绪）《临桂县志》、（光绪）《广西通志辑要》、（民国）《广西通志稿》、《广西省述作目录》、《广西历代经籍志》、《广西历代文人著述目录　广西历代文人著述馆藏联合目录》等有著录。

卷次不详。

佚。见《粤西文载》，（嘉庆）《广西通志》、（光绪）《广西通志辑要》、（光绪）《临桂县志》载"佚"，《广西省述作目录》载"绝本"。①

## 救宁录　明·张文熙撰

作者简介见《按浙录》。

《救宁录》。是记录平定和解决兵民两变的经历之书。（光绪）《广西通志辑要》归入史部，《广西省述作目录》归入政治经济类，《广西历代经籍志》归入杂史类②。《粤西文载》、（雍正）《广西通志》、（嘉庆）《广西通志》、（光绪）《广西通志辑要》、（嘉庆）《临桂县志》、（光绪）《临桂县志》、（民国）《广西通志稿》、《广西省述作目录》、《广西历代文人著述目录　广西历代文人著述馆藏联合目录》等有著录。

卷次不详。

佚。见《粤西文载》，（嘉庆）《广西通志》、（光绪）《广西通志辑要》、（光绪）《临桂县志》载"佚"，《广西省述作目录》载"绝本"。

---

① （民国）广西统计局：《广西省述作目录》，第27页。
② 彭子龙：《广西历代经籍志（汉—明）》，第69页。

## 缑城政略　明·曹学程撰

曹学程（1563—1608），字希明，号心洛，广西全州人。万历十一年（1583）进士。历知石首、宁海二县，治行卓异。万历二十年擢广东道监察御史，督畿辅屯田，二十三年查得抛荒隐占地四千四百余顷。万历二十三年上《谏封倭疏》，反对册封日本、主张抗倭援朝，以切直忤旨，拟死。群臣论救，逮狱十余年。万历三十四年，谪戍湖广宁远卫。久之，放归，卒。天启二年（1622）追赠太仆寺少卿。崇祯时旌表，祀乡贤，入宁海名宦祠。著有《忠谏录》《缑城政略》，修（万历）《宁海县志》。生平见《明神宗实录》卷二五三、卷二八九、卷二九七，《本朝分省人物考》卷一一三，《明季烈臣传》，万斯同《明史》卷三二七，张廷玉《明史》卷二三四，（崇祯）《宁海县志》卷五，《大清一统志》卷四六二，（康熙）《广西通志》卷二八，（康熙）《桂林府志》，（康熙）《全州志》卷七，（雍正）《广西通志》卷八〇，（雍正）《浙江通志》卷一五四、《粤西文载》卷七一、（乾隆）《全州志》卷八、（乾隆）《石首县志》卷五，（嘉庆）《全州志》卷八，（嘉庆）《广西通志》卷二五九，（道光）《永州府志》卷一四，（光绪）《广西通志辑要》卷四，（光绪）《宁海县志》卷八，（光绪）《湖南通志》卷二一〇，（光绪）《荆州府志》卷三九等。

《缑城政略》。缑城为今浙江宁海县旧名，万历十一年至二十年曹学程任宁海县令。在任上，"以厚风俗、阜民财、兴学校为己任，逾年修邑乘，课文会，百废具举"。[①] 该书就是作者这段时间的为政思想和为官经历的记录。（崇祯）《宁海县志》

---

① （明）宋奎光纂修：《宁海县志》卷五，明崇祯五年（1632）刻本。

归于文集，黄虞稷《千顷堂书目》和万斯同《明史》归于政刑类，（雍正）《浙江通志》归入宦迹。（嘉庆）《广西通志》、（光绪）《广西通志辑要》、（民国）《广西通志稿》、《广西省述作目录》等归入历史类，《广西历代经籍志》归入杂史类。

卷次不详。

佚。见《澹生堂书目》，（嘉庆）《广西通志》、（光绪）《广西通志辑要》、（民国）《广西通志稿》载"佚"，《广西省述作目录》载"绝本"。

## 帝鉴图说　明·张居正、吕调阳辑纂

张居正（1525—1582），字叔大，号太岳。江陵人，时人又称张江陵，谥号"文忠"。嘉靖二十六年（1547）进士。隆庆元年（1567）任吏部左侍郎兼东阁大学士，万历时期的内阁首辅，辅佐万历皇帝朱翊钧开创了"万历新政"。后为吏部尚书、建极殿大学士。万历十年（1582）卒，年五十八，赠上柱国，谥文忠。著有《张太岳集》《书经直解》《帝鉴图说》等。

吕调阳（1516—1580），字和卿，号豫所，广西临桂人。嘉靖二十九年廷试一甲第二名，授翰林院编修。嘉靖四十三年升国子监司业，四十四年升右春坊右谕德，兼翰林院侍读。隆庆元年五月擢南京国子监祭酒，十一月升南京礼部右侍郎。隆庆二年九月改礼部右侍郎，兼翰林院学士，十二月充纂修，为《世宗实录》副总裁官。隆庆三年任吏部右侍郎，充日讲官。隆庆四年升吏部左侍郎，掌詹事府事。隆庆五年为会试副考官，教习庶吉士。隆庆六年四月升礼部尚书。神宗即位，进文渊阁大学士，入内阁，预机务，旋加太子少保、武英殿大学士。万历元年十一月晋太子太保。万历二年为会试主考官，修《穆宗实录》。万历四年十月晋太子太傅，兼吏部尚书，六年二月晋建极殿大学士。卒于万历八年，终年六十五岁。赠太保，谥文简。张居正撰有《吕公墓志铭》，说："沉密简重，人莫窥其际。尝游国学，从祭酒永康程先生谈名理。后公为祭酒，遂以永康学教授诸生，先德而后艺，以其身为型范。"①"性行端谨，学问纯明，讲帷多启沃之功，密勿有经济之助。"②为诗为文，"古雅醇厚，不事模拟"，可惜存世很少，仅《全州建库楼记》《佛塔寺碑》《勘定古田序》《奉国中尉约畲墓志铭》等文章，收录在《粤西文载》中，所写诗歌今不传。吕调阳存世著述除与张居正合编《帝鉴图说》外，并纂修嘉靖、隆庆两朝实录。生平见《本朝分省人物考》、《中书典故汇纪》、《明通纪集要》、《明法传录嘉隆纪》、《明续纪三朝法传全录》、《国朝列卿纪》、《明穆宗实录》、《明神宗实录》、（万历）《广西通志》、《大清一统志》、（康熙）《广西通志》、（康熙）《桂林府志》、（雍正）《广西通志》、《粤西文载》、（嘉庆）《广西通志》、（嘉庆）《临桂县志》、（光绪）《广西通志辑要》、（光绪）《临桂县志》等。

《帝鉴图说》。本书系张居正、吕调阳二人合撰，于隆庆六年（1572）上奏明穆宗，书前有当时所进疏一篇。其创作动机，《重刻帝鉴图说序》说：

> 张文忠公太岳先生，有明相业之最盛者也。当神宗莅政之初，文忠首承顾命，寄托綦重，惓惓焉取鉴古人，集同僚以成《帝鉴图说》一书。爰资启沃、用格君心，虽立说时多

---

① （清）汪森编辑，黄盛陆等校点：《粤西文载校点》卷七四《吕公墓志铭》，第370页。
② （明）明实录馆臣编：《明神宗实录》卷九七，台湾"中央"研究院历史语言研究所校印，1962年，第1943—1944页。

浅显，实以继体冲龄，辞在易晓。而即一事，而引之于道；即一念，而要之于终，肫笃之心昭于千载矣。①

选取尧舜以来历代人君善可为法者八十一事，恶可为戒者三十六事，"善为阳为吉，故数用九九；恶为阴为凶，故数用六六"，②"每事前绘一图，后录传记本文，而为之直解"。③如卷一"任贤图治""谏鼓谤木""孝德升闻""揭器求言""下车泣罪""戒酒防微""解网施仁""桑林祷雨""德灭祥桑""梦赉良弼""泽及枯骨""丹书受戒""感谏勤政"叙十三个帝王施行仁心事，一人绘一图，一图序一事，一事附一赞，事核言直，理明辞约。"取唐太宗'以古为鉴'之语名之。书中所载皆史册所有，神宗方在冲龄，语取易晓，不免于俚俗。"④

自刊行以来，就成经筵读物。祁寯藻充当咸丰帝南书房的侍读官，就为同治帝选了《帝鉴图说》为教材。翁同龢也以《帝鉴图说》作为教材之一，为同治、光绪讲授，国家图书馆现藏其批注本。《季沧苇藏书目》、（嘉庆）《广西通志》、（嘉庆）《临桂县志》、（光绪）《广西通志辑略》、《广西省述作目录》等归入史部，《续文献通考》归入类书类，万斯同《明史》、张廷玉《明史》等归入故事类，《四库全书总目》《八千卷楼书目》《续文献通考》《续通志》归入史评类，《传是楼书目》《千顷堂书目》归入儒学类，《广西地方文献目录》归入哲学类，《广西地方史志文献联合目录》归入综合性图书类，《中国古籍善本书目》归入纪传类。从撰述的动机、目的和方式看，该书如同《大学衍义》一样，是

---

① （清）程德楷：《重刻帝鉴图说序》，见张居正《帝鉴图说》，清嘉庆二十四年（1819）张亦缙纯忠堂刻本。
② （清）永瑢：《四库全书总目》卷九〇"史评类存目二"，第761页。
③ （清）永瑢：《四库全书总目》卷九〇"史评类存目二"，第761页。
④ （清）永瑢：《四库全书总目》卷九〇"史评类存目二"，第761页。

一部帝王之书、政治之书。《四库全书总目》、《八千卷楼书目》、《天一阁书目》、《千顷堂书目》、《季沧苇藏书目》、(民国)《海源阁书目补遗》、《述古堂藏书目》、《传是楼书目》、《续文献通考》、《续通志》、万斯同《明史》、张廷玉《明史》、(嘉庆)《广西通志》、(光绪)《广西通志辑要》、(嘉庆)《临桂县志》、(同治)《上海县志》、(光绪)《荆州府志》、(光绪)《松江府续志》、(民国)《广西通志稿》、《邵亭知见传本书目》、《广西省述作目录》、《广西地方文献目录》、《广西文献名录》、《广西地方史志文献联合目录》、《中国古籍善本书目》等有著录。

六本或六册。季振宜《季沧苇藏书目》① 载为六本,《千顷堂书目》卷一一载为六卷,杨绍和、杨保彝《海源阁书目》载为六册不分卷,《四库全书总目》卷九〇载为无卷数,莫友芝《邵亭知见传本书目》卷七载十册不分卷,钱曾、瞿凤起《虞山钱遵王藏书目录汇编》载为四卷(述国朝四本)②,说法不一,而以六本或六册为主。

存。主要版本有:(1)万历元年(1573)刊本。"十册,无卷数,明张居正等奉进"。③ 半叶九行,行十九字,白口,四周双边,单鱼尾。书中避清帝"玄""弘"等讳。卷前有陆树声叙和张、吕二人所上《进图疏》。(民国)《海源阁书目补遗》载为六册,不分卷,藏山东省图书馆。④ 乾隆年间江陵邓氏翻刻明万历元年刻本,不仅保持了原刻版式,而且保留了张、吕二人所上《进图疏》以及原本通加句读的做法。⑤ 广西壮族自治区图书馆、

---

① (清)季振宜:《季沧苇藏书目》,清嘉庆十年(1805)黄氏士礼居刊本。
② (清)钱曾撰,瞿凤起编著:《虞山钱遵王藏书目录汇编》,上海古籍出版社,2005年。
③ (清)莫友芝:《邵亭知见传本书目》卷七,中华书局,2017年,第467页。
④ (清)王绍曾著,崔国光整理:《订补海源阁书目五种》(下),齐鲁书社,2002年。
⑤ 刘蔷:《清华园里读旧书》,岳麓书社,2010年,第119页。

广西师范大学有藏。①（2）万历三年（1575）郭庭梧刻本。书前钤"冯锥之印""强斋""南通冯氏景岫楼藏书""长乐郑振铎西谛藏书"诸印；接着为万历三年郭庭梧自序、陆树声叙和《进图疏》；②最后节录"圣贤芳规"的前三十九则至"上书黏壁"终，有句读。半叶九行，行十九字，白口，单鱼尾，四周双边，每叶左上角有刻工李印文、印秀、申用、李志高、李昭先、王印元、陈印登、林茂春、张时用等字样。现存二册，仅国家图书馆有藏。（3）明万历三十二年金濂刻本。半叶九行，行二十一字，白口，四周单边，版心无字，仅记叶数，序后有"歙邑黄秀野镌"一行字。该版本卷首是陕西右布政使、前翰林院修撰李维桢的序。国家图书馆、上海图书馆、上海博物馆等处有藏。《北京图书馆古籍珍本丛刊》③《原国立北平图书馆甲库善本丛书》④有著录。（4）明天启二年（1622）刻本。半叶九行，行十九字，白口，四周双边，单鱼尾。六卷，"圣贤芳规"为前四卷，"狂遇覆辙"为后二卷。该本将张居正、吕调阳《进图疏》以及陆树声前叙、王希烈后叙俱予删除，代之出现的是司礼监掌印太监王体乾与太监魏进忠、宋晋、梁栋、张文元等八人署名的"叙"。北京大学图书馆、天津图书馆等处有藏。（5）顺治年间满文抄本。故宫收藏有。（6）纯忠堂刻本。嘉庆二十四年（1819），张居正裔孙张亦缙刻。此本共六卷，半叶九行，行二十二字，白口，单鱼尾，四周双边，版心下刻"纯忠堂藏"。并将《进图疏》中与张居正并列的吕调阳删去，只存张名。卷首有程德楷序，后有嘉庆

---

① 广西壮族自治区通志馆等主编：《广西地方史志文献联合目录》，第592页。
② 刘蔷：《清华园里读旧书》，第119页。
③ 北京图书馆古籍出版编辑组编：《北京图书馆古籍珍本丛刊》第14册，书目文献出版社，1998年。
④ 国家图书馆编：《原国立北平图书馆甲库善本丛书》，国家图书馆出版社，2013年。

二十四年（1819）郑若璜跋。① 该本以张家家藏本为底本，但底本有说无图，且残缺七则，即"圣贤芳规"中的"延英忘倦""诏儒讲经""褒讲守令""明辨诈书""蒲轮微贤""屈尊芳将"六则和"狂遇覆辙"中的"妲己害政"一则。国家图书馆藏有晚清翁同龢批注本。齐鲁书社 1996 年版《四库全书存目丛书》第 282 册即以此本为底本影印。（7）日本安政五年（1858）木村蔚刻本。是本据明万历刻本翻刻，半叶九行，行十九字，黑口，单鱼尾，左右双边。书中有日文音注和句读。书后有日本木村蔚跋语。

## 政事纪　明·文立缙撰

作者简介见《尚书注释》。

《政事纪》②。《全州志》载入经部，（嘉庆）《广西通志》、（光绪）《广西通志辑要》、《广西省述作目录》归入历史，《广西历代经籍志》归入杂史类，是一部政教类文献。（嘉庆）《广西通志》、（光绪）《广西通志辑要》、（民国）《广西通志稿》、（民国）《全县志》、《广西省述作目录》等有著录。

卷次不详。

佚。见（乾隆）《全州志》，（嘉庆）《广西通志》、（光绪）《广西通志辑要》、（民国）《广西通志稿》曰"佚"，《广西省述作目录》载"绝本"。③

---

① 参见刘蔷：《清华园里读旧书》，第 119 页。
② 按：《广西省述作目录》（第 105 页）题作《政事记》。
③ （民国）广西统计局：《广西省述作目录》，第 105 页。

## 观澜社约　明·龙文光撰

作者简介见《乾乾篇》。

《观澜社约》。修撰于龙文光天启四年（1624）江西上饶知县任上。大致内容为课读、劝学、敬德，"所著《观澜社约》，犹士迄今佩服之"。①

卷次不详。

未见。见于（康熙）《上犹县志》、（同治）《南安府志》、（光绪）《上犹县志》、光绪《江西通志》等，广西各地方史志和书目未载录。

## 井陉政略　清·高熊徵撰

作者简介见《孝经刊误节训》。

《井陉政略》。康熙三十九年（1700），经广西巡抚彭鹏荐，高熊徵升河北真定府井陉县知县。到井陉月余，即奉旨召见于畅春苑，呈《平滇三策》《讨吴三桂檄文》等五奏折，奉旨超升两浙盐运使。该书应该是高熊徵到任后所做的为政设想之书，《广西省述作目录》归入政治经济类。

一卷。

存。该书大概刊行于道光时期，广西修志局存。② 该书又被高熊徵后人收入文集《郢雪斋全集》，有粤西梧郡岑邑高氏本，

---

① （清）章振萼纂修：(康熙)《上犹县志》卷八，见《日本藏中国罕见地方志丛刊》影印康熙刻本，书目文献出版社，1992年，第354页。
② （民国）广西统计局：《广西省述作目录》，第28页。

清道光三十年（1850）刻，线装，九本，① 桂林图书馆有藏。

## 义仓应行规条十则　　清·唐良玺撰

唐良玺，生卒年不详，字御九，广西兴安人，② 唐贞元之子，康熙三十二年（1693）癸酉举人。著有《闺门格言》《义仓应行规条十则》。

《义仓应行规条十则》。《广西省述作目录》归入伦理修身，属于儒论中的政教类。

卷次不详。

佚。见金鉷《广西通志》，（嘉庆）《广西通志》、（光绪）《广西通志辑要》载为"佚"，《广西省述作目录》载为"绝本"。

---

① 政协岑溪县委员会：《岑溪县文史》，1988年，第34页。
② 按：在广西地方史志的记载中，康熙至道光时期有三处关系唐良玺的记录：一为康熙三十二年（1693）举人，兴安唐良玺。此种说法来源于（乾隆）《兴安县志》，谢启昆《广西通志》、（光绪）《广西通志辑要》承袭其说法，载录为："著有《义仓应行规条十则》及《闺门格言》，皆维持风俗之大者。"但（道光）《兴安县志》和2002年张永年主编《兴安县志》虽载录为兴安人，但所属作品仅为《闺门格言》，而不及《义仓应行规条十则》。2008年出版的吴伟峰、黄启善主编《广西博物馆文集》第五辑记载："唐良玺，康熙举人，兴安，《闺门格言》。"二为康熙三十二年（1693）举人，全州唐良玺。（雍正）金鉷《广西通志》卷七五"选举"载：康熙三十二年举人，字御九，著有《义仓应行规条十则》。但未有《闺门格言》的记录，对此，谢启昆《广西通志》还特地有注。（嘉庆）《全县志》遵从其说，（民国）《全县志》、蒋钦挥等皆遵从其说，但著述仅载有《义仓应行规条十则》，而不及《闺门格言》。三为道光时期乡绅唐良玺。（道光）《兴安县志》虽载录为兴安人，但所属作品仅为《闺门格言》，而不及《义仓应行规条十则》，2002年张永年主编《兴安县志》沿袭（道光）《兴安县志》说法，但是在其第182页又记载说："道光十三年（1833），养济院收养孤寡六人，年支米二十一担六斗，遇闰年加米一担八斗，冬衣银三两等。同年绅士唐良玺劝立义仓以赈民穷。"云云，则道光时期又有一唐良玺。第三种说法后起，其道光救济之说似无所据，本书也不予采信。按谢启昆、胡虔修史的学识和态度，不采纳金鉷的"全州人"之说必有所据，故本书采纳谢志之说，定为"兴安人"。

## 培远堂文檄　清·陈宏谋撰

陈宏谋简介见《大学衍义辑要》。

《培远堂文檄》。此为陈宏谋之政书，收录了陈宏谋从雍正十一年（1733）至乾隆二十八年（1763），外任三十余年、任经十二行省、官历二十一职所发布的重要文告、政令等，整理刊刻于京，后道光十七年（1837）蒋方正重刊。卷一至卷四，为云南布政使任上文檄；卷五至卷九，为天津道任上文檄；卷一〇，江苏按察使任上文檄；卷一一，江西布政使任上文檄；卷一二至卷一六，江西巡抚任上文檄；卷一七至卷二四，陕西巡抚任上文檄；卷二五，湖北巡抚任上文檄；卷二六至卷三〇，陕西巡抚任上文檄；卷三一、三二，河南巡抚任上文檄；卷三三、三四，福建巡抚任上文檄；卷三五、三六，陕西巡抚任上文檄；卷三六、三七，甘肃巡抚任上文檄；卷三八，湖南巡抚任上文檄；卷三九，陕西巡抚任上文檄；卷四〇、四一，江苏巡抚任上文檄；卷四二，两广总督任上文檄；卷四三至卷四七，江苏巡抚任上文檄；卷四八，湖南巡抚任上文檄。陈氏出仕，正当清代极盛之时，此书所录各种文檄，不乏经世大文，所陈时弊，尤多切合于今日者。

四十八卷，二十四册。

存。版本众多，主要版本有：（1）《培远堂偶存稿》本。包括《文集》十卷、《文檄》四十八卷、《手札节要》三卷。卷端有沈德潜写于乾隆三十年（1765）的序文，据此推知，该丛书刻于乾隆三十年之后。（2）道光十七年（1837）《培远堂全集》本。二百六十九卷，包括《培远堂文檄》。（3）《陈榕门先生遗书》丛书本。为纪念陈宏谋诞辰二百五十周年，民国三十二年（1943）编撰出版了由广西省乡贤编印委员会编、李济深题名、黄旭初作序的《陈榕门先生遗书》，收入《培远堂文檄》，四十八卷。桂林图书馆、广西壮族自治区图书馆、广西博物馆、广西统计局、广西通志馆、广西师范大学图书馆、桂林文物管理委员会、国家图书馆等有藏。

## 仕镜编　清·欧阳永祐撰

欧阳永祐[①]（1710—1776），字德馨，一字子馨，号兰畦，晚号罗池狷叟，广西马平人，雍正十三年（1735）拔贡。乾隆元年（1736）朝考，分发甘肃，次年授合水知县。任上疏浚圣泉，使民免天旱之苦。乾隆七年调武威知县，政绩突出。改任分巡河陕汝道，三十一年擢任浙江按察使，革除属官远迎上司旧习，禁占用劳力不付工钱之弊。乾隆三十三年升任广东布政使，奏请连州瑶民编入户籍以广谋生之路，禁止堆积淤泥为田以阻河道，编刊理学家陈献章《白沙子全集》。乾隆三十五年因言事被降任江西按察使。著有《政学集》五卷、《罗池族谱》六卷、《家乘》一卷、《狷叟年谱》一卷、《仕镜编》六卷、《绍闻集》三卷，均佚。存世者有《白沙子全集序》等诗文。钱时雍《欧阳公神道碑》、（乾隆）《柳州县志》、（嘉庆）《广西通志》、（光绪）《广西通志辑要》、（光绪）《合水县志》、（光绪）《甘肃新通志》、（光绪）《吉安府志》等有生平事迹记载。附钱时雍[②]《欧阳公神道碑》：

---

[①] 按：钱时雍《欧阳公神道碑》、（嘉庆）《广西通志》载为"欧阳永祐"，陈宏谋《培远堂手札节要》作"欧阳永琦"，又（嘉庆）《广西通志》卷二〇六"艺文志"载"欧阳永琦"，应以《欧阳公神道碑》所载为是。
[②] 钱时雍：《寄圃诗稿》，嘉庆十四年（1809）刻本，江西省图书馆藏。

乾隆四十年冬十二月朔日甲辰，通议大夫江西提刑按察使司察使欧阳公卒于位。自抚军逮于庶僚皆会哭，江西荐绅及群士皆趋吊。里左走相闻，莫不悲欷垂涕。公粹德茂勋，播溢区宇，清望尤著闻。乃交致赙恤，代纪其丧。明年正月，奉柩归。其年七月丙申日，葬于雀山之原。公讳永祜，字德馨，一字子馨，号兰畦，世柳州马平人，居罗池，故晚号罗池狷叟。曾祖长吾；祖讳璋，乡饮宾；考讳昭，县学生，妣姓戴氏。三世俱以公贵，累赠通议大夫，江西按察使；妣俱赠淑人。公生七月而孤，母抚教之，早奋于学。年十八，补诸生。雍正十三年，以廪膳生选拔充贡。乾隆元年，试县甘肃。明年，除合水县，最闻，调武威，转岷州知州。历知兰州、凉州、平凉三府。自莅邑比曲郡，悉边徼剧要，岁且荐饥。公因地张施，令修民利。合水圣泉久湮塞，躬规度疏排，农以免旱。武威黄羊渠为屯卒据，民莫分渭涘，诣镇将定议，俾农佃而输粟，均灌如故。治城成章书院，辟远者莫赴，分四乡为义学，课其士。规隙地为市屋，岁征金为乡会试需，暨为其郡修试士院。建义仓凡六，檄属置留养所。岷州宕昌城土司浸阳瓦里，役苦其民，申约束并其里地设保甲，遂不敢肆。番族火葬，力变其俗。平凉固原州西北通草地，险远难遥治，请移厅官莅海喇都，兼驻营将为控制，分设乡廪，便领纳，岁省拨运费无算。方是时，公治绩为诸郡最，上官交章荐，而公念母不置，比岁亟陈情，则莫不慰留公，恐相失。谓公年未四十，方向用，旦夕望旌节，何恬退如是？公意坚，至泣以请。十二年，遂归养，辰昏侍披，依依若孺慕。五载而居忧，尽哀尽制，躬备负土封母墓，恒感诸弟早逝，触念成悲。为武威时，有兄弟均产乞理。公曰："若奚构，吾昆季亦五人，乃今独不吾争。"因涕下，讼者感泣去。凡公莅民，民罔不化，由以诚感，率如是。免丧，起知甘州府，再知兰州。会征准噶尔，立军需局，以公总成条画，具报可。岁祲，急请发庾，受赈二万余人，掩无主骼数百具，饷不匮而免民于饥。凯还，四叙军绩，转河南粮盐驿道。黄河溢浸四十数州县，勘灾值米艘，遂籴赈，择高地为棚，栖避水者。或以艰报销沮，公不顾，济数万人。移分巡河陕汝道，秩满，转浙江按察使。杭城舁台数千，受役不给雇值，树石革其弊，又奏禁属官远迎上司。转广东布政使。连州排瑶生齿繁，艰于食，请稽其驯者听为民。时福建水师调征缅道，广东客米遏不至，斗价五百钱。公方出弹压，急命廪赈，民遂济。三十五年，以陈奏被议，左迁江西按察使。章江上下多水窃，属郡有流丐暨掉包为奸，公设巡船，檄属密捕，悉置重典，宄党无所匿。奏禁停葬、溺女、锢婢、请增定庶祖母服制。公生康熙四十八年十二月戊午，卒时年六十有七。公始政于秦，讫于江西，饬方励俗，接引后学如不及，无远无迩，闻风争以文赞，手自评骘，奖选曲成，岁终必分俸，惠其贫者。接人无疾言遽色，亦无所依回。束修自洁，一物无所苟。公余一编，欣然忘倦。所著《仕镜编》六卷、《政学集》五卷、《罗池狷叟年谱》一卷、《罗池欧阳氏族谱》六卷、《家乘》一卷、《绍闻集》三卷。公多子，九男五女，配教谕赠奉政大夫叶公灿然女，例封淑人，生四男三女：金，庚辰进士，云南师宗县知县；钰，壬午举人；镳，殇；銮。庶出五男二女：镐、镒、锴、镛，锌。孙五，曾孙三。初，公弥留时，命志石无庸显者铭。故公之孤金自志纳幽，而以阡碑属时雍。①

---

① （清）谢启昆修，胡虔纂：《广西通志》卷二三九，第6140—6143页。

《仕镜编》①。完成于作者乾隆三十九年（1774）江西按察使任上，其著述性质和大致内容可从《题欧阳兰畦廉使罗池狷叟》推知一二，其诗曰："《仕镜编》初就，榕门得替人。世界趋所尚，公自率其真。介直宁求异，担待要此身。阶前一泓水，相照碧粼粼。"② 大致是从史志文献中辑录出循吏、廉吏等为政经历的史实和政教言语纂辑成书，以资借鉴，为辑要抄纂之作。（光绪）《广西通志辑要》归入史部，《广西省述作目录》归入政治经济类，为儒论中的政教文献。

六卷。

佚。见于蒋士铨《题欧阳兰畦廉使罗池狷叟》、钱时雍《欧阳公神道碑》，（嘉庆）《广西通志》、《光绪》《广西通志辑要》载"存"，③ 说明当时曾流传于世，（民国）《广西省述作目录》未著录存佚。自此之后，广西史志和各大书目再无此书的著录信息。

## 警心录　清·汤应求撰

汤应求，生卒年不详，字简臣，灵川人，寓居广西桂林，汤成用孙。雍正五年（1727）己酉举人，分理湖北水利事，授湖北麻县知县，有治行，精明干练，无冤狱。乾隆元年（1736）任利川知县，建利川县学和咸丰县学。乾隆十一年任安徽凤阳府同知。著有《警心录》两卷，《灵川县志》《临桂县志》《广西通志》《广西博物馆文集》《利川县志》等有小传。

---

① 按：(嘉庆)《广西通志》、(光绪)《广西通志辑要》载为《仕镜编》，《广西省述作目录》作《仕镜篇》，以前者为是。
② （清）蒋士铨：《忠雅堂集校笺》，上海古籍出版社，1993年，第1459页。按："榕门"即临桂陈宏谋，二人有交集，在陈宏谋《培远堂手札节要》一书中存有《寄欧阳永琦书》。
③ （清）谢启昆修，胡虔纂：《广西通志》卷二〇六，第5434页。

《警心录》。是编为汤应求任麻城令时,以民枉被诬陷下狱,昭雪后,汇供词、文案辑成。成书于乾隆元年,前有陈世倌的序;又有乾隆三年陈鼎序。[①] 陈鼎《序》云:

> 余于雍正十二年,选授湖北黄州府麻城县知县……因询其何案,遂以涂如松谋杀妻杨氏一案,斩绞流徒五刑具备,衿民吏役,三木横加。案拖五载,始成招解。然杨氏闻尚在,狱中人皆枉也……即夜遣妥信亲友于麻邑交界之江南六安州、中州之光山县,遍行密访。两阅月,自中州访至麻邑白杲镇,得之稳婆口,称杨氏尚在。细叩其来历,言杨氏之嫂生产,见其闪避床后。余闻信即别饬差役,随往其家,遍搜无迹。因记床后闪避之语,搜至床后,床套内果得其人。遂将伊母朱氏、伊兄五荣,一并带归。诘问始末,据杨氏供,始因夫妇反目而归,继而堂兄杨同范等弄假成真,装成大狱,不敢出头……将杨同范等一一抵罪,而前之拟斩、拟流徒者,俱脱然而为秀良矣。即前之诬为受赃之前任麻城令汤应求者,亦复登仕版矣。汤君已刻是集,名曰《警心录》,余序此亦为触目警心之一助云尔。[②]

陈世倌《序》云:

> 若原任麻城令静江汤简臣《警心录》一编,只自写其得免于重辟,身后不致有戮辱名,无几微忿懑之词形之楮笔。夫简臣虽贤,其未能一死生,忘恩怨也审矣。且其时,拘系

---

① (清)蔡呈韶、金毓奇修,胡虔、朱依真纂:(嘉庆)《临桂县志》卷二一,清嘉庆七年(1802)修光绪六年(1880)补刊本。
② (清)谢启昆修,胡虔纂:《广西通志》卷二〇七,第5456—5457页。

图圄者五年，身被三木者数次，性命决于须臾，刀锯迫于旦夕，即安命之士处此，能不仰天椎心，呼号欲绝哉？今观其序高人杰、黄奭中之煅炼斯狱也无过言，其序吾侄鼎之侦获杨氏也无溢美。词质而意该，心和而志下，怡然澹然，若存亡得丧，不一动其心者，岂简臣养之有素欤？良以圣主当阳，太和洋溢，刑期无刑之化，媲美陶唐。设有误陷缧绁者，士师之官不旋踵而省其不辜，立加宥免。况罪至大辟，亡者不可复生，绝者不可复续。身为长吏，谁敢不悉心刑谳，致下有冤狱欤？用识数语以志是编之作。简臣实幸生圣明，缕言为居官者警，而非自鸣其不平也。兼告侄鼎长存是心，熟察于大小之狱，庶不愧为圣世良吏云。①

（嘉庆）《广西通志》、（光绪）《广西通志辑要》归入子部，《广西省述作目录》归入伦理修身类，（民国）《灵川县志》、《广西省述作目录》、《广西博物馆文集》等有著录。

二卷。

未见。（嘉庆）《广西通志》著录"存，二卷"，（光绪）《广西通志辑要》、（民国）《临桂县志》沿袭其说，《广西省述作目录》未著录存佚。

## 政治录　清·陆显仁辑纂

作者简介见《易经评义》。

《政治录》。大致是一本辑要抄纂历史上有关政治、政教、治理的史实和言语之作，《广西省述作目录》归入政治经济类。（民

---

① （清）谢启昆修，胡虔纂：《广西通志》卷二〇七，第5456—5457页。

国)《桂平县志》、《广西省述作目录》有著录。

十卷。

佚。(民国)《桂平县志》载刊于广州,(道光)《桂平县志》与(光绪)《浔州府志》都有记载,《广西省述作目录》载未刊。①

## 古今自讼录　清·苏懿谐辑纂

作者简介见《大易掌镜》。

《古今自讼录》。是一部摘抄、汇辑古代诉讼文献的辑录之作,《广西省述作目录》归入儒家及杂家类,阳海清《中国丛书广录》列入性理类,应为儒学文献。《清国史》《广西近代经籍志》《广西省述作目录》《中国丛书广录》有著录。

一卷。

存,《清史列传》载"一卷",②《广西近代经籍志》载"未见",《广西省述作目录》载故宫博物院图书馆存清光绪抄本。

## 防维录　清·苏懿谐辑纂

作者简介见《大易掌镜》。

《防维录》。阳海清《中国丛书广录》归入子部,《广西省述作目录》归入儒家及杂家类。《清史列传》《广西近代经籍志》《广西省述作目录》《中国丛书广录》有著录。

二卷。

---

① (民国)广西统计局:《广西省述作目录》,第28页。
② (清)佚名撰,王钟翰点校:《卿彬传》,见《清史列传》卷七五四,第5398页。

存。见于《清史列传》，载"二卷",① 《广西近代经籍志》载"未见",《广西省述作目录》载故宫博物院图书馆存清光绪抄本。

## 至言窥测　　清·苏懿谐撰

作者简介见《大易掌镜》。

《至言窥测》。《清史列传》作《至文窥测》，《广西近代经籍志》《广西省述作目录》题名《至言窥测》，归入儒家及杂家类。《广西省述作目录》《清史列传》有载录。

一卷

未见。见于《清史列传》，载"一卷",《广西近代经籍志》载"未见",《广西省述作目录》载"未刊"。②

## 劝民录　　清·范光祺撰

范光祺，生卒年不详，灌阳人。嘉庆三年（1798）戊午科举人。道光十四年（1834）任广东嘉应直隶州同知，代理平远知县。著《劝民录》、《劝学录》、《广西范氏族谱》、（道光）《灌阳县志》。生平事迹参见（光绪）《嘉应州志》卷一八。

《劝民录》。《广西省述作目录》归为杂述类，属于儒学中的政教文献。

卷次不详。

未见。《广西省述作目录》未著录存佚。③

---

① （清）佚名撰，王钟翰点校：《卿彬传》，见《清史列传》卷七五四，第5398页。
② （民国）广西统计局：《广西省述作目录》，第23页。
③ （民国）广西统计局：《广西省述作目录》，第8页。

## 宰黔随录　清·龙光甸撰

龙光甸（1792—1849），字见田，广西临桂人。嘉庆二十四年（1819）举人，历官黔阳、武陵知县，乍浦、台州同知。所至断滞狱、修文教、摘奸发伏，为官以廉节干练著称。著有《见田诗文集》《圣域述闻》《字学举隅》《宰黔随录》《防乍日录》，并有诗文集若干卷藏于家。梅曾亮《台州府同知龙君墓志铭》[①]、（同治）《黔阳县志》、（同治）《沅州府志》、（光绪）《湖南通志》、（光绪）《平湖县志》、（光绪）《嘉兴府志》、（民国）《溆浦县志》、（民国）《台州府志》等均有生平小传。

《宰黔随录》。[②] 据《湖南通志》载，该书载录作者宰黔四年，兴利除害之事[③]，收录公文、文记告示、碑文等，大约四十五篇。《广西近代经籍志》归入史部，《广西省述作目录》归入杂述类，《广西地方文献目录》归入文学。《台州府同知龙君墓志铭》《广西近代经籍志》《广西省述作目录》《广西文献名录》等有著录。

一册。

存。见于梅曾亮《台州府同知龙君墓志铭》，《广西近代经籍志》载"未见"，《广西省述作目录》载为"绝本"。《广西地方文献目录》载录："《宰黔随录》，龙光甸著，民国抄本，一册。"桂林图书馆藏。

---

[①] （清）梅曾亮：《柏枧山房全集》卷一五，清咸丰六年（1856）杨以增刻民国七年（1918）蒋国榜辅修本。
[②] 按：《广西省述作目录》第7页误为《宰黔防乍录》。
[③] 吕名中主编：《南方民族古史书录》，四川民族出版社，1989年，第261页。

## 防乍日录　清·龙光甸撰

作者简介见《宰黔随录》。

《防乍日录》。道光年间，龙光甸任乍浦、台州同知，是书辑录了其任上公文、告示、公禀、示谕等，共计五十二则。内容庞杂、广泛，举凡禀洋货偷税漏税、禀报拿获烟土等都在记述之列，详细记载了自己的为政经历和感想。《广西近代经籍志》归入史部，《广西省述作目录》归入杂述类，《广西地方文献目录》归入文学。《台州府同知龙君墓志铭》《广西近代经籍志》《广西省述作目录》《广西文献名录》等有著录。

一册。

存。见于梅曾亮《台州府同知龙君墓志铭》，《广西近代经籍志》载"未见"，《广西省述作目录》载"绝本"。《广西地方文献目录》载录："《防乍日录》，龙光甸著，民国抄本，一册。"桂林图书馆藏。

## 救贫捷法　清·冯祖绳撰

冯祖绳，生卒年不详，字克斋，广西昭平人，举人。道光二十五年（1845）任禄丰县令。道光三十年任楚雄州知府。咸丰五年（1855）为路南县知州。后辞归，终老于乡。著有《救贫捷法》《路南州保甲编》。生平事迹参见（民国）《昭平县志》、（民国）《新纂云南通志》、（民国）《路南县志》等。

《救贫捷法》。该书成于道光二十六年作者禄丰县令任上。冯祖绳革除旧弊，并写《救贫捷法》，复捐薪俸刊印《救贫》诸书，教民条约，称治理焉。其刊书目的在《自序》中有明确表示：

民生日用所必需谷、米、肉、菜、油、盐、糖、茶、布、帛而已，自有则不费钱，有余兼可获利。禄邑余米之地，谷米而外，均无所出。油糖取诸易门，布帛仰于河西。合邑一万一千家有奇，每年所需油、糖、布帛，从至少者计之，每家油糖二千文、布帛二千文，则出境钱已四万四千千有余矣，况不止此也。予摄篆此邦，见俗淳则爱之，见民贫又忧之。徒忧而无术以相救，虚有爱之心耳。去秋周历各乡，观风问俗，求民疾苦，编排保甲。所到之处，集老幼训谕，教以安贫守法，教子睦邻，务农以济目前，种树以裕日后，皆欣喜乐从，然务农未知畜粪畜水之方，种树未知栽子栽根之法也。簿书稍暇，取《农政全书》《致富奇书》《群芳谱》《本草》《草木状》诸书观之，摘谷、菜、树、牲四者，参以见闻，录而编之。但四者之类甚多，不能备载，择其切于日用，既为有益兼可获利者，不嫌烦琐，详细条列，名曰《救贫捷法》。听吾民自度时势，自揣情形，因土性之宜否、地段之广狭、人力之众寡，不必贪多，执一二端以从事，专心致力，始终不倦，自有效验。由自用而有余，由有余而获利，至他年即可致富，在今日先为救贫计。今日之所急者，除种谷为根本外，先从花生、桐、杉、棉、油、菜、蔗、猪始，而徐及他物焉。加以勤俭，男耕女织，食时用礼，民富民仁，其由此矣，岂仅救贫而已哉？书成刊发，愿吾民明者讲之，勤者听之，如法树畜，效速且大。则贫者可富，富者益富，又安见禄丰名邑者之不实称其名也耶？[1]

---

[1] 李文海、夏明方、朱浒等主编：《中国荒政书集成》第5册，天津古籍出版社，2010年，第3563页。

全文体例以"种谷""养牲""种树""种菜""格言"为五大类，每一大类下又分若干小类，每一小类按生产过程进行说明。比如"种谷"中的"稻类"，就有"秧田""浸种""插秧""耘稻""治虫""起稻""振稻""获稻""稻种""稻秆"十个生产步骤，指导怎样种植。可以说，这是最早一部扶贫救济之书，对荒政救灾具有一定的指导意义。

一卷。

存。其书最早由冯祖绳个人捐资，于道光二十六年（1846）刊印于龙平冯氏禄丰官署，云南省图书馆藏坊刻本，是为文裕堂刻本，不分卷。1958年，华南农学院农史研究室据云南省图书馆藏本抄录，由惠清楼点校，线装，一册，收入李文海、夏明方、朱浒主编《中国荒政书集成》（第5册）。

## 路南州保甲编　清·冯祖绳撰

作者简介见《救贫捷法》。

《路南州保甲编》。书成于咸丰五年（1855）路南县知州任上。冯祖绳在任上推行寓团（兵）于保的保甲制，将全县编为五乡、三十八党、一百八十二保、二千零二十四甲，实行乡党保甲制管理。此书记述了清代在地方设置保甲制的大体情况。

卷次不详。

存。咸丰六年（1856）刻本，路南州署刻印，[1] 藏于云南省图书馆。

---

[1] 云南省地方志编纂委员会：《云南省志》，云南人民出版社，2000年，第57页。

## 宣化常平义仓章程　清·张秉铨撰

张秉铨,生卒年不详,字幼奕,福建侯官人。同治十年(1871)进士。同治十一年任昭平知县、灵川知县。光绪五年(1879)知宣化县,历官天保、临桂等县。任上,折狱、筹荒、办团、拯婴、兴文革弊,诸要政无不悉心经理,尤称能得士,张建勋、刘福姚两殿撰皆出其门。著《南宁平寇记》《常平义仓记》《于役百篇吟》等,另有诗文集数种。生平资料参见《刘忠诚公遗集》、《东华续录》、(光绪)《临桂县志》、(民国)《灵川县志》、(民国)《昭平县志》、(民国)《闽侯县志》等。

《宣化常平义仓章程》。常平仓制度兴起于西汉时期,是一种平抑粮价和储备粮食以救灾的制度安排,但运行了十年后就停止了。汉朝以后,常平仓时用时不用,到隋唐时期,常平仓制度有所变化。公元745年,唐玄宗要求义仓也按常平法收进卖出谷物,兼备常平职能。宋承唐制,于州县各置常平义仓,由中央委派的提举常平官管理,"所以备水旱、救凶荒也"。[①]到明朝,明太祖又命州县在各乡设置预备仓,用官方经费储备粮食,荒年借贷于民,秋收偿还,以此取代了常平仓,但其赈灾备荒与平抑粮价的性质没变。清在明的基础上,大力推行常平仓,这也是各地方官的职责和政绩之一。张秉铨于光绪五年(1879)知宣化县任内,捐廉倡建常平义仓,买谷数万石,立收放章程。

一卷。

---

[①] (宋)罗濬:《制置司平籴仓》,见(宝庆)《四明志》卷六,文渊阁四库全书本,第487册,第90页。

未见。见《广西近代经籍志》载,存,① 但没有收藏地记载。

## 治丽箴言　清·黄金衔撰

黄金衔,生卒年不详,字鹿湖,广西容县人,② 附生。以治绩补授云南丘北知县,历署云南知县、丽江知府、威远同知、广南府知府,卒于官。著《紫印山房诗稿》,未梓;《治丽箴言》存于世;③《滇南治略》《救时权略》,未见。生平事迹参见《岑襄勤公年谱》、《平定云南回匪方略暨贵州苗匪纪略》、《东华续录》、(光绪)《丽江府志》、(光绪)《云南县志》、(光绪)《容县志》、(民国)《新纂云南通志》等。

《治丽箴言》④。黄金衔同治十三年(1874)、光绪十三年(1887)两次任丽江知府,针对丽江的风俗习惯,撰《治丽箴言》。该书收录了许多治理丽江的条律,是治理丽江的施政主张和措施的汇集,其指导思想为移风易俗。对此,方国瑜说:

> 《治丽箴言》,黄金衔撰。金衔字鹿泉,湖南人,光绪年间几度任丽江府知府,多有建树,是书为施政之作。光绪二十年刻本,云南图书馆藏。按乾隆初年,管学宣任丽江知府,是时设流未久,新政并举,亦作书名。《治丽箴言》有刻本,1922年瑜在昆明地摊得之,犹记忆中有《劝丽民禁

---

① (民国)蒙起鹏:《广西近代经籍志》卷二记载:"《宣化常平义仓章程》,张秉铨撰,存。"第23页。按:张先生秉铨,字幼奕,福建侯官人,光绪五年(1879)知宣化县,《章程》一卷。
② 按:黄金衔不是湖南人,而是广西容县人。
③ (清)易绍惪、王永贞修,封祝唐、黄玉年纂:《容县志》卷二二。
④ 按:(光绪)《容县志》载为《治丽箴八条》。

止火葬歌》一篇,已失。方国瑜识。①

比如他批评丽江人"治丧尚奢,名曰传孝,素服妄加,市布一空,体面是夸",②其中涉及女性的条款不仅繁多,而且严厉。把火葬和妇女在寺庙烧香拜佛、出门、参加民族节日等视为有伤风化。如《治丽箴言》第四条:"附禁两条:一禁妇女观灯,以免是非而肃闺阃也。查丽俗每年元旦后至元宵止,民间办花灯庆岁,太平景象,原为盛事,惟是妇女之无耻者,每结对成群,随往观玩。男女溷集,深夜弗归。遂因此多生是非……礼:妇女夜行,须以烛,无烛则止。今郊井之中,竟深夜游行,殊玷闺训,亟宜严禁。嗣后凡遇灯节,妇女只许在自家门内观望,不许随灯游玩,以至男女溷集无别,违者究治其父夫不贷。"③他视男子入赘、夫从妻姓、子女从母姓等丽江习俗为大逆不道、违背伦常而严加禁止,"郡属鹤〔庆〕剑〔川〕二州,暨丽邑九河吴烈等里,有陋俗焉:无子以婿为子,及虽有子,反赘于人,而留女招婿以为子。婿遂灭本姓,从妻姓,或将妻姓加于本姓之上,腼然安之,弗知其悖也。夫为子孙者,姓受于亲,今以妻故,遂灭之。而谓他人父,是弃亲也,甚矣其不孝也。闻之鬼不歆非类,以婿为子,非我族类矣,是自绝其嗣也,绝嗣亦不孝也。既为吾子,而与吾女配焉,是兄妹而非夫妇也。斯俗也,无一是也,盍亟革之。律裁乞养异姓子以乱宗族者,杖六十。若以子与异姓人为嗣者罪同"。④ "兄亡纳嫂为妻者,绞立决;知情者杖八十","以维风化""教以化民",从而使其"范于礼教"。《广西省述作

---

① 方国瑜主编:《云南史料丛刊》第11卷,云南大学出版社,2001年,第328页。
② 和继军:《据说丽江》,云南人民出版社,2015年,第26页。
③ 杨福泉:《杨福泉纳西学论集》,民族出版社,2009年,第329页。
④ 杨福泉:《多元文化与纳西社会》,云南人民出版社,1998年,第133页。

目录》列为伦理修身类似不妥，应为儒家文献中的政书类。《容县志》《广西省述作目录》有著录。

卷次不详。

存。见于（光绪）《容县志》，现存光绪二十年（1894）刻本，昆明长春坊明文堂刻印，云南图书馆有藏。

### 滇南治略　　清·黄金衔撰

作者简介见《治丽箴言》。

《滇南治略》。仅见于《广西省述作目录》记载，① 大致是治理云南丽江、威远、澄江等地施政主张和措施的汇集，属于政教类文献，《广西省述作目录》归入政治经济类。

卷次不详。

未见。《广西省述作目录》载"未刊"，广西各大史志目录、馆藏目录皆未有著录。

### 救时权略　　清·黄金衔撰

作者简介见《治丽箴言》。

《救时权略》。仅见于《广西省述作目录》记载，② 记述为政思想和为政措置，属政教类文献。

卷次不详。

未见。见于《广西省述作目录》，载"未刊"，现广西各大史志目录皆未有著录。

---

① （民国）广西统计局：《广西省述作目录》，第28页。
② （民国）广西统计局：《广西省述作目录》，第28页。

## 明鉴择要经世略　清·侯绍瀛辑纂

侯绍瀛,生卒年不详,字东洲,广西永福人,光绪二年(1876)丙子科举人。光绪十年任睢宁知县,十五年为沛县知县,二十年与二十三年、二十八年三任清河县令。在清河县令任上,以求民隐、兴水利、裕仓储、奖掖士类为务,创犹龙书院,延经师主讲。光绪二十八年任泰州知州,办泰州学堂,卒于官。勤于著述,主修《睢宁县志稿》、主纂《沛县志》,辑录有《北陵遗韵》,编刻《岭西五大家文钞》,著有《明鉴择要经世略》《南北游草》等。(光绪)《睢宁县志》、(民国)《续纂清河县志》、(民国)《续纂泰州志》、(民国)《沛县志》等有小传。

《明鉴择要经世略》。是一部辑论之作,该书汇录《明鉴》中有关明代治政得失的重要史实加以评论,以为后人借鉴。其他议论也均从经世出发,以为济时之用。①

二卷。

未见。《广西通志》载家刻本,光绪十三年(1887)寥山草堂藏版,② 未知存佚。

## 劝民歌　清·龚献谟撰

龚献谟,生卒年不详,字纶声,号可亭,广西兴安人,③ 举人。乾隆三十四年(1769)任柳城训导,四十五年任富川教谕,

---

① 中国历史大辞典·史学史编撰委员会编:《中国历史大辞典》,上海辞书出版社,1983年,第288页。
② 广西壮族自治区地方志编纂委员会编:《广西通志·出版志》,第27页。
③ 广西通志馆旧志整理室、广西社会科学院情报所编著:《广西方志传记人名索引》,广西人民出版社,1989年,第302页。

四十六年倡募重修千家寺。乾隆间还曾任武山县知县。生平参见（嘉庆）《广西通志》、（光绪）《富川县志》、（民国）《武山县志稿》、《广西历代文人著述目录　广西历代文人著述馆藏联合目录》等。

《劝民歌》。作于作者武山县知县任上，用诗歌劝诫训俗，事关教化，属于儒论的政教文献，《广西省述作目录》归入诗歌类，《兴安县志》[①]有著录。

卷次不详。

佚。见于《兴安县志》著录，《广西省述作目录》载"绝本"。

在现存的十二部政教类文献中，影响最大的是陈宏谋的论著，魏源与贺长龄《清经世文编》、黄辅辰《营田辑要》、王昶《湖海文传》、徐栋《牧令书》与《牧令书辑要》、《皇清奏议》、陆耀《切问斋文钞》、李祖陶《国朝文录》等政治经济类文献收陈宏谋檄文多篇。

# 礼制教化类

礼制教化类指的是以礼为核心而产生的面对普通百姓的教化类文献，包括蒙训劝学、女教闺训、家训族规、乡规乡约、训俗之篇、劝善之书等，共六十四部，存二十部，未见二十四部，佚二十部。其中，明代未见一部，佚三部；清代存二十部，未见二十三部，佚十七部。这类文献数量最大，散佚也多。存下来作品是：封昌熊《宦游家训》，陈宏谋《五种遗规》《吕子节录》，陈兰森《〈双节堂庸训〉应世补续编》，蒋励常《养正编》，李维坊

---

[①] 张永年主编，兴安县地方志编纂委员会编：《兴安县志》，广西人民出版社，2002年，第530页。

《续葬论》，苏懿谐《为人录》《开节录》《民彝汇翼、续编》《传心显义》《迪知录》，蒋启敫《教士汇编》《训俗迩言》，朱柏庐撰、曾浤仁编辑《居家必读书》，封培绪《圣功集》，赵润生《庭训录》，无名氏《乡约条规》，李琪华《博爱录》，无名氏《传家训》，无名氏《贤良祠》。其中，以陈宏谋《五种遗规》影响最大，成为许多书院、学校的教材之一，因而现今收藏单位也多。就价值论，应以无名氏《乡约条规》为最，它是太平天国运动时期广西官员发布的一份乡约条规，列举的条目非常具体，语言条畅明了，完整反映了那一时期普通百姓的生存状况、官府的管理措施以及太平天国何以在广西迅猛发展的原因，史料价值极高。

## 辟谚录　明·唐瑄撰

作者简介见《诗经说意》。

《辟谚录》。针对民间陈规陋习而进行礼制规范、引导之作，（嘉庆）《广西通志》、（光绪）《广西通志辑要》归入子部，《广西省述作目录》归入儒家及杂家类，《广西历代经籍志》归入子部杂家类。（康熙）《阳朔县志》、《粤西文载》、（雍正）《广西通志》、（嘉庆）《广西通志》、（道光）《阳朔县志》、（光绪）《广西通志辑要》、（民国）《阳朔县志》等有著录。

卷次不详。

佚。《粤西文载》卷六九载藏于家，（嘉庆）《广西通志》、（光绪）《广西通志辑要》、（民国）《广西通志稿》、（民国）《阳朔县志》载"佚"，《广西省述作目录》载"绝本"。[1]

---

[1] （民国）广西统计局：《广西省述作目录》，第22页。

## 祈嗣真机　明·吴邦柱撰

吴邦柱①，生卒年不详，字殿卿，号东园，又号懒仙，广西上林人。十九岁补上林县庠生，嘉靖十年（1531）领选贡，授江西万载县训导，嘉靖二十二年转广东保昌县教谕，不久辞归，年七十有八而卒。为人孝敬，日侍亲侧，亲没极哀，以敬恕传其家。淡于名利，醉心研究，"寻绎仲尼旨趣"，② 著有《尊孔录》《祈嗣真机》《碎玉集》，编有（嘉靖）《宾州志》。（万历）《广西通志》卷二九、（万历）《宾州志》卷九、（康熙）《广西通志》卷二八、（康熙）《上林县志》、雍正《广西通志》卷八四、《粤西文载》卷七一、（道光）《上林志稿》卷九、（嘉庆）《广西通志》卷二六二、（道光）《宾州志》卷一七、（光绪）《广西通志辑要》卷七、（光绪）《上林县志》卷八、（光绪）《宾州志》卷一七、（民国）《上林县志》卷一一、（民国）《宾阳县志》第七编等并有传。另，（乾隆）《保昌县志》卷八、（道光）《广东通志》卷二九、（道光）《直隶南雄州志》卷四、（民国）《万载县志》卷五等处亦载有吴邦柱事迹。

《祈嗣真机》。疑为一部劝善性质的家训著作，与袁了凡《祈嗣真诠》③ 类似，《广西历代经籍志》归入子部儒家类。

---

① 按：其名有"吴邦柱"和"吴邦佐"两种说法。张邵振《上林县志》、汪森《粤西文载》俱作"吴邦柱"，而谢启昆《广西通志》为"吴邦佐"。（民国）《上林县志》对此作了辨析，从的是谢启昆之说，但没说明选择的理由。从记载时间的先后以及采纳其说法的多少来看，本书依"吴邦柱"之说。
② （明）郭棐纂修：《宾州志》卷九，见《日本藏中国罕见地方志丛刊》第3册影印万历刻本，书目文献出版社，1991年，第87页。
③ 按：《祈嗣真诠》是袁了凡的早年著作，其中两篇《改过》《积善》改编为《改过之法》与《积善之方》，收入《了凡四训》之中。《四训》包括《立命之学》《改过之法》《积善之方》《谦德之效》四篇，是袁了凡晚年为训诫儿子所作。

卷次不详。

佚。该书仅见（万历）《广西通志》著录，说："所著有《尊孔录》……曾编辑州志，并有《碎玉集》《祈嗣真机》诸书"，[①]未著录刊刻和存佚情况。

## 忠孝经便蒙诗训　明·何以尚撰

何以尚，生卒年不详，字仁甫，号静吾，广西兴业人。嘉靖三十一年（1552）壬子科举人，授建昌教谕，历户部司务。会户部郎海瑞上封事，触忌讳，下诏狱，何以尚抗疏救之，被杖一百，俱系狱。隆庆登极，录用诸直臣，以尚由司务晋光禄寺。与执政辅臣高拱不协，卒坐外谪，遂辞疾归。及拱罢，拜雷州司理，累迁至鸿胪寺卿，万历十九年（1591）以太仆寺卿致仕。所著有《忠孝经便蒙诗训》《鸣枭存稿》。《国朝列卿纪》、万斯同《明史》、张廷玉《明史》、《大清一统志》、（万历）《广西通志》、（万历）《雷州府志》、（万历）《四川总志》、（崇祯）《梧州府志》、（康熙）《广西通志》、（雍正）《广西通志》、（雍正）《四川通志》、《粤西文载》、（乾隆）《兴业县志》、（乾隆）《番禺县志》、（嘉庆）《广西通志》、（嘉庆）《续修兴业县志》、（嘉庆）《雷州府志》、（道光）《直隶南雄州志》、（道光）《广东通志》、（同治）《南康府志》、（光绪）《广西通志辑要》等有小传。

《忠孝经便蒙诗训》。是一本劝导子孙忠孝传家、为善修德的家训性质之作。（嘉庆）《广西通志》、（光绪）《广西通志辑要》、（民国）《广西通志稿》归入经部，《广西省述作目录》归入伦理

---

[①] （明）苏濬：《广西通志》卷二九，见吴相湘主编《中国史学丛书》影印明万历二十七年（1599）本，台湾学生书局，1986年，第589页。

修身类,①《广西历代经籍志》归入子部儒家类。《粤西文载》、(光绪)《广西通志辑要》、(民国)《广西通志稿》、《广西省述作目录》、《广西历代经籍志》、《兴业县志》等有著录。

卷次不详。

佚。见《粤西文载》卷七一,(嘉庆)《广西通志》、(光绪)《广西通志辑要》、(民国)《广西通志稿》载"佚",《广西省述作目录》载"绝本"。②

## 家礼四训约要　明·梁方图辑要

作者简介见《五经要旨》。

《家礼四训约要》。作于崇祯十四年(1641)任左州学正时。象州、左州等地俗尚堪舆,亲死停丧,或数十年不葬,左州一地更尚火葬,禁之不可,乃刊《家礼四训约要》,以劝谕旧俗,遂化。③《家礼四训约要》是对《朱子家礼》的撮要节选,《家礼》即指《朱子家礼》。一共五卷:卷一《通礼》、卷二《冠礼》、卷三《婚礼》、卷四《丧礼》、卷五《祭礼》,《广西省述作目录》归入伦理修身类,《广西历代经籍志》归入子部儒家类,是一部有关移风易俗的政教性质之书。

卷次不详。

未见。崇祯年间有左州州署刻本流传,(雍正)《广西通志》、(雍正)《太平府志》、(雍正)《平乐府志》、《粤西文载》、(乾隆)《怀集县志》、(乾隆)《象州志》、(乾隆)《柳州府志》、(乾隆)《梧州府志》、(同治)《怀集志》等有提及,但没有存佚记载,

---

① (民国)广西统计局:《广西省述作目录》,第20页。
② (民国)广西统计局:《广西省述作目录》,第20页。
③ (民国)周赞元纂修:《怀集县志》卷九,民国五年(1916)铅印本。

《广西省述作目录》未注明存佚,《广西历代经籍志》也著录为"未见"。

## 庭训三则　　清·刘士登撰

刘士登,生卒年不详,广西武鸣人,明崇祯间庠生,[①] 刘定逌曾祖。

《庭训三则》。以立功立德立言教育子弟,《广西省述作目录》归于伦理修身类。

卷次不详。

佚。《广西省述作目录》载"绝本",《武鸣县志》载"佚"。[②]

## 凤楼家训　　清·何廷翰撰

何廷翰,生卒年不详,广西宣化人,康熙二年(1663)癸卯科举人。[③](雍正)《广西通志》、(民国)《邕宁县志》等有生平小传。

《凤楼家训》。《广西省述作目录》归为伦理修身类,属于儒学文献。

一卷。

未见。见(民国)《邕宁县志》,载录"存",[④]《广西省述作目录》未载录存佚。[⑤]

---

[①] 武鸣县政协文史学习委员编:《武鸣风景名胜荟萃》,武鸣县旅游局,1995年,第28页。
[②] 黄庆勋主编:《武鸣县志》,第805页。
[③] (清)谢启昆修,胡虔纂:《广西通志》,第2330页。
[④] (民国)谢祖莘、陈寿民修,莫炳奎纂:《邕宁县志》卷四二"艺文志",第1683页。
[⑤] (民国)广西统计局:《广西省述作目录》,第22页。

## 增补了凡功过格　清·王之骅撰

王之骅，生卒年不详，广西灌阳人，贡生。康熙二十一年（1682）任梧州训导，二十六年任永淳训导。康熙三十年任贺县教谕。参与修撰《灌阳县志》（康熙四十七年刻），著《增补了凡功过格》，有文《西竹庵记》《朝阳庵记》和诗《九日同登华山步韵》。① 生平事迹参见（康熙）《灌阳县志》、（雍正）《广西通志》、（乾隆）《梧州府志》、（嘉庆）《广西通志》、（光绪）《广西通志辑略》、（民国）《信都县志》、（民国）《贺县志》等。

《增补了凡功过格》。王之骅在教谕任上，针对当时永淳、贺县陋俗，增补袁了凡《功过格》以晓谕百姓，敦促士人修学本务。袁了凡《功过格》，是一部有关民众道德的书，袁本分"功格"五十条、"过格"五十条。"功格"五十条中分别设立了"百功""五十功"直至"一功"等各种事项；"过格"五十条中分别设立了"百日过""五十过"直至"一过"等各种事项。内容几乎无所不包，涉及日常生活中的行为细节。《广西省述作目录》归为伦理修身，属于儒学范畴。

卷次不详。

佚，见（道光）《灌阳县志》，《广西省述作目录》未著录存佚。

## 宦游家训　清·封昌熊撰

生平简介见《勉果斋经义撷腴》。

---

① （清）单此藩修，陈廷藩、蒋学元纂：《灌阳县志》卷一〇，清康熙四十七年（1708）刻本。

《宦游家训》①。出宰钜鹿时，所贻家训。作于康熙四十二年（1703）赴任钜鹿令之前，共八条，为训子之作，其缘由《自序》阐述说：

> 尝闻先贤云：天生万物人为贵。夫天地以阴阳五行之气生万物，而人具其中，盖物得气之偏，而人得其全。物各有生，亦有性，而不能复其性，人能保其生，复其性，是以人为万物之灵，而为贵也。人生百岁，约而观之，瞬息耳。其间忠臣孝子、节妇义夫，功盖天地，光争日月，历久常新。若乃文章词藻、伟论嘉言，虽道德之绪余，然而风流文采，经纬至治，何可汶没？余赋姿孱弱，庸苶懒慢，无学无师。幼承先君庭训，敬守儒业，年十六辛亥入泮，时值变革，后历十三载，年廿九甲子登乡荐。越戊辰至甲戌及庚辰，二赴春闱不第，自知学浅才疏，甘心弃黜。然尝恐为子不孝，为父不慈，辄痛自鞭策，举忠君爱国、廉洁保民之心，往往对人言之，但未能行之耳。今行年四十八，白发盈头，连年染病，扪心顾影，触目生悲。闻报拣选有期，怀才欲试，惟念慈母年高，不敢远离膝下。然君恩欲报，耿耿不忘，故著前鞭，买舟北上，惟早晚拜祝吾母寿比冈陵，一日得承君遇，以保民报君者报吾母也。家抚二子，长疆富，次疆安，三疆定，薄产生斗，足供饘粥。惟念尔曹无知，恐浮沉衣食，不顾祖训，破坏门户，坐废儒业。余身羁旅邸，不无痛心，只得胪列数条，各宜抄写一幅，铭之座右，尚其敬遵，慎之毋

---

① 按：丁守存序以及（光绪）《容县志》作《宦游贻训》，从封昌熊《自序》和封祝唐《题识》看，书名应该为《宦游家训》，"贻训"只是文中提及的该书性质。

忽。康熙四十二年冬季自序。①

成书于光绪二十一年（1895），《广西地方文献目录》载为"光绪二十年（1894）",② 不知何故。书前有余汝际、丁守存、覃武保、李萼楼等人的序，有封祝唐《题后》，《题后》叙述了成书经过：

> 此我十三世祖振子公出宰钜鹿时所贻家训也。公生平学行，前有南海余公、后有日照丁公及吾容覃心海、李梦楼诸先生所序论，均已详哉言之！公实卓然，不愧为完人。是编尤谆谆以垂训后昆为本，故能深切著明若是。祝唐昔侍先君于楚蕲，窃见族尊芭洲、春洲两公故里书来，时以校刊贻训为嘱。先君治事之余，亟加诠次，间日则焚香朗诵，其容肃然，一若降鉴之在旁者。尝指谓祝唐曰：吾宗先世手泽，经乱后大半散佚，独是编幸存于风霜剥蚀之余，非在在有神物护持，曷克至此。他日当付梓人以广津逮。乃未几，先君子遽归道山，不肖孤万里一官，徒跣归葬，追维昔日趋庭训示，益用怆然。因乘读礼之暇，重加编订，请命族尊辈，即以公梅市祠祭费所余，寿诸梨枣。噫！公之盛德大业，原不系是编以传，然凡我子姓，果能心公之心，事事身体而力行之，则庶几保世滋大，斯不愧明德之后也夫。裔孙祝唐谨跋。③

---

① （清）封昌熊：《宦游家训自序》卷一五，见封祝唐、封祝祁《容县封氏家谱》，1980年广西壮族自治区图书馆复印本，第2页。
② 广西桂林图书馆　广西通志馆资料室编印：《广西地方文献目录》，第284页。
③ （清）封昌熊：《宦游家训自序》卷一六，见封祝唐、封祝祁《容县封氏家谱》，第2页。

《宦游家训》有八条目：一曰敬守门户，二曰崇尚真学，三曰博通经史，四曰恪遵时制，五曰随事程功，六曰保全乡里，七曰参观物类，八曰严行戒惩。告诫子弟族人读好书、做好官，贤于家而忠于国，"公之训于家，公之心乎国也。故曰《宦游贻训》，岂仅为敬守门户哉"。①《广西省述作目录》归入伦理修身类，《广西地方文献目录》《广西地方史志文献联合目录》归入哲学。《广西地方文献目录》《广西历代文人著述目录　广西历代文人著述馆藏联合目录》《广西地方史志文献联合目录》《广西通志》《广西通志稿》《容县志》均有载录。

一册。

存。见于（光绪）《容县志》，载"存，已梓"。《广西通志》载光绪二十年（1894）刻本，一册，线装，桂林图书馆、广西统计局、容县图书馆有藏。

## 著垣家训　清·张星焕撰

张星焕，生卒年不详，广西宾阳人，康熙二十六年（1687）丁卯科举人，四十八年任德安知县。②生平事迹见（雍正）《广西通志》、（乾隆）《德安县志》、（同治）《九江府志》等。

《著垣家训》。《广西省述作目录》归为伦理修身类，属于儒学类著述。

卷次不详。

佚。仅见《广西省述作目录》，载"绝本"。③

---

① （清）易绍惪、王永贞修，封祝唐、黄玉年纂：《容县志》卷二二。
② （清）金鉷等监修：《广西通志》卷七五，文渊阁四库全书本，第567册，第275页。
③ （民国）广西统计局：《广西省述作目录》，第22页。

## 女训  清·张鸿翶撰

张鸿翶，生卒年不详，字恒夫，一字渐九，广西上林人。康熙四十一年（1702）举人，终身不仕，以教授门徒为生。著有《家训》《女训》《蒙童训》等书，生平见《峤西诗钞》、《縠贻堂集》、（道光）《宾州志》、（光绪）《上林志》、（民国）《上林县志》等。

《女训》。张鸿翶潜心程朱理学，立祠以祀朱子，摈斥佛老，"尝立崇正祠，严祀朱子，而明其志焉"，[①] 每日爇香礼拜。其为人"敦重礼法，律身甚严，言笑弗苟，虽燕亵不去衣冠"。[②] 其论述主要宣传道学教义、世道人心，故所作说教味浓，如《女训》，强调了训诫女子的重要性和必要性。《广西省述作目录》归入伦理修身类，属于儒学文献。

卷次不详。

佚。见于（民国）《上林县志》，载"已佚"，[③]《广西省述作目录》标为"绝本"。[④]

## 家训  清·张鸿翶撰

作者简介参见《女训》。

《家训》。是对子孙励志、勉学、修身、处世、治家、慈孝、婚恋、为政等方面的教诲，主旨乃在推崇忠孝节义、礼义廉耻等

---

[①] （民国）杨盟、李毓杰修，黄诚沅纂：《上林县志》卷一一"人物部上"，成文出版社，1968年，第618页。
[②] （民国）杨盟、李毓杰修，黄诚沅纂：《上林县志》卷一一，第618页。
[③] （民国）杨盟、李毓杰修，黄诚沅纂：《上林县志》卷一三，第757页。
[④] （民国）广西统计局:《广西省述作目录》，第21页。

儒学观。《广西省述作目录》归入伦理修身类。

卷次不详。

佚。(民国)《上林县志》载"已佚",① 《广西省述作目录》载"绝本"。②

## 蒙童训　清·张鸿翺辑纂

作者简介参见《女训》。

《蒙童训》。为家塾训示读物,内容来源于经史子集,选择切于身心、亲切有味的名言警句、历史事实汇辑编纂而成,大抵皆根本经训,务切实用,于立身从政深有所裨。《广西省述作目录》归入伦理修身类,属于儒学文献。

卷次不详。

佚。(民国)《上林县志》载"已佚",③《广西省述作目录》载"绝本"。④

## 五种遗规　清·陈宏谋辑纂

作者简介见《大学衍义辑要》。

《五种遗规》。又名《五种藏书》,即《养正遗规》《教女遗规》《训俗遗规》《从政遗规》《在官法戒录》五种著作。《学仕遗规》后出,当时《五种遗规》已结集成书流行,有的《五种遗规》并不包括《学仕遗规》;后世许多刊刻本把《学仕遗规》

---

① (民国)杨盟、李毓杰修,黄诚沅纂,《上林县志》卷一三,第757页。
② (民国)广西统计局,《广西省述作目录》,第21页。
③ (民国)杨盟、李毓杰修,黄诚沅纂:《上林县志》卷一三,第757页。
④ (民国)广西统计局:《广西省述作目录》,第21页。

加了进去，但书名仍沿用《五种遗规》名，实为六种；有的让《学仕遗规》替代《在官法戒录》，如《书目答问》："《五种遗规》，十五卷，陈宏谋通行本，《养正遗规》《教女遗规》《训俗遗规》《从政遗规》《学仕遗规》。"① 《五种遗规》或嘉言，或懿行，悉皆古人成书，呈现出浓厚的教化色彩，"为《五种遗规》，尚名教，厚风俗，亲切而详备"。② （嘉庆）《广西通志》、（光绪）《广西通志辑要》归入子部，《广西地方文献目录》归入哲学，属于儒学文献。

  遗规之辑，始于乾隆四年在津门时，同年王罕皆先生、老友葛撎书先生、张少仪先生，为予商定者也。先之以《养正》，续之以《补遗》，人材之所由出，而立教之始基也。继之以《教女》，男女均不可无教，闺门为王化之原也。继之以《训俗》，则自士人以及农工商贾，自立心以及居家涉世，凡关人心风俗，无不具焉，率教者士民，司教者官也，终之以《从政》。前此三编，均望于牧民者之率先而化导也。其体例则人各一帙，就中摘录，不复另分门类，或嘉言，或懿行，悉皆古人成书，故曰遗规也。每卷前附以臆说，叙所以采录之意也，间或以鄙见旁注一二，未知其有当焉否也。数年以来，每录一则，与诸君挑灯商榷，以定去取，与其高远而难学，不如平易而可行也。以作者之时代为先后，各详考履贯，标注于前，无可考者，则阙以待补，采其书必表其人也。惟其言之可取，毋拘名位之显晦也。校刊者，南昌郡学

---

① （清）张之洞编撰，范希曾补正，孙文泱增订：《增订书目答问补正》卷三，中华书局，2011年，第329页。
② （清）赵尔巽：《清史稿》，第10563页。

教授李安民也。书既成，因识其缘起于末。①

《养正遗规》。乾隆四年（1739）初刻于天津，分上下两卷，辑录了朱熹的《白鹿洞书院揭示》《沧州精舍谕学者》《童蒙须知》《论定程董学则》、陈淳《小学诗礼》、真德秀《教子斋规》、方孝孺《幼仪杂箴》、高贲亨《洞学十戒》、颜之推《颜氏家训·勉学篇》、程端礼《朱子读书法》、朱柏庐《朱子治家格言》、吕得胜《小儿语》、吕坤《续小儿语》、陆桴亭《论小学》《论读书》。乾隆七年（1742）又续选《诸儒论小学》、程端礼《读书分年日程》、陈栎《示子帖》、王阳明《训蒙教约》、屠羲时《童子礼》、吕坤《社学要略》、张履祥《学规》、陆陇其《示子弟帖》、张伯行《读养正类编要言》、唐彪《父师善诱法》十种，补刻编于江西官署任上。陈宏谋编辑《养正遗规》作为子侄们的课本，"童子知识方开，志趣未定。天良易动，理义未深"。② "由是以之于大学之途，庶几源洁流清，于世教不无少助乎"。③ 同时，"用以流布乡塾，俾父兄师长，以是教其子弟"。④ 每篇篇首均有陈宏谋所加按语，用以说明选辑的指导思想和该篇的具体作用。如《白鹿洞书院揭示》按语："特编此为开宗第一义，使为父兄者共明乎此，则教子弟得所向方。自孩提以来，就其所知爱亲敬长，告以此为人之始，即为学之基，切勿以世俗读书取科名之

---

① （清）陈宏谋：《总跋》，见《陈榕门先生遗书》卷五，黄旭初主持《广西乡贤丛书》，民国三十二年（1943）排印本。
② （清）陈宏谋：《王文成公训蒙教约》，见《续修四库全书》子部"儒家类"，上海古籍出版社，2002年，第951册，第42页。
③ （清）陈宏谋：《养正遗规序》，见《陈榕门先生遗书》，黄旭初主持《广西乡贤丛书》。
④ （清）陈宏谋：《养正遗规序》，见《陈榕门先生遗书》，黄旭初主持《广西乡贤丛书》。

说，汩乱其良知。"① "吾愿为父兄者，毋视为易知，而教之不严；为子弟者，更毋忽以为不足知，而听之藐藐也。"②《朱子论定程董学则》是写给学童的学规学则，"内外夹持，循循规矩，非僻之心，复何自入哉"。③ 陈宏谋对吕得胜父子的《小儿语》《续小儿语》评价极高："《小儿语》，天籁也；《续小儿语》，人籁也。天籁动乎天机，人籁餍乎人意，婆心益急矣。"④ 方孝孺的《幼仪杂箴》从坐、立、行、寝、揖、拜、食、饮、言、动、笑、喜、怒、忧、好、恶、取、与、诵、书等二十个方面为幼儿的行为作出了具体的规定。对于编辑该书的宗旨，陈宏谋在《养正遗规序》中阐述说："余每见当世所称材子弟，大都夸记诵、诩文章，而德行根本之地，鲜过而问焉。"⑤ "天下有真教术，斯有真人材。教术之端自闾巷始，人材之成自儿童始。"⑥ 存，版本众多，有全集本、《五种遗规》合集本和单行本，全集本和合集本下将述及，此不赘述。单行本主要版本有：（1）锄经书舫刊版。光绪元年（1875）刊，一册二卷，线装，桂林图书馆藏。（2）桂垣书局刊本。光绪十八年（1892）刊，四卷，二册，桂林图书馆藏。（3）浙江书局刊本。清光绪二十一年（1895）刊，二卷补编一卷，二册，桂林图书馆藏。（4）学都图书局石印本。清光绪三十四年（1908）刊，二卷补编一卷，二册，桂林图书馆藏。

---

① （清）陈宏谋：《朱子白鹿洞书院揭示》，见《续修四库全书》子部"儒家类"，第3页。
② （清）陈宏谋：《朱子童蒙须知》，见《续修四库全书》子部"儒家类"，第5页。
③ （清）陈宏谋：《朱子论定程董学则》，见《续修四库全书》子部"儒家类"，第7页。
④ （清）陈宏谋：《吕新吾续小儿语》，见《续修四库全书》子部"儒家类"，第22页。
⑤ （清）陈宏谋：《养正遗规序》，见《陈榕门先生遗书》，黄旭初主持《广西乡贤丛书》。
⑥ （清）陈宏谋：《养正遗规序》，见《陈榕门先生遗书》，黄旭初主持《广西乡贤丛书》。

《教女遗规》。三卷。编纂时间晚于《养正遗规》,大约在乾隆四年(1739)初刻于天津,乾隆七年(1742)又续刻于江西官署任上。他编纂《教女遗规》的初衷是为他的女儿,陈宏谋有七个女儿,其中一个夭折。陈宏谋真正秉承了"有教无类"的教育思想,他认为:"天下无不可教之人,亦无可以不教之人,而岂独遗于女子也……背理而伤道,且有克敦大义,足以扶植伦纪者。倘平时更以格言至论,可法可戒之事,日陈于前,使之观感而效法,其为德性之助,岂浅鲜哉……复采古今教女之书,及凡有关于女德者,裒集成编。事取其平易而近人,理取其显浅而易晓。盖欲世人之有以教其子,而更有以教其女也。"① 提出了"男女均不可无教,闺门为王化之原"② 的观点。辑录了曹大家《女诫》、蔡邕《女训》、宋若莘及宋若昭《女论语》、吕得胜《女小儿语》、吕坤《闺范》、王孟箕《家训御下篇》、《温氏母训》、史搢臣《愿体集》、唐翼修《人生必读书》、王朗川《言行汇纂》、《女训约言》等有关女子德性培养的书,每篇篇首有按语。陈宏谋女子教育的出发点是"相夫教子",他说:"在家为女,出嫁为妇,生子为母。有贤女然后有贤妇,有贤妇然后有贤母,有贤母然后有贤子孙。王化始于闺门,家人利在女贞。女教之所系,盖綦重矣!"③ 针对"近世女子好华饰,趋巧异,几几乎以四德为诟病"的世态,陈宏谋以"始之以卑弱,终之以谦和""是为百代女师"的《女诫》"列诸卷首,以为教女者则焉"。④ 在女子教育读物方面,陈宏谋认为宋若莘、宋若昭编的《女论语》很有特

---

① (清)陈宏谋:《教女遗规序》,见《陈榕门先生遗书》,黄旭初主持《广西乡贤丛书》。
② (清)陈宏谋:《总跋》,见《陈榕门先生遗书》,黄旭初主持《广西乡贤丛书》。
③ (清)陈宏谋:《教女遗规序》,见《陈榕门先生遗书》,黄旭初主持《广西乡贤丛书》。
④ (清)陈宏谋:《曹大家女诫》,见《续修四库全书》子部"儒家类",第65页。

色，它"条分缕晰，便于诵习。言虽浅俚，事实切近。妪媪孩提，皆可通晓"。① 而吕坤的《闺范》"前列嘉言，后载善行。复绘之以图，系之以赞"，"子道、妇道、母道胥备焉。所载懿行，可以动天地、泣鬼神。至今读之，凛凛犹有生气，诚哉！地维赖以立，天柱赖以尊，孰谓女德为无关轻重哉"。② 仅《闺范》一篇，就占去《教女遗规》一半以上的篇幅，可见陈宏谋多么注重榜样的作用。陈宏谋认为男女是平等的，不过，陈宏谋在此强调的平等注重的是德性的教育而不是知识的获得，他看重的并不是女性接受教育后的独立自主的精神人格，而是为了增进妇女的德性，其论证女子教育重要性的落脚点依然是传统的"相夫教子"观。（嘉庆）《广西通志》、（光绪）《广西通志辑要》归入子部，《广西地方文献目录》归入哲学，属于儒学文献。

《训俗遗规》。辑录明代有关乡村组织、移风易俗类的著作而成，四卷。乾隆四年（1739）草创于天津，七年又补编刊刻于江西巡抚任上。乾隆二十七年后，陈氏培远堂又重刻此书，增刻了陈钟珂撰辑的《训俗遗规补》二卷，收入《榕门全集》。有自序，该辑《序》说："始知狱讼繁多，良由人心渐习于浮薄，或因一念之差，或因纤毫之利，或系一时之忿戾，遂至激而成讼，辗转纠葛，株连日众……尝欲于典籍中，采其切于人心风俗，人所习而不察，动而易犯者，刊布民间，以庶几于弭患未然之计……大抵理惟取其切近，词不嫌于真率，务使人人易晓焉。夫天良人所同具，特患无以感发之耳。"③ 辑录了司马光《居家杂仪》、朱熹《增损吕氏乡约》、陆梭山《居家正本制用篇》、倪文节公《经鉏

---

① （清）陈宏谋：《宋尚宫女论语》，见《续修四库全书》子部"儒家类"，第68页。
② （清）陈宏谋：《闺范》，见《续修四库全书》子部"儒家类"，第74页。
③ （清）陈宏谋：《训俗遗规序》，见《陈榕门先生遗书》，黄旭初主持《广西乡贤丛书》。

堂杂志》、陈希夷《心相编》、《袁氏世范》、许鲁斋《语录》、陈定宇《先世事略》、王阳明《文钞》、杨椒山《遗嘱》、沈文端公《驭下说》、吕新吾《好人歌》、李忠毅公《戒子书》、王孟箕《讲宗约会规》、王士晋《宗规》、顾亭林《日知录》、陆桴亭《思辨录》、朱柏庐《劝言》、张杨园《训子语》、唐灏儒《葬亲社约》、王中书《劝孝歌》、魏环溪《庸言》、汤潜庵《语录》、魏叔子《日录》、蔡梁村《示子弟帖》、程汉舒《笔记》、史搢臣《愿体集》、唐翼修《人生必读书》、王朗川《言行汇纂》、熊勉庵《宝善堂不费钱功德例》等治家格言、名人遗嘱。其中不少是劝人行孝、忍让和睦之类的说教，内容大多浅显易行，如《增损吕氏乡约》，立约简明，仅有《德业相劝》《过失相规》《礼俗相交》《患难相恤》四条目，认为如有贤明官员，"有望于居乡之贤者，推己及人，为善乎乡"，① 化导民众，就会出现"父诫其子，兄勉其弟，莫不群趋于善，而耻为不善之归"② 的现象，达到"人心日厚，民俗日淳，讼日少而刑日清"③ 的太平盛世。《四库全书总目》说："此书乃其为江苏按察使时，以狱讼繁多，因集古今名言人人易晓者，勒成四卷，刊布宣谕。"④ 各篇均有按语，简要阐述一己之见。《四库全书总目》载录"五卷"。（嘉庆）《广西通志》、（光绪）《广西通志辑要》归入子部，《广西地方文献目录》归入哲学，属于儒学文献。

《从政遗规》。成书于乾隆七年（1742）江西布政使任上。以先贤为训，为居官之人提供一个学习做官的箴规戒条，要求为官

---

① （清）陈宏谋：《朱子增损吕氏乡约》，见《续修四库全书》子部"儒家类"，第117页。
② （清）陈宏谋：《训俗遗规序》，见《陈榕门先生遗书》，黄旭初主持《广西乡贤丛书》。
③ （清）陈宏谋：《训俗遗规序》，见《陈榕门先生遗书》，黄旭初主持《广西乡贤丛书》。
④ （清）永瑢：《四库全书总目》，第1133页。

者上副圣训，下符民望。作为居官箴规，又"合之今时情事，多所切中"。①（嘉庆）《广西通志》、（光绪）《广西通志辑要》归入子部，《广西地方文献目录》归入哲学，属于儒学文献。该书分上、下两卷，辑录吕祖谦《官箴》、何坦《常言》、王应麟《困学纪闻》、梅挚《五瘴说》、许衡《语录》、薛瑄《要语》、王阳明《告谕》、耿定向《耐烦说》、吕新吾《明职》《刑戒》、李廷机《宋贤事汇》、张鼐《却金堂四箴》、高攀龙《责成州县约》、傅梅《巡方三则》、袁了凡《功过格》、颜茂猷《官鉴》、顾炎武《日知录》、汤斌《遗书》、魏象枢《寒松堂集》、于成龙《亲民官自省六戒》、蔡世远《书牍》、熊弘备《宝善堂居官格言》、王朗川《言行汇纂》等有关为官的格言名句。辑录成书的目的在于为初入仕途者提供入仕门径，他说：

> 迨入仕途，官场事宜，尤未娴习，临民治事，茫无所措，未优而仕，不学制锦，心窃忧之。然平时偶有得于圣贤之绪论……凡切于近时之利弊，可为居官箴规者，心慕手追，不忍舍置。不敢谓仕优而学，亦庶几即仕即学之意云尔……有司牧之责者，益当从根本上讲求教养之方，为民生久远之计。若仅以因循陋习，了官场之故套，何以上副圣训，何以下符民望……愿诸君推心理之相同，以尽治人之责，而又参之前言往行，以善其措施，则宜民善俗，或有取焉。②

此书首列吕祖谦《官箴》，"见居官者必先自立，然后可以有为。

---

① （清）陈宏谋：《从政遗规序》，见《陈榕门先生遗书》，黄旭初主持《广西乡贤丛书》。
② （清）陈宏谋：《从政遗规序》，见《陈榕门先生遗书》，黄旭初主持《广西乡贤丛书》。

士大夫不讲气节,虽有才华,徒工奔兢,患得患失,何所不至耶!至于谨小慎微、慈祥恺悌,任理而不任气,此儒术之异于俗吏也"①的论述鞭辟入里,故列在卷首。《薛文清公要语》按语云:"故言之平正无疵,而亲切有味若此。人能悉心体究,严义利之辨,观物我之源,则心地日就光明,规模日就宏远。"②《王文成公告谕》先告后刑,对此陈宏谋给予了很高的评价,认为它"动之以天良,剖之以情理,而后晓之以利害,看得士民如家人子弟,推心置腹,期勉备至,民各有心,宜其所至感动也"。③与此同时,陈宏谋指出当时官府告谕公文:"不论理而论势,止图词句之可听,不顾情事之可行,不曰言出法随,则曰决不宽恕,满纸张皇,全无真意,官以挂示便为了事,而民亦遂视为贴壁之空文矣。"④显然,陈宏谋选取该篇,希望矫正时弊。他历官多年,深知不耐烦之弊,因此对耿定向《耿恭简公耐烦说》极为赞赏,说:"入情入理,切中锢病,并谓耐烦更在廉之上,尤自来官箴所未及也。"⑤《从政遗规》还有许多内容具有现实意义。《从政遗规》版本众多,主要有全集本、《五种遗规》合集本、单行本。单行本主要版本有:(1)浙江书局刊本。光绪二十年(1894)刻,线装,二册,桂林图书馆、广西壮族自治区图书馆藏。(2)民国排印本。民国三十二年(1943)出版,桂林图书馆、广西师范大学图书馆存。

《在官法戒录》。四卷,专为胥吏所写,江西巡抚任上作。葛正笏等校订,成书于乾隆八年(1743)。书分"法"和"戒"两

---

① (清)陈宏谋:《吕东莱官箴》,见《续修四库全书》子部"儒家类",第228页。
② (清)陈宏谋:《薛文清公要语》,见《续修四库全书》子部"儒家类",第238页。
③ (清)陈宏谋:《王文成公告谕》,见《续修四库全书》子部"儒家类",第240页。
④ (清)陈宏谋:《王文成公告谕》,见《续修四库全书》子部"儒家类",第240页。
⑤ (清)陈宏谋:《耿恭简公耐烦说》,见《续修四库全书》子部"儒家类",第249页。

部分,"见善而以为法,见不善而以为戒"。① 卷一《总论》(共六十二条)、卷二《法录上》(共八十二条)、卷三《法录下》(共八十五条)、卷四《戒录》(共七十九条),共三百零八条,还有自撰的《序》及按语、评语等,系统阐述了封建社会为人处世方方面面的要求、问题、楷模和借鉴。陈宏谋认为"凡国计民生,系于官即系于吏",因此对吏就必须教育、监督和管理。关于辑录《在官法戒录》的目的,陈宏谋在《序》中明确阐释说:

> 盖冀天下人,无男女少长、贵贱贤愚,均有所观感兴起。见善者而以为法,见不善者而以为戒也云尔……然国家设官置吏,官暂而吏久也,官少而吏众也。官之去乡国常数千里,簿书钱谷或非专长,风土好尚或多未习,而吏则习熟而谙练者也。他如通行之案例,与夫缮发文移、稽查勾摄之务,有非官所能为,而不能不资于吏者。则凡国计民生,系于官即系于吏,吏之为责,不亦重乎。而为吏胥者,类皆有机变之才智,不能安于畎亩耕凿之朴,以来役于官,因盘据其间,子弟亲戚,转相承受,作奸犯科,相习熟为固然,而不知礼义之可贵。为官者亦多方防闲之、摧辱之,几若猛兽搏噬之不可驯扰。夫防之愈严,作弊亦愈巧,摧之愈甚,自爱之意愈微。将嚣然丧其廉耻之心,以益肆其奸猾狡黠之毒。官吏相蒙,国计民生,于焉交困。而贪昧陋劣之员,受其牢笼牵鼻,沦胥以败也,又不足言矣……采辑书传所载吏胥之事,各缀论断,裒为四卷,名曰《在官法戒录》》。②

---

① (清)陈宏谋:《在官法戒录序》,见《陈榕门先生遗书》,黄旭初主持《广西乡贤丛书》。
② (清)陈宏谋:《在官法戒录序》,见《陈榕门先生遗书》,黄旭初主持《广西乡贤丛书》。

《总论》首篇引《太公阴符经》，认为"治乱之要，其本在吏"。[①] 指出"吏有十罪"，即苛刻、不平、贪污、以威力胁民、与史合奸、与人无惜、作盗贼、贱买贵卖于民、增易于民、震惧于民。他谆谆告诫为吏者："当知己与命官，虽有尊卑，其为民生休戚所系则一，不可不自勉也。"[②]《法戒录》首篇引《汉书》萧何事迹，认为萧何为沛县吏掾时"已具宰辅器识"，任相后"训后惟在节俭，尤非富贵中人也"，[③] 实为后世官吏的轨范，故为《法录上》首篇。《法录下》首篇引《唐书》中孙伏伽事迹，评论道："以小吏得微职，能于上前慷慨论事，不畏逆鳞，则为吏时，必能主持公道，扶植善类，不肯颠倒曲直，陷人于罪罟者也。及骤膺宠命，喜色不形，广坐陈说往事，不以小吏为讳。"[④]《戒录》首篇引《汉书》张汤事迹，认为"张汤为酷吏之首，其深刻残猛，自儿时已然"，而其父"不闻有义方之训，反使书狱以宠异之，遂致舞文巧诋，卒杀其身而不悔也"。[⑤] 作为官吏的张汤固然罪有应得，死有余辜，但张汤父亲不可辞引导不当之咎。《在官法戒录》运用了大量事例，并通过评说，可以使人明白为官为吏的基本要求和常规政务："观是录者，善恶灿陈，荣辱由己，何去何从，必有观感而兴起者矣。"[⑥] 主要版本有：（1）培远堂刻本。收入《榕门全集》中。（2）清乾隆八年（1743）刻本。存，广西壮族自治区图书馆藏。（3）桂垣书局刻本。光绪十八年（1892）刻，二册四卷，今藏于桂林图书馆。（4）浙江书局刊本。

---

[①] （清）陈宏谋：《在官法戒录》，见《续修四库全书》子部"儒家类"，第324页。
[②] （清）陈宏谋：《在官法戒录》卷一"总论"，见《续修四库全书》子部"儒家类"，第324页。
[③] （清）陈宏谋：《法录上》，见《续修四库全书》子部"儒家类"，第337页。
[④] （清）陈宏谋：《法录下》，见《续修四库全书》子部"儒家类"，第359页。
[⑤] （清）陈宏谋：《戒录》，见《续修四库全书》子部"儒家类"，第382页。
[⑥] （清）陈宏谋：《在官法戒录序》，见《陈榕门先生遗书》，黄旭初主持《广西乡贤丛书》。

清光绪二十一年（1895）刊，线装，二册四卷，桂林图书馆藏。(5)民国排印本。民国三十二年（1943），桂林图书馆、广西师范大学图书馆存。

《学仕遗规》。四卷，补四卷。乾隆二十八年（1763）陈宏谋进京后开始编著《学仕遗规》，二十九年该书基本定型，最后定稿得力于陈兰森的帮助。乾隆三十年刊于北京，为陈宏谋晚年所编，是在辑刻《四种遗规》之后二十二年。此书有培远堂刻本传世。陈宏谋感世人多误空谈以为学，苟禄以言仕，遂斥其谬误，并思以仕学相资济其弊，遂编纂《学仕遗规》。本书收辑了前代关于读书做官方面的论述，计有：真西山文集抄、魏鹤山文集抄、黄东发日抄、吕新吾去伪斋文集抄、方正学逊志斋文集抄、高肃卿本语、冯少虚语录、吕泾野文集抄、寇永修山居日纪、陆稼书三鱼堂文集抄、辛复元遗书、葛中恬省心微言、刁蒙吉潜室札记、李二曲论学汇语、王丰川存省录、魏永叔易堂文集抄、王文山寻乐斋偶钞、李惺庵读书杂述、黄博士实学录、王朗川汇纂忠敬录、石成金官绅约十反说。所选多为阐发经义精蕴，合学术政事而贯通之文稿。所录前贤名言，多为今日万不可易者，不似《从政遗规》之驳杂。《学仕遗规》版刻情况比其他五种遗规还复杂，合集本和全集本下将论及，兹不赘述。单行本主要版本有：(1)乾隆三十四年培远堂刊本。八卷。(2)光绪五年（1879）江苏书局刻本。五册，桂林图书馆藏。(3)培远堂印本。四卷，广西壮族自治区图书馆、桂林图书馆藏。（嘉庆）《广西通志》、（光绪）《广西通志辑要》归入子部，《广西地方文献目录》归入哲学，属于儒学文献。

《五种遗规》一经刊出，便广为流传，几乎成了当时社会教育的必读之书，并深得统治者的赞许。贺长龄编《皇朝经世文编》收入陈宏谋《五种遗规》等达五十三篇之多，仅次于清初思想家顾炎武的著述。到了清末,《五种遗规》被定为中学堂的修身读本。民国年间,《五种遗规》被定为官员从政的必读书。因此,《五种遗规》版本复杂,有:(1)全集本。乾隆三十年(1765)吴门穆大展局刻《文恭公文集》,广西壮族自治区图书馆现存此本,线装,十册;乾隆三十四年据穆大展刻本,又有培远堂仿刻本;道光十七年(1837)桂林陈氏培远堂刊本《培远堂全集》,又名《榕门全集》,桂林图书馆存,线装十六函九十六册;清光绪刊刻《培远堂全集》,刊期不一,广西统计局存;为纪念陈宏谋诞辰二百五十周年,民国三十二年(1943)编撰出版了由广西省乡贤编印委员会编、李济深题名、黄旭初作序的《陈榕门先生遗书》,线装,十四册、十种、九十四卷,上百万字,桂林图书馆、广西通志馆、广西博物馆、广西师范大学图书馆、桂林文物管理委员会、国家图书馆等有藏。(2)《五种遗规》合集本。1.乾隆四年(1739)培远堂刻本。于江西刊。民国十七年(1928),以清乾隆四年至八年培远堂刻汇印本为底本,同时参照其他通行本重新进行校对排版。文中的"按"是《五种遗规》编者陈宏谋先生对该章节所做的阐述说明。桂林图书馆藏。2012年,中国华侨出版社出版《五种遗规》,以清乾隆四年培远堂刻本为底本,同时参校其他通行本。2.乾隆七年培远堂刻本。二十二卷,五册,存三种八卷,山东省图书馆藏。[①] 3.同文堂刊本。清乾隆八年刊,八册。桂林图书馆有藏。4.锦江书院刻本。乾隆三十六年刊行,1928年上海商务印书馆重刻锦江书院本,1926—1929年排印,一部五册。桂林图书馆藏。5.汇文堂刻本。清道光二年(1822)刻,二十二卷,八册,山东省图书馆藏。[②] 6.圣寿寺刊本。清道光八年刊,圣寿寺藏版,一部十册,线装。

---

① (清)王绍曾著,崔国光整理:《订补海源阁书目五种》。
② (清)王绍曾著,崔国光整理:《订补海源阁书目五种》。

桂林图书馆有藏。7. 楚北崇文书局刻本。同治七年（1868）刻，一部八册，线装，桂林图书馆有藏。8. 清光绪十年刻本。广西师范大学图书馆藏1937年重刻版。9. 清光绪十七年开封府刊本。十九卷。10. 湖南益源书局刻本。光绪二十年刻，存七册，线装，缺《法戒录》四卷二册，存于桂林图书馆。11. 浙江书局刊本。光绪二十一年刊，二册，桂林图书馆藏。12. 桂林经伦堂刻本。光绪二十二年刻，粤东抚署同治五年重刊，十册，缺《在官法戒录》四卷。桂林图书馆藏。13. 1924年版。广西壮族自治区图书馆藏。14. 1926年版。广西社科院藏。15. 民国十五年（1926）排印本。一部五册，上海商务印书馆、广西社科院藏。16.《陈文恭公五种遗规》本。上海锦章图书局印行，五册，石印本，桂林图书馆藏。17. 国家图书馆出版社本。8册，2013年出版。

《五种遗规》在流传过程中，还出现了辑要本，如朱荫龙辑《五种遗规辑要》，十卷，六册。民国三十一年（1942）桂林文化出版社出版，桂林图书馆藏。① 又《五种遗规摘钞》，十卷，六册，清刻本。②

## 吕子节录　　清·陈宏谋辑纂

作者简介见《大学衍义辑要》。

《吕子节录》③。乾隆元年（1736）陈宏谋于书摊中购得明

---

① （民国）朱荫龙辑：《五种遗规辑要》，桂林文化供应社，1942年，第285页。
② （清）王绍曾著，崔国光整理：《订补海源阁书目五种》。
③ 注：广西桂林图书馆藏《广西地方文献目录》（上册第3页）载录书名为《吕语集粹》，又同书后（下册第281页）载录书名为《吕子呻吟语节钞》。考陈宏谋序言，书名应为《吕子节录》。

吕坤①《呻吟语》，认为吕坤之书发人深省，故节录为四卷。后三年又得到别版《呻吟语》，两者相较，觉得前稿有所挂漏，又补遗二卷，并于乾隆三年（1738）刊行。② 对此《吕子节录序》和《吕子节录补遗小序》有明确记载：

> 数年前，余偶游书市，从故纸堆中得《呻吟语》二册。读之，则明儒吕叔简先生所作也。先生以为人非圣贤，其身心常在病中，故于省察、克治、修己、治人之要，皆从人情物理中推勘而出，眼前指点，鉥目刿心。少陵云"欲觉闻晨钟，令人发深省"者，其是之谓乎。旧凡若干言，其中偶有过高之语，余稍节之，录其醇者。间就鄙意，缀以评语，非敢于作者有所增益，盖亦讲明而切究之，以求得乎大中至正之归耳。余曾谓人之聪明才力，多不用以自责，而用以责人；不用以集所长，而用以护所短，兹编其对症之药也。顾身世之事，非知之艰，行之惟艰。余谫陋无似，防检多疏，早夜孜孜，功不补过。今既取是编而节录之，又序而刻之，诚欲宝此苦口之良剂，以药余身心也。不然，其与委此编于故纸堆中也何异！然而余滋惧矣。③
>
> 予节录吕新吾先生《呻吟语》，既刊板滇中。近复购得原本，其中切近精要之言，多向所未见。乃知旧时所读，仅属纂本，非全书也。公余翻阅再三，不能割爱，乃补录若干

---

① 注：吕坤，字叔简，号新吾，宁陵人。明万历进士，历官山西巡抚，擢刑部侍郎。著有《呻吟语》《实政录》等书。"《呻吟语》者新吾先生省察克治之言也。谓之呻吟者，先生自视其身若常在病中，时时呻吟，察之严而克之勇，自不能已，故以是名其书。"
② （清）永瑢：《四库全书总目》，第815页。
③ （清）陈宏谋：《吕子节录序》，见《陈榕门先生遗书》，黄旭初主持《广西乡贤丛书》。

条，并付剞劂，庶无遗珠之憾云。①

（光绪）《广西通志辑要》归入子部，《广西地方文献目录》归入哲学。《四库全书总目》《广西地方文献目录》《广西地方史志文献联合目录》有著录。

四卷，《补遗》二卷。

存。《四库全书总目》，载为"四卷，《补遗》二卷"。主要版本有：(1) 乾隆三年（1738）精刊本。《吕子节录补遗》二卷。② (2)《培远堂全集》本。《呻吟语节录》四卷、《补遗》二卷。(3) 南昌局本。《呻吟语节录》四卷、《补遗》二卷。(4) 清嘉庆九年（1804）刊本。芸香堂发兑，线装，四卷，二册，江苏图书馆有藏，桂林图书馆藏抄本。(5) 同治十年（1871）刊本。《吕子呻吟语节钞》，线装，六卷，二册，桂林图书馆藏。(6) 光绪五年（1879）江左书林石印（清版）《吕语集粹》。一册，线装，桂林图书馆有藏。③ (7) 清刊本。线装，六卷，广西壮族自治区图书馆有藏。(8) 津河广仁堂刻本。《吕子节录》四卷，清光绪九年（1883），二册，二部。(9) 上海汇文堂书局印本。民国十三年（1924）出版，四卷，一册，广西壮族自治区图书馆、桂林图书馆藏。

## 下学录　清·蒋良骐辑纂

蒋良骐（1723—1789），字千之，又字赢川，广西全州人。

---

① （清）陈宏谋：《吕子节录补遗小序》，见《陈榕门先生遗书》，黄旭初主持《广西乡贤丛书》。
② （清）孙殿起：《贩书偶记》卷九，上海古籍出版社，1982年，第219页。
③ 广西桂林图书馆、广西通志馆资料室合编：《广西地方文献目录》（上册），第3页。

乾隆十六年（1751）进士，授翰林院编修，不久充任国史馆纂修官。三十年，乾隆皇帝为重修本朝历史人物传记，重开国史馆，蒋良骐为编纂之一。因职位之便，得以接触本朝"实录"，从中摘抄了自努尔哈赤至乾隆初年的重要史料，按年代编排成书。因国史馆位于皇宫东华门附近，故题名为《东华录》，共计三十二卷。乾隆四十四年，任奉天府丞兼提督学政，后升为太仆寺卿，兼管宗学。乾隆五十年任通政使。乾隆五十四年逝于北京，还葬全州。除《东华录》外，另著有《下学录》《京门草》《伤神杂咏》《覆釜纪游》等。（嘉庆）《全州志》卷八、（同治）《彰明县志》卷三八、《广东海防汇览》卷八、（光绪）《广西通志辑要》卷二、（民国）《溧阳县志》卷一六、（民国）《全县志》、（民国）《绵阳县志》等有生平资料记载。

《下学录》。"下学"出自《论语·宪问》，子曰："不怨天，不尤人。下学而上达。知我者其天乎！"程子解释说："盖凡下学人事，便是上达天理。"[1] 王阳明则把下学释为"目可得见、耳可得闻、口可得言、心可得思者，皆下学也"，"上达"则认为是"目不可得见、耳不可得闻、口不可得言、心不可得思，上达也"。"下学"和"上达"的关系则认为"上达只在下学里……学者只从下学里用功，自然上达去，不必别寻个上达的功夫"[2]。蒋良骐《下学录》显然接受了以上观点，辑录先贤进德修身言语和史实，由此为后学指明下学上达之路径和方法。（光绪）《广西通志辑要》归入子部，《广西省述作目录》归入史部。

一卷

---

[1] （宋）朱熹：《四书章句集注》，第155页。
[2] （明）王阳明著，王晓昕、赵平略点校：《王文成公全书》，中华书局，2015年，第16页。

未见。见（嘉庆）《全州志》载录，（嘉庆）《广西通志》、①（光绪）《广西通志辑要》载"存"，《广西省述作目录》未著录存佚，今未见。

## 治家录　清·崔达辑纂

作者简介见《易义一贯》。

《治家录》。辑录先贤治家格言、语录而成，训诫家人邻里，属于儒学文献，《广西省述作目录》归为伦理修身类。

一卷。

未见。（民国）《灵川县志》卷四有载②，《广西省述作目录》未著录存佚。③

## 修省录　清·崔达辑纂

作者简介见《易义一贯》。

《修省录》。辑录发明圣贤之修身进德的言语和行为而成，《广西省述作目录》归为伦理修身类，属于儒学文献。

一卷

佚。（民国）《灵川县志》卷四有载，④《广西省述作目录》未著录存佚⑤。

---

① （清）谢启昆修，胡虔纂：《广西通志》卷二〇七，第5457页。
② （民国）陈美文修，李繁滋纂：(民国)《灵川县志》卷四。
③ （民国）广西统计局：《广西省述作目录》，第21页。
④ （民国）陈美文修，李繁滋纂：(民国)《灵川县志》卷四。
⑤ （民国）广西统计局：《广西省述作目录》，第21页。

## 处世录　清·崔达辑纂

作者简介见《易义一贯》。

《处世录》。辑要抄纂先贤名臣修身处世的要语格言与具有警世意义的行为之书,《广西省述作目录》归为伦理修身类,属于儒学文献。

一卷。

佚。(民国)《灵川县志》卷四有载,①《广西省述作目录》未著录存佚②。

## 《双节堂庸训》应世补续编
### 清·汪辉祖撰,清·陈兰森节续

陈兰森简介见《四书考辑要》。

《〈双节堂庸训〉应世补续编》。该书为汪辉祖③《双节堂庸训》的节抄和续编,续编的是第四卷《应世》,讲待人处世之道。

汪辉祖《双节堂庸训》作于乾隆五十九年(1794),时年六

---

① (民国)陈美文修,李繁滋纂:(民国)《灵川县志》卷四。
② (民国)广西统计局:《广西省述作目录》,第21页。
③ 注:汪辉祖(1730—1807),字焕曾,号龙庄,晚号归庐,绍兴府萧山县(今杭州市萧山区)人。幼年丧父,家道中落,靠借贷聊以度日。入佐州县幕三十四年,是清代乾嘉时期名闻全国的"绍兴师爷",以善断疑案著称。乾隆四十年(1775),汪辉祖四十六岁时考中进士。五十八岁赴湖南宁远担任县令,上任后整饬陋俗、勤于政事、明察能干,被称良吏。汪辉祖后调任道州知州,却因意外伤脚没能及时赴任,后遭劾归里。回归故里后,造福乡里。清朝学者洪亮吉称赞他:"计君一生,在家为孝子,入幕为名流,服官为循吏,归里后复为醇儒。"其事迹具《清史稿》卷四七七,著有《佐治药言》《学治臆说》《双节堂庸训》《病榻梦痕录》《元史本证》等。

十有五。在谈及教育子孙时，汪辉祖说：

> 《双节堂庸训》者，龙庄居士教其子孙之所作也。中人以上，不待教而成；降而下之，非教不可。居士有五男子，才不逮中人。孙之长者，粗解字义；其次亦知识渐开……居士自少而壮而老，循轨就范，庸庸无奇行也。庸德庸言之外，概非所知，故名之曰《庸训》。冠以"双节堂"者，获免于大戾，禀二母训也。诸所为训，简质无文，皆从数十年体认为法、为戒，欲令世世子孙、妇稚可以通晓。自念身为庸人，不敢苛子孙蕲至圣贤，而参以颜袁二书各条，则学为圣贤之理，未尝不备。夫人无中立，不志于圣贤，其势必流于不肖，可不慎欤？嗟乎！教者，祖父之分；率教者，子孙之责。苟疑训词为庸，而别求新异之说以自托，将有离经畔道，重贻身世之患者，是则居士之所大惧也。[①]

该书选取《颜氏家训》《袁氏世范》有关持身涉世之方的名言警句，以及先世嘉言微行、生平师友渊源等编纂成书。分为六纲、二百十九目，厘为六卷。卷一《述先》、卷二《律己》、卷三《治家》、卷四《应世》、卷五《蕃后》、卷六《师友》。《广西地方文献目录》《广西地方史志文献联合目录》归入哲学。

一册。

存。桂林图书馆藏。《广西地方文献目录》载："清临桂县陈兰森手抄本，一册。（特）本书为节抄本。"[②]《广西地方史志文

---

① （清）汪辉祖：《自序》，见《双节堂庸训》，天津古籍出版社，1995年，第244—245页。
② 广西桂林图书馆、广西通志馆资料室编：《广西地方文献目录》（上册），第2，3页。

献联合目录》载录与之相同。

## 家训　清·邬凤翊撰

邬凤翊，或作邬凤翼[①]，生卒年不详，字运升，号画山，广西阳朔人。乾隆十七年（1752）进士，[②]任泗城府教授。乾隆十九年任桂平教谕，[③]官礼部精膳司主事。著《学文制行》《家训》《沈太孺人寿序》等，《杨县尊去思碑》存于（民国）《阳朔县志》。生平事迹参见梁景阳《墓志铭》、（乾隆）《桂平县志》、（嘉庆）《广西通志》、（同治）《浔州府志》、（民国）《桂平县志》、（民国）《阳朔县志》等。

《家训》。《广西省述作目录》归为伦理修身类，属儒学文献。

卷次不详。

未见。（民国）《阳朔县志》说，该书藏之于家，并未刊行，《广西省述作目录》未注存佚。[④]

## 居家宝鉴录　清·梁生杞辑纂

梁生杞，生卒年不详，字南山，号秀斋，广西武鸣人。乾隆三十五年（1770）庚辰恩科举人，[⑤]江苏江浦知县。乾隆五十七年临漳县令，五十八年洧川县令。著有《居家宝鉴录》。（嘉庆）《广西通志》、（嘉庆）《洧川县志》、（光绪）《临漳县志》、（民国）

---

① （民国）广西统计局：《广西省述作目录》，第22页。
② （民国）张岳灵修，黎启勋等纂：《阳朔县志》第二编社会，成文出版社有限公司。
③ （民国）黄占梅等修，程大璋等纂：《桂平县志》卷五九。
④ （民国）广西统计局：《广西省述作目录》记载："《家训》，邬凤翼，阳朔，清光绪。"第22页。
⑤ （清）谢启昆修，胡虔纂：《广西通志》卷七七，第2515页。

《武鸣县志》等有生平记载。

《居家宝鉴录》。《广西省述作目录》又名《居家宝鉴》。《广西近代经籍志》载录:"以孝弟、勤俭、敬祖睦族为目,盖取材于《朱子小学》《温公家范》,而稍变其体。"① 《广西近代经籍志》归入子部,《广西省述作目录》归于伦理修身类,是儒家文献中辑要抄纂之作。

一卷。

佚。《武缘县图经》载一卷,蒙起鹏《广西近代经籍志》载"存",②《广西省述作目录》载"绝本",③《武鸣县志》载"佚"。④

## 名言　清·俞廷举撰

俞廷举,生卒年不详,字介夫,号石村,广西全州人。陈邦俅之后。乾隆三十三年(1768)戊子举人,四十六年被推荐知永宁县事,爱民如子,不久辞去。随后知双流、昭化、垫江、东乡、遂宁等县事,迁四川定水县令、营山知县,民为之立生祠,深受四川布政使查铁桥器重。回乡,购求蒋冕全集,亲手校订刊行;酷好著述,有"粤西才子"之称。著有《文集》十二卷、《诗集》十四卷、《名言》八卷、《金台医话》等。生平资料见郑献甫《诰授奉直大夫四川营山县知县晋知州衔俞公石村墓志铭》、(嘉庆)《广西通志》、(嘉庆)《四川通志》、《钦定剿平三省邪匪方略》、《全州志》等。

《名言》。蒙起鹏《广西近代经籍志》著录,归于子部。⑤

---

① (民国)蒙起鹏:《广西近代经籍志》卷三"子部",第4页。
② (民国)蒙起鹏,《广西近代经籍志》卷三"子部",第4页。
③ (民国)广西统计局:《广西省述作目录》,第21页。
④ 黄庆勋主编:《武鸣县志》,第805页。
⑤ (民国)蒙起鹏:《广西近代经籍志》卷三"子部",第4页。

八卷。

未见。见于郑献甫《补学轩散骈文集》卷一,蒙起鹏《广西近代经籍志》载"未见"。①

## 养正编　清·蒋励常辑撰

作者简介见《十室遗语》。

《养正编》。《广西近代经籍志》题名"《养蒙编十室遗语》",但从陈继昌《墓志铭》"集前贤行为《养蒙编》,著《岳麓文集》八卷藏于家"② 看,这应该是两本书。《养正编》,陈继昌《墓志铭》作"《养蒙编》",后其孙蒋琦龄整理编辑《岳麓文集》时,定名为《养正编》。《养正编》《十室遗语》后来都被蒋琦龄收入《岳麓文集》中。该书是受教育子侄启发而作的一部蒙养之书,如其《序》所说:

> 世无不可教之人,教焉而易入,与夫习焉而易化者,则惟孩提时为甚。失此不教,及其稍长,习染深而天真日漓,然后趋而之善,已难为力矣。岁在乙亥,犹子启骏从予游,时年甫十一。予思有以预养其天真,不至有所迁移也,恒苦于无术。久之,乃叹古人教孩提之道虽多,至求其简而能赅、大而有要者,无如《论语》圣人教弟子一章。因别孝、弟、谨、信、泛爱、亲仁、学文为七事,于每事编昔贤嘉言懿行,有与之合者系于其下。且择其词义浅显而雅驯者,以便于讲习。俾得优游函泳于其间,庶几哉天真以是而养,才识以是而启矣。作圣之基,将于是乎在,而何患乎汙俗之染

---

① (民国)蒙起鹏:《广西近代经籍志》卷三"子部",第4页。
② (清)陈继昌:《墓志铭》,见《岳麓文集》,第35页。

哉！或曰：学人博学无方，是区区者，奚啻太仓之一粟？余曰：学人博无方，然圣人教弟子，则不从博而从约，盖别有一道，非子所及知。然则予之所编，方惧其赘也，予顾以为少耶？①

时嘉庆二十四年岁次己卯夏五上烷岳麓老人蒋励常序

《养正编》分《孝亲编》《弟（悌）道编》《谨行编》《信言编》《泛爱编》《亲仁编》《学文编》七个部分，《孝亲编》有二十一个故事，《弟道编》有十七个故事，《泛爱编》有五十个故事，《亲仁编》有十五个故事，《学文编》有十三个故事。②每一编下都举实例来印证，用历史上的人物故事论证孝亲、敬长、慎言、谨行、亲仁、学文之重要。每篇阐述编辑者的见解，并用若干个故事说明本篇主题。《广西近代经籍志》归入子部，《广西省述作目录》归入杂述类，《广西地方文献目录》《广西地方史志文献联合目录》归入哲学。《广西近代经籍志》《广西文献名录》《广西地方史志文献联合目录》《广西历代文人著述目录 广西历代文人著述馆藏联合目录》有著录。

一卷。

存。见于蒋励常《岳麓文集》，而《广西近代经籍志》标为"未见"，不知所据。③主要版本有单行本和合集本：（1）嘉庆二十四年（1819）刻本。一册，桂林图书馆藏。④（2）咸丰、同治间《全州蒋氏丛刻》本。其孙蒋琦龄搜集遗稿若干，于咸丰九

---

① （清）蒋励常著，蒋世玢、蒋钦挥、唐振真、唐志敬点校：《岳麓文集》卷三，第243页。
② 广西壮族自治区图书馆、广西壮族自治区桂林图书馆合编：《广西文献名录》，第603页。
③ （民国）蒙起鹏：《广西近代经籍志》卷三"子部"，第4页。
④ 广西桂林图书馆、广西通志馆资料室编：《广西地方文献目录》（下册），第282页。

年（1859）以《岳麓文集》为名，整理刊印。全书八卷，包括考、记、书、序、跋、寿序、墓志铭、杂文、《养正编》、《十室遗语》等，并附录诗一首，词一首。（3）民国二十一年（1932）排印本《岳麓文集》，广西壮族自治区图书馆和桂林图书馆有藏。（4）蒋世玢等点校《岳麓文集》本。广西人民出版社于2001年出版。

## 女范　清·张鹏展辑纂

作者简介见《读经释义》。

《女范》。张鹏展崇尚理学，其思想以静为主，躬行为本，"居官必思于物有济，遇事惟求此心所安"，① 陶澍称之为"正人君子"。② 故张鹏展从史书、政纪、文集等文献中摘取大量有关女德材料，强调了《女范》的道德模范性，"俾女流读之，咸知我亦天氓，罔敢妄自菲薄。各安准绳规矩，不稍轶荡，名之曰范，盖欲其永以为式云"。③《广西近代经籍志》归入子部，《广西省述作目录》归入伦理修身类。《广西近代经籍志》《广西省述作目录》《广西历代文人著述目录　广西历代文人著述馆藏联合目录》等有著录。

四卷。

佚。见（光绪）《上林县志》，黄诚沅《上林县志》著录"四卷，刊，已残"。④《广西近代经籍志》著录"未见"，⑤《广西省

---

① （民国）杨盟、李毓杰修，黄诚沅纂：《上林县志》卷一一"人物部上"，第621页。
② （民国）杨盟、李毓杰修，黄诚沅纂，《上林县志》卷一一"人物部上"，第622页。
③ （民国）杨盟、李毓杰修，黄诚沅纂：《上林县志》卷一三，第759页。
④ （民国）杨盟、李毓杰修，黄诚沅纂：《上林县志》卷一三，第759页。
⑤ （民国）蒙起鹏：《广西近代经籍志》卷三"子部"，第6页。

述作目录》未注明存佚情况。

## 续葬论  清·李维坊撰

李维坊，生卒年不详，字春亭，广西上林人。道光十五年（1835）恩贡生，著《续葬论》，生平记载见（民国）《上林县志》。

《续葬论》。该书针对当时上林一带，亲人死后久停不葬或二次葬的现象，仿司马光《葬论》一书而著，因此命名为《续葬论》，成书于光绪二年（1876）。《上林县志》说，该书"议论精辟，识解高超，且援引极其精详，切中时弊，一片救世苦心，昭然若揭。洵足发聋振聩，有裨世道，风化不浅"。[1] 徐衡绅《续葬论序》说：

> 尝闻葬者，藏也，谓藏先人形体而勿使暴露也。乃世多惑于风水之说，借祖父之骨骸希子孙之富贵，往往待寻吉地，有停枢数年，或数十年而不葬者，甚有既葬之后，误听堪舆邪说，发冢检骨，辗转迁移，是皆富贵之念有以蛊之也。孔子曰："富贵在天。"天予有德，锡之以福。使富贵而听于地，则地擅天权，天遂徇其权而富贵之，有是理乎。林邑故贡生李君春亭，著有《续温公葬论》一书，煌煌万余言，引用宏博，洵为援溺之慈航。乙亥秋，余调任斯邑。次年二月重修县志，其哲嗣李铨、铎、锦昆仲，请收入邑乘，其继承先志，可谓孝矣。而余意谓与其汇入志书，徒作案头章句，实不如另刊梨枣，便于刷印，俾愚夫愚妇咸知其非而痛改之，较为有益。今嗣君拟将付梓，丐余作序。是时适奉

---

[1] （民国）杨盟、李毓杰修，黄诚沅纂：《上林县志》卷一三，第762页。

涂大中丞示下严禁发冢检骨，并有惑于风水而寄放骸坛于山坡田畔以待吉地者，勒限半年内，一律安葬等语，慈心善政，隐合李君之所先言，又为宰土者加一鞭策。无如邪说迷人，牢难猝破，上虽严为示禁，而下不善为开导，亦难保无阳奉而阴违。是编训诫周详，痛辟其谬，吾知具有天良者，当必晓然于骨骸之不可播弄，富贵不可徼求，革薄从忠，则是编未始非羽翼宪典之一助也。是为序。①

一卷。

未见。见于民国《上林县志》，载录为"刊，存"，② 但后来《广西地方文献目录》《广西历代文人著述目录 广西历代文人著述馆藏联合目录》《广西地方史志文献联合目录》《广西文献名录》等藏书目录未见著录，存佚未知。

## 为人录　清·苏懿谐辑纂

作者简介见《大易掌镜》。

《为人录》。③ 分上、下两卷，论述了儒家的为人处世思想。上卷二十一篇：《立基》《立心》《发愤》《学术》《好学》《持敬》《致知》《慎言》《躬行》《礼法》《存省》《修身》《克己》《忧患》《戒惧》《谦抑》《器量》《齐家》《统业》《处众》《涉世》。下卷二十二篇：《稽古》《论世》《考业》《纪学》《讲学》《检身》《铸品》《自明》《自强》《践实》《应务》《制事》《安遇》《达观》《透悟》

---

① （民国）杨盟、李毓杰修，黄诚沅纂：《上林县志》卷一四，第847—848页。
② （民国）杨盟、李毓杰修，黄诚沅纂：《上林县志》卷一三，第762页。
③ 按：《清史列传》作《人为录》，不知所据，《广西地方史志文献联合目录》《广西省述作目录》题名《为人录》。

《教术》《人情》《驭下》《从政》《主诚》《衡论》《统论》。每篇摘引古人、古书有关篇目的语录文字若干条,阐明本篇义理,还有作者按语和见解论述。① 《广西地方文献目录》《广西地方史志文献联合目录》归入哲学,《广西省述作目录》归于伦理修身类。《清史列传》《广西近代经籍志》《广西地方文献目录》《广西省述作目录》《广西历代文人著述目录 广西历代文人著述馆藏联合目录》《广西地方史志文献联合目录》《广西文献名录》等有著录。

二卷。②

存。见于《清国史》,《广西近代经籍志》载"未见"。广西统计局存稿本,桂林图书馆藏民国二十三年(1934)抄本,一册。③

## 开节录　清·苏懿谐辑纂

作者简介见《大易掌镜》。

《开节录》。本书分两卷,上卷收录清安徽人张英《恒产琐言》《恒产琐言补存》《诸儒格论》《四书制艺》。下卷入载《苏文忠公省费策》《苏孟侯禀帖》《孟侯拟节用说》《诸儒格论》《节用规条》《四书制艺》。《恒产琐言》录张英原文;《诸儒格论》抄略倪思、陆九韶、张英等人有关节省费用的言论;《节用规条》分婚礼、葬礼、丧礼等方面分说,共五条,载录严虞淳《生财有大道》、王自超《五谷熟而民人育》、景运亨等撰《食之以时

---

① 广西壮族自治区图书馆、广西壮族自治区桂林图书馆合编:《广西文献名录》,第540页。
② (清)佚名:《卿彬传》,见《清国史》,民国嘉业堂抄本。
③ 广西壮族自治区通志馆等主编:《广西地方史志文献联合目录》(上册),第345页。

用之以礼》诸篇,均收原文,只在文旁略加小注及圈点。①《广西省述作目录》归入政治经济类。《广西省述作目录》《广西地方史志文献联合目录》《广西文献名录》有著录。

二卷。

存。见于《清史列传》,《广西近代经籍志》载"未见"。桂林图书馆藏线装二卷,广西统计局存稿本。

## 民彝汇翼、续编　　清·苏懿谐撰

作者简介见《大易掌镜》。

《民彝汇翼、续编》。《清国史》题名《民彝汇》,②《广西省述作目录》归入杂述,《广西地方文献目录》归入哲学。《清国史》《广西近代经籍志》《广西省述作目录》《广西地方文献目录》《广西历代文人著述目录　广西历代文人著述馆藏联合目录》《中国丛书广录》等有著录。

五册。《广西省述作目录》载"五册",《清国史》《广西近代经籍志》著录"六卷"。

存。见于《清国史》,《广西近代经籍志》载"未见"。广西统计局存稿本,桂林图书馆藏民国抄本。

## 行藏录　　清·苏懿谐辑纂

作者简介见《大易掌镜》。

《行藏录》。大致是辑录先贤与修身养德相关的言语和史实而

---

① 广西壮族自治区图书馆、广西壮族自治区桂林图书馆合编:《广西文献名录》,第360—361页。
② (清)佚名:《卿彬传》,见《清国史》。

成，是儒学文献中的礼俗教化类著作，《广西省述作目录》归于伦理修身类。

卷次不详。

未见。《广西省述作目录》载"未刊"。

## 传心显义　　清·苏懿谐撰

作者简介见《大易掌镜》。

《传心显义》。《广西省述作目录》归入经部。《清史列传》《广西近代经籍志》《广西通志》《广西省述作目录》有著录。

一卷。①

存。见于《清国史》载录，《广西近代经籍志》载"未见"，《广西省述作目录》载存写抄本，故宫博物院图书馆藏。

## 迪知录　　清·苏懿谐撰

作者简介见《大易掌镜》。

《迪知录》。本书作者把自己所感知、观察到的清嘉庆十一年（1806）至道光九年（1829）的自然现象与人事、国事的祸福一一对应，充斥着"天人感应"的思想，也掺杂了佛教的"因果报应"观念。全书分三卷，上卷收《迪知录序》、《寅畏典型》十册、《补录》一册，中心思想是"知天威者，必先主敬"，认为这是"经传之微言"，应该作为平生的座右铭。中卷分《遇灾加省》《违敬之愆》《诸儒言行》《震卦解》《震卦总论》《逊志斋畏说》

---

① （清）佚名：《卿彬传》，见《清国史》。

《述异酌存序》《述异七条》,《恶气相遭说》等篇。下卷分《怀刑抄本》《律例切要》《邓贞一案》《制艺篇》《天威记》《威刑合一论》《永念天威赋》《迪知录问答》等八篇。①《广西省述作目录》归入杂述类,《广西地方文献目录》《广西地方史志文献联合目录》归入哲学。《清史列传》《广西近代经籍志》《广西文献名录》《广西地方文献目录》《广西省述作目录》《广西历代文人著述目录 广西历代文人著述馆藏联合目录》《广西地方史志文献联合目录》《中国丛书广录》有著录。

三卷。《清国史》载为"二卷",据现存版本考察,应为三卷。②

存。见于《清国史》著录,《广西近代经籍志》载"未见"。《广西省述作目录》载广西统计局存稿本,桂林图书馆有藏民国二十三年(1934)本,线装,三卷。③

## 中外格言录　清·游鸿举辑纂

游鸿举,生卒年不详,广西百色人,清末人。

《中外格言录》。辑汇中外修身进德名言语录而成,《广西省述作目录》归入杂述类。

卷次不详。

未见。《广西省述作目录》载"未刊"。

---

① 广西壮族自治区图书馆、广西壮族自治区桂林图书馆合编:《广西文献名录》,第52页。
② (清)佚名:《卿彬传》,见《清国史》。
③ 广西壮族自治区通志馆等主编:《广西地方史志文献联合目录》(上册),第345页。

## 训俗经言　清·肃清香撰

肃清香[①]，生卒年不详，字春圃，嘉庆十五年（1810）庚午岁贡生，迁江县人。嘉庆十四年为永福教谕，桂林府学教官。道光二年（1822）调宁明州学正。道光九年调马平教谕，推升知县。病逝，年七十有五。著有《训俗经言》，所著诗选入《峤西诗钞》，又选入《三管英灵集》。生平见（光绪）《迁江县志》、（民国）《迁江县志》、《峤西诗钞》、《三管英灵集》等。

《训俗经言》。《广西省述作目录》归为伦理修身类，属于儒学文献。

卷次不详。

佚。仅见（光绪）《迁江县志》，[②]《广西省述作目录》等广西各大藏书目均未载录。

## 教士汇编　清·蒋启敭辑纂

蒋启敭（1795—1856），字明叔，号玉峰，广西全州人，蒋励常次子。道光二年（1822）进士，由翰林院编修累官至顺天府尹，此后三十多年先后在江西、河南等地为官。咸丰六年（1856）任河东河道总督，病逝于治河工地，忠勤有声。《全县志》说他："其居官治事，一于诚，不知有祸福；处僚友上官，一于恕，不知有嫌怨……服官四十年无私产，置义仓济穷人。"[③]

---

[①] 按：（民国）《迁江县志》载肃清香，《广西省述作目录》载萧清，误。
[②] （民国）黎祥品修，刘宗尧纂：（民国）《迁江县志》第8编，民国二十四年（1935）铅印本。
[③] 蒋钦挥：《全州历史名人传记》，广西人民出版社，1998年，第180页。

著《教士汇编》《训俗迩言》《问梅轩诗草偶存》《问梅轩文稿偶存》《课艺偶成》《见闻随笔》《李杜韩三家摘句》等。生平事迹见蒋琦龄《行述》、王柏心《墓志铭》、《清史稿》、《清国史》、《东华续录》、（道光）《会昌县志》、（同治）《赣县志》、（同治）《义宁州志》、（同治）《南昌府志》、（同治）《饶州府志》、（光绪）《江西通志》、（民国）《山东通志》、（民国）《全县志》、《清代河臣传》、《再续行水金鉴》等。

《教士汇编》①。成书于咸丰六年（1856），分上下二卷，上卷以劝学教士，下卷则为发蒙养正。卷首有《自序》一篇、李棠阶《序》一篇。上卷首列《世祖章皇帝训饬士子卧碑文》（顺治九年）、《圣祖仁皇帝上谕十六条》（恭录第六条）、《世宗宪皇帝训饬士子碑》（雍正四年）、《高宗纯皇帝整饬书院谕旨》（乾隆元年）、《大清会典》（摘录数条），次则摘选杂抄朱子《白鹿洞书院揭示》《沧州书社谕学者》、程端礼《朱子读书法》、《朱子论定程董学则》、高赉亨《洞学十戒》、陆陇其《示子帖》、唐翼修《父师善诱法》等论学劝学之言和诸葛亮、二程、朱子、王阳明、孙奇逢等励志劝学、修身进德格言要语；下卷选取朱子《童蒙须知》、方孝孺《幼仪杂箴》、吕近溪《小儿语》、吕新吾《社学要略》、陆桴亭《论小学》、屠羲时《童子礼》、唐翼修《父师善诱法》（节抄）等文，选文后几乎都附有陈宏谋按语。对其著述缘起和体例，其《自序》说：

> 古之教者，自孩提至于成人，凡所以检束其身心、增益其学问，莫不循循有法度，故其时多经明行修之士。后世为父师者，童时则姑息为爱，无义方以养正；及其既长，习与

---

① 按：《广西近代经籍志》（卷三"子部"，第9页）题名《教士类编》。

性成，又不能严训诫以规之于道，往往流于匪僻而不知。至其所谓学者，不过使之务记诵、习词章，靡靡焉无济于实用。嗟呼，父兄之教不先、子弟之率不谨，有由然也。同年李文园先生主河朔书院讲席，悯学者多为境累而不能自立，乃采古人事迹卓著者，汇为《志节编》，以训多士。予既序而行之矣。特其书于教士规条尚未之及，予复纂辑前贤设教成法，由伦常事物以迄于诵读举业，凡有裨于身心学问者，或全录，或节抄，厘为上下卷，名《教士汇编》，一以训成人，一以训童蒙。而冠之以列圣谕饬士子之文，所以尊圣训、崇国制也。夫教亦多术矣，而所采止此，盖仅就日用行习间简要易从者录之，故一切性理微言、经济实用概未及载，学不躐等也。吾愿世之为父师者，守是编以教其子弟，毋以为浅近而慇置之。为子弟者，自入家塾，以至出就外傅，循序而力行之。则所谓成人有德，小子有造者将于是乎在。而此编功用可与《志节编》互相表里，庶几古贤教术至今不坠云！[①]

咸丰六年三月桂林蒋启敭

**又有咸丰六年（1856）李棠阶序：**

> 士之所以自立者，学也；而学之不失其正，视乎教。教之始基，尤在于蒙养。自圣道不明，学术日歧，教亦乖方，士习文风愈趋愈下，吏治亦日以蛊，良可慨也。同年蒋玉峰先生凤承家学，敦本尚实，以进士宰江右，荐历牧守。宦辙所至，兴学造士，世所视为迂远者，独恳恳不少息。咸丰壬

---

[①] （清）蒋启敭著，蒋世玢、唐志敬、蒋钦挥点校：《问梅轩诗草偶存》，广西人民出版社，2001年，第91页。

子观察河朔，于书院尤加意。时予主讲已三年矣，学无实得，教亦乏术，不能俾士子鼓舞奋兴，从事于斯。曾辑《志节编》以示诸生，欲稍破声利之积习，反诸身心。先生阅之，以为其本端矣，教法未备，于是即古人所以垂教者，次第编纂，厘为二卷。上卷以教士，下卷则专为蒙养。言之源流毕贯，本末具举。而首冠以列圣之大训，煌煌焉，谆谆焉，尤如呼寐者，使之觉其法綦备，其用心良苦矣。夫知所以教，则知所以学。先哲法言轨辙具在，自纲常伦理以达于日用酬酢之间，自幼学以及于壮行自成，已而推之成物，循途以赴，皆可驯致。但能以志帅气，求古人之用心，反而约诸己，毋见异而迁，毋半途而废，己之心得，即古人之心得。而于先生之心亦安所不得者乎？顾先生集教士之法而于蒙养尤切，盖自士子没溺于词章利禄、时文试帖之外，几无所为学。子弟束发受书，兄师长辄日以科目等语诱而聒之。稍长，则授以俗文，速之应试，一游庠序，志意已满。举四书、五经，皆以为进取资，而不肯专心研究，反诸己而推之事，安望其明体达用、本学术为治术乎？苟读是编而遵守之，因教知学，因学知教，渊源所渐，人知向方处可以表率乎乡间，出可以无负于君国，则是编之所关巨矣，岂徒为教士之正轨已哉。①

岁次丙辰夏五月，年愚弟李棠阶谨序

《广西近代经籍志》归入子部，《广西省述作目录》归入教育类，《广西地方文献目录》《广西地方史志文献联合目录》归入哲学，为儒学文献。《广西近代经籍志》《广西省述作目录》《广西地方

---

① （清）蒋启敩著，蒋世玢、唐志敬、蒋钦挥点校：《问梅轩诗草偶存》，第92—93页。

文献目录》《广西地方史志文献联合目录》《广西文献名录》《广西历代文人著述目录 广西历代文人著述馆藏联合目录》等有著录。

二卷。

存。见于蒋启敫《问梅轩诗草偶存》,《广西近代经籍志》载录"未见",不确。主要版本有：(1)同治九年(1870)东园草堂《问梅轩文稿偶存》本。《教士汇编》附入。(2)咸丰、同治间《全州蒋氏丛刻》本。收文集《问梅轩文稿偶存》,以《教士汇编》附入文集中。(3)光绪三年(1877)刻本。卷首有咸丰六年(1856)蒋启敫自序,又有丙辰年(1856)李棠阶序。(4)蒋世玢等点校《问梅轩诗草偶存》本。2001年,广西人民出版社出版,《教士汇编》附入。

## 训俗迩言　清·蒋启敫撰

作者简介见《教士汇编》。

《训俗迩言》。蒋启敫任职江西达三十年,关注农田水利、学校教化、乡村风俗。针对江西赣州、龙南两县犷悍难治的民风和严重的匪患,蒋启敫选取地方政事管理最为紧要各事,编题作《训俗迩言》刊布民间,共十二条,即"敦伦纪""息争讼""治讼棍""崇节俭""设义仓""修水利""惩刁佃""禁赌博""禁鸦片""戒风水""禁轻生""捕盗贼"。语言浅近真切,使百姓亦能解得,旨在感发天良,使人改恶从善,是一篇较有价值的文章,对研究古代的司法制度有一定的参考意义。

一卷。

存。主要的版本有：(1)同治九年(1870)东园草堂《问梅轩文稿偶存》刊本凡五卷,卷五为《训俗迩言》。(2)《全州蒋氏丛刻》本。《问梅轩文稿偶存》附入《训俗迩言》。

## 侍养要义　　清·周思宣撰

作者简介见《禹贡地理考略》。

《侍养要义》①。该书讨论的是孝义及行孝的问题，《广西省述作目录》归为伦理修身类，属于儒学文献。

卷次不详。

佚。（光绪）《临桂县志》有著录，《桂林历史人物录》说该书未付梓，②《广西省述作目录》载"绝本"，现不存。

## 堂北负暄录　　清·周思宣撰

作者简介见《禹贡地理考略》。

《堂北负暄录》。《广西省述作目录》归为伦理修身类，属于儒学文献。（光绪）《临桂县志》、《广西省述作目录》、《广西历代文人著述目录　广西历代文人著述馆藏联合目录》等有著录。

卷次不详。

佚。（光绪）《临桂县志》有著录，《桂林历史人物录》说该书未付梓刊刻，③《广西省述作目录》载"绝本"。④

---

① 按：《广西历代文人著述目录　广西历代文人著述馆藏联合目录》（第4页）载为"《待养要义》"，误。
② 张益桂、张阳江：《桂林历史人物录》，第552页。
③ 张益桂、张阳江：《桂林历史人物录》，第552页。
④ （民国）广西统计局：《广西省述作目录》，第21页。

## 礼学须知　清·陈继昌撰

陈继昌（1791—1856），原名守睿（一说守壑），号莲史，广西临桂人，陈宏谋玄孙，曾祖陈钟珂，祖父陈兰森，父陈鼎勋，本生父陈元焘。嘉庆二十五年（1820）进士，自乡会试至廷对皆策名第一，人称"陈三元"。道光二年（1822）典试陕甘，所得皆知名士。道光七年出守山东兖州州府，转江西按察使、江宁布政使，署江苏巡检、内阁中书，皆有殊绩。道光二十五年因疾作，请开缺回籍。咸丰六年（1856）卒于家。著有《读书心解》《礼学须知》《如话斋诗稿》等。（光绪）《湖南通志》、（光绪）《广州府志》、（光绪）《江西通志》、《国朝先正事略》、《东华续录》、《清史稿》等皆有生平资料。

《礼学须知》。受陈宏谋影响，陈继昌热爱学问，崇尚理学，他的书房中素设南宋理学大师朱熹的牌位，每天早上开卷读书之前，必定肃然敬拜，方始开读，《礼学须知》一书就是其读礼的成果之一，为笔记体著述。只是该书久不流传，无从知道其具体主张。

卷次不详。

未见。仅见于相关生平事迹的介绍文献中，《广西近代经籍志》《广西省述作目录》《广西历代文人著述目录　广西历代文人著述馆藏联合目录》《广西文献名录》等书目未著录。

## 简要格言　清·蒋伯琨辑纂

蒋伯琨，生平事迹不详，广西全州人，著《简要格言》《居家要略》。

《简要格言》。著述始于何年无考，光绪辛丑（1901）已有成书，该书体例、性质如蒋琦龄《简要格言序》曰：

> 家封翁伯琨先生，五世同居，为时义门。先生植品治家，事事皆可法则。曾著《居家要略》一书，前辈张南松先生服其天分之高。辛丑，余乞假在籍，先生复以所辑《简要格言》见示，受而读焉。始叹先生之学之醇，持之固有其本，而非第天分之高已。格言夥矣，先生惟取切于身心日用者录之，诚哉其简而要也。夫非知之艰，行之艰，先生于先民法语，固身体而力行之，而后举是编以惠人。故所录不多，实已括持躬涉世之全。否则空谈高远无裨实用，纵等身书奚取焉？然则是编也要矣，而非简也，愿与有志之士共勖之。①

可知，该书是从史书、名人语录中摘录有关修身进德、切于实用的言语汇辑而成，《广西近代经籍志》归入子部。

卷次不知。

未见。据蒋琦龄《居家要略序》载，光绪二十七年（1901）曾流行，该书在道光二十一年（1841）或之前流行过，蒙起鹏《广西近代经籍志》著录"未见"，② 现不存。

## 居家要略　清·蒋伯琨辑纂

作者简介见《简要格言》。

---

① （清）蒋琦龄著，蒋世玢、蒋钦挥、蒋世铎、唐志敬点校：《空青水碧斋诗文集》，第87页。
② （民国）蒙起鹏：《广西近代经籍志》卷三"子部"，第6页。

《居家要略》。蒋琦龄《居家要略序》所述："家封翁伯琨先生，五世同居，为时义门，先生植品治家，事事皆可法则。曾著《居家要略》一书。"① 可知，该书作于《简要格言》之前，大概辑录历代治家格言语录、史实而成书，是儒家文献中的家训之作。《广西近代经籍志》归入子部。

卷次不详。

未见。该书仅见于蒋琦龄《居家要略序》中。

## 女子遗规　清·苏宗经辑纂

苏宗经（1793—1864），字是程，号文庵，广西玉林人。清道光元年（1821）中举，历任新宁州（今广西扶绥县）训导、平乐县教谕、梧州府教授、国子监丞，死后诰授奉政大夫。苏宗经为培养人才，倡修郁林州紫泉书院。道光十二年，他与郁林州知州王彦和重修城墙，受到清廷嘉奖。他的著作甚多，有《读史管见》四卷、《坊表录》四册、《名臣百咏》一卷、《慎动斋文集》十八卷、《明史约编》三十卷、《鉴史精华》八卷、《酾江诗草》二十六卷，并编辑了《广西通志辑要》。《晚晴簃诗汇》、《清史稿》、（光绪）《广西通志辑要》、（光绪）《郁林府志》、（光绪）《新宁州志》、（民国）《桂平县志》等有小传。

《女子遗规》。《广西省述作目录》归为伦理修身类，大致仿陈宏谋《教女遗规》，辑录古今教谕、训导女子德行而成书，属于儒论中的礼俗教化类文献。《广西省述作目录》《广西通志稿》等有著录。

卷次不详。

---

① （清）蒋琦龄著，蒋世玢、蒋钦挥、蒋世铎、唐志敬点校：《空青水碧斋诗文集》，第87页。

佚。光绪十八年（1892）苏玉霖为父亲苏宗经刻印了《女子遗规》，《广西省述作目录》载"家刊"，① 今佚。

## 婚丧摘要　清·俞学乾辑纂

俞学乾，生卒年不详，广西全州人。道光五年（1825）乙酉科举人，四川金堂县知县。生平参见（民国）《全州县志》。

《婚丧摘要》。该书是一本辑录之作，节录的是《仪礼》《丧礼》《朱子家礼》等古代文献中有关婚丧的记录，借以训诫家里、邻人，属于儒学文献。

卷次不详。

佚。《全州历史名人传记》②《全州历史人物著作目录》③《历史的碎片——全州地域文化纵横谈》④ 有著录。

## 闺门格言　清·唐良玺辑纂

作者简介见《义仓应行规条十则》。

《闺门格言》。该书应该是一部摘抄著述。作者从《史记》《汉书》《文献通考》《古今图书集成》等文献中摘录古代闺门典范资料，汇辑成书，目的是规范闺门，旨在"维持风俗之大者"。⑤（嘉庆）《广西通志》、（光绪）《广西通志辑要》归入子部，《广西省述作目录》归入伦理修身类。（道光）《兴安县志》《广西博物馆文集》也有载录。

---

① （民国）广西统计局：《广西省述作目录》，第21页。
② 蒋钦挥：《全州历史名人传记》，第299页。
③ 蒋钦挥等：《寻觅全州先贤》，第416页。
④ 蒋钦挥：《历史的碎片——全州地域文化纵横谈》，第274页。
⑤ （清）谢启昆修，胡虔纂《广西通志》卷二〇七"艺文志"，第5444页。

四卷。

佚。（道光）《兴安县志》有载，（嘉庆）《广西通志》、（光绪）《广西通志辑要》载"未见"，《广西省述作目录》载"绝本"，① 现不存。

## 治家琐谈　清·颜有光撰

颜有光（1806—1853），字心斋，广西博白人，道光五年（1825）举人，曾在高廉书院、博陆书院等处任教，以教学终老。居乡，赈贫救困，办团练，刊行善书，为人所称道。著有《治家琐谈》《教士学规》及平生诗文若干卷。生平事迹见郑献甫《乙酉孝廉博白心斋颜君家传》、蒙起鹏《广西近代经籍志》。

《治家琐谈》②。《广西近代经籍志》题名《治家琐谈教士学规》，归入子部。

卷次不详。

未见。见于郑献甫《补学轩文集》，说："君著有《治家琐谈》《教士学规》及平生诗文若干卷。"③

## 人镜录　清·路顺德辑纂

路顺德（1777—1862），字应侯，号松坡，广西融县人，嘉庆二十四年（1819）己卯科举人。著《存存堂文集》《尺五轩诗稿》《焚余诗稿》《论捕蝗法》《团练纪略》《治蛊新方》《人镜录》

---

① （民国）广西统计局：《广西省述作目录》，第22页。
② 按：蒙起鹏《广西近代经籍志》（卷三"子部"，第10页）著录为："《治家琐谈教士学规》，颜有光，未见。"误，把两书混为了一书。
③ （清）郑献甫：《补学轩文集续刻》卷三，见潘琦主持《广西历代文献集成·郑献甫集》第8册，第50页。

《反洋烟四耗》等。生平可参考郑献甫《墓志铭》、（民国）《融县志》、《广西方志提要》等。

《人镜录》。辑录历史上可资借鉴、表率的人或事，以进德修身，与苏宗经《坊表录》属同一性质的书，属于儒学中礼俗教化文献，《广西省述作目录》归入文学。

卷次不详。

未见。（民国）《融县志》第七编有载，《广西省述作目录》《广西通志》载有家刊本，今不知收藏地。

## 居家必读书　明·朱柏庐撰，清·曾浤仁撰

曾浤仁，生卒年不详，原名宏仁，字永春，广西怀集（今属广东）人。道光二十年（1840）庚子恩科举人，道光时任知县。咸丰六年（1856）居家，参与保城。咸丰九年保举为直隶州分府。同治十二年（1873）总修《怀集县志》。生平事迹参见（同治）《怀集县志》、（民国）《怀集县志》。

《居家必读书》。本书是明儒朱柏庐授徒课本《家训》的注解本。曾浤仁将朱著《家训》逐句、逐层阐释，先引前代儒学先贤格言、圣经贤传之旨有吻合者，然后将本句含义加以阐发析释，有的还引故事。《居家必读书》与桂林陈宏谋《训俗遗规》类似，于人伦日用、寻求至理于检束身心、率正人心、维持风俗有补益。《广西地方史志文献联合目录》等归入哲学，（同治）《怀集县志》、（民国）《怀集县志》、《广西地方文献目录》、《广西文献名录》、《广西地方史志文献联合目录》等有著录。

一册。

存。主要版本有：（1）同治十三年（1874）罗汝瑜、李钟英刻本。（2）光绪八年（1882）增修本。怀城尊经阁藏版，线装，

一册，桂林图书馆藏。①

## 圣功集　清·封培绪辑纂

封培绪（1798—1878），字苢洲、洲培，号瓒斋，封培俭弟，广西容县人。光绪四年（1878）卒，年八十一岁。生平事迹参见（光绪）《容县志》。

《圣功集》。完成于道光二十九年（1849），为授徒而作。（光绪）《容县志》称："撮先正格言，切于日用伦常者，纂为此书。"②《圣功集自序》：

> 易曰：蒙以养正，圣功也。夫圣非易言，第以养之，无其功则蒙，奚由而正？爰取古来经史中故实，足以开聪明、端趋向、资鉴戒者，区其类而联其目，以便口讲，以充腹笥，而属对之道寓焉。首列时令，敬授人时也。其次者窃以为果幼而慧，父兄不知立教，则子弟不知警惕，教以敦伦，先德行而后文艺也。由是立志读书，以驯至彬雅，而诗词书翰及物类之足资多识者，皆于是乎在。则幼而学，可壮而行矣，虽然犹未也。盖阴骘易丧，科第难求，又曷由仕宦而荣遇。噫！可不兢兢欤。如果得志以有为，更当知足而不辱，或者隐逸林泉，游赏岩穴，以臻寿考，庶几哉！此则采辑者欲以十八条，期于蒙养之至意也。于处从事于斯，緊惟作圣

---

① 广西桂林图书馆、广西通志馆资料室合编：《广西地方文献目录》（下册），第283页。
② （清）易绍惪、王永贞修，封祝唐、黄玉年纂：《容县志》卷二二，清光绪二十三年（1897）刊本。

之基,是所望于不厌之学者,尤望于不倦之教者。①

摘录《汉书》《资治通鉴》《春秋左传》《韩诗外传》等经传、先正格言切于日用伦常、可为借鉴的故实,依类列目,分为十八门:曰时令、曰幼慧、曰文教、曰警戒、曰敦伦、曰立志、曰读书、曰文学、曰诗词、曰书法、曰物类、曰阴骘、曰科第、曰仕宦、曰荣遇、曰隐逸、曰游赏、曰寿考。每类门下,四字为一题识,总计三百五十四条,类似一部类书,②"乡塾多珍之"③。《广西近代经籍志》归入子部,《广西省述作目录》归入杂述,《广西地方史志文献联合目录》《广西地方文献目录》归入文学,为儒学文献劝学训导之作。《容县志》《广西地方文献目录》《广西地方史志文献联合目录》《广西省述作目录》《容州封氏家谱》《广西通志》《广西文献名录》等有著录。

三册。(光绪)《容县志》、蒙起鹏《广西近代经籍志》载"三卷",《广西地方史志文献联合目录》《广西地方文献目录》《广西文献名录》载录二卷。

存。(光绪)《容县志》卷二二说"存,未梓",④《广西近代经籍志》载录"存,未梓"。⑤《容州封氏家谱》《容县志》载存,容县博物馆、容县四登村曾宪桂家藏咸丰八年(1858)红皮手抄本上下卷。⑥民国时期,广西统计局向社会广泛征集得到封培绪的《圣功集》写抄本,广西统计局藏。桂林图书馆存清末抄本,

---

① (清)封培绪:《圣功集自序》卷一五,见封祝唐、封祝祁《容县封氏家谱》,第6页。
② 广西壮族自治区图书馆、广西壮族自治区桂林图书馆编:《广西文献名录》,第490页。
③ (清)易绍惠、王永贞修,封祝唐、黄玉年纂:《容县志》卷二二。
④ (清)易绍惠、王永贞修,封祝唐、黄玉年纂:《容县志》卷二二。
⑤ (民国)蒙起鹏:《广西近代经籍志》卷三"子部",第12页。
⑥ 保华主编:《容州封氏家谱》卷一,第570页。

二册。①

## 训蒙浅说　清·潘继岳撰

潘继岳（1826—1902），字乔峰，广西罗城人。清咸丰五年（1855）乙卯岁贡生，至光绪二十一年（1895），在柳城、罗城各地辟馆授徒，当时本地有声誉者多出其门。著《训蒙浅说》，存有《修砌邑鸾墩脚村旁墟路碑记》一篇。生平资料见（民国）《罗城县志》。

《训蒙浅说》。为教导蒙童之作，《广西省述作目录》归入教育类，属于儒学文献。

卷次不详。

佚。见（民国）《罗城县志》，《广西省述作目录》未著存佚。

## 立定脚跟　清·龚延寿辑纂

作者简介见《周易拟象》。

《立定脚跟》。辑录节要攸关身名大节的名言粹语而成书，《广西省述作目录》归入杂述类。

十二卷。

未见。见于龚仁寿《衡庵行述》，②（光绪）《浔州府志》、（光绪）《贵县志》、（民国）《贵县志》载有稿本，《广西省述作目录》载"未刊"。

---

① 广西桂林图书馆、广西通志馆资料室合编：《广西地方文献目录》，第333页。
② （民国）欧仰羲修，梁崇鼎等纂：《贵县志》卷一六"人物列传"，第994页。

## 知人绪论　清·龚延寿撰

作者简介见《周易拟象》。

《知人绪论》。《广西省述作目录》归入杂述类。

一卷。

未见。见于龚仁寿《衡庵行述》,①（光绪）《浔州府志》、（光绪）《贵县志》、（民国）《贵县志》载有稿本,《广西省述作目录》载"未刊"。

## 论世录　清·龚延寿撰

作者简介见《周易拟象》。

《论世录》。《广西省述作目录》归入杂述。

二卷。

未见。见于龚仁寿《衡庵行述》,②（光绪）《贵县志》、（民国）《贵县志》载有稿本,《广西省述作目录》载未刊。

## 庭训录　清·赵润生撰

赵润生（1850—1905），字钟霖、湘源，号柳溪老人，广西全州人。光绪二十年（1894）进士，当年任湖南新化县知县；二十二年任湖南益阳县知县；二十三年任湘阴县知县，次年捐同知；二十七年任湖南衡州府常宁县知县。光绪二十八年任南洲直

---

① （民国）欧仰羲修，梁崇鼎等纂：《贵县志》卷一六"人物列传"，第994页。
② （民国）欧仰羲修，梁崇鼎等纂：《贵县志》卷一六"人物列传"，第994页。

隶厅通判。光绪三十一年卒,年五十六岁。翁同龢门人,① 一生戒惧谨慎,恪尽职守。《国史馆循吏·赵润生列传》说:"宦湘十年,凡四易任,所至案无留牍,必严查保甲,以清良莠。每决一讼,必两造均服,始具稿而手定之,焦唇敝舌不以为苦。每行县减廉从,罢徭役,自给夫马。遇儒者肫诲若子弟,豪强巨猾必严惩不少贷……历任巡抚多其能,先后奏保,迭蒙恩旨嘉奖,并大计卓异焉。"② 著《翰林说》《御史法戒录》《庭训录》。生平事迹参见赵炳麟《先君柳溪公行述》、《翁文恭公日记不分卷》、《清史列传》、(民国)《全县志》。

《庭训录》。该书为赵润生教子家书的汇集,赵炳麟《序》云:"先君柳溪公所著书,清时在长沙付印而未录家书也。岁次壬戌,炳麟编辑教子各书之可传世者,并以国史列传、墓志、墓表,都为一卷,冠诸拙稿之首。"③ 是书编辑刊刻于山西太原,作为附录收入《赵柏岩集》中。主要包括《训子大概》十二条、《临别训子书》、《谕长子炳麟家书》十一通、《谕长子炳麟》八条。《训子大概》十二条是全书之纲,细目:一、审时势,酌进退。二、谦交君子而不可流于党,善避小人而不可结为仇。三、谨言语,不可说他人之短;惜笔墨,不可书时事之非。四、君前不可轻奏事,友前不可乱上书。五、读书必须明体达用,做事不可急功近名。六、度量要宽宏,性情要忍耐。七、谈笑不可近讥诮,应对不可斗针锋。八、精明须蕴于浑厚,浑厚须藏以精明。九、亲友以情相爱,尊长以礼相敬。十、心贵谦和,气戒骄傲。十一、当用之财不可吝惜,非分之宠不可邀求。十二、御下宜抚之以恩,感之以情,制之以礼,临之以智。使彼不忍欺我,

---

① (清)翁同龢:《翁文恭公日记不分卷》,光绪甲午年(1894)稿本。
② (清)赵炳麟:《赵柏岩集》下,广西人民出版社,2001年,第349页。
③ (清)赵炳麟:《赵柏岩集》下,第347页。

不敢欺我，不能欺我。①《临别训子书》主要讲处世宜外圆内方，不可一味切直："大则谏君，小则规友，须择用直之地，审用直之时，度用直之势，以成用直之功，而不至招用直之过。"②《谕长子炳麟家书》中除了谈及传统道德修养的条目外，还鼓励儿子积极了解世界。比如其十谈道："尔少年人正宜鼓其热力，以翊赞国家而维持世界，必须于学术上、政治上并力讲求……洞悉中外利弊情形，一一亲手登载。或自己编集，请人抄录。遇用时倘不能记年月姓名地处，一经翻阅，心即了然。"③《谕长子炳麟》则是对《训子大概》的细化和补充，比如"性情"条，列举了诸葛亮、郭子仪、亚历山大等人的事例，旨在论述遇事冷静、不可急躁的必要性。此外，还论及一些具体事务，比如学习和掌握西方法律等。《广西省述作目录》归于伦理修身类。《全州县志》《广西省述作目录》有载录。

一卷。

存。该书未见单行本行世，附于《赵柏岩集》内。主要版本有：(1)民国十一年（1922）排印本。赵炳麟在山西太原汇编出版《赵柏岩集》，特意把其父赵润生教子的信件合编为一卷，冠于自己文集之首，称为《庭训录》，排印出版。(2)2001年，刘深等重新整理《赵柏岩集》，附《庭训录》于集中，由广西人民出版社出版。

## 琼林籍　　清·莫如贤辑纂

莫如贤，生卒年不详，生活于同治、光绪间，广西岑溪人，

---

① （清）赵炳麟：《赵柏岩集》下，第358页。
② （清）赵炳麟：《赵柏岩集》下，第359页。
③ （清）赵炳麟：《赵柏岩集》下，第370—371页。

岁贡生。

《琼林籍》。"琼林",精华之意,仿《幼学琼林》而作,是一部儿童的启蒙读物,旨在鼓励童蒙修德励志、孝亲守法。《广西省述作目录》归为伦理修身类。《广西省述作目录》《广西通志稿》等有著录。

卷次不详。

未见。《广西省述作目录》载录有"家刊",[1] 曾流传,[2] 今不见。

## 戒讼戒赌论　　清·蓝芹撰

蓝芹,生卒年不详,号净溪,广西宜山人,岁贡生,终生不仕。《庆远府志》《宜山文史》《宜州市志》等有小传。

《戒讼戒赌论》。以四书五经为宗旨,论戒讼戒赌,《广西省述作目录》归为伦理修身类。

卷次不详。

未见。见(光绪)《庆远府志》,《宜山文史》《宜州市志》有载,《广西省述作目录》未著录存佚。

## 敦宗睦族论　　清·蓝芳撰

蓝芳,生卒年不详,号桂庵,广西宜山人,蓝芹之弟,岁贡生,曾官桂林训导。(光绪)《庆远府志》、《宜山文史》、《宜州市志》等有小传。

《敦宗睦族论》。《广西省述作目录》归为伦理修身类。

---

[1] (民国)广西省统计局:《广西省述作目录》,第22页。
[2] 广西壮族自治区地方志编纂委员会编:《广西通志·出版志》,第28页。

卷次不详。

未见。见（光绪）《庆远府志》，《宜山文史》《宜州市志》有载，《广西省述作目录》未著录存佚，《广西地方文献目录》《广西地方史志文献联合目录》等馆藏书目未著录。

## 有志轩家训　清·莫存礼撰

莫存礼，生卒年不详，广西邕宁人，著《有志轩家训》，生平见（民国）《邕宁县志》。①

《有志轩家训》。《后汉书·耿弇传》"有志者事竟成"，因以名书，《广西省述作目录》归为伦理修身类。

一卷。

未见。见（民国）《邕宁县志》，载"存"，《广西省述作目录》著录"未刊"。

## 乡约条规　清·无名氏撰

作者无考。

《乡约条规》。本书为太平天国时期，广西统治者惧怕农民群众参加天地会而编写的宣传材料，此《乡约》颁布于道光元年（1821），曾单独流传，该本现藏于广西壮族自治区图书馆、桂林图书馆。现全文摘录于下：

> 乡村□□，家有此书，妇女周知，孩童俱解。照得此邦，士尚文学，民勤稼穑，风气最为近古。迩来屡有异省匪

---

① （民国）谢祖莘、陈寿民修，莫炳奎纂：《邕宁县志》卷四二"艺文志"，第1684页。

徒，潜入本境，串同土棍结党为匪，以致内境不安，外侮迭起。本年查办大案，正法者固多，而侥幸漏网者，亦复不少。今奉各宪刊发十家牌，编查户册，举行团练，立法最为严密。今欲大兴教化，仿古人月吉读法之意，举行乡约，以举贡生员俊秀耆老为约长，刊刻条规，使尔等朝夕省览，以期俗易风移。嗣后于按月会团时，约长、副长及各头人用心宣说讲解，使乡里愚民人人通晓，痛改前非。父母官视尔等如子，视尔等之事如家事，故实心为尔等筹画，亲身率尔等办理。此本条规，非比泛常，尔等绅民，务必讲解遵奉，善莫大焉。条规列后：

一、举行乡约与保甲团练相辅而行，即古人月吉读法遗意。其法分团办理，每团设立约长、约副，奉行条规，各管各团之事，近而易周。

一、条规刊刻装订成本，约长、副长及各村头人各领一本，回到本村齐集老幼妇女，逐条宣说讲解，指迷解惑，成就好人，胜似讲佛经、说因果。

一、绅耆人等既做约长，务要行正事，说正话，使乡村人人敬信，听从教训约束；不可借充约长，揽权欺人，干预词讼。

一、设立约长，则一团之人俱要听从教导，不得抗傲。

一、各家子弟，要孝顺父母，尊敬兄长，和睦族邻；或读书，或耕田，或做生意，及早各习一业。父母妻子终身有靠，不许飘游浪荡，交结匪人。

一、子弟出村赶墟，早去早回。在墟卖物，得的银钱都要交回父母，不许在墟赌钱，亦不许买酒买肉私吃，花费银钱，使父母生气，便是人家好儿子。

一、家长约束子弟，要时时用心教训，时时加意防闲。

子弟出去做工、赶墟，要秘密查访，如在外赌博、奸淫、吃酒、打架、交结匪人，犯了一次，即要责打惩戒。若姑息纵容，渐渐成了匪类，必然倾败家产。这是第一件要紧的事。

一、人家婆婆待媳妇，男人待妻子，要训教他，管束他，却不可凌贱他。要晓得，这个媳妇也是人家十月怀胎，三年乳哺养出来的。比如你的女儿被人家公婆、丈夫凌辱，你心里岂不疼痛！切不可刻薄衣食，无故打骂，致令逃回母家，生出多少是非，甚至酿成人命。慎之！慎之！

一、人家女子，既然嫁了丈夫，便要靠定夫家为主。这里风俗，嫁女住了一夜，次日便回母家，过了几年，方来夫家，俗名叫做"归团"，这是极丑极坏的事。从今以后，男婚女嫁，总在十七八岁到二十岁为止。择日迎娶，过门便永远住在夫家，听公婆、丈夫教训，耕田、做工、生男育女，省得生出事端。这风俗，要在读书绅士晓得廉耻的人家改起，将来不知不觉，也都改变了。勉之！望之！

一、贫家妇女，纵穷到极处，也不要跟匪人逃走。如今各府、厅、州县，水路旱路都新设章程，派了许多兵目、公差，处处稽查拦阻，一经拿住，苦受官刑。约长们要将这话讲明，使女人晓得害怕。

一、穷民不可做贼。人生在世，耕田土、做买卖、做手艺，就是挑柴、卖草，甚至做乞丐，也都算良民。若做了贼，便是匪类，便是强盗，一经拿住，挨多少刑法，受多少苦楚。如今设立团练、保甲，专以稽查盗贼，窝家比不得从前了，你们快快改过自新，若被头人禀出到官，便不能饶恕了。

一、结拜添弟会，是第一件大犯法的事。好好的百姓，进了添弟会，便是朝廷罪人，如今处处访查会匪，断断不能遮瞒。兵差奉票来拿，用链子绚起就走，可怜你的爹娘、妻子、兄弟，号啕痛哭也救不得你了。一进衙门，官府见你是个会匪，先打嘴巴，打得两脸红肿，满口流血；又用小板子重打两腿，照例拧耳跪链，将铁链盘作一团，押你跪在链上，扯起两耳，那时两个膝头痛入骨髓，不怕不从实据供。一画了供，就用手镣脚铐捆作一团，如同猪狗一般，丢在牢里，要吃不得吃，要睡不得睡，受尽牢狱之苦。装入囚笼，解府、解省，历过多少衙门，受尽许多苦楚，然后分别定罪，做大哥、师傅的，先受极刑处死；拜会纠人的，斩罪处死；拜会而兼为匪的，绞罪处死。绑赴法场，刀斧手吆喝一声，先吓得魂飞魄散，然后用刀砍死，用桩绞死。这样的人不必说了。那次等问遣罪的，解往新疆万里之外。那地方滴水成冰，寒冷异常，受冻受饿，又要受他鞭扑责打，广西人如何禁受得起！到那里磨折一年半载，也是一条死命。那问徒的，解往他州外县，爹娘妻子不得见面，受苦无穷。就是问枷杖释回的，也是侥幸万一的事，虽然放回本乡本村，人人笑骂你是解省的会匪，受了官刑的人，终身做人不起。至投首免罪的事，更是非常侥幸。今道光元年，皇恩大赦，恭逢大人格外施恩，才许你们投首。若到明年，再有拜会，便不是这样办了，必定按名捉拿，不能饶恕。恐怕你们愚民不晓得，这是可一不可再的旷典，看见投首的人，安然无事，只说不妨拜会，将来尽可投首。故此告诉你们知道，要你们回头猛省，想起那些祸害苦楚，就有人打你逼你，也不肯从他拜会了。至书差、兵丁拜会，知法犯法，一概处死，不能减等，更要儆醒。

一、拜会之事，总说拜了兄弟，有人帮助你，看上年办理灌阳、阳朔、恭城、思恩、宜山、贺县、玉林、荔浦、上林等州、县会匪蒋五益、唐之莪、曹华容、曹先进、姚广、韦芳桂、蓝耀青、韦乔贵、黄大肚、文添保、邓望受、晏显文、韦老二、鍊老晚、杨陇、李豹、陈老八们的脑袋，都挂在犯事各村墟上，不知那个来帮助他？文毓学、蒋拐头、尹锡贵、童倡星、张老四、资观保、蓝扶庇、钟老四、李的弟、崖松、韦土愈、覃扶山、黄复兴、邓老晚、李瘄鼻、彭金秀、蓝特令、秦连有们一百多人，都遣在新疆万里之外，又有那个来帮助他？这是明明白白的事，你们百姓何不儆醒。从今以后，若有人邀你拜会，你便悄悄告知头人，星速禀官，立刻重赏。约长、头人、墟长等仍不时稽查，禀官究办，这条规最是要紧的，约长们讲得明白痛快，使百姓人人醒悟，免至败家亡身，便是约长们莫大阴功。

一、村墟有赌博，匪类即闻风而集，凡拜会、抢劫、好淫、盗贼皆因此而起。良家子弟一入局中，便成败类，此是乡约中第一要紧的事。自今以后，各村各建立高竿大旗，上写"奉宪禁赌"四字。若有在于村墟之中，及各庙宇、饭店摆桌开赌，并在空地摇筒跌钱，及抽放红黑签者，尔等约长、墟长、头人一面密往查明赌恶姓名，开列名单报官；一面鸣锣赶散。此系奉各上宪严谕必禁必办之事，毋得视为具文。

一、各村各墟遇有因事忿争、打架者，大家极力拉开劝解，免致打成人命。你们救得一命，即是救了两命，阴功不小。

一、村墟遇有不平欲鸣之事，先鸣约长、头人，听从理处，不可遽行告状。尔等约长、头人和了一场官事，便积了一件阴功。

一、民间读书识字之人，切不可替人作状词，即或至亲密友目不识丁，被人告害到官，不得已代为申诉，只可据情直书，不可捏词报复。若公然充当讼师，唆人告状，发大难之端，甚至串同蠹役、滥恶，平地风波，诬告平人，于中取利，害人败家荡产，冤屈难伸，此等罪孽，直堕九层地狱。呜呼！一枝冤孽笔，几串冤孽钱，近报则在自己，远报则在儿孙，能不寒心自痛乎？凛之！戒之！

一、人家少年子弟，无知妇女，有因小事与邻舍口角，为家长者，即时登门谢过。有理者因而气平，无理者闻而愧服，省却多少是非口舌。切莫听信妇人之言，生出事端，受累不浅。

一、村中户婚田土之事，该约长亲族人等，奉批理处者，要查明的确，秉公调处，不得稍存偏袒，尤不得借批挟制，欺压良善。

一、民间祖宗骸骨，入土即安。若无故迁葬，以致祖父骸骨暴露，某家必遭祸殃。若听风雨邪言，设计占人坟山，甚至伤害他人祖墓，此等坏尽心术，伤尽天理，必致子孙绝灭。凛之！戒之！

一、绅民商贾人等，有田业资本者，必要广积阴骘，自然子孙发达。待佃户、债户、铺户、工作及邻舍贫苦之人，总要宽惠周恤，不可刻薄，更不可重利盘剥，谋人田产、店屋。富人宽得一分，贫人即受益十分。要晓得积阴德与他人，即是贻福泽与子孙。

一、客商贸易开店之人，不可僭分妄为。有等不安本分之徒，用贱价买蓄女孩多口，留在店中，妄自尊大，公然越分使用，又带回广东重价发卖，占尽便宜，拆人骨肉，此等人必然折福招灾。现在各上宪饬谕各州、县，设卡稽查，府城关上，更加严紧。将来客商夹带妇女出境，取罪不小。凛之！慎之！尔等约长、头人时时稽查，若有串同拐子窝藏妇女出境，立刻鸣众报官，如知情容隐，事发连坐。

一、村中有田业者，要及早完清钱粮。如有拖欠国课，甚至隐匿、飞洒，此等人不但国法难容，并且家业不久，子孙不昌。至置买田宅，无论新旧，速宜投税过割，收粮入户，将红契贻与子孙，大吉大利。若匿契不税，或被告发，或因界至争控，白契不足为据，到官哑口无言，悔之何及。即或一时不致发觉，子孙必然受累，其细思之。

一、村中田屋、山场、园地，买卖分明。已经投税过割者，不得索找索补。如有听信讼棍唆使，恃强横索，该约长等即理喻饬止，违者公同禀究。

一、村中钱债不清，只应执帖投明约长理处。如抗骗不还，禀官究追，不可强牵猪、牛，扛抬什物，以致激成事端。

一、村中少年子弟，有父兄在上，尚未分产者，不可借债花用。倘有贪利之人，将银钱借与不肖子弟，冒写其父兄名字入券者，只许向不肖子弟取偿，不许向其父兄取讨。

一、各处陂塘、水圳，各照从前旧章，取水荫注，不得任意改换，以致滋生讼端。天下事，利己者必损人，谁其甘之。

一、桥梁、道路附近有力之家，宜倡首修造，以便行人。福有攸归，务各踊跃。

一、民间山场、地土，嗣后只许批给本村人住村耕种，不得贪图重价，批卖与外省来历不明之人，在于山僻处所，搁棚架屋，以致招引匪类，难于稽查。

一、村中有窝贼之家，必多面生可疑之人出入往来，断难瞒左右邻人耳目。该约长密行察查，如左右邻互相容隐，一体禀究。其有明目张胆，公然窝赃勒赎者，公同拴缚送官。

一、村中有被贼挖窃之事，即行报明约长，喊起同村之人，四路追捕，送官究治。若事后查出，只可报官带差查拿，切不可私自带人搜赃，反被贼人先以抢劫告官，以致真假难分，受累不浅。

一、村中有客民寄居者，其往来之亲戚朋友，多系外省人氏，尔约长邻人更要留心察查，明探暗访，如系匪徒，共同驱逐。

一、村民被贼供扳，真假难瞒乡里。倘是真贼，联名攻结，如实系良民被诬，即公同赴县保释，毋得滥攻滥保，致干连坐。

一、村民如果被劫，固应据实开列赃单具报。若系窃贼，不得张大其词，捏作强劫具报。如捏报者，该约长及邻右人等，立时饬正，不得扶同捏报，大干未便。

一、擒拿窃匪，务要真赃实据，不得以影响疑似之事，枉拿无辜。即系人赃两获，亦要公同送官，不得私刑拷打，致干擅杀之条。

一、村中有出外拐带妇女进村，及别村人拐带过村者，公同捉拿，送官请赏。倘敢徇情瞒隐，与拐犯同罪。若拦获牛马之类，立即查明送回原主，听其致送槟榔，或以茶酒酬谢。如敢索银勒赎，一经告发，从重治罪。

一、村中如有纵放鸡、鸭、鹅群、猪、牛之物，践踏田禾地利，及村幼童、妇女有偷窃鸡、鸭、猫、犬、薯、芋、蔬菜、塘鱼、竹笋、瓜菜、豆、蔗、柴薪之类者，或登时捉获，或查出真赃，投明约长，令登门赔礼，改过自新，不必兴讼。

一、村外田禾将熟之时，须雇人宿寮看守，以杜偷窃。

各人禁饬妇女、幼童不许将取，犯者以窃盗论。

一、遇旱年，全靠秋冬补种杂粮，各村照旧关禁牛、猪、鸡、鸭，不得疏放作践。

一、庙宇、岩峒住宿行人乞丐，要留心稽查，恐有匪徒在内，不可不防。

以上条规，俱是此间积弊，故为剀切言之。另编俚歌十六章，刻列于后：

劝我民，敬天地，生成覆载恩无际。焚香拜礼是虚文，广积阴骘方足贵。举头三尺有神明，天理良心不可昧。好百姓，敬天地。

劝我民，孝父母，养育恩同天地普。可怜血汗一生劳，可怜乳哺三年苦。敬他顺他安养他，切莫出言相触忤。好百姓，孝父母。

劝我民，爱兄弟，手足分形同一气。弟恭兄友大吉昌，切莫口角成乖戾。若争田产打官司，便是禽兽非人类。好百姓，爱兄弟。

劝我民，重姻娅，六丝胜比千金价。十七八岁便"归团"，莫要接回成话靶。恶俗唱歌认老同，洗村拜白伤风化。好百姓，重姻娅。

劝我民，训子弟，少年莫使常嬉戏。游手好闲成匪人，坐吃山空真失计。士农工贾有专能，及早须教习一艺。好百姓，训子弟。

劝我民，早完粮，赋役输官分所当。切莫顽抗逞能干，血比堪怜遗体伤。劣衿包揽及抗欠，功名褫革罪还当。好百姓，早完粮。

劝我民，莫打架，凶徒人怕官不怕。打出人命拿到官，刑法森严怕不怕。问成抵偿或军流，父母妻子都撇下。好百姓，莫打架。

劝我民，淫当禁，女色当前不可近。自家也有女和妻，天道昭彰速报应。奸情败露丑不堪，多少败家和丧命。好百姓，淫当禁。

劝我民，莫聚赌，赌场匪类常三五。与其犯法赶赌场，不如安分耕田土。可怜荡产与倾家，事犯到官还受苦。好百姓，莫聚赌。

劝我民，莫做贼，偷来何曾受用得。一经破案三党差，严刑拷打骨痛彻。披枷带锁问罪名，刺字终身洗不没。好百姓，莫做贼。

劝我民，莫拜会，拜会结盟罹重罪。告发获破受严刑，禁押折磨贻后悔。路边墟口挂人头，都是从前逞强辈。好百姓，莫拜会。

劝我民，莫窝匪，窝匪即与匪同罪。贪他几个混来钱，人人恨你入骨髓。告官问你要匪人，事到头来难推诿。好百姓，莫窝匪。

劝我民，莫拐带，奸淫拐带真无赖。兴贩人口图利钱，官司盘获不宽贷。如今到处有稽查，身家性命都遭害。好百姓，莫拐带。

劝我民，莫兴讼，争讼两家都费用。害人害己损天良，更被差役胡撮弄。吃亏忍气请人和，切莫逞强相争哄。好百姓，莫兴讼。

劝我民，莫挑唆，刀笔造下弥天恶。一张状纸入公门，原被二告都遭虐。今生得了冤孽钱，来生罚你披毛角。好百姓，莫挑唆。

劝我民，习此歌，逐一参详细揣摩。乡民不解文义者，解得之人说与他。有则改之无加勉，风俗淳厚乐天和。好百姓，习此歌。①

道光元年《乡约条规》原刻本，现存桂林图书馆

该《乡约条规》一方面反映了道光初年太平天国运动在广西境内展开得如火如荼、风起云涌；另一方面则是官府与地方乡绅的团练、乡约势力的政治斗争。该《乡约条规》从统治法统、纲常人伦、刑法惩戒等方面劝导、恐吓、威胁百姓与太平天国划清界限，站队大清。内容全面，语言浅显直白，具有极高的史料价值和难得的版本价值。

一册，不分卷。

存。《乡约条规》，此条规为全国孤本，被全文收录入中华书局出版之《太平天国革命时期广西农民起义资料》上册，广西壮族自治区图书馆、桂林图书馆有藏。

## 从先录　清·夏文伯辑纂

夏文伯，生卒年不详，广西北流人，余则待考。

《从先录》。该书内容，如郑献甫《序》所说：

> 《学模》及《教约》为一类，《家规》与《乡约》为一类，自著之语录、诗文、时艺又为一类，吾乡北流文伯夏君所撰也。君状貌诚朴，语言简切，望而知为学者。今年秋试有事会垣，欣然持此三集见示，读之终卷，不禁起敬。曰：近世称好学，上者不过曰经生，次者或第曰文士，君独有志贤人，其为学从大本始，其立教从小学始，不谓之道学者流

---

① 《太平天国革命时期广西农民起义资料》编辑组：《太平天国革命时期广西农民起义资料》，中华书局，1978年，第18—26页。

不可也。顾汉以《凡将》《训纂》《急就》章等为小学，故学童皆通训故而或不矜细行，然西京石氏、东京陈氏其家法自若也。宋以《少仪》《内则》《弟子职》等为小学，故凡人皆能说理而或不多读书，然厚斋王氏、夹漈郑氏其博学自如也。若不从渊源求合，而但以流派自分，以举子之讲义为经学，以学究之语录为理学，则实便于孤陋寡学，而高材异能者转与鄙夷而不屑，将教日隘，学日陋，求以志于圣贤不其难哉。兹所著家规具有家法，又斟酌尽善资力，风义皆足以维持。虽上继司马之《家礼》、蓝田之《乡约》、文正之《义田记》，无愧也。论学诸条有广业一则，既以礼乐射御书数通文章政事，而与星历卜筮医药杂厕。而《通鉴》乃温公独作，与《纲目》合举；《通志》乃郑樵变体，与典考同类。《性理大全》乃后人所纂，非其自著；《大学衍义》乃琼山所补，非其相续，犹"黎明即起"之《家训》，出朱柏庐；《四时读书乐之歌》，出朱翁生后人，并误以为考亭，皆不审之过也。顾所举诸书，虽或未宣究，而所论诸事，皆确有体认。较世之自负博洽、发言行事怪谬不堪者，则不啻云中孤鹤俯视篱下群鸡矣。此所以终令人敬之重之而不敢议也。[①]

《从先录》包含《学模》《教约》《家规》《乡约》等有关教化风俗内容，《广西近代经籍志》归入子部，《广西省述作目录》归入文集类。

三卷。

未见。见于郑献甫《补学轩文集》，《广西近代经籍志》载"未见"，《广西省述作目录》未著录存佚。

---

[①] （清）郑献甫：《从先录三集合序》，见潘琦主持《广西历代文献集成·郑献甫集》第7册，第461—463页。

## 训蒙五伦编　清·米瑞光辑纂

米瑞光,生卒年不详,号松峰山人,广西合浦人,授兴业县教谕。

《训蒙五伦编》。本书是撰者为训教童蒙而编写的识字与道德教育相结合的课本。五伦为父子有亲、君臣有义、夫妇有别、长幼有序、朋友有信。全书用三字韵文编成,通俗简明,感染力较强。①《广西地方文献目录》归入哲学。《广西地方文献目录》《广西通志》《广西文献名录》等有著录。

一册。

存。光绪二十八年(1902),玉林杨云锦楼刻印,线装,一册,② 桂林图书馆藏。

## 训蒙五伦篇　清·何烈文撰

何烈文(1863—1916),字超群,号炯堂,广西兴业人。清廪生,何以尚后人。光绪三十二年(1906)游学日本,为兴业留学国外第一人。清末民初,县中兴革事务,多所建树。著《樵牧余谈文集》三册、《蒙学地理读本》四册、《训蒙五伦篇》一册、《共和通俗歌》一册、《社会须知》三册,皆刊行于世。③《广西通志》《兴业县志》《符号与象征——广西廉政故事的现代阐释》等有小传。

---

① 广西壮族自治区图书馆、广西壮族自治区桂林图书馆编:《广西文献名录》,第597页。
② 广西桂林图书馆、广西通志馆资料室:《广西地方文献目录》,第283页。
③ 杨天保,文春霞编著:《符号与象征——广西廉政故事的现代阐释》,广西人民出版社,2015年,第79页。

《训蒙五伦篇》。① 《广西省述作目录》归入伦理修身类，属于儒学文献。《广西省述作目录》《广西通志》有著录。

一册。

未见。《广西地方史志文献联合目录》未署作者，《广西省述作目录》载"家刊"。②

## 博爱录  清·李琪华辑纂

李琪华③（1876—1956），字青绮，号季卿，又号瘦樵，广西永福人。出生于绘画世家，自清代嘉、道间成名的李熙垣起至今近二百年间，一门八代书画人才，世称"画笔如林"。④（民国）《永福县志》有生平事迹简介。

《博爱录》。本书是李琪华辑录的有关博爱理论的阐述性文章，并在书中表达了希望建立一个以博爱思想为基础的，平等、公正、自由的社会，这个社会没有压迫、没有剥削，这显然是离开了人性的复杂、社会的环境而描绘出来的桃花源似的浪漫幻象。《广西地方文献目录》《广西地方史志文献联合目录》归入文学。《广西地方文献目录》《广西地方史志文献联合目录》《广西历代文人著述目录　广西历代文人著述馆藏联合目录》⑤ 有著录。

一册。

---

① 按：《广西通志》作《训蒙五伦编》，或作《五伦经》。
② （民国）广西统计局：《广西省述作目录》，第22页。
③ 按：《广西历代文人著述目录　广西历代文人著述馆藏联合目录》载录为李葆祺，不知所据。
④ 桂林市文物局编：《桂林文博研究文集》，广西师范大学出版社，2014年，第316页。
⑤ 广西民族学院图书馆编：《广西历代文人著述目录　广西历代文人著述馆藏联合目录》，第18页。

存。桂林图书馆①藏抄本。此本为清光绪三十二年（1906）广西永福李氏万年松馆印，订辑者自录抄本，线装，一册。

## 传家训　清·无名氏编撰

作者待考。

《传家训》。本书为训蒙教材，主要宣传勤学、进德、勤快、诚实等观念，也有富贵在天、听天由命等宿命论思想，六字一句，文字浅近，通俗易懂，便于记忆。②《广西地方文献目录》《广西文献名录》等著录。

一册。

存。清宣统元年（1909）桂林文顺堂刻本，1924年桂林大文堂重刊，现存桂林图书馆。

## 示儿录　清·李如夔撰

李如夔，生卒年不详，字韶甫，广西上林人，宣统元年（1909）岁贡生。晚耽禅悦，自号古香居士，著有《示儿录》。生平见于（民国）《上林县志》。

《示儿录》。是书"以孝悌、忠信、礼义、廉耻八者发端立说，而继以《诗》《书》《易》三序"③，内容由"《勤学治心》《修身正家》《实学入官》《名分去疾》《鬼神禅让》《征诛》《大

---

① 广西壮族自治区通志馆等主编：《广西地方史志文献联合目录》（上册）记载："（清）李琪华辑著，广西永福李氏万年松馆订辑者自录抄本，清光绪三十二年（1906），1册，桂林图书馆。"第449页。
② 广西壮族自治区图书馆，广西壮族自治区桂林图书馆编：《广西文献名录》，第40页。
③ （民国）杨盟、李毓杰修，黄诚沅编纂：《上林县志》卷一三，第765页。

禹》《文王》《太甲》《成王》《伊尹》《周公》《雍姬》《申生》《荀息》《管晏》《宰我》《短丧》《申包胥》《范蠡》《窃盗》《飞蛾》《黄蜂》"①诸篇组成,"似谈经,似论史,又似讲学,反复申言,语皆质实可守",②有可借鉴之处。

二卷。

未见。见于(民国)《上林县志》,《广西通志》《广西地方文献目录》《广西地方史志文献联合目录》《广西文献名录》等后世藏书目录未见著录。

## 贤良词　清·无名氏撰

作者无考。

《贤良词》。内容是劝人早修贤良,以诗的形式对贤良的种种表现形式作了交代,并介绍了自我道德提升的方法和途径。③《广西通志》《广西地方文献目录》《广西地方史志文献联合目录》《广西文献名录》等有著录。

一卷。

存。宣统三年(1911)全州楚善堂刻本,线装,一册,桂林图书馆有藏。④

在现存的二十部著述中,以陈宏谋《五种遗规》影响最大,广西学者纷纷仿效其体,产生了如《养正编》《十室遗语》《教士汇编》《女子遗规》等著作;《五种遗规》成为许多学校的教学读

---

① (民国)杨盟、李毓杰修,黄诚沅编纂:《上林县志》卷一三,第765页。
② (民国)杨盟、李毓杰修,黄诚沅编纂:《上林县志》卷一三,第765页。
③ 广西壮族自治区图书馆、广西壮族自治区桂林图书馆编:《广西文献名录》,第563页。
④ 广西壮族自治区通志馆等主编:《广西地方史志文献联合目录》,第497页。

物，被一印再印，版本众多，因而现今收藏单位也多。从价值看，当以太平天国颁布的《乡约条规》一书为最。

## 学规学约类

学规学约包括书院记、学的、学规、学约、劝学录、教士条规、教学指南论等。本书所叙录的学规学约皆为曾单独流传过，且被收入相关书目文献中。按此标准，共二十一部，存十二部，未见六部，佚三部。其中，明代佚一部；清代存十二部，未见六部，佚二部。存的是莫振国的《教士条规》、陆奎勋的《秀峰书院学规六条》、蒙艺德的《教学指南论》、陈宏谋的《豫章书院学约》、刘定逌的《秀峰书院学规》、唐鉴的《道乡书院学规四则》、池生春的《塾规二十四条》、唐仁的《学校条规》、龙启瑞的《家塾课程》《视学须知》、沈赞清的《学童心得》、李翰芬的《广西学务提要》。在这所存的十二部著述中，刘定逌《秀峰书院学规》书于秀峰书院大厅，影响了一代又一代读书人；唐鉴两次为平乐知府，任上大兴教育，修复和创建"道乡书院""五原书院""五原义学"，开瑶族教育之风；贵州池生春道光年间提学广西，颁布《塾规二十四条》，着意栽培人才，"岭西五大家"中的朱琦、龙启瑞、王拯、彭昱尧皆受其奖勉提携，成为广西文化的重要贡献者。

### 象郡学的　明·吕景蒙撰

作者简介见《五礼古图》。

《象郡学的》。是一本有关学规教约的劝学之作。（嘉庆）《广西通志》、（光绪）《广西通志辑要》、《广西通志稿》归入子部，《千顷堂书目》归入类书，《广西省述作目录》归入教育类，《广西历代经籍志》归入儒家类。《大明一统名胜志》、（康熙）《大清一统志》、《粤西文载》、（乾隆）《柳州府志》、（乾隆）《象州志》、（雍正）《广西通志》、（嘉庆）《广西通志》、（光绪）《广西通志辑要》、（民国）《广西通志稿》、《广西省述作目录》等有载录。

卷次不详。朱睦㮮《万卷堂书目》载录二册，①（乾隆）《柳州府志》、（乾隆）《象州志》等载"三十卷"。

佚。见（万历）《广西通志》，《粤西文载》有载，（嘉庆）《广西通志》、（光绪）《广西通志辑要》、（民国）《广西通志稿》曰"佚"，《广西省述作目录》载"绝本"。②

## 教士条规　清·莫振国撰

莫振国（1690—1724），字文懿，号卓臣，广西忻城人。康熙五十三年（1714）承袭忻城土县莫氏第十五任土官，任上大兴文教，风俗丕变。著《教士条规》《迎晖楼文》《西山记》《游西山寺》③等。（乾隆）《庆远府志》、《忻城县志》、《忻城土司志》、《广西忻城莫氏土司官族文人诗文赏析》等有小传。

《教士条规》。作于康熙年间，悬于课堂以警醒读书人。（乾隆）《庆远府志》、《广西忻城莫氏土司官族文人诗文赏析》全文载录，现全文抄录于下：

一崇道统。道统渊源为纲纪万化之本，由尧、舜、汤、

---

① （明）朱睦㮮：《万卷堂书目》卷二。
② （民国）广西统计局：《广西省述作目录》，第33页。
③ 忻城县志编纂委员会编：《忻城县志》，广西人民出版社，1997年，第548页。

文以及孔子,始集群圣之大成。孟子私淑诸人,时值杨、墨榛芜,辞而辟之廓如也。宋周、程、张、邵诸子,皆为理学正派。自杨龟山有道南之叹,三传而及朱子,遂为诸儒之宗。观其与诸贤议论往复,辟金溪之清虚,摈同甫之功利,其言详且审矣。明成祖命诸儒编辑《性理大全》等书,斯道之传,于今为昭。凡读书怀古者,谁非羽翼之侣,务期寻源溯流,毋使正学为异端所窃也。

一讲性学。《易》曰:"各正性命。"《书》曰:"厥有恒性。"性学之不可不讲也,审矣。孔子之言,性相近;孟轲之言,性善说,似异而归则同。从兹体会,道由此明,学由此进。若荀、杨、陆、王诸人,纷纷各是,终归于偏。自周子《太极》《通书》,默契真原,复经程、朱阐扬,而性学大明。程子曰:"性即理也。"朱子曰:"性在气中。"因气而变于相近。性善之旨分明,解破真善,发孔孟之复矣。故论学莫先于论性,论性莫若深明理气之不杂不离,须以孔孟之书,接于目者留于心。

一博经史。凡读书稽古,要明理而达事。经专于道理,史专于时事。读经者学问之原本可得,读史者治术之是非可明。若拘守一隅,未能博洽,何异井窥之见而不知天地之广,守锱铢之箧而目眩帑藏之多。唯学四书五经,佐以三通子史,所谓博闻强识者,其在斯乎。若叶廷珪嗜书四十余年,未尝释卷。闻人有异书,无不借读,手抄数十册,名曰《海录》。尚有望于汝后生小子。

一文礼乐。礼乐之作,由性情而起,进退疾舒,动静语默,期须不可弃。生际明备之时,念作述之意便见,习礼知和,敬以致敬,和以导和,风移俗易,在旦晚间耳。汉有徐生习其数,而不知其义,君子非之。若陈祥道之礼书,陈旸之乐书,聂崇义之三礼图,韩邦奇之志乐,尚属流传,亦于礼乐有参证耳。其可束之高阁乎?

一敦实行。人生天地间,躬行为先。圣教首严弟子,迈年尚作抑戒。自古忠臣孝子,未有不从伤励中来。故论孝,必及闵曾;论忠,必推皋夔。若剽窃虚名,希图幸进,礼义之维,名节之闲,终于坠废。细读柳公之箴,马援之训,自有着力处。甘露瑞云,实行召致,声犹在耳,诸生其风闻之否?

一谨士趋。士子闭户潜修,惟端趋向。若不矜不谨,少有梯媒,便攀援竞进;获一私窦,辄奔趋若鹜。行谊既亏,入则有玷宫墙,出则有坏乡党,奔竞之风必由此而倡。澹台灭明,矫矫自爱,落落难合,芳声在昔,介气犹存。为士者步亦步,趋亦趋,绝迹嚣尘,不入公室,所谓彼美一方,典型尚在,不与陈长孙杜门清修同,望重于乡里乎?

一尊严师。学礼学乐,圣人尚不敢私心自用,况后生小子乎!《礼》曰:"侍坐于先生,先生问焉则对,请业则起。"又曰:"从于先生,不越路而与人言。遇先生于道,趋而进,正立拱手。先生与之言,则对。不与之言,则趋而退。"敬师之道,备游定夫、杨中立见伊川,瞑目而坐,侍立不敢去。及觉顾谓:"尔辈尚在乎?今既晚,且休矣。"及出门外,雪深三尺,其严惮之意何如耶?若此从事于师,可无愧乎。

一重益友。易垂盍簪,诗歌杕杜,切磋琢磨,唯友是辅。戴洪正每得密友一人,则书于简,编号金兰簿。好友其如是乎。怀道进师尚友,一堂晤对,千古谈深。风雨晦明,神心若接。孟郊诗曰:"惟当金石交,可与贤达论。"得此意也。毋逐声名,毋尚势利,毋忌人艺,能乐多贤友,孔子之教深矣。若伤比匪议凶终,又在诸士之出门知谨。

一会讲章。诗书有奥义,有可以言传者,有不可以言传者,仔细寻绎，始能得其意味，致其精微耳。目之涉躐虽多，终属无据。董仲舒，汉醇儒也，其得力处，正在三年不窥园圃，潜心大业耳。诸士当稽古质疑之际，细之绎之，穷理必探其窟，格物必究其原。遥遥千古，俨如面谈，其于学问之道得矣。

一勤著作。名山之作，大多为传人起见。经史子集，当日之焦思竭虑何如？为后学者无只字之传，虽腹有鬼簿，谁氏点出？李贺之背锦囊，白乐天之置诗筒，好厥作也。诸士有心著述，贯天人者，学广川；明治思者，学贾傅；理可质先哲者，学昌黎之正大；论可济当时者，学眉山之著。明如此，发天地之英华，阐圣贤之妙奥，其无遗憾矣。若汉儒气，唐士风流，更有厚望焉。

一戒怠惰。人生斯世，前责我，后待我，事为许多，勤且做不了，懒如何做得？朽木、粪墙所以见诛。韩昌黎《进学解》曰："学精于勤，荒于嬉。"是深于策后生小子也。古妇工，月三十日当四十五日，以夜作之工居其半，岂非其勤之效乎！诸士责备在身，可老妪之不若耶。陶公运甓，惜分阴之意，良可仿矣。

一慎言语。太上立德，其次立言，琬琰竹册，千古辉煌。恐漫不经心，一言失出，驷马难追。阅古以口舌构干戈，议论结谣诼，何代箴有金人之戒，良有以矣。三复白圭，其意深哉。诸士读书，至惟口起羞，勿轻放过；学易至吉人，辞寡多读几声。《诗》曰"出话有章"，其庶几乎。谓躁谓謦，早知免矣。若谓呐呐形状，难以对人，试观王太保，不在能言之流，其人居何等耶？

一防静驰。学问之道无他，求其放心而已。夫且不止，谓之坐驰，坐而驰焉。灵台知府，日作交攘之乡，鸿鹄来，猿马去，纷纷旁逐，虚灵终不在舍。故静持工夫，为学者第一着紧处。周程诸子，得力就在此处。诸士欲求治心，先求主静。欲求主静，端在主敬。戒了（勿）慎睹，恐惧不闻，庶寂然不动之际，不落方所。颜氏子坐忘境地，静致何如。彼佛家观世界，视身如云影，又当别论也。

一遏嗜念。程伊川先生诗曰："云淡风轻近午天，傍花随柳过前川。"此嗜念净尽景界也。凡为士者，左有礼园，右有书囿，冠山之堂也。肴三坟，模五典，适口之珍也。前羲皇，后周孔，美人之列也。网古今，罗宇宙，羽猎之奇也。何庸分华，戕我道德，彼见金不顾，坐怀不乱，淡定何如？诸士其洗心焉。

一乐为善。东平王格言："为善最乐。"诚见纲常名教，许多快活处。若好事不做，专于行险侥幸，这无形陷阱，一坠落其中，狂呼疾救，悔之无及。览阴骘图，作事须循天理，一言可以蔽全篇。诸士悉心讲究，衾影有知，墙羹有见，日乐此不疲，自是天地间一完人。

一速改过。行年五十而知四十九年之非，圣贤且不敢自言无过。偶尔错辙，失之东隅，救之桑榆，未为晚也。人心一面镜，忽然蒙垢，拂去仍复光明。倘不肯认错，自以为是，王安石之执拗，遗议儒流。诸士梦寐，自问未敢怙终，殆勇以修风雷之益。若日月逾迈，读书以误之；悔吝滋多，学易以免之。此更上一层楼，亦在汝诸生之发愤进去。①

这里，强调了"道统"的重要性，从而在根本上确立了读书的方向；进而更为明确地指出学术所宗，就要"讲性学"，这里所说的性理，其实更确切地说，是程朱理学的性理，由此也可知他的

---

① 广西河池市地方志办公室点校：《庆远府志》卷一一"学校志·试院·学规"，广西人民出版社，2009年，第183—189页。

理学素养；进而指出读书的最终目的是探求为圣之道，因此，要研读经史，"读经者学问之原本可得，读史者治术之是非可明"。在学习的态度上，《教士条规》认为学习要勤奋，所谓"人生斯世，前责我，后待我，事为许多，勤且做不了，懒如何做得"。还要用心，潜心研究大学问，要"仔细寻绎"，即要寻根究底，不但要知其然，还要知其所以然。读书不仅是纯粹的读书，还应学以致用。各人的特点不一样，因此其擅长的方面也不同，"诸士有心著述，贯天人者，学广川；明治思者，学贾傅；理可质先哲者，学昌黎之正大；论可济当时者，学眉山之著"，这样才能够"无遗憾"。达到这样的境界，在学识上当然就比较"博"而"精"了。其成圣的途径在于"敬"和"礼"，"习礼知和，敬以致敬，和以导和，风移俗易"。"敬"就是在内心有所戒备、畏惧，是在欲念未发之前的不敢为状态；礼，是规定社会行为的法则、规范、仪式的总称，是从外在对个体的约束，具体要求则是谨士趋、尊严师、重益友、慎言语等。而且还要求把"敬"和"礼"落实到人伦日常，"人生天地间，躬行为先"。最后，达到"仁"的境界。总体上说，《教士条规》在很大程度上体现了理学对人才的要求，换句话说，在土司意志指导下，所培养的人才乃为理学人才。

一篇。

存。见于《忻城县志》《忻城土司志》，《庆远府志》《广西忻城莫氏土司官族文人诗文赏析》全文刊载。

## 秀峰书院学规六条　清·陆奎勋撰

陆奎勋（1663—1738），字聚侯，号星坡，浙江平湖人，康熙六十年（1721）辛丑进士，官检讨，著有《陆堂易学》等。陆陇其族弟，并师事于他。生平诵法朱子，不遗余力，《清儒学案》

卷一〇"三鱼学案"有小传。

《秀峰书院学规六条》。雍正十二年（1734）陆奎勋应两广总督鄂弥达（1735—1738）之请，出任秀峰书院①山长，主持书院事务。他仿朱熹白鹿洞遗意，创立学规《秀峰书院学规六条》颁布书院，规范诸生，六条具体内容如下：

> 一存心。心者身之主宰，持之于动，则能随时而应事；涵之于静，则可知性而达天。然心之为物，放之易而存之难。孟子云："学问之道无他，求其放心而已矣。"朱子教人，先主敬而辅以穷理，是乃存心之要也。
>
> 一立品。喻义喻利，人品攸分，吾儒为己之学，固不可以嗜利，并不可以好名。夫实至者名自归，岂必有心以袭取哉？昔范文正公为秀才时，便以天下为己任，非高自期许也。平时有真人品，他日乃有真事功。孟子论士，在尚其志，居仁由义而大人之事备，故立品之道，立志为先。
>
> 一遵朱注。朱子一生殚力于四子书，所撰《论孟集注》《学庸章句》而外，复有《或问》《语类》《精义》《集义》诸

---

① 注：秀峰书院在临桂县（今桂林市内），雍正十一年（1733）奉旨建，赐银一千两。书院在叠彩山脚下，规模宏伟，"傅叠彩，面秀峰"。前讲堂五间，中书厅五间，东西厢学舍各十五间。嘉庆四年（1799）上赐书籍千卷。嘉庆五年巡抚谢启昆扩建秀峰书院。扩建后，立汉经师陈元木主于书厅，"所以兴励粤士者，固在通经致辞用，而不徒文艺之工而已"。同治十年（1871）护理广西巡抚陈国器重修并奏请钦颁"书岩津逮"匾额。光绪十六年（1890）巡抚马丕瑶于书院西斋设桂垣书局，中有藏书楼、读书堂，可供书院生徒读书其中。光绪十九年巡抚张联桂于秀峰书院内增设"逊业堂课"，招收生徒六十人，治经史，分内外课，重经世致用之学。光绪二十八年裁书院，改为育才馆。光绪三十一年改办广西政法讲习所。著名山长有刘定逌、黄明懿、马俊良、胡虔、张鹏展、黄暄、朱琦、吕璜、郑献甫、王拯、蒋琦龄、曹驯等。刘定逌为书院制定学规，提出"四法""四戒"，定课程六则，严谨有法，并述家训《三难通解训言》悬于讲堂。光绪七年山长曹驯复制刊刻。百余年来，对书院生徒的进德修业，起着积极的训戒作用。

书,其析疑辨惑,嘉惠后者至矣。前明末季,背注行文虽有才华,总归魔境。诸生幸际昌期,所当恪遵朱注,言言体认,字字研精,即圈外之注,亦须口诵心维,默契夫所以采录之故,再以余力究心于《或问》《语类》二书,则书理明而行文中款矣。

一穷诸经。《易》宗朱子《本义》,而胡双湖之《附录纂注》不可不阅;《书》宗蔡氏《集传》,而董季亨之书传亦宜参观;《诗》宗朱子《集传》,更宜参阅吕成公《读诗记》、许白云《名物钞》;《春秋》宗胡《传》,而记事之详宜读《左传文法之妙》,兼阅公穀二家;《礼记》宗陈氏《集说》……不惟可应抡才之盛典,兼可为圣代之硕儒,岂非粤峤之光乎!

一专精制义。书理极板,功在平时;题理极活,或单或排,或割截或连章,临期须细心揣摩,先得命题之意,然后布局选调修词,则文自露精彩矣。平奇淡浓体无一定,要必以醇正为宗,大约《论语》题难在得圣贤神吻;《学》《庸》题无取深奥,能使书理雪亮便是佳文;《孟子》题兼尚才气,即以古文为时文,亦无不可。前明传稿虽多,必推王唐归胡者,以其理明而辞达耳。国朝文风极盛,名作如林,若张京江之典雅、韩长洲之秀润,尤当奉为章程者也。至于五经之文,则旨贵明通,辞尚简要。

一练习后场。乡会两试兼重三场,盖士必有体有用,乃称全才也。能为制义,未有不能作论者,《孝经》性理俱有,《御纂》之书所当细心观览以究旨归。骈体中以表为难,上则规摹徐、庾,丽句翩翩;次则取法苏、汪,清词亹亹。表既合式,即拟汉代之诏、唐宋之诰,亦如驾轻车就熟路,况五判寥寥数语乎?第读书必兼读律,结语断罪所宜细心，五策今古兼通，斯能擅场。欲知古，阅《文献通考钞》，自悉源委，间阅邸抄，以识时务，上有圣君政悉举而弊咸革，更无庸效贾生之愤激、坡公之憨直，但当敬承治益求治、安愈求安之至意，规画周详，敷陈得体，则草茅经济未尝不可以坐而言，起而行也。其余称诗制赋，虽文士所宜兼优，但场期伊迩，用志须专，姑俟异日再为商榷。①

从以上引文不难看出，陆奎勋崇尚朱子之学，并视之为切己、明体达用之学，他所希望建构的是朱子所规范的人才。

一篇。

存。见陆奎勋《陆堂文集》。

## 教学指南论　清·蒙艺德撰

蒙艺德，生卒年不详，字彭涵，广西宾阳人，贡生，康熙四十九年（1710）任永福县训导。生平参见（雍正）《广西通志》、（民国）《宾阳县志》。

《教学指南论》。是一篇教育启蒙养德之文，《广西省述作目录》归入教育类，属儒学文献。《宾阳县志》全文著录，现抄录如下：

> 山之不可多得者良木也，而夫尝无良木之可以栋梁；夫既可以栋梁，而终不能栋梁者，则非木之罪，而斫木者之罪也。绳墨斧斤之失法，又安望其栋梁哉！抑山之不可多得者

---

① （清）陆奎勋：《陆堂文集》卷二〇，见《四库全书存目丛书》集部（270），齐鲁书社，1997年，第733—735页。

璞玉也，而夫尝无璞玉之可以成器；夫既可以成器，而终不能成器者，则非玉之罪，而琢玉者之罪也。雕刻磋磨之失法，又安望其成器哉！我圣天子，留心治道，侧席求贤，每欲得有用之士，霖雨苍生，奠安社稷；而尸位素餐殃民病国者，则固宸衷之所隐虑者也，是以谨慎庠序，督责四方。我宾阳亦名胜地也，论夫山则葛翁消暑，仙女迎晴，石壁朝霞，鞍山夕照，其秀气曾不多让于大方；论夫水则马潭烟雨，鹤观灵泉，宝水春涛，镜湖秋月，其灵气亦可联芳于上邑。以山岳之钟灵，而人物自应特达，奈何历览乡郡，读书子弟，不下半千，而英伟之才，十中亦或得一。然不旋踵，而天生之正气变易消磨，如遭风之树，能花而不能实者，则又何也。噫，其故余知之矣。富贵入其心，利达役其身；其枝之不秀，其本之俗也；其流之不清，其源之浊也，是教学之不明故也。夫人之在世也，父母生其身，师傅生其品。朱夫子讲学，从游者出，天下一望而知其为白麓子弟；胡先生设教，从游者出，天下不问而知其为安定生徒。其造就乎人也，犹春风之鼓物，有不知其生而生；犹水之育鱼，有不知其长而长。则是观之，则师可以生弟子之品也明矣。若夫朝而提撕，夕而警觉者，一惟仁义之理，道德之事。使其行、住、坐、卧，彷徨圣贤，形体性情，不沾利欲，且以至诚恻怛之气，踊跃鼓舞，历寒暑，阅岁月，始终不倦，则孝子、悌弟、忠臣、义士，何难得之门下士哉。夫顽劣之质，开导既深，且可以为醇谨之士，况其耳目之所欲向，志气之所欲趋者，已踊跃于仁义之途，从而诱掖奖劝之，则如为高之因丘陵，易为力矣，又何孝子、悌弟、忠臣、义士之不出其门哉。今之教师则不然，剿袭故套，章句为功，而圣贤立教之深心，属望之苦念，未尝深求。一若书中之千言万语，非关身心，而道德仁义之流传，只资话柄。苟纸上成文，职已尽矣，而及门义理之明昧，心术之邪正，制行之贤否，如秦人视越人之肥瘠，忽然不加喜戚于其心。夫孔、孟、程、朱之家，不开门而引之入，则势利之徒，将必奔走争先，不至住盗跖之家而不止者。异日荆棘乡党，荼毒苍生者，必此辈也。夫人而有正气，是群鱼之一龙，群鸡之一鹤，朝廷之所待以股肱也，百姓之所待以父母也，祖父之声名所待以馨香者也。从我游而顶天立地之资，以市井终之，是良木而不使栋梁，岂非斧斤之罪哉；璞玉而不使成器，岂非雕琢之罪哉。论者谓讲解足以取功名，笔削足以梯富贵，亦不为无功于后进矣。呜呼！道德而文章，虽韦布亦有可尊；文章而不道德，虽冠裳亦不足贵也。吾不谓教文字者之无功，而谓徒教文字者不能无罪而已矣。故备论之，使为师者知所戒，而从师者其亦知所择哉。①

一篇。

存。家塾刻书，《广西省述作目录》著录为"塾刊"，② 1987年《宾阳县志》全文刊载。

## 豫章书院学约　清·陈宏谋撰

作者简介见《大学衍义辑要》。

《豫章书院学约》。又名《学约》，作于乾隆七年（1742）十一月江西巡抚任上。豫章书院在南昌，创自南宋。明万历间，巡

---

① 宾阳县志编纂委员会编：《宾阳县志》，广西人民出版社，1987年，第637—638页。
② （民国）广西统计局：《广西省述作目录》，第34页。

抚凌云翼、潘季驯先后修葺，改名豫章二十四先生祠，祀宋元明诸儒。康熙二十八年（1689）巡抚宋荦改立理学名贤祠。康熙三十一年巡抚马如龙重建书院于祠右，选拔全省优秀人才入学，一时群贤毕至，成为由巡抚直接管理的江西最高学府。[①] 雍正二年（1724）巡抚裴𢈪度复加修葺，十一年赐帑金千两，建为省会书院。乾隆七年，陈宏谋在任上成立豫章书院，并制订《豫章书院学约》十则：立志向、明义利、立诚敬、敦实行、培仁心、严克治、重师友、立课程、读经史、正文体。并附仪节十条。此学约发至省内各书院，督促学习。现录全文于下：

### 一曰立志向

自古圣贤未有不以立志为重者也。立志当先辨志，《礼》：七年视离经辨志。盖在童稚即使之知所趋向也。先儒云：志于道德者功名不足以动之，志于功名者富贵不足以动之，志于富贵则无所不至矣。试问今之学者，其所志居何等乎？自其少时，父兄师长所以期望之者，惟在功名，而其所谓功名亦止是利禄耳、富贵耳，非真欲达功而立名也。盖竟以富贵即为功名，富贵而外复有求焉。趋向不端，宜其所学皆非也。譬如行路然，足未出门，先计何往。往京则北，赴闽粤则南，其路悬殊，未有南行而可以北赴者也。果志在圣贤矣，凡存心行事必求其可以对圣贤，凡不可以对圣贤者，不肯为也。即此已是圣贤一路人，犹之北赴者未即至京，决不向闽粤一路也，况志在必赴，即迟速先后不同，而终有可到之日矣。毫厘千里之差，止在立志。朱子曰：而今贪利禄而不贪道义，要作贵人而不要做好人，皆是志不立之病，直

---

[①] 邓洪波主编：《中国书院学规集成》（第2卷），中西书局，2011年，第615页。

须反复思量，究见病痛起处，勇猛奋跃，不复作此等人，见圣贤千言万语，都无一字不是实理，方始立得此志。此言最为痛切，其唤醒学者亦具有苦心。诸生从此认清路径，确然不为他歧所惑。此志一定，循序用功，自然有所成就，决不虚度一生也。

**一曰明义利**

陆象山先生讲义利章，有曰：人之所喻由其所习，所习由于所志。志乎义则所习者必在于义，斯喻于义矣；志乎利则所习者必在乎利，斯喻于利矣。学者趋向既端，自不应有喻利之事，今复为拈出者，以"利"之一字中，于人心如狂澜之不可止，如痼疾之不可疗，不得不反复言之。人生日用饮食，不能不资利以生，治天下者，体国经野无非为民求乐利。许鲁斋以学者治生为急，司马温公为相，每问士大夫生计足否，盖欲仰事俯育，有所依赖，乃得专志职业，乃心公家也。今欲诸生绝口不言利，其说亦过高而不情。然独不曰有义在乎？义者，心之制，事之宜，天地之经而民物之纪也。义利不并立，人看得利重，则义有所不顾矣。若看得义重，则利有所不顾矣。孔子曰：见利思义。曾子曰：以义为利。子张曰：见得思义。孟子曰：所欲有甚于生，故不为苟得。《易》曰：利者，义之和也。圣贤言利，未有不以义为权衡者，学者诵法圣贤，亦知惟义是求。一旦有事而止见有利，不见有义，或违义而争趋，或藉义而巧取，乃至下同市侩，是可哀也。昔人云：穷视其所不为，贫视其所不取。盖以贫穷则需利益切，而不为不取，固穷守志，异日当贵，胸中自有把握，不淫不屈之操已定于此。未有做秀才时干求苟得，惟利是趋，而居官能励廉隅、仗节义者也。石徂徕寓学南都，宁甘粗粝，人馈之盘餐亦不受。刘秘书贫困，温公以衣袜相贻，悉封还。韩持国欲赠金于伊川，至不敢出诸口。在温公、韩公未必欲以苟得贻人，亦可见贤者之胸次卓颖，可得之利亦有所不屑也。胡文定语子弟云：对人言贫，意欲何求？范蜀公曰：人不可广求，人知受恩多，则难以立朝。古人于义利之介，慎之于先而防之于后，往往如此，此真人鬼头关，看破此关，诸生乃有进步也。

**一曰立诚敬**

古来论为学之要，不外立诚主敬。真实无妄之谓"诚"，主一无适之谓"敬"。周子之教人以诚，程子之教人以敬，屡见于朱子之言，反复紬绎，提撕不倦，可见其为切近之功，合内外，彻始终，所当无时无事而不用吾力也。而学者存主之要，则在乎不欺以为诚，整齐严肃以为敬。理本一贯，非难非易，事在勉强而已。不戒欺则动即欺人，而人终不为所欺，只自成其虚伪；不整齐严肃，其心必放，心放则何思不可驰？何恶不可作也？先儒言立诚言立敬者多端，余最爱温公"生平无不可对人言及"语。刘安世以立诚之要则曰"自不妄语"始，知其妄而复语之者，其心不免于欺；知其妄而遂断然不语者，即立此一语之诚也。故《大学》言心不在焉，视不见，听不闻，食不知味。先儒亦谓仰面贪看鸟，回头错应人。一身之官骸已不能照管，所谓整齐严肃者安在？试思一念之不欺，便觉身心皆泰；一时之戒惧，便觉邪妄皆消。学者惟有时时提醒此心，无所间断。凡读书穷理，应事接物，无大无细，莫不有真切恳挚，严恭寅畏之意，贯乎其中，作圣之功不外乎此。《书》曰：惟狂克念作圣，惟圣罔念作狂。只此敬肆诚伪之间而已，可不慎哉！

**一曰敦实行**

圣门言学，知行并进。凡论君子，言行并重。务知而不务行，徒费思索，无裨身世；能言而不能行，则所谓空言以欺世，虽言愈工丽，返之身心全无实得，正不知所读何书，所学何事也！试思人生所接，不外此君臣、父子、昆弟、夫妇、朋友五伦；诗书所载无非阐发此五伦之理，知者明乎此，行者体乎此也。朱子《白鹿洞规》首列五者，以为学者学此而已。学问思辨所以为笃行之地也，修身处事接物皆笃行事也。条件无多，援据该括，知其理之当然，而责以身之必然，朱子所期于后学者，惟在于躬行而已，至于力行之中当以孝弟为先，而又以孝为本。盖孝为百行之原，能事父母者，必笃于兄弟，和于夫妇，求忠臣必于孝子之门。至性厚者，待朋友亦不薄，其理原相因也。孝道至大，推暨至远，所谓爱亲者不敢恶于人，敬亲者不敢慢于人，孝弟之至通于神明，光于四海，如此方尽得孝弟分量，何莫非爱敬之心所由推暨也。至于一介愚民何知学问，乃有至性真切，尽色养之诚，笃手足之爱，一门之内温然蔼然，便觉太和元气近在庭除，令人起敬起爱，虽曰未学，吾必谓之学也。倘身列士林，称先则古，而门内多惭，至性滋薄，反有愧于愚民，何以对圣贤，何以为人子，亦何以谓之学也？诸生读《白鹿洞规》久矣，今敬刊于前，复申之于此，冀诸生切己体察，返观内省，毋以《洞规》为习见习闻，仅作陈言，而忽躬行之实事也。

**一曰培仁心**

人有仁义礼智之性，斯有恻隐、羞恶、辞让、是非之心。人不知性之有仁义礼智，观于心之恻隐、羞恶、辞让、是非而知之，此孟子最善指点处也。夫四德兼该，斯可以言仁；四端备具，斯可以言心。然《易》曰：元者，善之长也。程子曰：仁统四端，兼万善。朱子亦以仁为众善之源，百行之本。是不独无恻隐之心者不可以言仁，即无羞恶、辞让、是非之心皆谓之不仁，即谓之无恻隐之心者，则言仁而义礼智皆统之矣。《中庸》曰：仁者，人也。《孟子》曰：仁，人心也。程子曰：满腔子皆恻隐之心。人秉天地之心以为性，即体天地生物之心以为心，此心不待外求，随人可以认取，随事可以体验。故孟子言四端而独举孺子入井一段情事，指点恻隐之心，凡遇此心萌动，即滋培而长养之，务充满其分量，毋遏绝其根荄，由致曲以几于诚，而仁不可胜用矣。方书以手足痿痺为不仁，盖由一身之血脉不能流通，则痛痒有所不知，人于斯世斯民，休戚不相关切，则此心痿痺，绝乎生气，生气绝则五官百骸徒走行尸，而人类或几乎息也。康节诗曰："但求处处田禾熟，惟愿人人寿命长。"又云："四方平定干戈息，我若贫时也不妨。"杜少陵诗云："安得广厦千万间，大庇天下寒士俱欢颜。眼前突兀见此屋，吾庐虽破受冻死亦足。"两诗之意岂必轻己重人，故为矫情之论，总由体天地生物之心以为心，并体天地生我之心以爱物，故随所见闻，均有一段不容已于世之意尔。我之私不设于胸，畛域之见不牵于事，所谓心大则百物皆通，万物皆我一体矣。圣王行政，仁育不废义正，则凡用兵行军、听讼、决狱之事，似于仁有所难尽，而非曲尽其行仁之术，推广其仁覆之量，以此见仁道之大，而盈天地间之事，皆一仁为之维持，盈天地之间之人，皆一仁为之联贯也，而可一息之或离乎？其或反是而自利之心胜，徇欲之情深，无处不生荆棘，无事不有窒碍，则有接膝之间，同气之人而皆视若胡越、异类之藐不相涉，岂非不仁之甚者哉？然所谓此心不待外求，随人可以认取，随事可以体验者，虽当痿痺之顷，亦未尝不偶然流露也。惟继续之功最为切，接以己之心度人之心，不欲则勿施，强恕以求仁，汲汲思以救药之而已。诸生此时虽未有临民出治之事，而推己及人如心强恕之功，正宜随时用力，豫养此心，使方寸中常有生物气象，就现在之地，培现在之心，行现在之仁。由亲亲而仁民，而爱物，逐次推暨，无时非仁，无事非仁。苟存心爱物，于事必有所济，正不必在得位乘时也。范文正做秀才时，便以天下为己任，先天下之忧而忧，后天下之乐而乐，此实心中见得天下事皆与我心有相关之故，所谓不容已之仁人也，此何等气象，何等心胸！与平时驰骛高远，纷心利达者不同，诸生思之勉之！

**一曰严克治**

自非圣人谁能无过，过而能改，则复于无过。然过之中于人也有浅深，其治而去也有难易，此克治之功不可少也。程子曰：学问之道无他，惟知不善则速改，以从善而已。谢显道十年工夫去得一"矜"字；吕东莱素褊急，一日读"躬自厚而薄责于人"，忽觉平日忿懥涣然冰释，朱子以为能变化气质。张思叔诟仆夫，伊川曰：何不动心忍性。思叔惭谢。足见古人读书正于有过处用功，闻过时得力。今人有过不喜人规，而人亦鲜有告之者，讳疾忌医，病何能去？至于怙过饰非，则病入膏肓，不可救矣。大抵过之伏于人也，其情甚昵，其势甚便，其治之也贵严而有力。夫子思改过不吝者，而曰内自讼，正如两造环庭，抵死仇对，要辨一个明白，分一个胜负，是非不容中立，稍一假借，便不济事。昔袁公序吕子《呻吟语》曰："顺摄者十之三，逆功者十之七。能于世逆即于学顺，能于境逆即于理顺，能于情逆即于性顺，能于利逆即于义顺。"言改过之理至为痛快。诸生于声色货利之念逐一查检，勇以制之，逆以攻之，庶乎过之可去。邢恕一日三检点，程子犹以为不曾用工，况不检点乎！或有过而不自知，则又在乎虚心以观理，平心以度物，必使过之在己，微疵毕见，无稍隐蔽，此省察所以，又居克治之先也。

## 一曰重师友

朋友居五伦之一，而师又朋友之尊者也。民生于三事之如一，师无当于五服，五服弗得弗亲。以文会友，所以辅仁。吕氏曰：指引者师之功，行有不至，从容规劝者，友朋之助。师友之重，由来尚矣。东汉最重师生，即宋儒游、杨二子，雪深三尺，犹立程门，信道即笃，故事师尤至。今掌教复斋陈先生志行高洁，学问渊深，诸生幸模范之当前，得依归于此日，正宜敬信率由，虚衷求益。至于友以义合，道取相资。孔子言益者三友，直、谅居其二，友之为益，可知矣。近世友道不讲，不以德业相劝为观摩，专以标榜声援为附会。胜己者嫉之，不如己者忽之。一文脱稿，朦圈谬赞，代为传诵。或妄为刊布，以希声誉，不过游场之计，全无乐道之诚。其不合者，作文虽佳，心窃忌之；其不佳者则又阳誉之而阴毁之。诸凡日用行事，往来交际，纯是一片偏党之私，遂至分门别户，党同伐异，久之排挤陷害，无所不至。友道至此，薄恶已极，五伦中有赖乎友者顾若是乎，朋友之助不浅矣。试思凡动一善念，行一善事，初时或见之不真，或行之鲜力，若得好友从中怂恿，有不倍加努力者乎？一念不善，一行不善，初时原觉不安，或迟疑不决，若得好友正言沮止，有不废然思返者乎？而讲书作文，则有奇共赏，有疑与析；或各见其长，或互质其短。甚至家庭骨肉有不忍言之苦难，而友朋能为我善全；生死患难有不可解之仇怨，而友朋能为我排释。从道义上求朋友，即于朋友中得道义；从学问中求朋友，即于朋友中得学问。他山之石，可以攻玉。程子曰："朋友讲习，莫若相观而善功夫多。"朱子曰："责善所以尽我诚,取善足以益我德。"皆笃论也。至于观人论事,谈古道今,总须有一片平恕之心,以全公正之道,不可为已甚之词,以昧本心;不可为深求之论,以伤厚道。古人云,当于有过中求无过,不当于无过中求有过,皆朋友相集时所宜交勉者。若其以亵狎为投契,以浮薄为通脱,言不及义,随口雌黄,诨语谐谈,转相则效,王伾吴语之讥,郑繁歇后之诮,损德损福,尤宜痛戒者也。诸生试思今日者,一堂之上,远近之人,负笈相从,共执一业,共奉一师,其谊甚重,其情甚亲,以文会友之外,所谓以友辅仁者何在?所谓直者何人?谅者何人?多闻者又何人?不可不深长思也。我愿诸生取直、谅、多闻之友,以辅吾仁,而我亦必勉为直、谅、多闻以辅友之仁,如此,则庶不愧朋友之一伦矣。

**一曰立课程**

"逊志,务时敏,厥修乃来"。夫子生知之圣犹须敏求,大禹之圣犹惜寸阴,况其余乎?范文正公断齑画粥,手不释卷,夏月帐内读书,烟熏如墨。古人或带经而锄,或映雪而读,皆于艰难困苦之时不废研史穷经之事。今诸生负笈远来,明窗净几,日月舒长,良师好友萃于一堂,书籍可以纵读,膏火无虑匮乏,此而不读,尚在何时?听日月之迈征,负朝廷之造就,岂不可耻!岂不可惜!夫学者用功最患因循姑待,又忌浅尝作辍。今宜仿《分年日程》之法,各置一簿,以为日记功课,如某日清晨所读何书?何处起止?或新读,或温习,或先生所讲何书?午间午后何课?灯下何课?某日作何题文字?余功更读何书?或临何法帖?无论多寡,皆从实记,则每日检点心思,凝聚工夫之专否,亦可自验。积日而月,积月而岁,历历可考,工夫自然绵密,时日不至虚掷。先生有省,可以查阅指问;余辈亦可不时取查,以观各生之勤惰也。如本未用功而妄自填写，及抽问茫然，尤涉自欺，则举平日设诚致行之志而尽弃之，岂复可以造就？至于每日内，尤要聚精会神，息心静气，方能与理道相亲，卷轴有得。一经往来聚谈，由二三人以至五六人，由一时以至半晌，既耗精神，复荒时日。今宜各自闭户用功，不必彼此相聚，即有质疑问难，不可久坐妨功。况古人论学多往来酬答之札，积久成帙，可志切磋之益，可验消长之几，正不必频频往还也。

**一曰读经史**

道理莫备于经，法戒莫详于史。经史者学问之根柢，未有舍经史而可以言学者也。国家制科试以经义，并令专治一经，欲学者一意研求，为通经之士。近来渐多流弊，惟知拟题作文，其不出题者便忽而不讲，即出题之处亦不过粗知本句大意，可以敷衍成文，更有剽窃雷同，即章句亦多不能记忆者。史学则更无论矣。十三经、二十二史以及诸子百家，皆学者所当究心，但才质敏钝不同，淹贯原非易事。而专治之经，必须精熟贯通。《御纂经书》集传说之大成，归于精要，正宜专心诵习，自首讫末字字研求，不可放过。先将正文熟读精思，从容详味，然后及于传注，然后及于诸说，平心静气以求其解，毋执己见以违古训，毋傍旧说以昧新知。本经既通乃及他经，如未能通不必他及。至于读史，亦先治一史，一史既通，乃及他史，至涑水《通鉴》及紫阳《纲目》，则不可不读也。读某帝毕，即须从头检点，记其大因革、大得失之故，宰相何人，几人贤而忠，几人奸而佞，统计一朝盛衰得失之故，如在目前，然后看第二代。阅二十二史，如看本传，则又须看其何时出仕，居何等官，有何功业，没于何年，统计一人之终始，如在眼前，然后再看他传。如此则读史，虽不能全记，而规模总在胸中矣。濂、洛、关、闽诸子之书，阐明性理，至为明切，足以发人深省，益人神智。先儒曰四子者六经之阶梯，又曰程朱者六经四子之阶梯。读宋儒书得力，则于经史益觉亲切有味矣。其他《通典》《通志》《通考》《唐鉴》《大学衍义》《大学衍义补》诸书，唐宋诸大家文集，皆不可不读，各就其才力之短长，以为诵读之多寡可也。总之，今人读书之病惟在心志不专，此卷未竟，又读他卷，此书未竟，又看他书，且有随手抽看，游目涉猎，掩卷茫然，虽终日观书，何益乎？朱子曰：读一书，篇章、字句，首尾次第，亦各有序，量力所至而慎守之，字求其训，句索其旨。又曰：读上句如无下句，读此书如无他书，此循序之说也。庶几读得一句是一句，读得一篇是一篇，日计不足，月计有余矣。薛文清曰：学举业者，读诸经书只安排作时文材料用，与己全用干涉，故一时所资以进身者皆古人之糟粕，终身所得以行事者皆生来之习气，与不学者何异？此又以见记诵之无益于身心，而读书之不仅为作文也。今世之患，大率类此。诸生读书苟能以身体之，以心验之，凡前言往行无一不与吾身相为对照，有暗合处即可坚其志，力有不及处便思企而及之，有相反处便宜通身汗下，立时悔改，前史之善败得失皆设身以处，其他尚论以知其人，如某事在今日当如何处置，某人在今日当如何位置，考其因革之故，酌其损益之宜，以经之理证史之事，以史之事合经之理。凡有所见，随手札记，心有疑难处，随时质问先生，以得其解，则凡所读书皆能得益，未读之前，此心如何，既读之后，此心如何，既以淑我身心，广其识见，又将推之民物，大其措施，总不外此数卷书得之矣。胡安定经义、治事为教，而游其门者，皆能有所成就，此意可法也。其他无益之书，非惟不必读，亦无暇读。昔人以《文选》教子，识者犹以沈、谢嘲风弄月污人行止为议。陶士行以老庄之书非先王法言，不可行，况其他乎。至于近日之淫词艳曲，尤宜焚弃，不宜寓目，倘留案头，便是不祥之物。

**一曰正文体**

功令重科举之业，上以实求，下以实应。三场之文，一一皆合程式，非明达体用者，不能也。朱子曰：科举何尝累人，人自负科举。陆子以为学问思辨而笃行之，由是而进乎场屋，其文皆道其平日之学，胸中之蕴，必不诡于圣人。足见为学与应举原是一串事，非有二也。夫文以载道，必贯通经史，义理完足，不求工而自工。昌黎云：根之茂者其实遂，膏之沃者其光华，仁义之人，其言蔼如。又云：气盛，则言之短长与声之高下者皆宜。昌黎起衰八代，而其言如此，则知文之所以工有由来矣。柳子厚历道其用力之故，经史百家无不研求，矜心怠气都为消尽。古人以文章名世，取精用宏，苦心实力，具上下千古之识，为阅历有得之言，既非空谈，亦非袭取。即以制艺论，有明三百年，其乡会程墨及文稿何啻数千万首，而传之至今不能磨灭者，亦复不多。盖惟载道之文，是以可传；有物之言，是以可久。后人读其文而不知其文之有本，规摩形似，优孟衣冠，即偶尔幸获，何与于作者之林乎？今之文其肤浅庸熟者，固不足论矣。亦有故为艰深险僻之词，以自附江西五家派，无足取也。夫五家之文，或得题之间，或抉题之奥，或登高而呼，或迎刃而解，或于小中见大，不一语寄人篱下，不一语剿袭前人，却又无一字无一句无来历，无一字无一句无意义。以浑灏曲折之笔，写布帛菽粟之理，此其所以可贵也。若本无深义，别无至理，故为险怪字句以欺人，使人不可解说，并至自己亦不能解说，而以为江西派，谬矣！试思六经之文，何等平易。即古奥处，理却庸近。唐宋大家之作，皆极显切，岂今日之文，反欲驾于诸大家之上乎？孔子曰：辞达而已矣也。况言者心之声，文字关于心术。诸生今日所作之文，即为异日拜献之资。平正通达，可知其心地之光明，昌明博大，可觇其气局之宏远，若好为怪僻，欺人自欺，措之于世岂复有当？愿诸生涵泳经史，义理充积于中，而又熟读汉唐宋名家之文，以及有明名人制艺，以得其机杼，则无论平奇浓淡，皆可各擅其长，以健笔写其精义，决不以艰深文其浅陋也。①

一卷。

存。乾隆七年（1742）曾颁发书院，单独流传，《培远堂偶存稿》和《先文恭公年谱》有记载，丁仁《八千卷楼书目》卷一三载《学约》一卷，半亩园刊本。

## 秀峰书院学规　　清·刘定逌撰

作者简介见《论语讲义》。

《秀峰书院学规》。作于乾隆四十年（1775）掌教桂林秀峰书院任上，直到道光二十二年（1842）犹见其手泽于讲堂东壁。②其全文如下：

### 宜立志

志不立，直是无着力处。学者须把世间声色、货利的关

---

① 邓洪波主编：《中国书院学规集成》（第2卷），第615—620页。
② （清）韦丰华著，丘振声、赵建莉点校：《韦丰华集》，第343—344页。

头打破得开，将自己平日里畏难苟安的旧习一拳捶碎，直从自己心头上立定学做好人、直向上去的主意，才好循序用功。程子曰：莫说道将第一等让与别人，且做第二等，才如此说，自是自弃。这便是立志的榜样，这便是学问的大头脑。

**宜立身**

身非一块血肉之谓也。仁义礼智是自身本来的性，喜怒哀乐是自身本来的情，耳目四肢是自身本来的官骸，君臣父子夫妇兄弟朋友是自身本来的伦理。学者须从自己身上寻得一个实落，时刻提起他，爱惜他，珍重他，不要亏损了他的本来真面目，方不辜负天地父母生下我出世一番。程子曰：敬义夹持直上，这便是立身的下手工夫，这便是此身一生受用不尽处。

**宜熟读**

读书不熟，其病有二：钝根之人，难于记诵，视为畏途，便放下手；敏捷之人，贪于涉猎，一经成诵，便不肯多读，其所以不熟一也。圣贤之书，愈读愈有滋味。先儒云："读书千遍，其义自见。"这才是个中人语，昔程子读《汉书》，一字不肯放过，学者须是用着这等工夫。

**宜熟思**

学者粗知读书，先将一种旧解宿见横着胸中，便不肯去向自己心上理会，此是学问大病痛处。圣贤千言万语，一字一句，大有意味可寻。开卷时须先把自己心地打扫干净，静坐凝神，然后逐句逐字寻究他的实理，绅绎他的虚神。从无疑处看出有疑处，从有疑处看出无疑。卓见得当日立教宗旨，实于我身有关切处，方有个着落。昔程子以诵记博识为玩物丧志。只有一个不熟知，却记得多，毕竟于自己无益。

**去名心**

好名之心，精神外射，浮而不实，见些道理，便不能入。学者起脚，最易犯此病。起脚一差，大本已失，更讲甚学，更学甚事。真是要把这一念痛断根株，才好商量向上一层的学问。

**去欺心**

理见得真不真，事行得是不是，书读得熟不熟，自家心里本是明白，何曾欺着别人，只是怕自己本来明白的一点真知，却被自家当下隐瞒过了。这个关头学者须要着力打得破，才是实在下手功夫。

**去骄心**

富贵骄人，其富贵可鄙；贫贱骄人，其贫贱可羞；学问骄人，其学问必浅；道德骄人，其道德不真。骄字之根纯系一片客气发出来，最是害事。学者须时刻在自己身上搜寻他的根苗，却要从道理上见得大处。此处见得一大分，彼自消得去一分。

**去吝心**

圣贤道理，何等光明正大，一有自私自利之见系在胸中，便是不光不明，不正不大，刚恶为忌为刻，柔恶为阴险为邪曲，其病中于膏肓。学者须见得此理，本自平铺把这一念渐渐消磨。这念消得去一分，道理愈见得大一分，直向上去，方识得孔门万物一体的家法。①

《秀峰书院学规》分四法四戒共八则。四法：宜立志、宜立身、宜熟读、宜熟思。四戒：去名心、去欺心、去骄心、去吝心。并

---

① （民国）温德溥修，曾唯儒纂：《武鸣县志》卷一〇，第84—86页。

规定"每日所读之书,各立功课册一本,从何处起,何处止,古文时文,何题,逐日登记,以便抽验,即于此中分别勤惰",做"有体有用之完人"。①

一卷。

存。光绪十九年(1893)秀峰书院院长曹驯编辑刘定逌作品,第二部分就收录《秀峰书院学规》,桂林图书馆藏清光绪十九年曹驯重刊本,线装。

## 学文制行　清·邬凤翊撰

作者简介见《家训》。

《学文制行》②。《广西省述作目录》归入文类。《阳朔县志》《广西历代文人著述目录　广西历代文人著述馆藏联合目录》等有著录。

卷次不详。

未见。(民国)《阳朔县志》载,该书藏之于家,并未刊行。《广西省述作目录》③未著录存佚。

## 定阳学制偶存　清·周履泰撰

周履泰,生卒年不详,字安轩,广西灵川人,乾隆四十四年(1779)己亥科举人。历任昭平、雒容训导,官至浙江常山

---

① (民国)温德溥修,曾唯儒纂:《武鸣县志》卷一〇,第84—86页。
② 按:(民国)《阳朔县志》第六编"文化"题作《学文制行家训》,而在第七编题为《文学制行家训》,前后不一致的记载,使后世学界产生了两点疑惑:第一,这是两本书还是一本书?第二,题当为"学文制行"还是"文学制行"?1988年版《阳朔县志》就题名《学文制行家训》。民国《广西省述作目录》当作两本书,今从其说。
③ (民国)广西统计局:《广西省述作目录》,第102页。

知县。著有《定阳学制偶存》行世。(民国)《灵川县志》有生平小传。

卷次不详。

未见。(民国)《灵川县志》载"刻",① 现今广西各大书目未见著录,也未有收藏信息。

卷次不详。

## 劝学录　清·范光祺撰

作者简介见《劝民录》。

《劝学录》。《广西省述作目录》归入教育类,属儒学文献。

卷次不详。

佚。《广西省述作目录》未著录存佚。

## 道乡书院学规四则　清·唐鉴撰

唐鉴(1778—1861),字栗生,号镜海,湖南善化人。嘉庆十四年(1809)进士,改翰林院庶吉士,后历任检讨、御史、府、道、臬、藩等官。道光元年(1821)任广西平乐知府。道光十年再守平乐时,一方面加强军事管制,发展生产,安抚人心;另一方面大力兴学,推行礼教文化教育,为平乐的文化教育贡献良多。道光十三年升任安徽宁池太广德兵备道,驻芜湖,兼管钞关。翌年,调江宁十府粮储道,曾一度代行两江总督事。十六年补贵州按察使,两年后调任江宁布政使。道光二十年入京召对,升太常寺卿。道光二十五年致仕返湘,后至金陵主讲于尊经书院

---

① (民国)《灵川县志》卷四"艺文"。

和钟山书院（金陵书院）。咸丰三年（1853）返长沙故里，十一年病逝于长沙，谥确慎。著述丰硕，存世有《学案小识》十五卷、《唐确慎公诗文集》十卷、《四经拾遗》四卷、《读礼小事记》四卷。生平见曾国藩《唐确慎公墓志铭》、唐尔藻《唐确慎公行状》、《清史列传》卷六七等。

《道乡书院学规四则》。道乡书院为纪念邹浩而建，始建年代不详，废年无载，旧址在平乐县城北关外。明嘉靖六年（1527）府江兵巡道兵备副使李如圭于途中偶得道乡书院残碑，将之储于学宫。嘉靖九年（1530）时任广西提学的黄佐令平乐府知府龙大有重建书院以祀邹浩。万历间由于受到明朝政府禁毁书院的影响，书院被改为七贤祠。康熙六年（1667）府江兵巡道胡朝宾改回书院，易名为访贤书院。康熙四十九年平乐县知县黄大成感慨书院几易其名，难以化民成俗，因此另建于北门内凤凰山麓，复名"道乡"。康熙五十六年知府慕国琠再次修葺。雍正二年（1724）平乐府知府胡醇仁对书院建设用力尤巨，经过他和山长程举人对书院藏书的添置，道乡书院藏书达到三十一部五百一十本，并严格了生童借还规则，限日缴还。乾隆九年（1744）知府石礼图再次为书院购置学田。道乡书院在广西书院史上具有很重要的地位，徐鲸标《重修道乡书院记》曾言道："粤西四大书院，平乐道乡其尤著也，盖亦屡经兴废矣。"①《平乐县志》亦言："平乐旧为昭州，自宋儒邹忠公以直谏忤旨谪居此地，聚士讲学，儒教斯开，文物声名颇类中土，此道乡书院斯由名也。"② 唐鉴在平乐斥资修缮道乡书院并资助士子读书，这在《谕发膏火田总管值年首士执照》一文中详细加以了说明：

---

① （清）徐鲸标：《重修道乡书院记》，见（清）全文炳等修，伍嘉猷、罗正宗等纂：（光绪）《平乐县志》卷一〇，光绪十年（1884）刻本。
② （清）全文炳等修，伍嘉猷、罗正宗等纂：《平乐县志》卷五。

照得本府前次捐银六百八十两，为道乡书院置买潮水村田业，经历年首士办理之善、筹画之周，以其盈余为之扩充，既以价银九十二两买中关十六铺屋一所，提归恤贫项下开销，又以价银一百五十两买中关十二甲铺屋一所，又以价银二百八十两买南门大街铺屋一所，其每年租银积为修理文庙及书院等处之费……每年值首总管两人、值年两人，公举殷实老成者为之，年底更递，留二换二。四人不必尽居城者，城中二人，乡间一人，外县一人。值岁科考年头，该值首约齐九学出贡首廪，将每年膏火薪水及恤贫等项数目公同核算，开列清单，粘贴书院，以示公而无私。为此，合与执照，使值首有所据依。倘二三十年之后此照或有损坏，准呈府依式另换，其首士姓名，按年于执照内填注明白，须至执照者，前照仍存值首手收。①

后列条规八则，对膏火的发放、管理、营收等作了具体的规定和说明。设立膏火（膳食）制度，由官府给予每生食米，经费来源于学铺收租银和地租纳银，经费收支由专人经理，按规定范围开支。生源两种，一是生员，即秀才，县署考试合格者；二是童生，未取得秀才资格之人。生员分为三等：成绩最好的为廪膳生员，简称廪生；其次是增广生员，简称增生；最后为府州、县学定额之外，增收附于诸生之末者，称为附学生员，简称附生。书院学生有住斋和不住斋之别，即相当于现在的住校生和非住校生，显然唐鉴鼓励学生住斋学习。从所记载看，道乡书院规模还是较小，廪生、增生仅有八名。"恤贫"一项比较特殊，是针对该地实际情况而设定的，可见唐鉴兴学的态

---

① 邓洪波主编：《中国书院学规集成》（第3卷），第1396页。

度和力度。

据《平乐县志》记载,唐鉴延请荔浦李蘅为道乡书院掌院,从学者甚众,一时文风大变。为此,订立了《道乡书院学规四则》,四则为:

> 一曰立志。希圣希天全视乎此……士子束发入学,先当定其趋向。所趋远大,则其成也必远大;所趋卑陋,则终于卑陋,志岂可不立哉……日对诗书,取圣贤之言行以为步趋,闻严师益友之督责以加惩戒,奋勉向上之心不间于瞬息,是未有学而无成,成之未有不臻于远大者也。尔诸生手执简编,试思简编中所载何人?所书何事?读此何为?朝廷取士何用?则志之当立可知矣。
>
> 一曰勤学。《说命》曰:"逊志,务时敏,厥修乃来。"……勤则不至于间断,无间断则诗书之浸灌、义理之涵濡,日入日深,及其后也,忘其为勤,而德纯且一矣。诸生每日温经几卷,读史几卷,于所读书得新知几处,于所不知者从先生问得几条,自立课程登记。每月逢三逢九作课文,必穷尽题中之理,以己意阐发之,取其真实,不贵浮华。诗则义本风雅,温柔敦厚,是其教也。若能随事讲求,始终不懈,何患德之不纯乎!
>
> 一曰敬师。《记》曰:"师严然后道尊,道尊然后民知敬学。"敬之一字,学者彻始彻终之要诀也。而弟子之于师尤为敬之,自然流露而有所不容已者,于此而不敬,尚望其居恒之常存敬畏乎?夫肆本凶德,慢亦轻心,施之于言则取尤,见之于事则招祸,往往有一语不加谨、一步不加防而患随之,并终身之羞辱丛集焉,而莫得而解免者,是不可辨之不早也。是以君子戒谨恐惧于不睹不闻之地,尚且如临师

保，以为指视之特严，况身当师保之前，其为严惮宜何如也？立敬自长始，欲敬身者，自当先知敬师。

一曰择友。"益者三友，损者三友"，夫子言之详矣。学者守夫子之教，去损取益，其切磋琢磨为何如乎？而嗜好不绝于内，纷华不屏于外，动而相引，将有入于邪僻而不自知者矣。是贵立志以端趋向，勤学以励功修，敬师以持身心，而后所取皆正人，所与居皆严惮之士，有善相劝，有过相规，疑则可以共晰，义则可以共趋，怠惰者群相策勉，勤慎者咸知则效，则学之有成，未尝不系乎择友也。①

清代的道乡书院建在县城北门内凤凰山下，针对的是汉人子弟。因此，他首先提出了"希圣希天"的书院培养目的。"希"，仰慕、企求之意；"圣"即尧、舜、禹、汤、文、武、周公、孔子、孟子等儒家道统中的先师圣贤；"天"，良知良能之所出，"天道行而万物顺，圣德修而万民化"，"圣人之法天，以政养万民，肃之以刑"。② 其次，提出来"希圣希天"的途径和方法："勤"即用功，不过用功的对象不是知识本身，而是体会、领悟知识背后的圣贤之道、天理人性；"敬"即尊敬，强调的是对待老师的一种敬畏态度和仪态上的恭敬；"择友"关注的是氛围环境对人的影响。

一篇。

存。（民国）《平乐县志》《中国书院学规集成》等全文载录。

---

① 邓洪波主编：《中国书院学规集成》（第 3 卷），第 1395—1396 页。
② （宋）周敦颐著，陈克明点校：《周敦颐集》卷二，中华书局，1990 年，第 24、41 页。

## 斗山书院学规十则　清·韦天宝撰

韦天宝（1787—1821），字介圭，号绚斋，广西武缘（今武鸣县）人，壮族。十九岁就读于桂林秀峰书院，拜入张鹏展之门，潜心研究理学。嘉庆二十四年（1819）受聘为山西代州斗山书院山长，制订《书院学规十则》，受各方好评。嘉庆二十五年中进士，分发重庆府巴县知县，道光元年（1821）行至成都，仅五个月，未及上任即病逝，时年三十五岁。著《读书解悟》《师友讲论》《治平要语》《时文》《斗山书院学规十则》及诗文等，后由其子韦丰华辑为《存悔堂遗集》六卷传世（手抄本，存于桂林图书馆）。生平见张鹏展的《韦天宝传论》、《武缘县图经》等。

《斗山书院学规十则》。嘉庆二十四年（1819）应贺藕畊（湖南长沙人，曾任贵州巡抚）的推荐，到代州（今山西省代县）执掌斗山书院山长。他为正学风，制定了十条学规，详细规定学生学业及品行规范。这一举动，得到了雁平（今属山西省代县一带）兵备道世平赞扬，说是"鹅湖鹿洞之风，今日再现矣"。并令刺史秦生洲将韦天宝制定的学规十则，立即刊示书院，督促诸生永远奉行。[1]

一卷。

佚。《武缘县图经》载录"存"，《广西近代经籍志》承袭其说。[2] 韦玖灵《壮族哲学思想》、《壮族百科辞典》等载"已佚"，[3]《广西地方史志文献联合目录》《广西近代经籍志》有著录。

---

[1] （清）黄君钜，黄诚沅：《武缘县图经》。
[2] （民国）蒙起鹏：《广西近代经籍志》卷三"子部"，第8页。
[3] 韦玖灵：《壮族哲学思想》，知识产权出版社，2017年，第165页。

## 塾规二十四条  清·池生春撰

池生春（1798—1836），字籥庭，号直庐，别号剑芝，云南楚雄人。道光三年（1823）进士，选为翰林院庶吉士、编修。道光八年出任陕西主考官，不久又被提拔为南书房行走。道光十二年为广西学政。道光十六年升为国子监司业，因积劳成疾去世，享年三十八岁。著有《入秦日记》一卷、《直庐记》一卷、《诗文剩稿》（又称《池司业遗稿》、《池司业遗集》）四卷、《二程年谱》、《塾规二十四条》等。（光绪）《郁林州志》、（光绪）《广西通志辑要》、（光绪）《临桂县志》、（光绪）《北流县志》、（光绪）《容县志》、（宣统）《楚雄县志》、（民国）《陆川县志》、（民国）《昭平县志》、（民国）《新纂云南通志》等有生平小传。

《塾规二十四条》。池生春敬慕陈宏谋沉毅清惠，遂以不欺为本，以立志、修身、治经、讲学为己任。他先后创办了十余所书院，购置经籍。道光十五年（1835）以粤西节署芝草堂名义刻印《塾规二十四条》，并刊发给各乡塾作为教材，一体遵行。现全文抄录于下：

《学记》曰："当其可之谓时，不陵节而施之谓孙，相观而善之谓摩。"人才不振，教育之过也。稽成规，酌要旨，列为二十四条如下：

一童子十余岁，不可早读时文，令其就试。须先将十三经烂熟于胸。不能读十三经者，五经则必须全读，并令略观前史，俾之胸襟开拓，自然能文矣。

一读经之法，须字字疏解，触类旁通，使义理融贯。断不可徒袭，其字句入于饾饤，质地佳者，须令看注疏。

一朱子《学庸章句》《论孟集注》，必须全部熟读，不遗一字。每见村师妄为删改，遂至义理不明，血脉不贯，其圈外注则一笔抹去。不知朱子集诸家之说，其精切者，为内注；其小有异同而亦可以互相发明者，置之圈外，以见圣贤之言无所不通；至长章外注，则融会全旨，括以数语，尤为精要，断不可删。

一读经之后，《国语》《国策》《史记》《汉书》纵不能全读，亦须多选熟读。然后将八家文之小品结构易明者，授之以疏，沦其性灵。性灵既开，然后将大篇选读，自然议论日生，笔力驰骤，作文时何至有扶墙靠壁之病。

一童子初读时文，先授以王罕皆《八集》，挨序选读。第一要讲书理，书理明，方可与之论层次。能分层次，便不患枯寂。小题如此，推之大题无不如此，最忌是合掌。

一合掌之病，陈大士先生尝自言，为文独得在分股。前人定为八股者，言之不已，而再言之，明为必如是而后尽也。若每股合掌，则四股可矣，何必八股。而其病且将并一股而忘之其言，至为深切，罕皆论武法，言之详矣，最宜熟习之。

一作文必先相题。在初学，尤所宜讲，实字观义理，虚字审精神，此前人不刊语也。极小题亦必有实字、有虚字，或似实而虚，或似虚而实，或一字而介在虚实之间，或虚实之义俱备，或绕上或注下。实义不明，则措语必多浮词；虚神不审，则出笔定成呆相。每见童试文字徒撦浮词，毫无真谛，尤可厌者，出落处不顾理脉、意脉、语脉。领题则概用何则试思之，出题财概用吾思之、吾重思之、吾因之有感矣，绪题则概用进观云云，谬种流传，亟宜痛改。

一《八集》卷首所载《茅鹿门四则》《董华亭九字诀》

《郭青螺论文》《武叔卿论文》《吴因之论文》《沈虹台论文》《王缑山论文》，皆前人甘苦备尝之言，以婆心开后，学者宜日日讲习。

一文中用典故须要大雅，俚俗则无味，须要溶化，全出则无味。

一文章要讲字法。唐翼修曰：文章句调不佳，总由于平仄未叶与虚字用之未当也。余尝作文极意修词，而词终不能顺适，初时亦不知所以，及细推其故，乃知为平仄未叶，一转移之，即音韵铿锵矣，又或由虚字用之未当，一更改之，即神情透露矣。

一初学作赋，每苦无生发，以不讲层次之故也。每一题到手，须将题之前后细想一番，分作数层，然后将所限之韵，配合某层宜押某韵，某韵宜用某字，或平叙提顿，随时变化，初无一定之质，惟期不凌躐，不重复而止。其有么□小题，不能分层次者，即以用意之虚实浅深处分之，则无层次中安有层次矣。盖不分层次，则一题止是一题。既分层次，一题遂成数题，视为一题则生发少，视为数题则生发多，此理之必然者也。熟读唐赋自得其妙。

一层次既分，然后可言运典。每一题即有一题应用之典，且分出数层，即每层中应用之典，引而伸之，触类而长之。往往有绝不相涉、引来适成奇妙者，此又在组织之工，心思之巧也。然此必取材宏富，乃能用之不竭。所谓长袖善舞，多财善贾，故学者尤贵平时博览。

一四六太多则转运不灵。唐人每段多不两联，盖每段必有精神团结之处。前只淡淡著笔，越显出此处妙来，此亦疏密相间之法，至换韵处务在点清作意，不用四六。宋人间有用之者，以大气行之，故不觉其拖沓，然容当以唐人为法。

一结处之用颂用歌，犹之《离骚》之乱也。可施于古赋、俳赋□合律体。

一题系本朝时事起处便可颂圣，若系古事则颂圣须留于末段，仍要与本题关合，此一定体裁也。每阅试卷，不论何题，起处多用抬头，则以下敷陈之处，必至蟛葛不清。

一试帖无关于诗道，故为诗家所不屑言。然亦必深其根柢，扩其识力，乃能入妙。所谓狮子搏兔亦用全力者也。若仅于试帖求之，失其本矣。

一试帖题即纤小，亦不可用香奁体。一与闺阁中字，皆须芟汰。至于理题即秾艳之字，亦不可用，但不得入语录中语。纪文达公云，典重之题，不得著一妩媚字，衣冠剑佩之中，间以粉黛，则妖矣。秾艳之题，不得著一方板字，尝花邀月之席，宾主百拜则迂矣。于此可悟选字之法。

一比喻之题，最忌比中生比。纪文达尝引刘轲《玉声如乐》云"佩想停仙步，泉疑咽夜声"，既以乐比玉声，又以泉声比乐，辗展牵引，题茫然。摩诘《清如玉壶冰》云"气似庭霜积"，亦同此病。

一血脉动荡，全在虚字。吴竹尝云，难用之典，难押之韵，只要虚字用得熟，皆可以心思牵合之，旨哉是言。

一题字，唐人换次点下，但求理顺，不论何处，今则必于四句内点之，其点不尽者，于末韵补点，或已用暗点，即不点亦可，断不可于中间杂出。

一一三五不论之说极为纰缪，出句第三字必须平声，对句第三字必须仄声，对句第二字用平者，第一字必须平声。前人拗体俱不得入试帖，并起句亦不可入韵。

一写字须知把笔，不知把笔终不能成书家。须将大指与次指、三指对握，中作圆圈可容核桃一枚，将无名指向外捻住;作小楷手腕离案五六分,若作大字臂当离案尺许,然不学大字则小楷不工。

一作字须临唐碑,以其有矩矱可寻也。熟于唐人之法则,上而钟王,下而赵董,无施不可,至于俗字破体,习以为常,字典一书,须置案头时时检正。

一士先器识而后文艺。童子入塾之初尤须端其蒙养,所读经书,其中嘉言之于身心,见之于行事,异日成就方为有体有用之才。本院刊发朱子《小学》,宜服膺而勿失也。①
道光十五年六月初一日督学使者池生春识于粤西节署之芝草堂

《塾规二十四条》规定了这样几个主要内容:一、先器识而后文艺,"器识"即胸怀和见识,"胸怀"指志向和气量,"见识"即人生的基本信仰和价值观,"文艺"指的是时文和作文的方法等。"士先器识而后文艺"这个观点最初由唐代刘晏明确提出,他是根据孔子"弟子入则孝,出则弟,谨而信,泛爱众,而亲仁。行有余力,则以学文",②"志于道,据于德,依于仁,游于艺"③等"德""艺"观而提出的,孔子认为"艺"(礼、乐、射、御、书、数)只不过是"据德""依仁"之余事,"道""德""仁"先于"艺"、重于"艺"。二、为学次序上,提出了经学、史学、八大家文、时文这样一个学习的先后顺序。"经学"指的是十三经,特别强调了对朱子《学庸章句》《论孟集注》的研读,"必须全部熟读,不遗一字"。"史书"包括《国语》《国策》《史记》《汉书》等书。"八家小品文"即茅坤所编《唐宋八家文钞》。"时文"选

---

① (清)池生春:《塾规二十四条》,道光十五年(1835)粤西节署芝草堂刻本。
② 钱穆:《论语新解》,生活·读书·新知三联书店,2003年,第10页。
③ 钱穆:《论语新解》,第170页。

王步青①《八集》。三、探讨了作文的技巧，作为一省学官，科举人数直接关系到他的政绩，所以他在学规中有十多条关于作文技法的规定也就可以理解了。《广西地方文献目录》《广西文献名录》归入教育类。《广西地方文献目录》《广西文献名录》《广西地方史志文献联合目录》等有著录。

一册。

存。清道光十五年（1835）粤西节署芝草堂刻本，线装，一册，桂林图书馆藏。②

## 学规　　清·林先梁撰

作者简介见《中庸脉络》。

《学规》。《广西省述作目录》归入教育类，属儒学文献。《广西省述作目录》有著录。

卷次不详。

未见。见于（光绪）《北流县志》，③《广西省述作目录》未著录存佚。④

## 学校条规　　清·唐仁撰

作者简介见《周易观玩》。

---

① 注：王步青（1672—1751），清初著名古文大家，金坛人，字汉阶，一字罕皆，号己山。性冲澹，以文名。雍正元年（1723）进士，官至翰林院检讨，晚年因故辞官，归故里金坛后，著书授徒为业。著有《己山文集》十卷，别集四卷，及《笃鸿草》、《四书朱子本义汇参》四十五卷。
② 广西壮族自治区桂林图书馆编：《广西地方文献联合目录》（上册），广西人民出版社，2018年，第157页。
③ （清）徐作梅修，李士琨纂：（光绪）《北流县志》卷一八。
④ （民国）广西统计局：《广西省述作目录》，第34页。

《学校条规》。唐仁于道光九年（1829）左右任庆远府教谕，《学校条规》应该著述于这个时期，全文载于（道光）《庆远府志》，现节略如下：

> 一敦实行。圣门论学，开宗明义，即以孝悌勉人，而决其无犯上作乱之事，以示夫本之所在，而当务之为急……则道德由是而积，事业由是而推，功名莫大乎是矣。
> 一居实心。人之所以异于物者，以其心也；人之所以异于人者，亦以其心。尽其心则人与天相和，丧其心则人与物无殊。夫心所涵者理也，理所由存者诚也。思诚之要莫如忠，则尽己之心而不涉于虚浮之谓也；存诚之法莫如敬，则提醒此心而不流于惰慢之谓也……故人必先去其虚假之情，浮伪之念，与一切邪思杂虑，而后可与言学。
> 一致实功。学者言行交修，身心共励，今人读书乃穷理之一端耳，然亦未可以浅尝卒事焉……诵诸口，会诸心，体诸身，将圣贤之蕴融贯于吾之胸中，则以之为文，粹然义理之言；以之为诗，铿然风雅之韵，此其功之不可以袭取者也。
> 一收实效。儒者不求名亦不逃名，要在务其实耳……若夫学之不讲而攒营是务，行险侥幸，卒与草木同朽耳，乌在其得名哉？①

在教材内容上，汉唐诸儒以五经为主要教材，理学家除继续使用五经外，尤重《论语》《孟子》《中庸》《大学》四书。与汉唐诸儒注重对儒经中名物制度的考据训诂不同的是，理学家则强调儒经的道德教化意义，要求从中"求圣人之意，以明夫性命道德

---

① （清）英秀、恒悟修，唐仁等纂：《庆远府志》，清道光九年（1829）刻本。

之归"。

一篇。

存。全文载于(道光)《庆远府志》。

## 教士学规　清·颜有光撰

生平事迹见《治家琐谈》。

《教士学规》。是作者教授书院时所定学规,《广西近代经籍志》归入子部。

卷次不详。

未见。见于郑献甫《补学轩文集续》卷三,《广西近代经籍志》著录"未见"。[①]

## 视学须知　清·龙启瑞撰

作者简介见《尔雅经注集证》。

《视学须知》。作于道光二十七年(1847)湖北学政任上。针对学风浮华、萎靡的现状,要求士子钻研"根底之学",又以学政之职有三要:一曰防弊,二曰厉实学,三曰正人心风俗,故所作文檄,告诫周详;又举旧日所闻及近所施行者,为《视学须知》一卷,刊发至全省各府、州、县,作为全省治学入门的指导书,如《视学须知小引》所记:

> 学政一官,难而易,易而难。所习皆所用,所用皆所习,易矣。至于弊孔百出,人无一信。堂室之地,孑然孤

---

① (民国)蒙起鹏:《广西近代经籍志》卷三"子部",第10页。

立。生童塞其前，卷牍罗于后，心思耳目并用不少暇。则其责之专而事之繁，可谓至矣。又有甚者，处师儒之任，非得一二人才，何以报国？苟躬行无本，文采不润，焉所持而耸诸？《说命》曰：教学半。《记》曰：教学相长也。然当居教人之位而始勉于学，不已晚乎？故学政之道，始于防弊，而终于教人。虽然弊之滋也，尝有隐伤。吾教而牵掣不得行者，非拒刷廓清之，则吾受其弊，而人转乐居于伪。故为学政者明与仁，贵为兼用，要在识其先后本末而已。某不才，幼承庭训，通籍后幸得备员翰林。岁丁未，奉恩命视学湖北。圣训谆谆，首以剔厘弊窦、作养人才为先务。自维庸愚，既祗且惧，拜命之后，即走谒师友，敬求诲言，书之于策。到官后，次第施行，复自以意斟酌时宜，量为通变。窃念膺是职者，任大责重，虽精力足以贯晨夜，明敏足以察毫芒，犹未可谓之尽职。爰举旧日所闻及近所施行者参互折衷，条分缕析，厘为《视学须知》一卷。凡师友议论，及往来书札，有关于学政者编总论，并著于末。鄙作文檄，亦附录焉。非敢谓一时之事为可示诸将来，以中多良师益友之嘉言善政，而后之儒臣或有取乎此也。虽然，学政之官难矣，吾知其难；至其所以难者，则知而未能有万一之尽也。《语》曰："如其礼乐，以俟君子。"愿当代之以人事君者，有以副焉。①

《广西近代经籍志》归入史部。

一卷。

存。见龙启瑞《经德堂文集》，蒙起鹏《广西近代经籍志》载"存"，桂林图书馆有藏。

---

① （清）龙启瑞：《经德堂文集》卷五，见潘琦主持《广西历代文献集成·龙启瑞集》第1册，第254—256页。

## 家塾课程　清·龙启瑞撰

作者简介见《尔雅经注集证》。

《家塾课程》。作于道光二十七年（1847），此专为责成蒙师者课十五六岁以下童子而设，对家塾学生应具备的礼仪，每日早、中、晚以及闲日所要学习的内容和要进行的实践活动均作了周密安排：

> 大约以"看""读""写""作"四字为提纲，读熟书（经类及《文选》《古文词类纂》）以沃其义理之根，看生书（史类）以扩其通变之趣，写字以观其用心之静躁，作文以验其养气之浅深：四者具而学生基业始立，勜慝志亦勜遁情矣（初上学者，先作读写两字功课为要）。
>
> 早起，少长以序，入塾拜先师神座，毕，谒拜师长，请安毕（应对进退礼节，以管子《弟子职》、朱子《小学》为主），理昨日生书、带温书一卷，背。
>
> 上生书。师长先依经讲解，逐字实意，毕，再讲实字虚用、虚字实用、本意有引申、异义有通假之法（以《说文解字》《尔雅》《广雅》《玉篇》《广韵》为主）。其每一字得声则有古音（古谓周秦先汉）、今韵（今谓魏晋以下）、方言之互殊，双声叠韵均翻切之相贯，然后析其章段，离其句读，条其意指。讲毕，命学生复述一遍（看其有见解否），乃就位念一百遍：初缓读，后稍急，读字句要有抑扬顿挫之节奏，四声要有高下低昂之准的（不熟再加一百遍）。午饭讫，循阶走三百步，拉弓习礼射，毕，写字一二张（以初唐人碑版为主，讲把笔、讲间架），温书一本，背（有误字尖出，命

改正)。

仍读生书，将晚属对（自两字至五七字，以为作四六文张本）。

灯下念唐贤五律诗（取于试帖相近）或《古诗源》；上生诗时，为之逐句讲解（有正对、有借对、有反对，或明使故事，或暗用故事）。

间日出诗题，试作五言绝句一首（以次增至四韵六韵）。

功课做完，跪叩先师神座前，揖师长，毕，命之退，乃退。

逢三、八日作文，初一、十五日作史论及诗赋。

草订一簿，每日自记行事、读书，及有所疑、有所悟（为作论及制义张本），次早呈阅。

学生有不率教、不及格者，依科惩责，决不宽宥。①

又《写日记簿之式》（年稍长，学稍进者用之），具体规定了写什么、怎么写：

如平旦食时日昳甲夜，此一日中所习何业，所行何事，谒何师友，见何亲长，闻古人有何法言德行，见今人有何嘉言善行及节候之晴雨暄寒、草木之华实贞脆，心之存否，业之勤惰。此一日中深自省察，有多少妄言、妄动、妄视、妄听，已知愧悔、未及惩改者，悉直书之，或并未知觉悟者则次日追书之，毋有欺隐。倘稍有欺隐之心，此最害事。阴阳内外之刑旋至，不汝宽也。其缘事、缘病辍业，则详记之。有时随长者出游何处园林、山寺，见何等榜书石刻，亦

---

① （清）龙启瑞：《经籍举要》，见潘琦主持《广西历代文献集成·龙启瑞集》第2册，第425—428页。

记之。

朝：听讲某书（自某篇起至某篇止）读某书（自起至止），背书（自起至止）。

午：习大字几纸，习小字几篇（录何书），温书（自起至止），览某书（自起至止）。

暮：读书，属对。

夜：读（文诗），记典。

日间曾（行见）何（事人），或作（文诗）。

疑义若干条。

证解若干条。

日记之法，如师长嫌每日考核太繁，或五日一呈阅，亦可月终则通计一月之勤惰，而董戒之岁除，则并计一年之有无长进，出考语毋稍宽假，师道严则学徒乃能孟晋。譬治玉石者必以锟锡沙石，治枮楠者必以斧斤椎凿，凡能成天下之美材者皆恃有猛恶之器为之镞砺也，是所切望于授业解惑之经师人师不肯误人子弟者。[1]

这样，一个完整的"家塾课程"即日常教学程序体系便得以成型，龙启瑞对家塾学生每天的言行举止、学习内容和要求作了细致铺陈，为我们了解晚清时期家塾教育实践过程提供了一个契机。

一卷。

存。主要版本有：(1) 光绪十年（1884）济南重刻《经籍举

---

[1] （清）龙启瑞：《经籍举要》，见潘琦主持《广西历代文献集成·龙启瑞集》第2册，第428—430页。

要》，后附。① 桂学文库组织编撰《广西历代文献集成》，《龙启瑞集》为其一，收录《经籍举要》，《经籍举要》后附录《家塾课程》《写日记簿之式》。(2) 光绪十九年中江讲院重刊本，收入《浙西村舍汇刻》之中。(3) 收入《丛书集成新编》。(4) 舒新城编《中国近代教育史资料》收录②。

## 家塾散记  清·靳邦庆撰

靳邦庆，生卒年不详，字迪丞，号广与，广西临桂人。咸丰三年（1853）进士，翰林院庶吉士，历任吏部主事、军机章京、衢州知府，归乡后主讲桂山书院。邦庆工诗擅文，著有《北行日记》《雪泥鸿爪》《金陵杂咏》《家塾散记》《广西历科雁塔题名》等。生平事迹见《枢垣记略》、《钦定剿平捻匪方略》、《东华续录》、（同治）《藤县志》、（光绪）《常山县志》、（光绪）《临桂县志》、（民国）《藤县志》、《桂林历史人物录》等。

《家塾散记》。《广西省述作目录》列此书为经部，欠妥，按《四库全书总目》卷四〇"小学类"所论，应归入小学蒙学类，③属于儒学文献。

卷次不详。

未见。《广西省述作目录》载"未刊"。④

---

① 何远景主编：《内蒙古自治区线装古籍联合目录》，北京图书馆出版社，2004年，第620页。
② 璩鑫圭编：《鸦片战争时期教育》，上海教育出版社，1990年，第362—363页。
③ （清）永瑢等撰：《四库全书总目》记载："今以论幼仪者别入儒家，以论笔法者别入杂艺，以蒙求之属隶故事，以便记诵者别入类书。"
④ （民国）广西统计局：《广西省述作目录》，第3页。

## 桐岭学规　　清·龚延寿撰

作者简介见《周易拟象》。

《桐岭学规》。《广西省述作目录》归入教育类,属于儒学文献。《广西历代文人著述目录　广西历代文人著述馆藏联合目录》《广西省述作目录》等有著录。

一卷。

未见。见于(光绪)《浔州府志》,(民国)《贵县志》载著有"稿本",《广西省述作目录》载"未刊"。①

## 学童心得　　清·沈赞清撰

沈赞清(1868—1943),字演公,又字雁谭,号演庐居士,福建侯官人。沈葆桢之孙,久居广东。光绪二十九年(1903)任广西大学堂监督。民国时期,历任广东德庆、东莞知事、道尹,财政部印花印刷所所长等。作诗推崇宋人,喜为隽语,能古文辞,著《瘿楼集》。生平事迹可参见(光绪)《临桂县志》、(民国)《闽侯县志》等。

《学童心得》。作于光绪二十九年(1903),作者时为广西大学堂监督,参与了广西学堂的创立工作。该书是针对广西学龄儿童进行学习生活教育的读物,分规章和教育两部分。规章部分有家庭注意事项七条,入出学堂注意事项五条,教室内注意事项八条,教室外注意事项八条。教育部分提出了奖惩的各种形式,奖励分言语奖励、名誉奖励、实物奖励三种;责罚分

---

① (民国)广西统计局:《广西省述作目录》,第33页。

记过、罚站、默坐省过和斥退四种。《广西省述作目录》归入文化教育类,《广西地方史志文献联合目录》《广西省述作目录》《广西文献名录》等有著录。

一册。

存。桂林杨六也堂刻本,一册,桂林图书馆藏。①

## 广西学务提要 清·李翰芬撰

李翰芬,生卒年不详,字显宗,一字守一,广东小榄人。光绪二十一年(1895)进士,授翰林院编修。光绪二十九年恩科充湖北乡试副考官,赏赐花翎二品衔。光绪三十三年(1907)提学广西。②著有《梅园丛稿》《陔兰乞言集》《广西学务提要》等。生平事迹参见《缘督庐日记抄》、《东华续录》、(民国)《来宾县志不分卷》、(民国)《灵川县志》、(民国)《陆川县志》、(民国)《香山县志续编》、(民国)《广东通志未成稿不分卷》等。

《广西学务提要》。此书叙述清末广西官方办学的方针政策,以及全省学校概况。"全书分总务科、专门科、普通科、实业科、图书科、会计科六个部分。总务科收集了学务纲要、广西省九年筹备表、聘用外国教员合同、编纂学务提要等二十二项;专门科介绍了各类学堂的性质任务、入学资格和规章制度等有关条例七项;普通科介绍优级师范学堂、初级师范选科、师范传习所、高初等小学堂、女子师范学堂共十四项;实业科有高等农工商实业学堂、实业教员讲习所、中等初等农工商实业学堂、艺徒学堂等

---

① 广西桂林图书馆、广西通志馆资料室编:《广西地方文献目录》(上册),第49页。
② (民国)厉式金主修,汪文炳、张丕基总纂:《香山县志》卷九,民国十二年(1923)刊本。

八种;图书科汇集各学堂应用书目等九项规定;会计科汇集了表册提要、经费提要有关的报表十一种。"① 为研究广西清末教育史的重要参考资料。《广西近代经籍志》归入史部,《广西通志稿》归入文化教育类。《广西近代经籍志》《广西通志稿》《广西文献名录》等有著录。

一册一卷。

存。《广西近代经籍志》载"存",有宣统二年(1910)排印本流传于世,北京师范大学图书馆②、广西壮族自治区图书馆有藏。《广西近代经籍志》《广西通志稿》《广西通志》《广西文献名录》均有著录。

# 课文制艺类

课文制艺指的是时文的创作和讲授,这类文献共十七部,存八部,未见三部,佚六部,全部为清代作品。现存八部分别是陈宏谋的《课士直解》、刘定逌的《灵溪时文》、黄体正的《带江园时文》、苏懿谐的《清华家传》、况澄的《癸亥四书课文稿》、郑献甫的《补学轩制艺》《补学轩批选时文读本》、周必超的《分青山房课艺》。八部中,以郑献甫《补学轩制艺》《补学轩批选时文读本》比较有特色,他不反时文,但反对人云亦云、一味模仿前人、拾人牙慧之作。

---

① 广西壮族自治区图书馆、广西壮族自治区桂林图书馆编:《广西文献名录》,第259页。
② 北京师范大学图书馆编:《北京师范大学图书馆解放前中文教育书目》,北京师范大学图书馆,1989年,第46页。

## 课士直解　清·陈宏谋撰

作者简介见《大学衍义辑要》。

《课士直解》。是陈宏谋为后学讲习经文的讲稿，后见积集颇厚，便汇编为集子，称"二十年来所作《直解》，不觉成帙"。此书乾隆三十五年（1770）刊刻，卷首有昆山葛正笏①序，后由陈兰森整理刊行，收入《陈榕门先生遗书》。陈宏谋在二十余年间，为子侄辈及书院诸生讲习经文，临场课士，每出一题，辄作题解一通，申明此义。将这些讲稿汇编成册，即为《课士直解》：

> 桂林相国历任封圻，晋阶政府，政绩已遍天下。而潜心理学，手不释卷，老而靡倦。生平于家庭课子侄辈，必令讲求书理，切实体会，不使书自书而我自我。所至省会书院之地，仰体圣天子乐育人才至意。延聘名师，选求俊髦，以广造就。每与诸生相见……日有课，月有程，无或间也……大约以程朱为宗，间有先儒所未发，而阐明必归于理要。或有旧说同异，而条辨必折于至中，使书义虚神实理，谛当不易，旁推交通，纤毫无憾而后已。二十年来，所作直解，不觉成帙。笏尝亲聆论辨，擘实明显，实不愧体立而用行。更

---

① 注：葛正笏，字信天，江苏昆山人，太学生，生卒年不详，著述《信天诗草》《仁聚堂法帖》《仁聚堂诗文稿》等。葛正笏是徐树屏的外甥，由于徐树屏的关系，与陈宏谋成了挚友。自陈宏谋担任扬州知府起，葛正笏就跟随陈宏谋做幕僚。葛正笏人情练达，通达事物，对政务多有襄赞，深得宏谋钦佩，二人几乎形影不离，情谊很深，陈宏谋称之为"知己"。徐树屏，名树敏，字敬思，字省庵，江苏昆山人，徐乾学之子，顾炎武外甥。清康熙五十一年壬辰（1712）进士。康熙五十九年至雍正元年（1723）任广西学政。他常到掌华书院为诸生讲解文章，十分欣赏陈宏谋的才品，在学业上悉心指导陈宏谋，陈宏谋"服公之教"。徐氏多次夸奖陈宏谋，勉励其专心力学，陈宏谋曾说："诗之受知于公也深""教之立身惇行，毋役纷华。"

取《直解》诸篇读之,不特有裨于制艺,实足为经传之羽翼,不特垂训于家庭,实足昭示乎后学,亟请付梓,并附以论策各解……乾隆庚寅小春月昆山后学葛正笏敬序。①

卷一、卷二、卷三、卷四为《论语》,卷五为《学庸》,卷六、七为《论策评》。其阐述的逻辑是,先总述章节的大概旨意,接着逐字逐句进行辨析论说,反复阐述义理,间或引用先儒之言加以论证,以涵养人品,反对浮艳之辞。

七卷。

存。《文恭公文集》、《培远堂全集》(又名《榕门全集》)、《陈榕门先生遗书》全集本收入,桂林图书馆、广西壮族自治区图书馆、广西博物馆、广西统计局、广西师范大学图书馆、桂林文物管理委员会、国家图书馆有藏。

## 灵溪时文　清·刘定逌撰

作者简介见《论语讲义》。

《灵溪时文》。时文或称制艺,明清以来的科举规定,代圣人立言,阐发四书大旨。俞廷举说:"制义创自宋主,半山变策论为经艺,俾人读孔孟之书,讲明圣贤之学……盖代圣人说话。"②本书并没有局限于代圣人立言,就经典论经典,而是用论今的方法,对当时的社会风气、治学态度、为人处世进行评论,他提出

---

① (清)葛正笏:《课士直解序》,见《陈榕门先生遗书》,黄旭初主持《广西乡贤丛书》。
② (清)俞廷举著,唐志敬、张汉宁、蒋钦挥点校:《〈一园时文〉自序》,见《一园文集》卷四,第94页。

了自己的见解，对当时社会存在的流弊进行了批评。①《广西省述作目录》《广西地方文献目录》归入文类。《广西地方文献目录》《广西历代文人著述目录　广西历代文人著述馆藏联合目录》《广西文献名录》有著录。

一册。

存。《广西省述作目录》载"家刊"，广西桂林图书馆藏光绪二十一年（1895）刻本，线装。②

## 岳麓制艺　清·蒋励常撰

作者简介见《养正编》。

《岳麓制艺》。《广西省述作目录》归入文类。

卷次不详。

佚。仅见于《广西省述作目录》，载"家刊"，今佚。

## 翰墨楼时艺　清·潘成章撰

作者简介见《五经纂解》。

《翰墨楼时艺》。见潘其旭、覃乃昌主编《壮族百科辞典》，属于儒学文献中的科举文。《广西历代文人著述目录　广西历代文人著述馆藏联合目录》有著录。

卷次不详。

佚。《广西省述作目录》载"绝本"，潘其旭、覃乃昌主编

---

① 广西壮族自治区图书馆、广西壮族自治区桂林图书馆合编：《广西文献名录》，第393页。
② 广西桂林图书馆、广西通志馆资料室编：《广西地方文献目录》（上册），第61页。

《壮族百科辞典》载散佚，今不见。

## 醉菊山庄时文　清·周鸣礼撰

周鸣礼，生卒年不详，广西昭州人，道咸间人，廪生。事迹见（光绪）《郁林州志》卷一七和卷二〇。

《醉菊山庄时文》。《广西省述作目录》归入文类，属于儒学文献中的科举文。

卷次不详。

佚。仅见于《广西省述作目录》，载"绝本"。

## 经律合课选　清·廖汝驯编辑

廖汝驯①，生卒年不详，广西崇善人，嘉庆六年（1801）辛酉科举人，②清道光三年（1823）廖汝驯任宜山县教谕。道光九年任（道光）《庆远府志》分纂。（民国）《崇善县志》有小传。

《经律合课选》。《广西地方文献目录》《广西地方史志文献联合目录》《广西历代文人著述目录　广西历代文人著述馆藏联合目录》作者题为姚人凤。廖汝驯道光三年（1823）任宜山县教谕时，选辑宜山人姚人凤、姚人鹏、姚人举、吴尚宽、吴西成、杨庆云、璩宣仁及庆远府人罗翚鹏、谢摅章、莫有基等排日立课卷编为《经律合课选》，③是一本教案选辑，有唐启傅的序。④《广西省述作目录》归入文学，而当时的讲义主要讲授四书，阐述经

---

① 按：《广西省述作目录》（第104页）作者著录为"姚人凤等"。
② （民国）林剑平修，张景星等纂：《崇善县志》第一编。
③ 政协宜山县委员会、宜山县志编纂委员会：《宜山文史》第6辑，第14页。
④ 政协宜山县委员会、宜山县志编纂委员会：《宜山文史》第6辑，第14页。

义，应为儒学文献。

四卷。

未见。见（道光）《庆远府志》，《广西省述作目录》未著录存佚。

## 绍濂堂制艺　清·周启运撰

周启运（1792—1853），字景垣，广西灵川人，周履泰之子，朱琦妻弟。道光六年（1826）进士，曾任河南洪县、商丘、祥符等县知县，湖北德安府知府、江宁盐巡道兼江宁布政使，同时代办两江总督事、南直隶按察使等职。著有《有不为斋诗文集》《绍濂堂制艺》《买鹊轩诗》等。（光绪）《襄阳府志》、（光绪）《德安府志》、（民国）《阜阳县志》、（民国）《灵川县志》等有生平小传。

《绍濂堂制艺》。据（光绪）《德安府志》记载，每课期，周启运集生童亲自考试，并拟作，以为程序，士子成就者不少。该书即为周氏讲学、拟作科举时文的汇辑，《广西省述作目录》归入文学。对其价值和意义，龙启瑞《绍濂堂制艺序》分析说：

> 自功业道德之儒不世出，而世遂以时文为诟病。夫诚见乎雷同剿说，束书不观，终日从事于臭腐熟烂之物，几不知有古今天地之大；及措之于世，则茫乎不知所以为，如是谓时文之误人也，亦宜。然自有明以来，以制艺取士，国家因之。阅数百年，其间忠臣孝子、魁人杰士出于其中者，几十之七八……本朝之方灵皋、李安溪、陆稼书、张素存，其人皆不仅以时文见，而天下之善为时文者无以过之。然则谓时文之不足观人而达于吏事，亦鄙夫小儒之言，而未足与于疏

通知远之道也。吾乡周景垣先生以庶常改知县,分发河南,逮知湖北德安府事,凡所至,皆有声。大吏于疑难事,皆倚君以办。而先生暇时,独好时文。凡书院课士、府县考试,率皆自为拟程。积之既久,得若干首,并合前科举时所作,都为一集,谓某为粗知此事者而见示焉。某因谓先生之才之学,其见于时文者特其小小者耳而已,非凡手之所能为,且又能处繁据之任而优游有余,居高明之位而诲人不倦,其施设展布不又即此而可见哉。今先生方观察吴中,吾知其立身行道必有希踪古贤,为斯文增重者。而世之以时文为诟病者,读是集亦将翻然悟矣。①

一卷。

未见。见于龙启瑞《经德堂文集》,(光绪)《德安府志》(民国)《灵川县志》有著录,《广西省述作目录》载"未刊",今不见。

## 朱约斋先生时文　清·朱应荣撰

朱应荣,生卒年不详,字约斋,广西桂林人。清乾隆三十年(1765)举人,直隶知县,后官直隶永定河道,著有《存真堂稿》。

《朱约斋先生时文》。其体例及特点,龙启瑞《朱约斋先生时文序》说:

> 昔姚姬传先生谓经义可为文章之至高,而士乃视之甚

---

① (清)龙启瑞:《经德堂文集》卷二,见潘琦主持《广西历代文献集成·龙启瑞集》第1册,第85—87页。

卑，因欲率天下为之。尝精选名家文为一编，以迪后学。乃自先生殁，未及百年而时文之道日益衰，独时观二三乡先生之作，固超乎流俗而多存古义，犹有姚氏之遗风焉。要其致此者无他，昔之人学而今之人不学耳。盖自有明之唐、归、金、陈，暨我朝国初诸名大家，其人类皆学有本原，沉潜乎经训，通达乎世事，发之为文，仅一端而已。今不深探本而惟就区区之绪余，摹拟形似，剽窃声句。逮其侥得，则曰：是亦为文焉。否则曰：吾固学先辈而误者也。吁，文岂若是易易哉！先辈亦岂若是之误人哉！吾乡约斋朱先生以乾隆乙酉举于乡，时值海内经学之盛，而先生伏处偏隅，有志于学，无书可观，仅得先辈所遗《昭明文选》《艺文类聚》二书读之。而先生之文，遂卓然有以自立于世。今其文，孙少香铨部所刻为《存真堂稿》者是也。吁，人苟如先生之向学，何患无书可读？苟能读书以积理用之为文，文奚有不工？不然，则《昭明文选》《艺文类聚》二书于制举何与？而先生读之因以通于经义，此其故可深长思也。今士人于制艺既不肯竟学，其稍知取法者则又貌为先辈而不究其所由然之故。如先生者，可谓知所从事矣。夷考先生生平，以举人得知县，荐升至直隶永定河道，所至皆以循良治行著称。又知先生能缘饰经术，通达国体，而非拘拘于帖括章句者之所为也。即其不苟于为文，信之矣。世有读先生之文而懔然于学之不可废，则时俗不足相限，而文章之道乃益尊。余尝欲用姚先生之言以诏告吾乡之后进，今读先生之集，益见文之高卑系乎人之用力，因为士之自励于学者劝也。①

---

① （清）龙启瑞：《经德堂文集》卷二，见潘琦主持《广西历代文献集成·龙启瑞集》第1册，第87—89页。

卷次不详。

未见。仅见于龙启瑞《经德堂文集》，广西各大书目未著录。

## 带江园时文　清·黄体正撰

黄体正（1767—1845），字直其，号云媚，别号紫荆樵，广西桂平人。嘉庆三年（1798）解元，"大挑二等"，① 先后任广西迁江训导，转西隆州学正，迁桂林训导。辞归，先后主讲于全州、浔州、桂林、桂平等地书院。著《带江园集》十四卷（《诗草》六卷、《杂著》六卷、《时文》一卷、《尺牍》一卷）、《带江园诗草》不分卷、《桂林纪游》、《横州竹枝词》、《邕江竹枝词》、《广州竹枝词》等，并编《桂平县志》六卷。生平事迹见于（嘉庆）《广西通志》、（同治）《浔州府志》、（民国）《桂平县志》等。

《带江园时文》。其刊刻的目的，在其自叙中加以阐述：

> 自叙云：时文末艺，人之德行才具无与焉。此实拜献先资，使卤莽灭裂以为之，则青春挟策，白首怀铅，虽有观光利用之心，从政济时之略，又乌能奋发身名，施彰事业耶！先儒谓使孔孟生今日，也须应举，也须习为科举文，圣贤之随时处宜也如此。予五上春官不第，自惭操术未精，惟幸录乡科，其文具在，余作寥寥，摘存三十余篇，大都不离乎科举者近是，并以论科举文一则弁其首，得鱼改忘筌哉。②

---

① 按：清乾隆十七年（1752）定制：在会试后检选应考三次而不中的举人，由礼部分省造册咨送吏部，派大臣共同检选。选取者分二等：一等以知县试用，二等以教职补，称为举人大挑。
② （清）黄体正：《带江园时文》，见（民国）黄占梅等修，程大璋等纂：《桂平县志》卷四五。

一卷。

存。流传到现在，有两种版本：(1)《带江园集》本。道光十年（1830）刊。前有李秉礼、欧阳辂等题词，赖鹤年撰传，《带江园集》收录《时文》一卷，桂林图书馆藏。(2)《带江园诗草》不分卷本。光绪十八年（1892）刊，是本以道光初刻本为底本，黄榜书编校。黄序云："先生所著《带江园杂著草》六卷、《诗草》六卷、续刻二卷。晚年择存，俱删为四卷，小简、时文各一卷……皆已梓行，后卒毁于兵燹……得二篇于梁氏郑氏家，盖先生初刻本也。"[1] 桂林图书馆藏。

## 课艺偶存　清·林宜烜撰

林宜烜，生卒年不详，字睿圃，广西桂平人。道光学使池生春选拔浔州，拔试卷为第一，然而十七次省试皆不中，以授徒教书为业。著有《课艺偶存》若干卷、《杂著》若干卷、《诗》若干卷。事迹见（民国）《桂平县志》卷三四。[2]

《课艺偶存》。《广西历代文人著述目录　广西历代文人著述馆藏联合目录》题作《课艺偶成》，为教授门弟子的讲义、拟作汇辑，《广西省述作目录》归入文类。

卷次不详。

佚。（民国）《桂平县志》有著录，《广西省述作目录》未著录存佚。

---

[1] （清）黄榜书：《带江园时文》卷首，见（民国）黄占梅等修，程大璋等纂：《桂平县志》卷四五。
[2] （民国）黄占梅等修，程大璋等纂：《桂平县志》卷三四。

## 课艺偶存　清·蒋启敫撰

作者简介见《教士汇编》。

《课艺偶存》。《广西历代文人著述目录　广西历代文人著述馆藏联合目录》题名作《课艺偶成》，《广西省述作目录》归入文类。

卷次不详。

佚。仅见于《广西省述作目录》，载"家刊"，今佚。

## 清华家传　清·苏懿谐编辑

作者简介见《大易掌镜》。

《清华家传》。据《广西文献名录》记载，本书为苏懿谐汇集苏氏家人自拟科举考试题目而成。题目取字，俱出四书五经，每部分注明原经书卷数。① 《广西地方文献目录》著录，归入文学。

一册。

存。桂林图书馆藏抄本。

## 癸亥四书课文稿　清·况澄撰

作者简介见《春秋属辞比事记补》。

《癸亥四书课文稿》。"癸亥"即同治二年（1863）。据《广西文献名录》记载，全书分"'壹是皆以修身为本''小车无𫐓，其何以行之哉'等题分述。每题上方或下方页边题有'癸亥七月初

---

① 广西壮族自治区图书馆、广西壮族自治区桂林图书馆编：《广西文献名录》，第462页。

七赵太守秀峰课'等字样。行文中删涂处颇多。间杂朱墨小圈标识"。①《广西近代经籍志》《广西地方文献目录》《广西文献名录》等有著录。

一卷。

存。《广西近代经籍志》载"未见",桂林图书馆有藏。

## 补学轩制艺　清·郑献甫撰

作者简介见《愚一录易说》。

《补学轩制艺》。四卷,附《制艺杂话》一卷。清同治十年辛未（1871）郑氏门人林肇元刊于贵州臬署②,为《郑小谷先生全集》的一种。书前有程灿策（酉山）、李光鼎（秋航）、林肇元三人的序,集中有评点,又有尾批,尾批为郑献甫、程灿策、李光鼎及门人所作。

郑献甫著有《制艺杂话》,道光二十四年（1844）庆远府知府程灿策捐资刊刻其半,题名《补学轩制艺》,程《序》有云：

> 道光甲辰冬,予守庆阳。时主讲书院为象州郑小谷比部,年方强仕而退归乡里,余叹为恬淡中人,未知其文奚若也。次年复来,间出素所疑者相质,则博学强识,贯通百家,知其为考据中人,仍未知其文奚若也。久之,得其诗集。久之,从他处见其古文。又久之,谈及时文,出所著《制艺杂话》相示,乃知其于此事致力最深而用心独远,因

---

① 广西壮族自治区图书馆、广西壮族自治区桂林图书馆编：《广西文献名录》,第270页。
② （清）郑献甫：《补学轩制艺》,见潘琦主持《广西历代文献集成·郑献甫集》第12册,第370页。

索其所作读之……小谷《制艺杂话》中勉学者读《十三经注疏》以植其体，览廿二以宏其用，浸淫于秦汉诸子及唐宋诸家以恢充其气，盖其素所得力者然也。于有明作者指数心稽，各有取法，而体格稍变，词藻稍腴，此则关乎时代，即作者亦不自知其故矣。溯自乾隆、嘉庆之间，士大夫敦崇实学，司文柄者好取沈博典丽之文，所得淹通之才颇多。而其弊也，士子遂务为新奇，抛荒经义。近三十年来，文章巨公慨然有志复古，趋于清真，海内翕然为之一变，而其弊也，空疏浮伪，殊失先正博大精深之义。小谷之文以韩苏之笔力，运贾董之经术，洵为救时药石，可以信今而传后已。予因捐俸付梓，刊其半，得百六十篇，以为士林圭臬。刻将竣，为序数语，虽未能尽其蕴奥，而其大指则约略可寻云。泰安程灿策识。①

从郑献甫《程酉山太守代刊〈补学轩制艺〉，赋此志感》《太守奉讳回里，春二月，途中诒书至庆，并易序文，索寄订稿，口占一律志之》等诗看，道光二十五年春天时才刊成，具体准备于二十四年八月，这在李光鼎《序》中有记：

贾董公孙之策论，欧王苏氏之文章，元白温李之诗赋，非今之时文也。而以取科目者半，即古之制艺也……吾友小谷比部，少年最薄时文，释褐后，乃更好时文。其言曰：士当自为，文必己出，当今而破律析度以为文，固不必当今而绳趋尺步以为文，尤不可总求不悖古法而自见其才。余素高其人，因并奇其文，然其中立体少变，立解少异，俗已怪而

---

① （清）郑献甫：《补学轩制艺》，见潘琦主持《广西历代文献集成·郑献甫集》第12册，第371—375页。

弃之矣。今年就门下士所辑者，择十之三，得若干首，将以问世，属予序之。予笑曰：为时文将以售世也？刊时文将以行世也？今已有怪而弃之矣，恶乎售？恶乎行？小谷曰：不然。今世无东乡固城其人耶？其所非未必非，其所是未必是，如有之，则为所惊怪，为所唾弃，乃真得闻而改之耳，夫何嫌？余曰：有是哉。因书而付之，虽然小谷非专为时文者也。苟知小谷非专为时文者也，则必能为小谷专论其时文矣。道光二十四年秋八月同里老友李光鼎撰。①

《制艺杂话》刊刻后，曾在多处流行。同治八年（1869），门人林肇元又翻刻，其《序》曰：

吾师《补学轩制艺》，桂林有初刻，穗城有续刻，学者争师之，风行百粤矣。岁丁卯，肇元使黔。越三年，徐以审黔之学，亦宜于师吾师者。初取吾师批选时文四十首，请序刊行。越二年，又请序重刻是编，并请经史诗文各稿，将欲视吾力以广其传也。师答书曰：仆《愚一录》未脱稿，诗文集皆草稿，此时觅小史甚难，自料未必能传，则亦不必亟刻耳。《制艺》蒙为翻刻，文虽不高，于理于法似尚近古。原本已有两序，时文不欲自序，请自述重刻缘由数语于简端可也……是编凡四卷，开雕于辛未六月，告成于十一月，附《制艺杂话》一卷，使学者知制艺之体，仿乎经疏源出于古文，非博极群书、约而就范，未可滥与此事，则吾师之为制

---

① （清）郑献甫：《补学轩制艺》，见潘琦主持《广西历代文献集成·郑献甫集》第12册，第376—379页。

艺，从可知矣……同治辛未仲冬月贺州弟子林肇元谨识。①

郑氏向来不屑制艺之文，其刊刻《补学轩制艺》的个中缘由，可从《双柳堂制艺自序》见得一斑：

> 六经四子有文乎？曰道矣，非文也。诸子百家有文乎？曰艺耳，是文也。然文亦自有辨：庄老之文，道而艺者也；枚马之文，艺而艺者也；董杨之文，艺而道者也。其文皆行于世。然则道贵乎？艺贵乎？曰道贵。曷为道贵？贤人之文，以文载道；儒者之文，因文见道，故曰道贵也。尝怪朱子于唐文薄柳而尊韩，且为之《考异》；于北宋文黜苏而爱曾，且学其体。夫韩诚胜于柳，曾岂胜于苏？此真未易了者。其后特习朱子之书，因覆读《韩文考异》《元丰类稿》，以求朱子之意。乃不禁叹曰：世无大儒，不特道无由明，即艺亦无由明，此未易为外人申其旨也。因即本论古文者，以论时文。夫古文虽足以翼圣道，而未必皆代圣言，故时有愤怼奇怪驳杂之谈，而不害为工。时文则依传注，审语气，其体难自为，且勿论不文者。即有清真之才，有淹贯之学，而未有醇实之气，亦苟异于不文者。而理脉疏、辞气倍，曾无当于经义，又况益以空疏、鄙浅、流宕之说，尚冀其代圣言，而因以见圣道乎。因又本论时文者，以作时文，而少年不知学，又为衣食所驱，及壮始从事，亦心能知之而手不能达之矣。今年冬编少作，得若干，附以近作若干，都为卷，以就正君子。因窃述所见，冠之简端，非妄自夸饰，盖欲

---

① （清）郑献甫：《补学轩制艺》，见潘琦主持《广西历代文献集成·郑献甫集》第12册，第380—381页。

与世之留心于此，共证所闻而又早自计，勿似鄙人之悠忽无能，闻道晚而循涂难也。夫余文则固艺之末，而不必言也，抑李安溪贻何义门书有云：有明盛时，治太平而俗醇厚，士大夫明理者多，盖经义之学有助焉。夫以最无补之艺，而谓最有关之学，其意果何在耶？然余言亦不迂也，已是为序。①

四卷，附《制艺杂话》一卷。

存。《郑小谷全集》之一种，《郑小谷全集》版本情况前已述及，此不赘述。

## 补学轩批选时文读本　清·郑献甫编选

作者简介见《愚一录易说》。

《补学轩批选时文读本》。又名《补学轩批选时文》，门人林肇元清同治六年（1867）初刻于贵州，八年再刊于贵州臬署，亦为林氏汇刻《郑小谷先生全集》之一种。林氏刊刻《补学轩批选时文读本》的原因是：

> 咸丰甲寅己卯间，余家遭兵燹，藏书暨先人著作尽失，所未失者，枕函小钞本余师郑小谷先生批选时文四十首耳。十余年戎马奔驰，久已无暇流览，其备历险阻，犹携以自随，受业于师，不忍弃置，且欲视吾力以广其传也。同治丁卯冬，从军中奉□来黔，下车观风，得生童文若干卷，多清隽可诵，特未尽合于法度，岂时乱士荒厥学，抑学之鲜所师

---

① （清）郑献甫：《补学轩文集外编》，见潘琦主持《广西历代文献集成·郑献甫集》第8册，第399—401页。

承钦?今盗贼日渐衰息,贡士之典,荐举士之志于学者,择良师益友相切劘,学问之道亦日进,此颓而复振之时也。余顾乐之,而犹见夫习举业者之间,未尽合于法度,爰将余师《批选时文》校刊而公于众。夫选文惟其是,不必划名家墨卷若鸿沟也;作文亦惟其是,固必本气盛言宜为鹄准也。余序。①

### 同治七年戊辰郑献甫《自序》:

余尝笑茅鹿门之批古文、钟伯敬之批诗、张侗初之批时文,如以管窥天、以蠡测日耳。余少时最薄时文,已而顿悟时文实由艾千子、何义门批本入则准。吾聪明所至,窥前人之机括,以示后学之机括,亦有不可略者。其本意纵不尽如是,其本体则固应如是也。昔之文曰八股,后皆为六比,今直似四片,解事者前中后亦不杂厕,然而木寓龙非常山蛇矣。夫一将之麾,驭三军之众,惟所指挥,皆整以暇者,其部署分明也;数尺之柂,持万斛之舟,惟所运动,皆平且捷者,其转换轻便也。文何以异于是?唐之律赋,排比动宕;宋之策论,起伏纵横,得其机括故耳。余壮年多出游,族中诸子弟学文者求讲习,因手批二十首示之,或见少,又批二十首补之。批尾之语比撰文尤详,皆以指示机括运动为主。往年蕴小泉司马欲刊于岭东,今者林贞伯臬使又欲刊于黔西,而远乞冠数言于其首。余老矣,批本久未览,其烦而絮者,不审作何语?人各有会心,文各有真面,能者不必俟吾言,然或因见吾言而适有触焉,则不必藉此,亦不必不藉此

---

① (清)郑献甫:《补学轩批选时文读本》,见潘琦主持《广西历代文献集成·郑献甫集》第14册,第5—9页。

也,是则欲刊而传之意也。若如谢公晚年举似裴公《语林》,辄曰"都无此",则不敢。尔时戊辰之秋中元节。①

此读本乃郑氏精选明清名家管世铭、金声、陈际泰、沈练、归有光、刘侗、陈子龙、方苞、陈北伦、张世纯、祝堃、王澍、储在文等三十五位作者的制艺范文四十篇,其中,管世铭三篇,金声、陈际泰、沈练各两篇。分为上下两卷,上卷二十篇,下卷二十篇,加以点评,意在给生员习时文应付科举考试指示门径。

二卷。

存。《郑小谷全集》之一种,《郑小谷全集》版本情况前已述及,此不赘述。

## 分青山房课艺　清·周必超撰

周必超(1806—1869),字熙桥,号慎庵,别号佩霞,广西临桂人。道光三十年(1850)进士,后历官甘肃礼县、宁远、陇西、会宁县知县。"历官四邑,有循吏风……其治陇,兴学校、修城垣、课农桑、严保甲,百废俱举"。② 咸丰六年(1856),归籍丁忧。晚年归桂林,在宣成书院就职。周必超一生著述丰富,有《分青山房文集》两卷、《分青山房诗抄》两卷、《分青山房课艺》四卷(刊本)、《陇西阳坡寨谋逆记略》一卷、《分青山房诗词謄稿》一卷、《读左随笔》八卷、《家训》一卷,另辑录《赋学

---

① (清)郑献甫:《补学轩批选时文读本》,见潘琦主持《广西历代文献集成·郑献甫集》第14册,第9—16页。
② 吴可读:《分青山房诗钞序》,周鼐1931年手抄本。

秘诀）。生平参见（光绪）《临桂县志》、（光绪）《甘肃新通志》、《广西科第书画家传略》等文献。

《分青山房课艺》。收作者《如琢如磨自修也》《仁者大也亲亲为大》《本立而道生》《晋国天下莫强焉叟之所知也》等时文九十五篇，并按照《大学》《中庸》《论语》《孟子》四部编列。《广西地方史志文献联合目录》《广西地方文献目录》归入哲学，属于儒学文献。《广西地方文献目录》《广西文献名录》《广西近代经籍志》《广西通志》等有著录。

四卷。

存。由其子周璜编次，收入《分青山房全集》中，刊刻于光绪十二年（1886）。现桂林图书馆存光绪十二年崇文堂复印本，三册，四卷，线装，缺卷四。①

## 浔阳课士录　清·莫和祥撰

莫和祥，生卒年不详，字煦庭，号仲谦，广西阳朔人，同治元年（1862）壬戌举人。历任浔州、宾州、思恩等学教谕，永安州儒学学正。精于天文地理感应之学、诗古文词，尤耽于程朱理学，著述甚多，惜多散失，著有《莫氏宗谱》一书，其子永成纂辑之，刊印成帙，藏于阳朔之莫氏宗祠。另有《浔阳课士录》《公余札记》，惜散佚。（光绪）《郁林州志》、（民国）《阳朔县志》等有小传。

《浔阳课士录》。为莫和祥任浔州学教谕时考核士子学业、讲授经义的讲稿汇辑。（民国）《阳朔县志》、《忻城土司志》、《阳朔县志》（1988年版）等著录。

---

① 广西桂林图书馆、广西通志馆资料室编：《广西地方文献目录》（上册），第3页。

卷次不详。

佚。（民国）《阳朔县志》载录散佚，《忻城土司志》《阳朔县志》①仅有书名，无卷次、存佚、收藏等记载。

## 杂说杂考杂论类

杂说杂考杂论，即内容比较庞杂、形式不拘一格，但以阐述儒学思想为旨归的文献，录得此类文献七部，存三部，未见一部，佚三部。其中，明代佚二部；清代存三部，未见一部，佚一部。现存文献有：陈宏谋的《培远堂手札节存》《桂林相国陈文恭公家书手迹》、祁永膺的《勉勉钼室类稿》。其中，陈宏谋《培远堂手札节存》《桂林相国陈文恭公家书手迹》价值比较高，被一印再印，其中一些观点被后人不断引用；且里面保存许多了当时学者、官员的书信，以及当时官员的待遇等记载，具有较高的史料价值。

### 蒲谷日纂　明·黎艮撰

黎艮，生卒年不详，字以时，广西苍梧人。正德五年（1510）举人，与兄震同榜。正德十六年（1521）为福建龙溪知县，②后辞归。明敏博学，读书自娱，著有《蒲谷日纂》。生平

---

① 阳朔县志编纂委员会编：《阳朔县志》，广西人民出版社，1988年，第355页。
② （清）阮元：《广东通志》卷二四记载，黎艮为隆庆朝肇庆府教授。彭子龙疑其所载不确。称其正德十六年（1521）任龙溪县知县，隔四十多年于隆庆朝任肇庆府教授似不合常理，且（万历）《广西通志》卷二九、（康熙）《广西通志》卷二八等载《黎艮传》亦未见其任肇庆府教授之记载，故（道光）《广东通志》所载或有疑误，然亦未能确定，姑存以俟考。

事迹参见（万历）《广西通志》、（崇祯）《梧州府志》、（崇祯）《闽书》、（康熙）《广西通志》、（雍正）《广西通志》、《粤西文载》、（乾隆）《福建通志》、（乾隆）《苍梧志》、（乾隆）《龙溪县志》、（嘉庆）《广西通志》、（同治）《苍梧县志》、（光绪）《广西通志辑要》等。

《蒲谷日纂》。大抵为一本日记体著作，属于儒学文献。（嘉庆）《广西通志》、（光绪）《广西通志辑要》、（同治）《苍梧县志》、（民国）《广西通志稿》等归入子部，《广西省述作目录》归入儒家及杂家类，《广西历代经籍志》归入子部杂家类。（嘉庆）《广西通志》、（光绪）《广西通志辑要》、（同治）《苍梧县志》、（民国）《广西通志稿》、《广西省述作目录》等有著录。

卷次不详。

佚。（乾隆）《梧州府志》有载，（嘉庆）《广西通志》、（光绪）《广西通志辑要》、（民国）《广西通志稿》曰"佚"，《广西省述作目录》未著录存佚。[①]

## 主静遗编　明·章极撰

章极，生卒年不详，字立甫，号主静，广西永福人。嘉靖二十三年（1544）贡生，任贵州黎平推官。后乞归，以著述为乐，著有《主静遗编》。（康熙）《广西通志》、（雍正）《广西通志》、《粤西文载》、（嘉庆）《广西通志》、（光绪）《广西通志辑要》、（民国）《榴江县志》、（民国）《永福县志》、（民国）《贵州通志》等有小传。

《主静遗编》。（嘉庆）《广西通志》、（光绪）《广西通志辑

---

① （民国）广西统计局：《广西省述作目录》，第22页。

要》、(民国)《广西通志稿》归入子部,《广西省述作目录》归入文学,①《广西历代经籍志》归入子部儒家类。《粤西文载》、(嘉庆)《广西通志》、(光绪)《广西通志辑要》、(民国)《广西通志稿》、《广西省述作目录》、《广西历代文人著述目录　广西历代文人著述馆藏联合目录》等有著录。

卷次不详。

佚。见于《粤西文载》,(嘉庆)《广西通志》、(光绪)《广西通志辑要》、(民国)《广西通志稿》载"佚",《广西省述作目录》载"绝本"。

### 隐居志恒言　清·袁启翼撰

作者简介见《葩经约旨歌》。

《隐居志恒言》。作者于明末清初隐居昭平铜鼓峡,该书即作于此阶段,主要表达其安贫乐道的志向,以及启迪后学的愿望。(嘉庆)《广西通志》、(光绪)《广西通志辑要》归入子部,《广西省述作目录》归入杂述。

五卷。

佚。李绂《广西通志》著五卷。(嘉庆)《广西通志》录"五卷,佚",②(光绪)《广西通志辑要》载"佚",《广西省述作目录》载"绝本"。

### 儒士要言　清·钟辉廷撰

作者简介见《敬至圣说》。

---

① (民国)广西统计局:《广西省述作目录》,第53页。
② (清)谢启昆修,胡虔纂:《广西通志》卷二〇七,第5443页。

《儒士要言》。《广西省述作目录》名为《儒学要言》,归入儒学及杂学类。

卷次不详。

未见。见(光绪)《郁林州志》,[①]《广西省述作目录》未著录存佚。

## 培远堂手札节存  清·陈宏谋撰

作者简介见《大学衍义辑要》。

《培远堂手札节存》。或名《培远堂手札节要》《陈文恭公手札节要》《培远堂手札》《陈文恭公书牍》《陈文恭公手札》《手札节要》《培远堂手札评》等。卷上收录书信六十余则,卷中大约七十余则,卷下六十五则。本书为陈宏谋与亲人、同僚、朋友通信的摘录,多简短,无长篇。论说经书、述说往事、评论政务、指责时弊,内容泛杂,述事面宽,但以儒家观点为核心,强调读书养性、修齐治平,不失为可贵的参考文献。对其价值和意义,陈法《序》曰:

> 为政者不在多言,顾力行何如耳。然交游往还,时地间隔,有时必藉简札相通,则亦不得已而为是言也。而俗尚浮靡,无端赠答,毫无实意,不过为通候之卮词,其有留心古道,又率强为矜炼,取其词句之铿锵。求所为实心相与之诚,劝善规过之真,无有也。噫!人之相知,贵相知心。友朋酬答,专事虚文,已成薄俗。至贤人君子,出入仕途,为中外所仰望,而顾亦相趋浮薄,其于崇实黜华之谓何。桂林

---

[①] (清)冯德材、全文炳修,文德馨、牟懋圻等纂:(光绪)《郁林州志》卷一四,清光绪二十年(1894)刊本。

相国，以醇儒之学术，发为名臣之经济，历邀帝眷，备承宠渥，自郡守荐历督抚，晋司纶阁，辙迹几遍于天下，硕望实重于中朝，其设施政迹，悉本仁心为质，已详纪文集中。风规凛凛，人自莫敢干以私，及接人待物，又复蔼然可亲，如坐春风，则养醇而德裕也。间有简札赠答，往复论议，殷殷恳恳，望人为善之心，溢于楮墨间。即因事称许，品藻时贤，亦复不忘规劝，直使言之者无罪，而闻之者足以戒，盖犹是尚力行、不尚多言之微旨而已。故当时士大夫，莫不乐于纳交，而布衣士庶，亦莫不愿瞻望颜色，闻其謦咳。迄今汇考其言，大都虚心观理，平心处物，早已窥濂洛之心传。札中所云"养富以安贫""勤事以止刁""视官事如家事""体民心以己心"诸语，皆本经术以经世，言近而指远，非同恒泛赠答之文，不第治身治家，可以奉为龟鉴，即推之治国平天下，道不外是也。今节录手札之要者，得若干卷，而予预为序言，以待剞劂。后之览是书者，其亦可开拓心胸，增长识力，恍如与公晤对于一堂，奉教于座右，则有益于人心风俗者，岂浅鲜哉。时乾隆戊子春月定斋法拜撰。①

## 蒋方正重刊《序》：

所存手札，特往还赠答之辞耳。然至理名言，确不易。尝反复披阅，见其言学言政言处己得人，一本克己力行、脚踏实地以立论，盖公生平以诚一不欺为学，以兼善天下为怀。又历官中外四十余年，于民生利病、风俗美恶、政治得失、学术是非，见之极其精，措之极其正，故言之极其切。是编

---

① （清）陈法：《培远堂手札节要序》，见《陈榕门先生遗书》，黄旭初主持《广西乡贤丛书》。

虽系随时酬应，只义单词，莫不有关于风教，洵有用之书也。吕新吾先生曰：万古惟有"真"之一字磨灭不了，盖藏不了。公之手札，一片济世真诚，溢于毫楮，其即不可磨灭不可盖藏者乎……道光十七年岁次丁酉秋八月后学蒋方正谨序。①

卷次有三卷、二卷之分，而以三卷居多。

存。主要版本有：（一）三卷本。（1）《培远堂手札节要》三卷本。根据陈法乾隆三十三年（1768）序和沈德潜《序》看，《手札节要》的最早版本应刊行于陈宏谋去世之后的七年之内，即 1778 年之前，这个说法可参见陈乃宣《陈宏谋年谱简编》，②现已佚。嘉庆二十四年（1819）灌阳人陆锡璞重刻《培远堂手札节要》，现已佚。道光三年（1823）费丙章据陆锡璞本重刻，题名《培远堂手札节要》，为三卷本，现已佚。道光十九年灵石何耿绳重刻费丙章本，此本是现存最早的版本。清同治十一年（1872）顾悦廷据费丙章本刊印《培远堂手札节要》三卷本，是为尊道堂本，桂林图书馆有藏。同治十三年桂林唐济重刻费本，该本藏于广西壮族自治区图书馆。道光十七年（1837）蒋方正在京师捐资，据培远堂本重刻《手札节要》。民国三十二年（1943）广西乡贤遗著委员会编印《陈榕门先生遗书全集》，重刊蒋本《培远堂手札节要》，收入《陈榕门先生遗书全集》，广西壮族自治区图书馆、桂林图书馆、国家图书馆等均有收藏。（2）《培远堂手札节存》三卷本。同治三年仲宝康以道光费本为底本，于杭州官书局刊刻《培远堂手札节存》，广西壮族自治区图书馆有藏。

---

① （清）蒋方正：《培远堂手札节要重刊序》，见《陈榕门先生遗书》，黄旭初主持《广西乡贤丛书》。
② 陈乃宣：《清朝乾隆年间宰相陈宏谋年谱简编》，武汉大学出版社，2005 年，第 197 页。

同治十一年江苏书局重刊杭州官书局本，广西壮族自治区图书馆藏。（3）《陈文恭公手札节要》三卷本。道光二十六年（1846）津门徐泽醇重刊陈宏谋手札，以培远堂本为底本。李文耕重刻徐本，范仕义又刊刻李文耕重刻本。同治七年楚北崇文局重刊徐泽醇本，桂林图书馆藏。光绪十三年（1887）东莞邓氏重刊楚北崇文局本，桂林图书馆藏。（4）《陈文恭公书牍》本。同治八年（1869）王之春刊刻，源自陆刊本。（二）两卷本系统为评点本。（1）上海扫叶山房印宣统二年（1910）石印本。《陈文恭公手札》，二卷，一册，桂林图书馆有藏。（2）民国十年本。《培远堂手札评》，二册，云南图书馆、广西壮族自治区图书馆有藏。①

## 桂林相国陈文恭公家书手迹 清·陈宏谋撰

作者简介见《大学衍义辑要》。

《桂林相国陈文恭公家书手迹》。是陈宏谋传世家书的汇编本，按照题词、家书手迹和序跋文三个部分进行收录，三个部分均按时间先后编排，由其六世孙陈庆鸿在道光末年搜集编辑而成，为两函。函一首有"家珍国宝"四大字，大字下有吴郡李瑶及陈氏六世孙陈肇甫手书的序文；正文收录乾隆三十年（1765）左右陈氏入阁后的家书大约十一封；后有王锡振、丁守存、黄倬、陈庆鸿等人的跋言二十一篇。函二首有昆山葛信天的题字"文恭公手迹"五字，后有"辞芬绳武"四大字；正文收录乾隆三十年至三十二年间的家书六封；后有陈庆鸿等人跋文七篇；陈庆鸿所录《文恭公解惑十则》附于后。

---

① 参见黄永有：《〈培远堂手札节要〉校注》，广西大学硕士论文，2008年，第21—24页。

1997年，郭志高等对《桂林相国陈文恭公家书手迹》进行编校、标点、考订、注释后，录得乾隆十九年到三十四年十五年间寄给子孙的家书二十封，比原书多了四封。并纠正了原书把一封信拆分或散排等错误，进而在内容编排上进行了调整，全书分为三个部分：一为家书手迹；二为历代名人题识；三为家书识读，识读中包括标点、注释。《家书》为我们提供了多侧面的、内容丰富的研究资料。这些信件，不仅记载了陈宏谋训诫子孙生活要节俭、读书须勤奋、要多做实事好事，切不可追求虚名利禄；而且充分体现了陈宏谋的忠君报国、诚一不欺、清正廉洁、勤政务实、秉公行事、不徇私情等思想品质，也直接或间接地涉及了一些历史事件和高层官员的任免情况，如"尹（继善）公即日大拜"（《家书》之四）、"舒（赫德）、裘（日修）二公往闽闻查海关陋规，涉及多抚人"（《家书》之五）、"今日奉旨派出，同和亲王、舒赫德尚书三人，清查京、通各仓"（《家书》之十）、"以云贵兵事，杨（应琚）中堂办理未协，去职"（《家书》之十七）等。它还直接或间接地涉及清代的一些制度，如捐官制度（《家书》之五）、选官制度（《家书》之十一）以及在任官员不能在自己辖区内购置田产的制度（《家书》之七）。此外还为我们提供了一些鲜为人知的故实，如清政府每年配给九卿及各京官"官参票"以购买平价人参，这种"官参票"可以买卖，一个太宰所配的"官参票"的价值相当其年俸的三分之一（《家书》之五）；乾隆年间已有了"邮寄"书信的事（《家书》之七）；陈宏谋的小名叫"成儿"（《家书》之九）；虽然陈宏谋在官府正式文告中鼓励寡妇守节，但在具体处理晚辈婚事时却说"黄、于二家皆可许婚，总要先看人，亦不必以寡妇为嫌"等。①

---

① 郭志高等编撰：《陈宏谋家书》，广西师范大学出版社，1997年。

二册。

存。主要版本：(1)《桂林相国陈文恭公家书手迹》。曾因战乱而下落不明，直到清末苍梧人关冕钧发现此书并保留收藏，现收藏于广西桂林图书馆，二函蝴蝶装。(2)《陈宏谋家书》。郭志高、李达林整理，题名《陈宏谋家书》，广西师范大学出版社1997年出版。

## 勉勉钼室类稿　清·祁永膺撰

作者简介见《荀氏易异文疏证》。

《勉勉钼室类稿》①。陇西刊本共五卷，卷一包括《六籍之内有经有史说上》《六籍之内有经有史说下》《问宋四子说易之书周子易通程子易传邵子皇极经世朱子本义孰为最得经旨》《归奇于扐以象闰解》《宅南交解》《六律五声八音在治忽以出纳五言解》《明农解》七篇。卷二有《朱传宗序传录序例》《兴雨祁祁解》《拟重三礼图条例》《周官五礼教中六乐教和中礼作阴德和乐作阳德即中庸致中和解》《周官王制各异说》《大戴礼阙篇已为小戴记所取说》《读礼记王制上》《读礼记王制下》《月令农乃登黍解》九篇。第三卷由《春秋经世先王之志圣人议而不辩说》《公羊三科九旨疏引二说其义孰长试辨而说之》《公羊何注多本董子书亦有不尽同者试各疏其义》三篇组成。卷四由《皇氏论语义疏真伪考》《论语黻冕解》《论语仍旧贯鲁读仍为仁解》《寻孔颜乐处论》《释来》五篇组成。卷五由《文昌祠考》《周秦置闰异同考》《韩信论》《宋广平不救张燕公议》《裴晋公不能去宦官论》《吴康斋

---

① 按：《广西历代文人著述目录　广西历代文人著述馆藏联合目录》著录为《勉勉室钼类稿》，误。

学术论》六篇论述文组成。祁氏为朱一新①弟子，一生致力于学术研究，以居敬为本，尝说："周子于主静立人极，程子谓涵养须用敬。静与敬，是二是一，乃为学成始成终之道。"又云："天地一理之积，吾心亦一理之积，穷吾心之理而无愧怍，则致中和而位育。"② 大旨在调和汉宋，而所得略浅。如《拟重三礼图条例》一文，取焦循的《宫室图》、程瑶田的《车制图》、张惠言《仪礼图》，旁及江慎修之《乡党图》，这些考证，"可称详核"，③依各自的世次，汇为一书；以郑为主，后儒订郑者，为第二图；新说有精义者，为第三、四图。说孙星衍、严可均《三礼图》刊本未出，按此图已刊于《问经堂丛书》中，祁永膺偶未见耳。又如《朱传宗序传录序例》一文，谓朱子《诗集传》未尝攻《小序》，亦不尽从郑樵，因就《集传》之明用序说、隐用序意，及明引毛传、隐用毛传者，分条辑录，成书六卷，而存序例于此。又其考皇氏《论语义疏》，据臧琳、余萧客、翟灏、卢文弨、孙志祖、阮元、马国翰、陈澧及山井鼎诸家所校，证今本之漏舛，最为详尽。还有其他篇如《宅南交解》辨南交非交阯，《明农解》明农非归老，以及《周官王制各异说》论二者之异同，《大戴礼阙篇已为小戴记所取说》《大戴》《小戴》之弃取，大都沿袭他说，无甚发挥。《广西省述作目录》《广西地方文献目录》《广西

---

① 注：朱一新（1846—1894），字蓉生，号鼎甫，义乌毛店镇人。光绪二年（1876）进士，历任翰林院庶吉士、内阁中书舍人、陕西道监察御史等职。直言遭贬后致力于教育事业，任广东肇庆端溪书院主讲、广雅书院（广州中山大学前身）山长。其事迹在《中国通史》《清代通史》《国史儒林传》《清史稿》《清史列传》等均有记载。又据《义乌市志》载朱一新"精通经史"，博约务实。他主张治学应汉宋兼采。他认为学术"有义理之学，有经济之学，有考据之学，有词章之学"。他的义理之学，主要见于《无邪堂答问》。他的考据之学成就卓著，代表作《汉书管见》（四卷）。
② 汪楷主编：《陇西金石录》，甘肃人民出版社，2010年，第185页。
③ （清）祁永膺：《勉勉钼室类稿》卷一，清光绪三十一年（1905）陇西刊本。

地方史志文献联合目录》归入文类。（民国）《增修华亭县志》、《广西省述作目录》、《广西历代文人著述目录　广西历代文人著述馆藏联合目录》、《广西地方文献名录》、《广西地方史志文献联合目录》、《贩书偶记》等有著录。

五卷和二卷。

存。（1）五卷本。陇西刊本，清光绪三十一年（1905），国家图书馆、天津图书馆、广西桂林图书馆、广西壮族自治区图书馆、广西修志局、东莞图书馆收藏。陇西刊本封面署题《勉勉钼室类稿》，第二叶上题书名"勉勉钼室类稿"，由安维峻①署名，右上有"溉园丛钞"字样，下用篆文刊印"光绪乙巳三月初于陇西"字样。首列王树枏序。左右双栏，半叶十行，行二十三字。（2）二卷本。该本应为五卷本的节略本，卷一载《六籍之内有经有史说》（上下）等篇。卷二收录《朱传宗序传录序例》《中庸致中和解》《周官王制各异说》《月令农乃登黍解》等篇，桂林图书馆藏。②

广西儒论类文献共一百六十九部，是三类文献中数量最多的一类。其中，又以礼制教化类文献为最多，共六十四部，其影响也最大，以陈宏谋《五种遗规》为代表。

---

① 注：安维峻（1854—1925），字晓峰，号盘阿道人，甘肃秦安人。光绪六年（1880）进士，以上《请诛李鸿章疏》《请明诏讨倭法》成名。因言得罪，被革职发派张家口军台，京城时人以"陇上铁汉"相赠，大刀王五及京城应考文人为之送行。1899年后，安维峻主讲陇西南安书院，辛亥革命中任京师大学堂总教习。著《谏垣存稿》《望云山房文集》等。
② 广西壮族自治区图书馆、广西壮族自治区桂林图书馆编：《广西文献名录》，第418页。

# 第三篇　广西儒史文献叙录

## 孔门史志类

孔门史志，记录或考辨孔子及其弟子生平事迹类的著述，录得此类文献五部，存三部，未见一部，佚一部，全为清人作品。存的是黄定宜的《孔子年谱辑注》、苏懿谐的《邹鲁求仁绎》《尼徒从政录》。其中，黄定宜的《孔子年谱辑注》一书，是对江永所修《孔子年谱》的辑注，博采王应麟、宋濂、阎若璩、毛奇龄、钱大昕、姚鼐诸家之说，考证详审，有查漏补缺之功。

### 孔子年谱辑注　　清·黄定宜辑注

黄定宜，生卒年不详，字半溪，又字畔溪，广西龙州人。嘉庆六年（1801）辛酉科举人，任南海知县，为官正直廉明，被誉为"黄青天"。道光八年（1828）任阳春知县，后转钦州、廉州知州，性廉正，取法严介。黄定宜博通经史，长于考证，① 著有《孔子年谱辑注》《半溪随笔》《读韩随笔》《祗勤堂诗集》。（同治）《新会县续志》、（同治）《连州志》、（光绪）《广州府志》、（光绪）《高州府志》、（宣统）《南海县志》、（民国）《安徽通志稿》、（民国）《阳春县志》、（民国）《庐陵县志》、（民国）《龙门县志》等有小传。

《孔子年谱辑注》。江永修，黄定宜辑注。② 江永撰《乡党图考》十卷，卷首列《孔子先世图》及《孔子年谱》，卷二为《先世考》《始生至为委吏乘田考》《母卒考》《学官至适周反鲁考》《适齐返鲁不仕考》《仕鲁考》《去鲁周游考》《归鲁至卒考》，实即年谱的考证。江氏深于礼学，其中辨析丧服礼制及辨证孔子无出妻之事等颇详审，然其中亦不免有疏失之处，如谓"夫子未尝删诗"，而斥《孔子世家》"古者诗三千余篇，孔子去其重"，为"史迁之妄说"。黄定宜则认为江氏误会《史记》之意："江氏皆据经、传、《史记》，间及《孔子家语》，取材谨严。"③ 张岱年则认为"黄氏则采辑《路史·余论》、王应麟、宋濂、阎若璩、毛奇龄、钱大昕、姚鼐诸家之说为之辑注。卷末附黄氏撰《伯鱼之母非出母说》一篇"，④ 为博采众长，较为严谨。《广西省述作目录》归入史部，属于儒史文献。

一卷。

存。主要版本有：（1）清道光二十七年（1847）萍乡文晟校刊本（附清黄定宜《伯鱼之母非出母说》一篇、清文晟《孔子三世出妻辩》一篇）。国家图书馆、东京大学综合图书馆藏，《广西

---

① （清）桂文灿：《经学博采录》卷一，民国三十一年（1942）刻敬跻堂丛书本。
② 北京图书馆出版社编：《先秦诸子年谱》，北京图书馆出版社，2004年，第111页。
③ 张岱年主编：《孔子百科辞典》，上海辞书出版社，2010年，第264页。
④ 张岱年主编：《孔子百科辞典》，第264页。

省述作目录》载录"黄二明先生存"。① （2）清光绪浙江书局刊本。另外，清刻本，三册，扬州大学图书馆藏，未知其版次及刊刻年代。

## 邹鲁求仁绎　　清·苏懿谐撰

作者简介见《大易掌镜》。

《邹鲁求仁绎》。《广西省述作目录》归入儒家及杂家类，为儒学文献。《清史列传》《广西省述作目录》《广西近代经籍志》等有载录。

三卷。②

存。《清史列传》载"三卷"，③《广西近代经籍志》载"未见"，《广西省述作目录》载"存"，故宫博物院图书馆藏抄本。④

## 尼徒从政录　　清·苏懿谐撰

作者简介见《大易掌镜》。

《尼徒从政录》。关于孔子及其弟子寻求政治出路及其从政绩效评价之书，《广西省述作目录》归入杂述。《清国史》《广西省述作目录》有著录。

一卷⑤。

---

① （民国）广西统计局：《广西省述作目录》，第109页。
② （民国）蒙起鹏：《广西近代经籍志》，第73页。
③ （清）佚名撰，工钟翰点校：《卿彬传》，见《清史列传》卷六七，第5398页。
④ （民国）广西统计局：《广西省述作目录》记载："清光绪.玉林.故宫图书馆存抄本。"第23页。
⑤ （民国）蒙起鹏：《广西近代经籍志》卷三，第9页。

存。见于《清史列传》,① 《广西近代经籍志》载"未见",《广西省述作目录》载存,故宫博物院图书馆藏抄本。②

## 孔圣事迹辨　　清·钟章元撰

钟章元,生卒年不详,字霁庭,广西玉林人。道光三年(1823)进士。③ 道光八年(1828)知陕西清涧县事,以廉节干练著称。道光九年(1829)任合阳知县、绥州知州等。未几,以母老辞官归里。钟氏生性嗜学,博览群书,④ 主要著述有《伤寒括要》《天学浅说》《星命三书》《本草拾遗》《孔圣事迹辨》《百八弟子考》等。(咸丰)《同州府志》、(光绪)《郁林州志》、(光绪)《同州府续志》、(民国)《续修陕西通志稿》有生平事迹资料。

《孔圣事迹辨》。《广西省述作目录》入史部,属于儒学文献。《广西省述作目录》《广西通志》等有著录。

卷次不详。

未见。《广西省述作目录》《广西通志》载有光绪年间家刻本,今未见。

## 百八弟子考　　清·钟章元撰

作者见于《孔圣事迹辨》。

《百八弟子考》。《广西省述作目录》题名《百八弟子考》,

---

① (清)佚名撰,王钟翰点校:《清史列传》卷七五四,第44244页。
② (民国)广西统计局:《广西省述作目录》,第10页。
③ 玉林市教育委员会编:《玉林市教育志》,广西人民出版社,1996年,第56页。
④ (清)冯德材、全文炳修,文德馨、牟懋圻等纂:《郁林州志》卷一五。

《广西通志》题名《八百弟子考》，不知孰是。《广西通志》《广西省述作目录》有著录。

卷次不详。

佚。《广西省述作目录》《广西通志》载光绪间家刊本，今未见。

# 孔庙典礼类

孔庙典礼指的是记载孔庙牲币服器、木主升降、祀位排序、礼乐等的文献，录得八部，存五部，未见二部，佚一部。其中，宋存一部；明代未见一部；清代存四部，未见一部，佚一部。存的是佚名的《桂林孔庙释奠牲币服器图说碑》，吴祖昌的《文庙上丁礼乐备考》，桂良辑、曹驯编校的《文庙丁祭礼乐辑要》，刘榘等的《文庙祀位考略》，龚延寿的《文庙圣贤典型》。这些文献大都有文有图，比较完整而具体地保存了孔庙的祭祀典章。

## 桂林孔庙释奠牲币服器图说碑　宋·佚名撰

作者待考。

《桂林孔庙释奠牲币服器图说碑》。碑为宋人所刻，书为拓印本。拓本首收"释奠牲币服器图"七个大字；接着为碑图的说明文字，由于历史久远，字迹模糊；最后为羊、猪的石刻画像，羊、猪身体各部位都有文字注明。反页为文字解说，脱落、模糊处较多。此后收录洗、大尊、山尊、壶尊、爵、簠、簋等礼器石刻图像共十九幅；每个礼器下，都用文字注明径长、足高、器重。之后为冕服的文字说明，也有脱落。① 通过图、文字等形式，对桂林孔庙祭祀所需的祭器服饰及其规格、用途，以及具体用法进行了详细的描摹与注解，是一部阐释桂林孔庙祭祀典章制度之作，《广西地方文献目录》归入历史，属于儒学文献中的孔庙祭祀典章制度文献，《广西地方文献目录》《广西文献名录》有著录。

一册，线装。

存，石印本，桂林图书馆有藏。②

## 尊圣志　明·龙文光撰

作者简介见《乾乾篇》。

《尊圣志》。崇祯十年（1637）龙文光任贵州学政，任内选拔优异人才，不为常规所限。因见文庙圣庑从祀有异同，撰写《尊圣志》加以订正，成书于崇祯十二年。"因著《尊圣志》八卷以正之，进呈，奉旨留阁，备修《大明会典》"。③ 其编撰初衷，正如《尊圣志序》所说：

> 书成，先是小子光奉简书至黔，数典讯乐，直指方经略西事，商曰：修文学臣责也，爰较小学训试诸士，又念保残守缺，庙志不备，其奚以扬同文之盛而风示俊民？不揣绠汲，长夜忘疲，上溯朝史，下迄野乘，远猎先世典籍，稿数

---

① 广西壮族自治区图书馆、广西壮族自治区桂林图书馆编：《广西文献名录》，第276页。
② 广西桂林图书馆、广西通志馆资料室：《广西地方文献目录》（上册），第34页。
③ 郑守聪《龙忠毅公传》云："丁丑，起授贵州学政，搜奇拔异，不主故常。见圣庑从祀有异同，因著《尊圣志》八卷以正之，进呈，奉旨留阁，备修《大明会典》。"载见（乾隆）《柳州府志》卷三四，《故宫珍本丛刊》（197），海南出版社影印，2001年，第316页。

易而辑始定，颜曰《尊圣志》。或曰：汉高以太牢祀孔子，代知尊圣，而圣既尊矣，名篇亦曰《尊圣》何？曰：人知其尊而不知昭代之所以尊也。今天下敝靡矣，将以一圣人之道正天下之趋，而不使其说之能明行之可远，于以求治于天下而不可得治。其说之既明，行之可远矣，乃论日益详，遵日益寡，未晓然于作睹之意，而天下卒不得治。盖治者非以已治也，其磨钝砺世之法，必将以礼为翼，以知为时，以德为循，心恫恫焉而安，行恂恂焉而信，若睨瞬睫动之不待诏诰焉，则郅治已，是为我昭代之制为独隆也。夫夫子之圣，日也；大贤以上，月也；诸儒，星也。先世犹有薄蚀翳霾飞流伏逆之象，我太祖开天正统，专尊儒术，制科之设，黜百家而禀经书，圣子神孙，一道绳承几三百年。盖蜺蜺消而妖蟆清，日光湛然之时矣。揆之丰沛，亦罕及焉。而凡有血气，曾无异学，故于人臣之谊，为尊王述古之思，为法圣时之名臣硕辅，谁非以夫子之经学起家者？今则何可言也。高者有浸淫二氏之失，卑则沦入苟且一世之思。夫苟且一世者，匿剑讳割，帷灯避明，苟便身图，峥巅失位矣。此其祸将毁冠裂裳而不可救，则有起而矫之者，曰护其灵于洙泗之域，不得其深微之意而传之，岂独以其迹也？心有所见，或标一是，或揭一宗，初起于一二人欲明其道之心，而其后则有迷津失实之诮，意见分而血战，门户立而鞿坚，甚者诧微渺于竺乾，惊玉屑于柱下。去家以鸣超乘，遁世而快栖真，有宁倍鲁铎而不敢倍师说者，迹彝心跖，饰之恐不深，而人不察其饰也，谋之欲其尽，而人莫破其谋也。嗟嗟！人皆去家不为子，则生人之种已绝矣；人皆遁世而不为臣，则世界之乱已久矣。矧乎剽先儒之似，挟诡秘之图，圣人之道其能彰明较著于天下也哉？此其祸将见鬼道升而人道熄，是为尤剧而尤不可救。夫诵法一道，而操两不可救之祸于其间，其奚治乎？余有以正告之曰：孔子之道不可易也。有形劳事接之宜，亦有极神尽智之蕴，有端轨善俗之教，亦有冥著鬼神之功。天子秉德谨度于上，而人顾文奸饰说，矞宇嵬琐于下。是为乱法之民，则盍反而自治？曰：竖坛帷，程诵读，不可不法孔子。又帅众曰：归王路，遵王道，不可不法孔子。又指迷而醒之曰：火其书，庐其居，人其人，不可不法孔子。夫事父母而不知孔子之道，则有许世子之律；事君而不佩孔子之道，则有赵盾之诛。是故知之者立圣法，由之者可以解罪，则人人亦可以自明而自择之也。矧夫迩者，追勘严而篚篮益难尽饰，悉索甚而寇盗未必遽平。封驳杂而责成为难，流品淆而纪纲易坠。持天下事者，将有不可终日之虞，则何如动其实尊夫子之心，且动以太祖今上专尊孔子之心。如庙学合建也，从祀论定也，优禄世及也，礼必谨而乐必明也，考正也，皆其尊之之目也。圣制、宝训、诰命、疏赞、论议、考驳，足备经制者，即全帙耳不遗，或节取存阙，详于本朝而略于前代，于以见本朝之专尊，有以道治人之意，而非前代所云尊也。至是，天子之志定而天下之志皆定，知天子尊孔子之学而天下之学尽知所统而定一尊。此光扬扢风雅，示之本志而取以名篇，其大较也。即以告诸人，又进而质之直指。直指曰：今上乘乾法祖，太子出阁讲读，父子作述，禹启一堂。而又以小学课士，以六论牖民。则是编之作，固道一风同之助也。于以仰答崇文之盛治，胡不可？书凡六卷，卷各有目。①

---

① 转引自彭子龙编著：《广西历代经籍志（汉—明）》，第155—156页。

该书阐述文庙圣庑从祀制度、程序，是一部有关孔庙祭祀典章制度之书。（崇祯）《贵州通志》、（乾隆）《柳州府志》、（道光）《贵阳府志》、（咸丰）《贵州府志》、（民国）《柳江县志》等有著录。

六卷。郑守聪《龙忠毅公传》、（民国）《柳江县志》载"八卷"，（道光）《贵阳府志》载"六卷"，不知孰是。

未见。（民国）《柳江县志》、（道光）《贵阳府志》、《广西历代经籍志》载"未见"，现佚。

## 文庙木主考辨　　清·高熊徵撰

作者简介见《孝经刊误节训》。

《文庙木主考辨》。文庙祭祀孔子，每个郡县都有，旁必立明伦堂，目的是教化民众。该书引经据典，对木主进行了考据和分析。

卷次不详。

佚。见于（道光）《庆远府志》，[①]《宜州市志》[②]著录，但未有卷次、存佚、收藏、主要内容等记载。

## 文庙上丁礼乐备考　　清·吴祖昌辑录

吴祖昌（？—1892），原名启清，字澄甫，广西桂平人。道光二十一年（1841）辛丑科进士，任兵部主事、郎中，山西、四川道监察御史。咸丰十一年（1861）任抚州知府，同治七年（1868）任南昌知府兼督粮道，以遵理守法、政绩卓著而被称为

---

[①] 政协宜山县委员会、宜山县志编纂委员会：《宜山文史》第6辑，第13页。
[②] 宜州市地方志编纂委员会编：《宜州市志》，广西人民出版社，1998年，第724页。

江西循吏之最。光绪十八年（1892）春正月卒于杭州。著有《文庙上丁礼乐备考》《三树堂诗文集》。生平参见《清国史》、《东华续录》、《平定粤匪纪略》、《荡平发逆记》、《刘忠诚公遗集》、（同治）《南昌府志》、（同治）《瑞州府志》、（同治）《高安县志》、（同治）《临川县志》、（同治）《浔州府志》、（光绪）《临桂县志》、（光绪）《江西通志》、（光绪）《抚州府志》等。

《文庙上丁礼乐备考》。所谓"上丁"是指农历每月上旬的丁日。自唐以来，历代王朝都规定每年二月和八月的上丁之日为祭祀孔子的日子。同治十年（1871）时为南昌知府的吴祖昌，考证《会典》《通礼》诸书，整理相关祀典仪制与图谱，主持汇刊成《文庙上丁礼乐备考》，该书是清代一部较为完备的记载上丁日文庙祭祀的礼仪制度与祭祀器具的典籍。关于辑录的缘起，《跋》曰：

> 时观听者莫不洒然动容，肃然起敬。称颂大中丞嘉与江右人士振兴文教，迄今果遹观厥也成。既复命，检校官书，博考参稽，纂集诸仪制图谱，汇为一编，题曰《文庙上丁礼乐备考》，颁发外部县，俾得有所仿照，一体遵行。复筹公款若干，存典生息，以备祭时各费用所不足。祖昌用是备述中丞修明礼乐之意，以谂诸僚属，庶几谨其。盖藏勤于缮理，无或因循怠忽，致典礼复沦于废坠。善其始，尤必慎其终也。书既成，爰敬题数语于后，而益致其兢兢焉。①
>
> 知南昌府事桂平吴祖昌谨跋

"大中丞"即巡抚刘坤一。同治时期，江西各地学庙因咸丰朝及

---

① （明）吴祖昌：《文庙上丁礼乐备考跋》，清同治九年（1870）江西乙藜斋刻本。

同治初的战乱，损毁程度十分严重，刘坤一设礼乐局，以典籍编纂、器具修制、人员培训三个方面为中心推进文庙用乐典制重建工作，该书就是在这一背景下著述的。其内容包括文字、诸仪制图谱。细目如下：卷一《祀典位次》《田奠礼节》《礼制图》《际祭品定额并制造法》，卷二《乐悬图》《礼器图》，卷三《乐器图》《舞器图》，卷四《乐声谱》《舞容图》，附录《朔望释菜上香礼节》《春秋祭四祠礼节》。详细记录了清代文庙祭祀典礼所要遵守的各种礼仪规范，凡祭祀时的方向、位置，器物的样式、尺寸，音乐的音律、节拍以及舞蹈的动作、步伐均考核详备，配以大量的礼乐器图和说明舞蹈动作的版画，纹饰清晰，摹刻精细。该书修成后，礼乐局刊发并饬令各学仿照程序，次第以备办的方式进行推进，"仰布政司通饬，各属一体照办，并饬该府立即转饬所属移儒学，一体尊照，赶紧认照办理，毋稍违延"。[1]《续修四库全书总目》归入"仪制类"[2]，《广西省述作目录》归入杂述，是一部文庙、学庙、庙学史料的搜集与整理的儒学文献。

四卷。

存，清同治九年（1870）江西乙藜斋刻本，广东省立图书馆有藏。[3]

## 文庙祀位考略

清·刘榘编录，清·杨凤朝辑，清·曹驯增补

刘榘简介见《读易札记》。

---

[1] 谢芳：《清代江西文庙祀孔乐制的恢复与重建》，《齐齐哈尔大学学报（哲学社会科学版）》2019年第4期，第110页。
[2] 中国科学院图书馆整理：《续修四库全书总目》，第132页。
[3] （民国）广西统计局：《广西省述作目录》，第9页。

《文庙祀位考略》。该书构想于同治二年（1863），写成于同治六年，刊于同治九年。作者采集、编录历代文庙之史，搜集各种书籍、阙里文献，而考证了入庙的标准、祀位名次排列、各朝所祀升配罢黜等历史，并记述孔子等人的生平言行事迹和从祀封爵的时间。共分六卷，首列四个祀位图：《大成殿祀位图》《两庑先贤祀位图》《两庑先儒祀位图》《崇圣祠祀位图》；次为《序》《同治二年癸亥夏礼臣议奏文庙祀位》；次为《文庙祀位考略总目》：卷一《大成殿祀位考略》、卷二《东庑先贤祀位考略》、卷三《西庑先贤祀位考略》、卷四《东庑先儒祀位考略》、卷五《西庑先儒祀位考略》；卷六《崇圣祠祀位考略》；最后为分卷详细目录。一册一卷，卷前也有本卷详细目录，然后是正文。正文部分按祀位叙述，如首先"大成殿正位，至圣先师孔子"，其次"复圣颜子""宗圣曾子""述圣子思子"等，以人系事，每人一小传。对于该书的性质、写作缘起、体例和资料范围，刘榘《自序》已有明确表达，现全文摘录于下：

  同治二年癸亥夏，礼臣议奏《文庙祀位》，诏报可。颁图各直省府厅州县学，令悉如议。榘承乏权广南府事，谨捧檄按图安奉祀位序次毕。伏思自汉以后，朝廷尊崇庙祀，典礼递加。迨及国朝，礼尤大备。第历年追崇、封爵不一。其称而贤儒之诏祀，升哲升配，且有祀而罢，罢而复，又不一。其时非笔之于书，有难详记者。矧士子束发受经，诵诗读书，其于圣贤儒先之生平言行宜何如？书绅铭盘，拳拳服膺也。顾散见载籍，简册浩繁，求其约纂一编，良未多觏。爰于公余，即《阙里文献考》所编载《至圣年谱》，敬谨节录之，其圣门诸贤亦照《文献考》，凡言行已见鲁《论》者皆不录，谨记其年、名、生平大概，而增以从祀封爵之时。

> 由周以来，从祀贤儒，亦各考本传，而摘录其立身明道之大要，所以省篇帙、便诵览也。阅两月而录竣，题曰《考略》。此后陈之几案，藏之行箧，庶诵读常易周遍用，生其恪恭寅畏之心，或于愚顽，不无少补云。同录者为郡人教谕杨凤朝，时同治丁卯夏五月临桂刘榘谨识。①

对同治九年（1870）桂林刊刻该书的缘由及其价值，时任学政铁岭人杨霁说：

> 孔子继尧、舜、禹、汤、文、武、周公，而道统以立，经暴秦几几复绝。汉兴，高祖幸鲁，拜孔子，祠以太牢，诚特举也。嗣是，历代贤君，尊崇四配十哲。诸子门人，配享堂庑。渐次名臣大儒，俱予从祀，凡以彰明辅翼道统之功也。我朝圣圣相承，重道崇儒，尤迈前古。霁奉命视广西学之明年冬，诏以宋臣袁燮从祀，位在吕祖谦之次。因先饬桂林府县学官，谨敬检查位次，恐有缺乱。学官等以年代久远，茫无所据，访得临桂县举人、云南知府刘榘回籍，辑有《文庙祀位考略》三卷，挨次检对，计缺九位，经府学训导姚善镛等集捐制位以补足之，快慰甚至。姚学官等暨举人黄秉震、廪生唐炳森将为刘署守梓行其书，问序于霁。细阅两周，依据经史，采择传集，详明简当。是书既成，俾士子案头各置一册，诵读之暇，言行观摩，成材且众，其为功于内圣外王之道不小哉！鼓舞欢忻，谨为之序。赐进士及第提督广西全省学政翰林院编修铁岭杨霁谨序，时同治八年夏。②

---

① （清）刘榘：《文庙祀位考略序》，见《文庙祀位考略》，桂林杨鸿文堂同治九年（1870）刻本。
② （清）杨霁：《文庙祀位考略序》，见《文庙祀位考略》。

《广西近代经籍志》归入史部，《广西地方文献目录》归入社会科学类，属于考辨孔庙典章制度类著述。《守经堂诗汇抄》《临桂县志》《广西近代经籍志》《广西地方文献目录》《广西省述作目录》《广西通志稿》《广西文献名录》等有著录。

六卷。（光绪）《临桂县志》、《广西近代经籍志》作四卷，不知所据。

存。《临桂县志》载存四卷；《广西近代经籍志》载存，"原书未见，书目收入民国《广西通志稿》"。① 广西桂林图书馆藏桂林杨鸿文堂同治九年（1870）刻本，一册六卷，② 第二叶有"桂林后学刘榘玖石编录率男倓男名誉""宝宁后学杨凤朝丹山同辑""桂林后学曹驯谨堂增补"字样。半叶十行，行二十二字，四周双栏，单鱼尾，黑口，内写卷次，下为页码。广西壮族自治区图书馆、国家图书馆、上海图书馆有藏。③ 刘名誉《守经堂诗汇抄》卷三收入光绪二十一年（1895）桂林刊本。

## 文庙丁祭礼乐辑要　清·桂良辑，清·曹驯编校

曹驯（1824—1896），字谨堂，桂林人。清同治十年（1871）进士，翰林院编修、奉政大夫。丁忧归籍，主讲秀峰书院。光绪二十四年（1898）任秀峰书院院长，二十六年为灵川总团督办。光绪二十七年办桂垣书局，兼阅逊业堂课卷。立志文学，工书法，培育桑梓子弟，为清末广西著名学者。主纂《临桂县志》，

---

① 广西壮族自治区地方志编纂委员会编：《广西通志·社会科学志》记载："刘榘，广西桂林人，道光举人，官云南广南知府。"（第505页）此书考证历代文庙之史，原书未见，书目收入民国《广西通志稿》。
② 广西桂林图书馆、广西通志馆资料室：《广西地方文献目录（下册）》，第295页。
③ 徐雁平：《清代家集叙录》，第1120页。

著有《文庙丁祭礼乐辑要》① 等。生平事迹参见《东华续录》、（光绪）《临桂县志》、（光绪）《容县志》、（民国）《灵川县志》、（民国）《融县志》等。

《文庙丁祭礼乐辑要》。② 为祭孔的典章文献。曹驯《文庙丁祭礼乐辑要》小识说：

> 《文庙祀位考编》，自玖石世丈同人集赀锓版行世，余偶增益之，向由刘氏经理。光绪丙申，嘉树服阕北上，移存桂垣书局刷印流传，然祀位虽详，礼乐尚略，因恭录《大清通礼》《御制对联》，复收辑旧文，得长白桂氏、浏阳邱氏所辑《图谱择要》，摩刻分为三卷，以便遵守，或亦明备之一助。自维谫陋，闻见不多，博雅君子，匡其不逮，则所深幸。③
> 光绪二十三年丁酉二月望日临桂曹驯敬识

首先为《大清通礼》，其次为雍正七年（1729）御制大成门对联："先觉先知为万古伦常立极，至诚至圣与两间功化同流"。大成殿对联："德冠生民溯地辟天开咸尊首出 道隆群圣统金声玉振共仰大成"。④ 最后为内容的主体部分祭器图及简短文字介绍，分为三册，一册一卷，一卷一目录。第一册包括《舞佾考》《舞器》《舞谱》《文舞图》《阙里新谱》《舞节》，有文有图，图旁配有简要的说明文字。第二册包括《礼器图》《乐器图》两部分，

---

① 张益桂、张阳江：《桂林历史人物录》，第595页。
② 按：《广西省述作目录》《广西通志·出版志》著录为《文庙丁祭礼乐辑要》，《临桂县志》《广西近代经籍志》著录为《文庙祀礼辑要》，《广西地方史志文献联合目录》著录为《文庙祀位考略》，现存国家图书馆藏光绪二十三年（1897）刻本，题名《文庙丁祭礼乐辑要》，作者著录为桂良、曹驯，而非《广西地方史志文献联合目录》载录的"杨凤朝辑、曹驯增补"。
③ （清）桂良辑，曹驯编校：《文庙丁祭礼乐辑要》，光绪二十三（1897）年刻本。
④ （清）桂良辑，曹驯编校：《文庙丁祭礼乐辑要》。

一般是下方为图，上方为说明文字。比如"圆筐"这一礼器，下方为图，上方说明文字为："高五寸，长二尺八分，阔五寸二分，深四寸。盖深二寸八分，髹以朱，四面中嵌竹丝，盖面描金龙，用以盛帛。"第三册包括《乐器考》《丁祭礼乐备考》（"乐章""乐器""琴谱""管乐声字谱"）。介绍详备、简洁，特别配备了大量的图片和简短的说明文字，纹饰清晰，摹刻精细，很好地展示了古代孔庙祭祀所需的礼器乐器图样，及其祭祀的具体过程，保存了许多有价值的孔庙祭祀的典章制度。《广西近代经籍志》归入史部，《广西省述作目录》归于杂述类，《广西地方史志文献联合目录》归入历史名胜古迹类，《临桂县志》《广西近代经籍志》《广西省述作目录》《广西通志》有著录。

三卷。一册一卷。

存。（民国）《临桂县志》载"三卷，存"；《广西近代经籍志》载"三卷，存"，但未见收藏地；《广西省述作目录》载光绪年间家刊；① 《广西地方史志文献联合目录》载广西壮族自治区图书馆藏光绪十八年（1892）刊本，六卷。国家图书馆藏光绪二十三年刻本，该藏本封面为题目"文庙丁祭礼乐辑要"，下一叶为"文庙丁祭礼乐辑要"，接着就是曹驯的小识。四周单栏，半叶二十行，行二十二字，单鱼尾，黑口，中间上面题写卷名、卷次，下面题写页码，没有刻工名字载录。

## 文庙圣贤典型　　清·龚延寿辑撰

作者简介见《周易拟象》。

---

① （民国）广西统计局：《广西省述作目录》，第7页。

《文庙圣贤典型》①。成书于光绪七年（1881）。全书撰述儒学大家小传一百六十三篇，每篇叙传主姓名、字号、爵里，逐年论述主要事迹、人品见识、学术思想、道统源流等；传末有作者对传主的赞词。②《广西省述作目录》归入杂述类，《广西地方文献目录》《广西地方史志文献联合目录》归入哲学，应为儒学史学文献中的孔庙典章制度类。《广西地方文献目录》《广西省述作目录》《广西历代文人著述目录　广西历代文人著述馆藏联合目录》《广西文献名录》《广西通志》《广西地方史志文献联合目录》等有著录。

四册。

存。见于龚仁寿《衡庵行述》。③ 主要版本有：（1）龚愈昌堂藏本。光绪七年（1881）刊，一部四册，稿本，桂林图书馆藏。④（2）清光绪抄本。民国时期，广西统计局向社会广泛征集得到龚延寿的《文庙圣贤典型》，广西修志局存。⑤

## 典型外编　清·龚延寿辑撰

作者简介见《周易拟象》。

《典型外编》。当为《文庙圣贤典型》一书的延伸，撰述儒学大家之事。《广西省述作目录》归入杂述类。《广西省述作目录》

---

① 按：《广西地方文献目录》《广西历代文人著述目录　广西历代文人著述馆藏联合目录》《广西文献名录》《广西通志·出版志》《广西地方史志文献联合目录》等题名"《文庙圣贤典型》"，仅《广西省述作目录》题名"《文庙典型》"，应为《文庙圣贤典型》。
② 广西壮族自治区图书馆、广西壮族自治区桂林图书馆编：《广西文献名录》，第545页。
③ （民国）欧仰羲修，梁崇鼎等纂：《贵县志》卷一六"人物列传"，第994页。
④ 广西桂林图书馆、广西通志馆资料室：《广西地方文献目录》，第279页。
⑤ （民国）广西统计局：《广西省述作目录》，第8页。

《广西历代文人著述目录 广西历代文人著述馆藏联合目录》等著录。

一卷。

未见。见于龚仁寿《衡庵行述》。① （光绪）《浔州府志》、（民国）《贵县志》载有稿本，《广西省述作目录》载"未刊"。

## 学术渊源类

学术渊源类是关于探讨学术宗向、学术源流的著述，录得六部，存一部，未见一部，佚四部。其中，明代佚二部；清代存一部，未见一部，佚二部。存的是祁永膺的《岭学祠诸先生事迹学术考》。该书主要记载的是广雅书院所祭祀的自汉以来岭南的儒学先贤元结、韩愈、柳宗元、陈宏谋等四十二人，每人一传，这对岭南文献的保存是有贡献的。

### 遵周录　明·陈邦俌撰

作者简介见《太极图辩解》。

《遵周录》。（嘉庆）《广西通志》、（光绪）《广西通志辑要》、（民国）《广西通志稿》等归入子部，《广西省述作目录》归入"伦理修身"类，②《广西历代经籍志》归入子部儒家类，属儒学文献。《粤西文载》、（嘉庆）《广西通志》、（光绪）《广西通志辑要》、（民国）《全县志》、（民国）《广西通志稿》、《广西省述作目录》等有著录。

---

① （民国）欧仰羲修，梁崇鼎等纂：《贵县志》卷一六"人物列传"，第994页。
② （民国）广西统计局：《广西省述作目录》，第20页。

卷次不详。

佚。见《粤西文载》，（嘉庆）《广西通志》、（光绪）《广西通志辑要》、（民国）《广西通志稿》曰"佚"，《广西省述作目录》载"绝本"。

## 尊孔录　明·吴邦柱撰

作者简介见《祈嗣真机》。

《尊孔录》。此书大致成于嘉靖至万历之间，[1] 崇孔排佛排道，教导子孙敬恕持身接物。《吴邦柱传》记载说："筑精舍于东林之下，日寻绎仲尼旨趣，作《尊孔录》，附以排佛老之说，盖排佛老正以尊孔子也。"[2]（嘉庆）《广西通志》、（光绪）《广西通志辑要》归入子部，《广西省述作目录》归入儒家及杂家类，《广西历代经籍志》归入子部儒家类。（嘉庆）《广西通志》、（光绪）《广西通志辑要》、（光绪）《上林县志》、（民国）《广西通志稿》、（民国）《上林县志》、《广西省述作目录》均有著录。

卷次不详。

佚。见于（万历）《宾州志》，《粤西文载》、（嘉庆）《广西通志》、（光绪）《广西通志辑要》、（光绪）《上林县志》、（民国）《上林县志》、《广西通志稿》、《广西历代经籍志》载"佚"，《广西省述作目录》载"绝本"。[3]

---

[1] （民国）杨盟、李毓杰修，黄诚沅编纂：《上林县志》卷一三，第756页。
[2] （明）郭棐纂修：《宾州志》卷九"献征志"，第87页。
[3] （民国）广西统计局：《广西省述作目录》，第22页。

## 道学渊源　　清·余心孺撰

作者简介见《性理管窥》。

《道学渊源》。大概为考论性理学源流的著述，类似《诸儒学案》《圣学宗传》《儒林宗派》《汉学师承记》《宋学渊源记》等，《广西省述作目录》归入经部。

三十二卷。①

未见。见于《广西省述作目录》、② 《宜山文史》③，没有刊刻、流行、收藏记录。

## 理学宗传摘要　　清·封昌熊辑录

作者简介见《勉果斋经义撷腴》。

《理学宗传摘要》。康熙二十七年（1688）李瑞徵为容县县令，他是孙夏峰弟子，携其师《理学宗传》一书来容训士，昌熊受而读之服膺，辑录而为《理学宗传摘要》。《容州封氏家谱》④著录为《理学摘要》，误。前有自序，后有潘方潮跋。该书曾流行：

> 玉亭前辈与余忘年交好，论文之暇，尤契于学琴。余雅不喜时乐，而于琴颇有会心。玉亭尝之谓：非理学中人，不谙此，亦不能学此。盖玉亭湛深理学，自持身以及交际皆粹

---

① 宜州市地方志编纂委员会编：《宜州市志》，第724页。
② （民国）广西统计局：《广西省述作目录》，第5页。
③ 政协宜山县委员会、宜山县志编纂委员会：《宜山文史》第6辑，第13页。
④ 保华主编：《容州封氏家谱》卷二，第540页。

> 然有道气象，众人即不识玉亭，亦一望而知其为理学中人也。自玉亭之殁廿余年，其少君苇洲与余交，不啻余昔日之于玉亭也者。余深喜其能读父书，如见我故人焉。戊申之秋，出其家藏《理学宗传》示余，余披阅再四，何异于蔡中郎之读异书，不令人见之也。此书成于明末，孙夏峰徵君其门人李明府令容时以授封家先世祖飞渭、焕昆、蕉林三先生，故家世宝之。而飞渭公又手辑有《理学宗传摘要》四卷，玉亭均珍藏熟读，暮年别订钞本，亦未尝轻以示人也。余尝周览有明一代著作，独永乐《性理大全》为最博，有益于身心性命之要，可垂不朽。今观此书，实与互相发明，《大全》集众说之大成，《宗传》明道统之一脉，其命意各有所在，无大异者。余从苇洲借其先人琴，并得窥其家藏之秘，恺第相见如龚隗，直若子期复起，听我一弹再鼓，穆然而深思焉。玉亭前辈有子哉！有子哉！爰喜而为之跋。①

藏于家，后湮灭，不见载于广西各大书目。

四卷。

佚。仅见《容氏封氏家谱》、《容县史话》第一期。②

## 学案姓氏小传　　清·周思宣撰

作者简介见《禹贡地理考略》。

《学案姓氏小传》。《广西省述作目录》归入历史，属于儒学历史文献。（光绪）《临桂县志》、《桂林历史人物录》、《广西历代文人著述目录　广西历代文人著述馆藏联合目录》等有著录。

---

① （清）封祝唐、封祝祁：《容州封氏家谱》卷一五。
② 保华主编：《容州封氏家谱》卷一，第569页。

卷次不详。

佚。（光绪）《临桂县志》、《桂林历史人物录》说该书未付梓刊刻，①《广西省述作目录》载"绝本"。

## 岭学祠诸先生事迹学术考　清·祁永膺撰

作者简介见《荀氏易异文疏证》。

《岭学祠诸先生事迹学术考》②。光绪十四年（1888）两广总督建广雅书院，书院遴选广东、广西士人于此读书。书院有学祠三楹，祭祀自汉以来岭南的儒学先贤元结、韩愈、柳宗元、陈宏谋等四十二人。本书每人一传，分事迹和学术两部分，论述了儒学大家的思想，可供研究两广的学术思想变迁。事迹部分分别介绍这四十二位学者的生卒年、籍贯、字号、历任官职、政绩民情。学术部分，介绍学术思想、治世为官情操、处世为人风格等，引用前贤话语，皆注明出处。《广西省述作目录》归入历史，《广西地方文献目录》归入哲学，属儒学文献。《广西地方文献目录》《广西省述作目录》《广西历代文人著述目录　广西历代文人著述馆藏联合目录》《广西文献名录》等有著录。

一册。

存。（民国）《增修华亭县志》有载。《广西省述作目录》载光绪间刻，修志局存。《广西地方文献目录》载录"襄武拄勿轩刻本，清光绪三十二年（1906），一册"，藏于桂林图书馆。

---

① 张益桂、张阳江：《桂林历史人物录》，第552页。
② 按：《广西历代文人著述目录　广西历代文人著述馆藏联合目录》误"祠"为"词"。另：《博白大观》作《岭南祠诸先生事迹学术考》，《陇西金石录》作《岭学祠诸先生事迹学术勘》。

# 名儒先贤传类

名儒先贤传类，包括传记、年谱等。录得七部，存三部，未见一部，佚三部。其中，三国佚一部；晋佚一部；明代未见一部，佚一部；清代存三部。存陈宏谋《司马文正公传家集》《司马文正公年谱》、陈钟珂《陈文恭公年谱》，这些文献已成为研究岭南文化及司马光、陈宏谋思想的重要参考文献。

## 交州人物志　三国·士燮辑录

作者简介见《春秋经注》。

卷次不详。

佚。该书首见唐刘知幾《史通》卷一八：

> 夫十室之邑，必有忠信。欲求不朽，弘之在人。何者？交阯远居南裔，越裳之俗也；敦煌僻处西域，昆戎之乡也。求诸人物，自古阙载。盖由地居下国，路绝上京，史官注记，所不能及也。既而士燮著录，刘昞裁书，则磊落英才，粲然盈瞩者矣。向使两贤不出，二郡无记，彼边隅之君子，何以取闻于后世乎？是知著述之功，其力大矣，岂与夫诗赋小技校其优劣者哉？①

对此说法，清姚振宗在《三国艺文志》卷二虽有疑惑，但还是遵

---

① （唐）刘知幾著，（清）浦起龙通释：《史通通释》，上海古籍出版社，1982年，第520—521页。

从其说，故按语说：

> 按：士燮是书，刘子玄言之凿凿，其必实有所见明矣。考《隋志·旧事篇》有《交州杂事》九卷，记士燮及陶璜事，又《别集》有《士燮集》五卷，疑编入此二书中，今不可考。因节取《史通》文题曰"《交州人物志》"，录之于此。隋唐志有晋范瑗《交州先贤传》三卷，似即因士燮而续之者。《御览·经史图书纲目》有《交州名士传》，不著撰人，亦或近似。①

士燮是否著作《交州人物志》，待考。该书《广西历代经籍志》归入史部传纪类。刘知幾《史通》卷一八、姚振宗《三国艺文志》卷二、彭子龙《广西历代经籍志》史部等有著录。

## 交州先贤传　晋·范瑗辑录

范瑗，生平不详。②

《交州先贤传》。除《玉海》载录为"《交州》"外，其余各大书目均为《交州先贤传》。是一部有关交州自秦汉以来先贤生平事迹的著作，《儒学文献通论》归入儒学文献，本书从其说。③《三国志》、《晋书》、《补晋书艺文志》、《旧唐书》、《新唐书》、《国史经籍志》、（万历）《广东通志》、（嘉庆）《广西通志》、（道光）《肇庆府志》等有著录。

---

① （清）姚振宗：《三国艺文志》卷二，民国二至六年（1913—1917）乌程张氏刻适园丛书本。
② 二十五史补编编委会编：《隋唐五代五史补编》，北京图书馆出版社，2005年，第48页。
③ 舒大刚主编：《儒学文献通论》（上），福建人民出版社，2012年，第117页。

三卷或四卷。《隋书》《册府元龟》《通志》载为"三卷",《旧唐书》《新唐书》载为"四卷",《玉海》载"三卷,《唐志》四卷",不知孰是。姚振宗认为,范瑗作《交州先贤传》,大致为士燮《交州人物志》的续写,说:"隋唐志有晋范瑗《交州先贤传》三卷,似即因士燮而续之者。"士燮《交州人物志》之说出自唐刘知幾《史通》,说:"既而士燮著录,刘昞裁书,则磊落英才,粲然盈瞩者矣。"①

佚。见《隋书·经籍志》,(嘉庆)《广西通志》、(光绪)《广西通志辑要》等载"佚"。

## 自斋行要　明·周琦撰

作者简介见《东溪日谈录》。

《自斋行要》。据刘汉忠考证,此为周琦自撰的年谱。

八卷。

未见。朱睦㮮曾收藏此书,记录于《万卷堂书目》。清初万斯同《明史》、黄虞稷《千顷堂书目》、(嘉靖)《广西通志》、(万历)《广西通志》、《粤西文载》有著录,②《广西省述作目录》《广西近代经籍志》均未提及,似久已失传。

## 名儒录　明·李璧撰

作者简介见《燕享乐谱》。

---

① (唐)刘知幾著,(清)浦起龙通释:《史通通释》,第521页。
② 刘汉忠等编著:《潭中名流》,光明日报出版社,2006年,第26页。

《名儒录》①。作于正德十年（1515）至十六年剑州知州任上，辑录四川剑阳黄裳②的佚文、遗事、诗词、墓志而成书。（嘉庆）《广西通志》、（光绪）《广西通志辑要》、（民国）《广西通志稿》、（民国）《武鸣县志》、《广西省述作目录》、《广西历代经籍志》等皆入史部，为儒学人物传记、年谱等性质的文献。任维贤《剑阳名儒录序》：

> 夫儒之产不以世不以地，不同者小大之间而已耳。小大分而名之显晦随之矣。盖其道德存乎己，其事功存乎时，其成就存乎天，其言行存乎书，其高下浅深审诸人可见也。周公、孔子，儒而圣者也；颜子、曾子、子思、孟子、周子、二程子、张子、邵子之徒，儒而贤者也。逮于朱子，则集当时诸子之所谓儒者而大成焉。以是而语儒，儒亦寡矣。于此有人焉，其学之也大，其养之也正，其才术足以经世而济物，其行谊足以范今而传后。然其进未已，其蕴未究也。虽不获与于道统之传、斯文之寄，而考其趋向，要其归宿，固已入圣贤之门，而升诸子之堂矣。如此而与之儒，奚过也。其或不至于大成者，则如命何哉！君子当有以谅之也。吾蜀剑阳宋侍读礼部尚书赠资政殿学士兼山先生黄忠文公学贯九

---

① 按：又名《剑阳名儒录》，见朱睦㮮《万卷堂书目》、范邦甸《天一阁书目》、《文选楼藏书记》。
② 注：黄裳（1146—1194），字文叔，号兼山，四川隆庆府普城人（今广元市剑阁县）。乾道五年（1169）进士，始任巴州通江尉，晋为国子博士、秘书郎兼嘉王府翊善、给事中兼侍讲，官终礼部尚书兼侍读。精通天文、地理和制图，绘成《苏州石刻天文图》和《苏州石刻地理图》，具有很高的科学价值。其后代子孙现居住于四川省广元市剑阁县。何鏐《相墨堂记》："故侍读礼部尚书赠资政殿学士兼山黄公，讳裳，字文叔，剑阳人，笃信力行，尚友洙泗。每语学者曰：君子之学，始于修身正心，极则与天地为一。是故以道为楷，以心体之；以经为鉴，以身临之；涵养纯熟，推之天下特其余事。"而阮元《文选楼藏书记》卷四（清越缦堂钞本）："是书辑黄震轶文遗事并词记墓志。"误"黄裳"为"黄震"。

流,识通千古。著论足以发明伊洛之旨,渊源得于南轩之门。春秋至精,易道尤邃。每语学者曰:"君子之学,始于修身正心。极则与天地为一。"

而一书不读,一物不知,则以为耻,何其学之大也。简易端庄,笃于孝友;推贤乐善,出于天性。平时于利害是非,若不经意,至忠义所激,奋然忘身,何其养之正也!其立朝大业,虽不尽见,而传志所纪,可考而知者,则如论中兴之规模,陈备边之大计;八图之献,八事之奏;三戒之讽,十渐之申,莫不气平而辞切,事核而理尽,至今读者为之忘倦,而其开悟圣性、辅成君德,则又欲其法天运以勤进学之功,披地图以励恢复之志,随事纳忠,大率类此。至于所谓委任大臣,奖用台谏,三事之切,持心之一,尤为识达治体、穷极本原之论,非深于道德者不能也。且韩侂胄,小人也,而先生能辨之;赵汝愚,君子也,而先生能知之;朱子,天下第一等人也,而先生能荐之,非其才术行谊根于大且正者,有以远过乎人而不溺于俗,岂能判然于淑慝之分而无所疑,确然于应对之际而无所徇哉!于戏,献替尽规、恩礼优渥,先生于时不为不遇矣。宁宗即位,虚席登庸,而景命不永,赍志以殁,不获大有所成就者,天实为之也,且奈何耶?然在当时,深知朱子者,先生也。深知先生者,稽之古今,具惟参政楼公钥、门人何公镠都宪、幸庵彭公三君子而已乎!楼之言曰:"先见如吕中丞,勇决如范蜀公,敢言如苏文忠、司马温公自以为不及者,先生皆过之而得其全。"何之言曰:"先生之学实继明道,且超显矣。明道无死,新法之变不至已甚。先生尚存,伪学之禁可以无作。先生出处存亡,实有关于天下休戚。"可谓见之及而称之切矣。彭公三秦豪杰,绅佩表仪,其称先生则曰："学术行谊,光明正大,可师可法,且以尊贤尚德之意,深致望于良有司焉。是岂无所见而阿师所好哉。"走谓先生之名得彭公表章而益著也。今去先生三百余年,而其遗芳余烈,犹足以薰乎后人,光乎士类,兴起乎闻者,殆不愧乎百世之师也。卓彼先生,其一时一方之儒而止乎?然而更时缅邈,日就沦湮。封丘依然,灵庙荒顿。抚迹怀人,不无望夷门、观九原之叹。正德甲戌秋,武缘李君璧白夫始拜剑阳之命,走获接于京邸,相与剧谈世务,因述先生之当重而所以尊崇之典,旷废不振。白夫瞿然动容,为之首肯。时走尚怀听言观行之意,既而白夫莅郡二年,百废具举,其于先生尤加意焉。乃饬坟祠,乃新书院,乃严时祀,克播德猷,被之穷壤。大有以毕彭公欲为之志,而遂后学景仰之心。树风声、裨名教,所谓良有司者,其在白夫欤。曾南丰曰:"今州县之政,非法令之所及者,世不复议古。"今之弊固有同然,然则白夫之用心,不独贤于今人也。功既告成,白夫深悲先生全书散逸莫考,爰求前言往论于残碑断简之间,与夫歌咏公移之类,凡于先生之大节,有以相发明者,蒐辑为录,而命以名儒,将图寿其传于无穷。谓走于先生,为乡里后生素所钦企。而区区管见,庶或窥其万一也。且不忘平生之言,属走序之。噫!三君子而后,深知先生者,走复于白夫见之矣。盖剑阳,先生之梓里也,名儒之称,始于白夫,实达诸天下后世,非过情也。《录》为先生作也,而系之剑阳,乃本其所自出,非狭以地之偏也。地因人胜,名由实生,传以文远,不朽之助,兹举实多。吾党小子,必将有缘斯录,以觇先生之概者矣。由是而怀贤尚友,以先生之大且正者自勉,溯流求源,学而不止,则虽诸子之所以贤，周孔之所以圣，亦可以阶而至焉。其制于命者，固有不必论矣。彰往开来，白夫雅意，良有在欤。然则斯录之作，岂徒传耶。①

《粤西文载》、（嘉庆）《广西通志》、（道光）《保宁府志》、（同治）《剑州志》、（光绪）《广西通志辑要》、（民国）《广西通志稿》、（民国）《武鸣县志》、《广西省述作目录》《广西历代经籍志》等均有著录。

二卷。范邦甸《天一阁书目》《文选楼藏书记》载二卷。

佚。见于金鉷《广西通志》，（嘉庆）《广西通志》、（光绪）《广西通志辑要》、（民国）《广西通志稿》、（民国）《武鸣县志》曰"佚"，《广西省述作目录》载"绝本"。

## 司马文正公传家集　清·陈宏谋编校

陈宏谋简介见《大学衍义辑要》。

《司马文正公传家集》。乾隆六年（1741）陈宏谋校刊，其撰述缘起及内容，陈宏谋在其《重刊司马文正公传家集序》中有所阐述：

> 宏谋少时读史传及名臣言行录诸书，窃叹有宋多君子。道德事功，极一时之盛。而心乎君国，纯一不杂，德之盛而诚之著者，尤笃慕司马文正公之为人。急欲求公全书读之，而未能也。雍正己酉之秋，奉使三晋，始得购公全集。集中奏议居其半，益悉公于朝廷事，知无不言，言无不尽，其词

---

① （清）李溶、余文焕修，李榕等纂：（同治）《剑州志》，《中国地方志集成·四川府县志辑》（19），巴蜀书社，1992年，第838—840页。

剀切而曲当,其意百折而不回,缠绵恳挚,千载而下,犹见其忠爱之忱焉。其他文字,无不关世教,如布帛菽粟,必有适于用,非特文词而已。邵子以公为脚踏实地人,朱子亦以为笃学力行,有德有言,岂虚语哉。窃尝以为古今人才,力难以强同,而中心之诚,可以自勉。公生平事业,皆从诚字流出,故无不可对人者。刘元城问尽心行己之要,既告之以诚;问行之何先,则曰不妄语始。于此见公所以立诚工夫,而吃紧为人处,亦即此而在。有志于圣贤之学者,舍此何从也。宏谋学识弇浅,遭逢圣明,荐历要职,夙夜惴惴,惧无以仰报知遇万一,惟守公立诚之教,实心实力,刻自期勉。十余年来,历官南北,朝夕手公之书,不啻如师保之在前也。按《传家集》为公手自编次,子康殁后,晁以道得而藏之。中更禁锢,渡江而后,幸不失坠,乃刊版上之朝廷。近世流传公集,惟晋闽二本,亦复稀少。闽刻则犹仍《传家集》之旧,而亥豕多讹,每以公集无善本为憾。兼恐日复一日,即今所流传,且渐不可得也。客秋,司臬来吴门,购得旧本《传家集》八十卷,差胜晋闽二刻,欣喜过望,公余悉心考订,并辑公年谱,付之梓人,以广其传。而区区数十年向往之私,亦少自慰矣。嗟乎!公之事业在天壤,岂待集而传,而力学笃行之实,致主庇民之详,必因集而著。庶几后之人,读公之书,论公之世,知公之所不可及者,彻内外、贯始终,皆本一诚也。刊既竣,谨志缘起,且益以自励云。①

八十卷。

存。主要版本:(1) 清乾隆六年(1741),培远堂藏版。线

---

① (清)陈宏谋:《重刊司马文正公传家集序》,见《陈榕门先生遗书》,黄旭初主持《广西乡贤丛书》。

装，一部三十册，八十一卷，桂林图书馆、广西师范大学图书馆收藏。① (2) 道光十七年（1837）培远堂刊本。十六函九十六册，桂林图书馆藏。

## 司马文正公年谱　清·陈宏谋编纂

作者简介见《大学衍义辑要》。

《司马文正公年谱》。编纂时间与编校《司马文正公传家集》同，刊于乾隆六年（1741）。《司马文正公年谱小序》说：

> 唐宋以来，名臣文集之后，类皆刊载年谱，盖古大臣立言制行，皆深系乎当时世道人心。后之人欲知其人，尤当论其世。有年谱而其世可考，其人更可知矣。司马文正公为北宋第一等人物，而集后年谱阙焉。宏谋既校刊全集，复购得明马峦所纂《年谱》，心窃喜之，及考之史传暨公文集，颇多舛遗，因详加参订，悉为改正。删其繁冗，补其阙略，与公之本传、行状、碑志，并刊于《传家集》之后。俾读公之书者，得有所考，而宏谋亦少申高山景行之慕云。乾隆六年秋八月陈宏谋谨识。②

不分卷。

存。附于《司马文正公传家集》中，《司马文正公传家集》版本介绍见前。

---

① 广西壮族自治区通志馆等主编：《广西地方史志文献联合目录》（上册），第566页。
② （清）陈宏谋：《司马文正公年谱小序》，见《陈榕门先生遗书》，黄旭初主持《广西乡贤丛书》。

## 陈文恭公年谱　清·陈钟珂编辑，清·陈兰森校订

陈钟珂（1710—?），字鸣远，号苏园，广西临桂人。陈宏诚第三子，陈宏谋继子。乾隆六年（1741）辛酉科举人，拣选知县，封赠江西督粮兼巡南抚建道。著有《陈鸣远诗文集》《文恭公年谱》《历代纪年便览》。生平事迹见《培远堂文集》、《陈宏谋家书》、（嘉庆）《广西通志》、（嘉庆）《临桂县志》等文献。

《陈文恭公年谱》。陈钟珂编辑，陈兰森校订。编写于乾隆二十八年（1763），约成书于乾隆三十年，时当陈宏谋七十寿辰，葛正笏撰写了序文。陈宏谋逝后不久，陈钟珂也病故了，《年谱》最后由陈兰森校订完成。该《年谱》叙述完备，可作为研究之资，惟当时朝局及迁转关系未能表出，且于榕门学术源流，亦未深考，是其小疵。《广西省述作目录》《广西地方文献目录》《广西地方史志文献联合目录》入史部，更为具体地说是儒学人物的传谱。《广西地方文献目录》《广西省述作目录》《广西历代文人著述目录　广西历代文人著述馆藏联合目录》《广西文献名录》等有著录。

十二卷。

存。《陈文恭公年谱》附于《培远堂全集》或《陈榕门先生遗书》之后，广西壮族自治区图书馆、桂林图书馆有藏。另外，陈宏谋后人陈乃光 1924 年创修《陈氏宗谱》，1985 年桂林图书馆据 1924 年《陈氏宗谱》修抄本影印，线装，一册，此影印本现存桂林图书馆。[①]

---

[①] 广西桂林图书馆、广西通志馆资料室：《广西地方文献目录》（上册），第 30 页。

## 循良忠孝节义类

循良忠孝节义，记载循良以及忠诚、孝行、贞节的人或事，录得此类著述十九部，存十部，未见五部，佚四部。其中，明代存二部，未见一部，佚二部；清存八部，未见四部，佚二部。这些著述中比较有文献价值的是曹学程《忠谏录》，它保存了当时许多官员写的《下狱救疏》《拟斩救疏》《遇赦救疏》《狱中唁慰诗》《请褒恤疏》《敕命谕祭文》等诗文，为研究万历时期的君臣关系、士气名节提供了翔实的文献资料。

### 循良汇编　明·李仲僎辑纂

李仲僎，生卒年不详，字士贤（一作仕贤），号静斋，广西永宁人，[①] 嘉靖十年（1531）举人。嘉靖十八年任丰城教谕，升景陵知县。嘉靖二十七年任湖广辰州府通判，升福建汀州府同知。官至户部员外郎，左迁长沙府同知，致仕。著有《循良汇编》《义命汇编》。（万历）《承天府志》、（乾隆）《福建通志》、（乾隆）《汀州府志》、（乾隆）《长汀县志》、（同治）《南昌府志》、（同治）《丰城县志》、（同治）《沅陵县志》、（光绪）《广西通志辑要》、（光绪）《长汀县志》、（光绪）《湖南通志》、（民国）《长汀县志》等有著录。

《循良汇编》。书成于嘉靖二十八年（1549），"爰采历代循良并

---

[①] 按：《广西通志》载录为永宁人，《天一阁书目》载录为桂林人，永宁为桂林府下辖县，二种说法均无误。

圣贤格言类为十二卷，名曰《循良汇编》",① 明余允绪《序》云：

> 景陵令静斋李子，公余博古，省躬左验，爰采历代循良并圣贤格言，类为十二卷，名曰《循良汇编》。以梦野鲁子校正，将付梓人，命庠生曾绂荣造玉厓曰："昔者，子文以旧令尹之政告新令尹，夫子许其忠，而难其仁。今观静斋所编，综核德行，品题政迹，黟括格言，折衷己意，以古道为必可行，以圣化为必可复，仍欲传示天下后世，又不徒言告已也。如其仁，如其仁。"允绪不佞，未亲牧民而滥竽吏部，深知天下守令之难，而兴守令者之尤难也。孟子曰："若夫豪杰之士，虽无文王犹兴。"盖得志则泽加于民，不得志则独立其道。蕴之而为道，沛之而为泽。凡以完吾之志，其得不得者时也，秩有崇卑者分也。故龚、黄、卓、鲁与当时名相并称者何耶？曰志曰仁，不惟其分，惟其志焉耳矣。噫！微豪杰之士，吾谁与归？静斋名仲僎，广西乡进士，令景陵五年余，屡经当道奖荐，今迁辰州府倅，后当以循良续编云。嘉靖己酉。②

清范邦甸《天一阁书目》载：

> 《循良汇编》十二卷（刊本）。明桂林李仲僎，景陵鲁彭校正。嘉靖己酉余允绪《序》云：景陵令静斋李子，公余博古，采历代循良，并圣贤格言，类为十二卷，名曰《循良汇编》。③

---

① （清）蔡呈韶、金毓奇修，胡虔、朱依真纂：《临桂县志》卷二一，第333页。
② （清）谢启昆修，胡虔纂：《广西通志》卷二〇五，第5415—5416页。
③ （清）范邦甸等：《天一阁书目》，上海古籍出版社，2010年。

作者从二十四史、《通鉴》、《通志》、《通典》以及经书、子书中摘录有关循良并圣贤的格言汇编为十二类，分类纂辑（如德化、教化等目），目的是为官吏提供一本简便、切实可用的行政借鉴之书。晁瑮《晁氏宝文堂书目》、徐㶾《徐氏家藏书目》、《千顷堂书目》、《天一阁书目》、万斯同《明史》、（嘉庆）《广西通志》、（嘉庆）《临桂县志》、（光绪）《广西通志辑要》、《广西省述作目录》、《广西历代经籍志》皆归于史部。晁瑮《晁氏宝文堂书目》、徐㶾《徐氏家藏书目》、黄虞稷《千顷堂书目》、范邦甸《天一阁书目》、万斯同《明史》、（嘉庆）《广西通志》、（嘉庆）《临桂县志》、（光绪）《广西通志辑要》、《广西省述作目录》等有著录。

十二卷。《天一阁书目》载"十二卷"，《千顷堂书目》、万斯同《明史》载"四卷"。

未见。《天一阁书目》载录嘉靖刊本，景陵鲁彭校正，白口，前有嘉靖己酉（1549）余允绪《序》，次嘉靖二十九年徐楚《序》，后有嘉靖甲寅（1554）李八龙跋。[①]（嘉庆）《广西通志》、（嘉庆）《临桂县志》、（光绪）《广西通志辑要》、（光绪）《临桂县志》、（民国）《广西通志稿》载"存"。万斯同《明史》载"未见"，《广西省述作目录》未著录存佚。[②]

## 范运吉传　明·徐养正撰

作者简介见《二程先生粹言》。

《范运吉传》。作于嘉靖三十三年（1554）徐养正为官云南时，记叙了蒙化府举人范运吉携子范润万里寻父的事迹。范运吉之父

---

① （民国）王国维撰，王亮整理：《传书堂藏书志》卷二，上海古籍出版社，2014年，第275页。
② （民国）广西统计局：《广西省述作目录》，第105页。

范寅,孝友知义,幼年就能代父坐牢赎罪,早年以郡庠生身份为无辜被害的同学鸣不平,因而得罪被黜,愤而弃家出走。运吉为了寻找父亲,带着儿子范润走遍南北,历尽艰苦,经过五年的努力,终于寻到了父亲的骸骨,携家安葬。《范运吉传》表彰范运吉的孝行与"百折而不改其初"的精神。《脉望馆书目》《天一阁书目》《木樨轩藏书题记及书录》《中国古籍善本书目》《中国丛书综录》《北京图书馆善本书目》等归入史部传记类。

一卷。

存。国家图书馆、北京大学图书馆、黄裳先生有藏。北京大学图书馆收藏本,原为近代大藏家李盛铎所藏,见于《木樨轩藏书题记及书录》。黄裳私藏嘉靖刻本,并叙述得书经过:

> 甫估林集虚所存天一阁故物不少,此亦渠二十年前所得,已刊入其所辑《藜照庐丛书》中矣。去冬余游思明,卖书之肆皆识林君,亦皆钦服其目光如炬,能拔善本于丛残之中,余因访之于其家。告此书原本仍在,即嘱其检出携沪。今日始至。原装一册,刻极古雅,人间孤本也。倾囊付之,挟册而归,喜不可言。此种单刊小本,最易散佚。并世藏家,少有以之著录者。惟赵清常《脉望馆目》史部传记类有此耳。武康山中,白昼鬼哭,绛云一炬,半化焦土,殆已不复更存,遂更使人增珍惜之念矣。癸巳清明日,黄裳记。

《范运吉传》一卷。嘉靖刻本。八行,十八字。白口,四周双阑。版心中题"范孝子传"。卷尾属"嘉靖甲寅四月朔后一日赐进士出身奉敕提督学校云南按察司佥事前翰林院庶吉士户科右给事中马平蒙泉徐养正撰"。包背装一册。①

---

① 黄裳:《来燕榭书跋》,上海古籍出版社,1999年,第175—176页。

林集虚 1935 年木活字排印本《藜照庐丛书》收录《范运吉传》一卷。方树梅所辑《滇南碑传集》，开明书店 1940 年版及云南民族出版社 2003 年点校本，卷八收录《范孝子用修传》。《脉望馆书目》《北京图书馆善本书目》《木樨轩藏书题记及书录》《来燕榭书跋》《中国古籍善本书目》《中国丛书综录》《别宥斋藏书目录》《天一阁书目》等有著录，《明史》《千顷堂书目》及《广西通志》等均未见记载。

## 忠孝节义传　明·刘调良辑纂

刘调良，生卒年不详，字德超，广西永福人，万历四十六年（1618）举人。崇祯六年（1633）任益阳知县，著有《忠孝节义传》。（康熙）《长沙府志》、（乾隆）《长沙府志》、（乾隆）《益阳县志》、（乾隆）《湖南通志》、（嘉庆）《广西通志》、（光绪）《湖南通志》、（民国）《永福县志》等有小传。

《忠孝节义传》。大抵为忠烈贞节事迹类传记，属于儒学文献。（民国）《永福县志》卷三《刘调良传》作《忠孝节义》，《广西省述作目录》归入史部，《广西历代经籍志》归入传记类。

四集。

佚。（民国）《永福县志》卷三《刘调良传》曰"未及刊行"，《广西省述作目录》曰"绝本"。

## 忠谏录　明·曹学程撰

作者简介见《缑城政略》。

《忠谏录》。原燕京大学图书馆藏本作《曹侍御忠谏录》，记载了万历二十年（1592）以来监察御史谏疏廷争之言和群臣谏疏论救之诗文,一共四卷。从大臣们的反复论救、看望行为看,可以感知万历皇帝与一众大臣的对立、矛盾,这在明代历史上上演过多次,诚如赵园所说,明代大臣充满了"戾气"。此"戾气"在陈际泰《忠谏录序》中也有委婉表达:

> 神庙明圣,未尝杀一大臣与忠谏之士,故享国几五十年,仁覆涵育而后世之颂者,在汉文帝、宋仁宗之上……享国几五十年,古今亦几有之,而要卧治天下几五十年,天下卒犁然就理,使人不知所以致此之由,而建不测之号,隆之曰神……心格先生不然,以升平待吾世,以圣明待吾君,有所论思,而止为大概之辞,无所指实,何异托诸前代之言,无所指实也哉?先生不敢出也。是故凡有所延诤,皆指切而言之,亦既施用其言矣,最大者乃在建储与阻封二事,阻封得祸最酷,说者谓其事胎建储……既见此数,而先生犹指言之,诸臣犹屡诤之,何也?不如此不足以明体国之忠,且又嫌于托愈远,词特缓也……先生仲君,为吾抚别驾,方雅崇济,有先生风。谭先帝遗事辄感泣,无以异谭先生遗事感泣也。手先生《忠谏录》一编,谓泰曰:子不可无序。顾予之感君父,不能十有一当先君子之感君父。子为序,能知先帝所以广其含咽臣子之短,与妙其制,驭天下之大之神,其代先君子明之,是代先君子报之也。泰因顺其旨,伤之为序焉。①

(嘉庆)《广西通志》、(光绪)《广西通志辑要》、(民国)《广西通志稿》等归入史部,《广西历代经籍志》归入杂史类,《广西省述作

---

① (明)陈际泰:《已吾集》卷一,清顺治李来泰刻本,第13—15页。

目录》归入政治经济类。《粤西文载》、（嘉庆）《广西通志》、（光绪）《广西通志辑要》、（民国）《广西通志稿》、（民国）《全县志》、《广西省述作目录》等有著录。

四卷。

存。曾藏于家，见于《澹生堂书目》，（嘉庆）《广西通志》、（光绪）《广西通志辑要》著录"今佚"。今许多书目、方志或论著著录为佚失，如1998年《全州县志》载为"散佚"，2003年《全州历史名人传记》也说"今佚"。其实，《忠谏录》尚有清刻本存在，书藏北京大学图书馆，其馆藏信息著录为：《曹侍御忠谏录》四卷，明曹学程撰，曹正仪、曹正儒编，孙曹国祺梓，六代孙曹鏊、曹銮重刊。清乾隆十七年（1752）忠孝堂刻本，线装，四册一函。书前牌记镌"乾隆十五年重镌""忠孝堂藏板"，该本前有崇祯六年（1633）陈际泰序，崇祯六年徐晓中序，单德谟序（未署年款），乾隆四年王廷诤序，乾隆十七年彭启丰序。该本应刻于乾隆十五年至十七年间，钤"哈佛大学汉和图书馆珍藏印"朱文长方印。北京大学图书馆另有燕京大学旧藏，著录为乾隆四年刻本，该本实则与乾隆十七年刻本相同，著录者依据乾隆四年王廷诤序言定为乾隆四年刻本，误。该本钤"燕京大学图书馆"朱文方印。该本四周双栏，外粗里细，半叶九行，行二十字，单鱼尾，黑口，栏内上注明卷次，下注明页码。另外，民国时期，广西省统计局征集得到曹学程的《忠谏录》写抄本，广西统计局存。[①] 2020年台湾经学文化事业有限公司影印《曹侍御忠谏集》，但不知所据何本，国家图书馆藏。[②]

---

① （民国）广西统计局：《广西省述作目录》，第28页。
② （明）曹学程：《曹侍御忠谏集》，见《稀见明代四部辑刊》，经学文化事业有限公司影印，2020年。

## 忠孝廉节传  明·梁方图辑纂

作者简介见《五经要旨》。

《忠孝廉节传》。作者从《史记》《汉书》《资治通鉴》等大量历史文献中辑录有关忠孝廉节的人事而成，是一部辑要抄纂性质的书，传达的是忠孝廉节等儒学核心观念。(嘉庆)《广西通志》、(光绪)《广西通志辑要》、(民国)《广西通志稿》、《广西省述作目录》、《广西历代经籍志》等归入史部。《粤西文载》、(嘉庆)《广西通志》、(光绪)《广西通志辑要》、(民国)《广西通志稿》、(民国)《怀集县志》、《广西省述作目录》、《广西历代经籍志》均有著录。

卷次不详。

佚。见于《古今图书集成》，《粤西文载》、(嘉庆)《广西通志》、(光绪)《广西通志辑要》、(民国)《广西通志稿》等载为"佚"，《广西省述作目录》载为"绝本"。①

## 孝女传  清·文兆奭撰

文兆奭，生卒年不详，字季堂，广西灵川人。乾隆三年(1738)解元，乾隆十四年己未科进士。乾隆十五年辉县知县，二十年汲县知县，三十年垣曲知县，大理寺右评事。撰有(乾隆)《辉县志》十二卷、(乾隆)《镇安府志》，著《孝女传》。生平事迹参见(嘉庆)《广西通志》、《增补贡举考略》、《霞外捃屑》、(乾隆)《续河南通志》、(道光)《辉县志》、(光绪)《垣曲

---

① (民国)广西统计局：《广西省述作目录》，第106页。

县志》、(光绪)《镇安府志》、(民国)《灵川县志》等。

《孝女传》。(嘉庆)《广西通志》全文载录,记载如下:

> 镇安土官岑吉祥女如宝,吉祥年越四十始生女,珍爱之,固字曰如宝。女性贞静,亦慧悟。保姆教之《女儿编》,辄成诵。及长,通明大义。年十二,见父母年愈老而终无子,尝焚香露祷曰:"天乎!我父母固善人,胡不悯之,早锡之嗣?"居常喜读诸女史,至北宫婴儿事,则敛容对卷,唏嘘长叹。年十四,父为议婚,女闻之,泣不食。母怪,询所以。曰:"儿年艾,尚可待,幸缓之。"又二年,更为议婚,女却食泣如前,形且日悴槁。父怃然招而诘斥之。女泣对曰:"儿誓不愿也。"父为张目瞪视曰:"儿不愿嫁人,胡不为男子育我家,而女身生耶?"女泪潸然下,伏地不能起,徐对曰:"儿孽重,恨不男子身,缓急无益,枉父母劬劳。顾父母老矣,更无兄弟侍晨夕,倘嫁儿,令远违怙恃,儿心痛如膺刃,恐无活理。"父曰:"如若所云是不难。我第觅婿而赘之家,即两得矣。"女曰:"是益不可。父觅婿必选诸土官子弟,其人或为狂,且承祖父世袭,今日赘之,明日稍拂意,即胁迫以去,勿从则为不顺妇,偕往则儿一息违父母,立当郁结死。父觅婿何如活女?"父曰:"尔以父母茕独不忍舍去,父母何心独忍舍汝?然如误尔终身何?"女再拜曰:"是何误!父母徇儿请,爱儿实深,成儿亦弥大也。世惟男子不取无后,重害于义。女子即不嫁,于义未深害。且可以嫁而故不嫁,或亦非人理,至必不可以嫁而不嫁,且不嫁固优愈于嫁,则何取乎必嫁?彼古之撤环瑱,终身养父母者,伊何人,未闻当时非之,而后世议其父母之误乃女也。儿志决矣,惟父母谅之。"语既,哭不止。吉祥夫妇相视呜咽,

泪涔涔湿襟袂,曰:"女笃孝,吾与若第听之,毋强也。"自是不复议择婿。孝女之事父母也,温温款款,未尝顷刻违左右,问寝视膳,曲体亲意,视丈夫子益恳切周至。其父母安之,曰:"有女如此,何事以无儿为恨。"顺治间,吉祥夫妇相继卒,孝女哀毁尽礼。葬之日,手备土成封,哭尽哀而返。嗣是足不逾阈,疏食疏布以终。康熙壬申,年七十卒,族人葬其父母墓侧,立祠祀焉。①

一篇。

存。《西林岑氏族谱》题名为《吉祥公女如宝传》,下小字注曰:"《广西通志》灵川文兆奭《岑孝女传》。"②

## 廉书  清·莫欺撰

莫欺(1771—?),改名莫震,字子诚,又字芹陵,广西忻城人,莫氏土官官族十五世。嘉庆二十四年(1819)举人,任镇安府教谕,曾执教于宜山龙江书院。著有《廉书》一卷、《草草吟》二卷。《草草吟》,存诗三十首,今桂林图书馆有藏。③

《廉书》。《广西省述作目录》归为儒家及杂家类。

一卷。

佚。曾有清同治刊印本传世,《广西省述作目录》载"绝本"。④

---

① (清)谢启昆修,胡虔纂:《广西通志》卷二七五,第6811—6812页。
② (清)岑毓英纂:《西林岑氏族谱》卷四"家传",清光绪十四年(1888)刻本。
③ 忻城县志编纂委员会编:《忻城县志》,第548页。
④ (民国)广西统计局:《广西省述作目录》,第23页。

## 忠义录　清·谢煌撰

谢煌，生卒年不详，字晓帆，广西南宁人。咸丰十一年（1861）举人，曾在桂抚刘长佑幕和桂垣书局工作。光绪二年（1876）丙子进士。不久，死于北京。为人"博闻强记，才气横溢，为文千言立就，典丽华赡"。[①] 著有《谢晓帆遗集》《复斋诗存》《沈文节公传》《忠义录》《群盗录》《平桂纪略》等。（民国）《邕宁县志》有生平小传。[②]

《忠义录》。大略记录的是太平天国时期官兵忠义的人和事。陈桂芬和黄康白撰《南宁历代著名文人及其著述》、《广西文献名录》等有著录。

一卷。

佚。见（民国）《邕宁县志》，《广西省述作目录》《广西文献名录》《南宁历代著名文人及其著述》等未载存佚。

## 沈文节公传　清·谢煌撰

作者简介见《忠义录》。

《沈文节公传》[③]。此书是谢煌在广西桂垣书局时所作，已载入《昭忠录》之中。该书纪略沈炳垣生平事迹，表彰其忠义大

---

[①] （民国）谢祖莘、陈寿民修，莫炳奎总纂：《邕宁县志》卷三七"人物志一"，第1539页。
[②] （民国）谢祖莘、陈寿民修，莫炳奎总纂：《邕宁县志》卷三七"人物志一"，第1540页。
[③] 按：沈炳垣（1819—1857），字紫卿，海盐人。道光二十五年（1845）进士，选庶吉士，授编修，迁中允。咸丰四年（1854）督广西学政。咸丰七年，死于梧州之难，谥文节，建祠桂林。陈继聪《沈文节公传》、《清史稿》、《浙江人物简志》等有生平小传。

节。《广西省述作目录》归于历史,属于儒学人物传记文献。

一卷。

存。见(民国)《邕宁县志》,①《广西省述作目录》未载存佚,陈桂芬和黄康白撰《南宁历代著名文人及其著述》、《广西文献名录》等有载录。其版本有单行本和合集本之别,今单行本未见;合集本《昭忠录》有清光绪十五年(1889)广西抚署刻本(桂林唐九如堂刻本),广西壮族自治区图书馆、桂林图书馆、广西师范大学图书馆、广西壮族自治区博物馆均有藏。

## 灌水褒贞录　清·刘象恒辑纂

刘象恒,号莪甫,广西灌阳人。嘉庆二十三年(1818)举人。道光十二年(1832)任高平知县,二十五年任阳城知县,二十八年任永和知县、山西长治知县,主讲宣城书院。从学于外祖父卿彬,为之刊印《周易贯义》一书。生平事迹参见(同治)《高平县志》、(同治)《阳城县志》、(光绪)《续高平县志》、(民国)《灌阳县志》、(民国)《永和县志》等。

《灌水褒贞录》。是一部关于灌阳贞烈妇女的史料汇编,如《自序》所说:

> 道光廿二年四月,余与同人征取邑中贞烈妇女,共得五十三人。条其行实,合陈于有司,省文案也。大吏核实,咨于礼部,礼部核实,请题旌之,如例。阅廿三年,余与同人乃公为五十三人合建坊表,以流示后世,省工资也。已又汇其所征行实,及所有公牍,都为《褒贞录》。而序之曰:余

---

① (民国)谢祖莘、陈寿民修,莫炳奎总纂:《邕宁县志》卷四二"人物志一",第1685页。

尝谓前汉淳于意之女、杨敞之妻、王陵之母，皆贤明人也，班孟坚不为汇传，乃杂见纪载之中。南朝羊辑之女，蒋□之女，吴翼之母，亦贞烈人也，李延寿不为汇传，乃率附孝义之后。此一事遂让范蔚宗开山，后之史虽奉蔚宗成法，而穷乡小户，潜德幽光，势无由以自达。一代之史，既不能遍收；而一方之志，又未可遽信。然则舍文人之纪注，将何所恃哉……顾古者坊表之事，未尝著为令，而诸儒纪载之文，亦未尝汇为书。今制年未三十而寡及年逾五十而守者，皆许闻于朝，而例为旌之。自道光七年苏抚一疏，又有合建坊表之制，生其间者因得变通其法，而又得汇纪其行以传之无穷，是古人分见为三者，今此录乃合之为一，此则僻处偏隅而遭际盛世之效也。然则阅兹编者，闻其其贞烈之风，实至而名归。既不患埋没无述，而有表扬之责者，法良意美，亦可依仿而行也夫。①

《广西近代经籍志》归入史部，《广西省述作目录》《广西地方文献目录》《广西文献名录》等无著录。

卷次不详。

未见。见于《灌阳县志》，《广西近代经籍志》载录"存"，但无收藏地。

## 容县列女志略　清·覃武保撰

作者简介见《四书理性录》。

---

① （民国）蒙起鹏：《广西近代经籍志》卷二"史部"，第8—9页。

《容县列女志略》①。该书首先选择县里奇节苦行、义烈昭彰,足为闺帏矜式者,特为之传,内容如同《花轩笔记》,"又《粟香随笔》,何君对庭出示宗人《花轩笔记》一册,皆考证容县古迹及记邑人忠孝节义事,亦他日修志千狐之腋也云云"。②《广西省述作目录》归入史部。(光绪)《容县志》、《广西近代经籍志》、《广西省述作目录》、《广西通志》有著录。

一卷。

未见。(光绪)《容县志》载"存,已梓",③《广西近代经籍志》载"未见",《广西省述作目录》载光绪年间家刊,④今未见。

## 坊表录  清·苏宗经辑撰

作者简介见《女子遗规》。

《坊表录》。撰辑开始的具体时间不详,完成于道光二十一年(1841),其撰辑动机和目的正如其自序所说:

> 天下之类书多矣。非以之佐词章,即以供谈笑。其甚者,则淫词小说,足以败风俗而荡人心。求其平正顺理,使人易从者,罕矣。《易》曰:"多识前言往行,以蓄德。"《书》曰:"学于古训,乃有获。"吾人自伦常之外,以至于日用周旋,古人皆有言行可为师法。学者能存于心,则于行

---

① 按:(光绪)《容县志》、《广西近代经籍志》作"列女",《广西省述作目录》作"烈女",以前说为准。
② (民国)蒙起鹏:《广西近代经籍志》卷二"史部",第8页。
③ (光绪)易绍惠、王永贞修,封祝唐、黄玉年纂:《容县志》卷二二,第893页。
④ (民国)广西统计局:《广西省述作目录》,第107页。

事处世之际，凭古人之成迹，作今日之施为。虽不能事事印合，而胸有所据，觉对古人而无愧，即对今人而无惭，岂不胜于庸碌者之愦愦，东西罔向乎？余少好学，而有窃慕古人之心。凡所读之书，觉有可学而至者，因分类记述，以为时常披览，略开鄙吝之胸。其奇行异事，无当于身心事业者，不敢述也。久之，积而成帙，存之自课，亦以课子弟。比于金玉、古玩，不差胜耶！虽学识狭隘，所述不详，而循是以为人，亦庶几矣。若曰著书，则吾岂敢。时道光二十一年辛丑孟春月郁林苏宗经文庵氏撰。①

所谓"坊表"，据陈甘雨（嘉靖）《莱芜县志》卷四"建设志"云："贤人君子，实德著于当时，余芳流于后世者，每赖坊表以奕耀之。"② 亦即古代具有表彰、纪念、标志意义的建筑物，主要作用就是"表宅里以彰善"。很显然，这是一部通过辑录古人德言懿行来自我砥砺和激励世人的类书。全书分为"君臣类""父子类""兄弟类""夫妇类""朋友类""师生类""好学类""正气类""节义类""谦让类""宽厚类""廉俭类""明知类""谨慎类""改过类""政治类"十六大类，以引文出处的朝代编排；每一朝代又按警言、史书、语录、言行录、笔记文先后顺序排列；以人贯事，一己之见则以按语形式注于文后，不过全书只有两处按语；引书按来源分为史书类四十种、逸事杂说类四十二种、言行录十种、语录六种、文集类七种、地方志五种、子书七种，共引书一百一十五种，总引书次数为七百六十次，因此可以说该书的最大价值在其对文献的保存之功。

---

① （清）苏宗经：《坊表录序》，见《四库未收书辑刊》贰辑（23），北京出版社，1997年，第155页。
② （清）陈甘雨：(嘉靖)《莱芜县志》，明嘉靖刻本。

《广西近代经籍志》归入子部，《广西省述作目录》归入历史，《广西地方文献目录》归入史地。《清史稿》《贩书偶记》[①]《四库未收书辑刊》《中国历史博物馆藏普通古籍目录》《广西近代经籍志》《广西省述作目录》《广西地方文献目录》《广西地方史志文献联合目录》《广西通志》《广西文献名录》《广西地震志》等均有著录。

十六卷。光绪十六年（1890）苏玉霖为父亲苏宗经刻印了《坊表录》十六卷，《清史稿》著录"六卷"，《广西近代经籍志》著录"四卷，玉林苏龙恂藏本"。[②]

存。现广西统计局、国家图书馆、中国历史博物馆、桂林图书馆、东莞图书馆藏清光绪十六年（1890）郁林苏氏刻本，线装，四册。

## 名臣百咏　清·苏宗经辑纂

作者简介见《女子遗规》。

《名臣百咏》。苏宗经从二十四史乃至本朝各类史传中，摘取专咏历代名臣的诗歌而成，以类汇编，各成专题。《广西省述作目录》归入诗歌。《广西近代经籍志》《广西省述作目录》《广西地方文献目录》《广西地方史志文献联合目录》《广西通志》《广西文献名录》等书目均未有著录。

一卷。

未见。见于（光绪）《郁林府志》，[③] 曾行于世，《广西省述作目录》载"绝本"。

---

① （清）孙殿起：《贩书偶记》卷六"传记类"。
② （民国）蒙起鹏：《广西近代经籍志》卷三"子部"，第9页。
③ （清）冯德材、全文炳修，文德馨、牟懋圻等纂：（光绪）《郁林州志》卷一五。

## 广西昭忠录　清·苏凤文撰

苏凤文，生卒年不详，字虞阶，贵州贵筑人。道光十七年（1837）举人，同治元年（1862）以广西左江道迁按察使。同治四年迁布政使，六年授广西巡抚，十年擢漕运总督，旋因病解职。撰有《广西昭忠录》《平桂纪略》。《骆文忠公奏议》、《翁文恭公日记不分卷》、《丁文诚公奏稿》、《清史稿》、《清国史》、《清经世文续编》、《筹办夷务始末》、《平定云南回匪方略暨贵州苗匪纪略》、《户部漕运全书》、《东华续录》、（民国）《贵州通志》等有生平小传。

《广西昭忠录》。全书共四册八卷，附录《平桂纪略》一册四卷、《股匪总录》一册三卷、《堂匪总录》二册十二卷。前有同治九年苏凤文序，光绪十五年（1889）广西抚署刻（桂林唐九如堂刻本）。该版封面题名《广西昭忠录》，右小字著"八卷首一卷，（清）苏凤文编，刻本，清光绪十五年"字样，扉页篆书"广西昭忠录"五个字，下一页为"光绪己丑十月开雕"六个字。接下来有苏凤文自序，序文较为简短，包含了建昭忠祠的原因、时间，《昭忠录》撰写的目的、收录人物的范围、编撰体例和意义等内容。其次列凡例十三条。该书一共八卷，卷一至卷七按殉难年月先后排列，以人系事，以事系年，每一人物作一小传，事迹不详或过少者，附录于可连类的某人事迹之后，只胪列当时事实，不加论赞；其生平别有表见或所作诗文有关死事者皆收录，余则一概未录。比如"龙门寺巡检冯元吉"，叙述了冯元吉字号、籍贯、为官经历、殉难过程后，二子澍、溥及家丁严禄、夏玉死事附录于后。第八卷分"桂林府""柳州府""庆远府""思恩府""泗城府""平乐府""梧州府""浔州府""南宁府""太平府"

"镇安府""郁林直隶府",记载的是殉难无事迹可考察的文武官、举贡生监、团丁兵勇、民人妇女等,仅记载衔名、总数,汇入第八卷下各个府州中。本书所记为自道光二十七年(1847)至同治七年(1868),在镇压广西各族农民起义中死亡的清廷文武官员,不论官之大小,以死之先后立传或录名,旨在表彰"忠节"。此书系据官方文件编辑而成,较真实可靠,对研究太平天国及太平天国前后广西农民起义的历史,有较高的参考价值。[①] 对于广西的太平天国运动,郑献甫在《昭忠录序》一文中,更多是对无辜平民的死伤寄予了同情,《序》曰:

> 此录起于道光之末,讫于同治之初,详于咸丰之间,有名可录者已以千计,无名可录者更以万计。谨据地方所详报,台司所请恤者,各甄而录之。不分绅民兵勇男妇为类,凡与于难者皆列于编,而以人系事,以事系地,以地系年。别有不朽者归之志。其传不列,其名仍列,省简牍,亦避重复也。嗟乎!自封建之法废,一方倡乱,动连数千里;自车战之法废,一军败绩,动杀数万人。尝观无名氏于宋末撰《昭忠录》,载元兵攻文州,军民死者五万余口;元兵破汉州,焚荡死者十余万家。而和州先所籍,城中三十七万九千单八口,元兵入,又尽歼焉。用兵之惨,杀人之多,无有过于此。而录中自田璲起,至谢枋得止,有名者才百三十人。内有赵准之妾,仅书某氏;惠州之判,仅书蓝某。则纪其人,仍有未详其名者。又况此数十万家,数十万口乎。今诸君虽不幸处离乱之乡,而犹幸逢升平之运,贼以次就灭,详报请恤,例得随时入告,致后死者旁采时事,备稽档册,上

---

① 广西壮族自治区图书馆,广西壮族自治桂林图书馆合编:《广西文献名录》,第263页。

仿《汉书》人物志、《唐书·孝友传》之例，为之一一特书。虽不及无名氏前录之雅，较所录则详矣。时非宋末，事异元初，故节烈不如文山、叠山所著之卓荦。而所号为忠义者，固不殊也。然则幸而有数可纪，有名可命，列在愁鬼簿中者，固可以无憾。即无数可纪，无名可命，沦于枉死市中者，亦可以无惭也已。①

《广西地方文献目录》《广西地方史志文献联合目录》《中国大百科全书》《广西文献名录》等均有著录。

八卷。

存。同治九年（1870）苏凤文为此书作序，广西壮族自治区图书馆、桂林图书馆、广西师范大学图书馆、广西壮族自治区博物馆均藏有清光绪十五年（1889）广西抚署刻本（桂林唐九如堂刻本）。

## 镡津忠义录　清·苏时学撰

作者简介见《易经注解》。

《镡津忠义录》。是苏时学为府志准备的有关太平天国时，地方遭乱事迹的史料，该书分为上卷、下卷、附录三部分。上卷为列传，始职官终列女；下卷为纪事，上自咸丰元年（1851）下迄同治五年（1866），皆纪当时太平天国之乱及藤县兵民抵抗之事，附录袁督师事略。弟子陈勷光惧其书不传，因借钞见录于其家，光绪十七年（1891）刊刻，收有吴徵鳌《镡津忠义录序》、靳邦庆《镡津忠义录序》，后有陈勷光《镡津忠义录跋》。吴徵鳌《镡津忠义录序》：

---

① （清）郑献甫：《补学轩文集外编》，见潘琦主持《广西历代文献集成·郑献甫集》第8册，第454—456页。

呜呼！治乱之机虽曰天运，岂非人事哉。当承平日久，在位以文酒征逐为豪举。间有念民生休戚、举地方利病者，则群以俗吏目之。一旦有事，姑息者为福，粉饰者为功。相习成风，养成祸患，遂至强者乘机，弱者被胁而从。狼顾鸱张，毒流四海，几成不可收拾之势。后人见祸乱频仍，竭人谋而不足以挽救，于是咸委诸天矣，而天岂任咎乎。藤邑之被乱也，洪秀全以妖神夷鬼之教，发难金田。是时水陆各股匪，闻风煽惑，狡然思启。蹂躏所至，民物荡然，攻城劫狱，焚毁淫掠，民不聊生，而官愈不聊生矣。痛深创巨，乱极思治。于是练乡团、募客兵，官绅勠力，躬冒矢石，涂万众之肝脑，竭百万之金钱，而一邑始治。嗟乎，天下之治乱，一省基之；一省之治乱，一邑基之，其机微、其理显，非历其境者不知也。苏爻山先生，邑之硕学也，戡乱之役无不从，肇乱之事无不纪。以拨乱之才，著平治之略。其辞亲而切，其旨简而赅，其纪事宗《纲目》，其褒贬寓《春秋》，而斯邑之为忠为烈为乱为治，无一不了如指掌。令读者不啻身亲其境，见焚劫夷戮之惨，益致谨于治乱之机，而不敢以玩忽。将则是篇之作，以云备辀轩采择者，犹后也。陈君赞臣，先生之高弟也，欲广师傅，谋付手民，命余为之序，余不敢以不敏辞，爰撮大要，志其缘起。后之阅是篇者，其亦惕然于安不忘危、治不忘乱之意也夫。光绪十七年岁在重光单阏仲春月上浣知藤县事侯官吴徵鳌谨序。①

## 靳邦庆《镡津忠义录序》：

---

① （清）蒙秉仁等修，胡煜璠等纂：《藤县志》卷二二"杂录"，清光绪三十四年（1908）铅印本，第1009—1010页。

大凡文章之不朽者，必得人而后传，况其有关志乘者哉！梧藤苏爻山中翰，余总角交也，后又同登道光丙午科本省乡榜，交情益笃，时相切劘。余通籍后，迫奉职京华，爻山以计偕北上，风雨晤谈。因出其所著《镡津考古录》及《爻山笔话》《宝墨楼诗抄》，并述及尚有《墨子刊误》未刻，并数年流离兵燹，有所见闻，必笔之于书，益见好学不倦，著作等身，尤欣佩也。礼闱报罢，就职中翰，旋即言归，盖其淡泊素志然也。丙子岁，余出①京而外宦辄量移，苕岑遥隔，鱼雁难通，徒增怅惘。壬午乞假归里，闻爻山已归道山，憾不能抚棺一哭，且惓惓于爻山尚有未竟之书，不知曾付梓人与否？及辛卯岁，其高足陈赞臣学博，以补官晋省考验，惠以所刊《镡津忠义录》，乃爻山遗书也。因念十余年欲睹之书，今始得见，且喜且慰。昔吾乡张羽王先生作《桂胜》《桂故》两书，见于《四库全书提要》，后纂修通志，多备采择。是书体例精详，立言有本，已详于陈君跋语及吴大令弁言，无庸赘叙。惟闻陈君云："《镡津考古录》尚有若干卷未刻。其夫人恐其遗失，长置家内，不与外人观看。年深日久，剥蚀难免，良可惜也。"《墨子刊误》迄今尚未得见，犹待物色。爻山始号琴舫，同年齿录所刻，人共称之，并志。光绪十七年岁次辛卯季冬上瀚赐进士出身诰授荣禄大夫花翎二品顶戴前浙江补用道衢州府知府翰林院庶吉士吏部郎中军机处行走主讲桂山孝廉书院特恩赏给随带加一级年愚弟靳邦庆拜序。②

## 陈勷光《镡津忠义录跋》：

---

① 按：原文为山，误。依文义当为"出"，故改。
② （清）蒙秉仁等修，胡煜瑶等纂：《藤县志》卷二二"杂录"，第1011—1012页。

《镡津忠义录》二卷，余师爻山先生所著。上卷为列传，始职官终列女；下卷为纪事，上自咸丰元年下迄同治五年，皆纪当时忠义之人及各股匪出没焚掠之事也。呜呼！当洪逆弄兵金田，不过爝火微荧，浇之可以立熄，而方面者既不知兵，又用违其人，故剿之不力，遂致贼一出永安，继围桂林，窜两湖，蹂三江，僭伪号，溃烂十余省。竭天下之全力，用兵至二十年之久，始行扑灭。而两粤之股匪，与之相终始。追论其由，殊堪发指。先生目击时艰，愤心疾首，著书风鹤交警之余，如贾太傅之痛哭流涕，其志亦可知矣。同治末年，西抚重修省志，征采各府州县遭乱事迹，先生著此二卷，惜未锓版而遽归道山。勷光为先生受业弟子，惧其书不传，因借钞见录于其家，镌而传诸世，亦聊以继先生表彰忠义之志云。先生名□□，字敦元，号爻山，晚号猛陵山人，道光丙午举人，官内阁中书。著有《爻山笔话》《墨子刊误》《宝墨楼诗》《镡津考古录》。门人陈勷光谨跋。①

《广西省述作目录》《广西近代经籍志》归入史部。《广西省述作目录》《广西近代经籍志》《广西通志》有著录。

　　二卷。

　　存。《广西近代经籍志》载存，但无收藏地著录。后港澳同胞出于对家乡历史遗产的热爱，将《镡津考古录》残本三十四、三十五两卷提供给县志办公室复印，此珍贵历史资料乃得以保存。

## 烈女记　　清·龙继栋撰

　　作者简介见《十三经地名韵编今释》。

---

① （清）蒙秉仁等修，胡煜璠等纂：《藤县志》卷二二"杂录"，第1013页。

《烈女记》。本书所记故事源于咸丰间彭溪江烈女事。"江烈女，新宁人，父业农，幼字吴氏，未婚。同族势豪忠淑，素渔色，利诱其父母，欲强污之，烈女不得已，夜奔夫家，匿于楼上。未几，忠淑又以巨金唆其夫与翁姑，烈女微觉，遂先自缢。乡党无敢言者。松琴时居新宁，闻之愤甚，为谱《烈女记》以传其事，书中钱自豪者，即指忠淑也。"①《烈女记》一出，在当时引起了不少人的关注，韦业祥为作词一首："慧眼今能几？欢今昔、才人不遇。大都如此。俗子炎凉成故态，多少翻云覆雨。那有识、英雄眸子。甘让青楼专侠举，负须眉、几辈应羞死。难得者，一知己。何期天亦成人美。竟花下、郎君及第，巧谐连理。蕲国尊荣沂国贵，好是鸣珂旧里。话千古、风流韵事，何限步兵穷途泪，倩何郎、词笔重湔洗。浑不是，风怀比。"②袁昶谈其感受时说："昨夜读大著《乐府》二册，读至江烈女事，不胜发指眦裂。烈女得椽笔阐扬，超出三界，定可从南岳魏夫人游。而所谓劣绅者，安得借红线利匕首一取其头！以为饮器，方为大快。大笔生气凛然，可泣可歌，弟异日拟援退之、美元侍御表旌甄济例，为文记之，先缴侍右。日内匆匆，不及走别，贱文外篇二册收到，蒙琱绩朽钝，弥自愧耳。"③朱㝢瀛《题槐庐生〈烈女记〉院本》诗："浊雾暧月光，不改明蟾洁。众草锢兰芽，愈显奇香烈。卓哉江氏女，克创千秋节。始羞秋胡金，终衔精卫石。尊章与父母，相爱莫知惜。骨肉一何愚，天地一何窄。我读槐庐词，感慨重于邑。古今贞孝事，多少称殊绝。不遇阐幽者，总付荒榛棘。即兹烈女心，岂计名不灭。一朝表其奇，满纸遂恻

---

① 见黄萍荪编《越风》第 19 期，收入沈云龙主编：《近代中国史料丛刊续编》第 660 册，文海出版社，1979 年。
② （清）况周颐辑：《粤西词见》，见《丛书集成续编》第 205 册，上海书店出版社，1997 年，第 808—809 页。
③ 沈云龙主编：《近代中国史料丛刊续编》，第 660 册。

侧。当年佗僚状，如见复如识。直可风世人，奚止慰幽魄。所愿知音士，普听此歌阕。写以绿筠笺，吹以紫云笛。女有屈原心，词真董狐笔。"①《烈女传》主要针对晚明以来的戏曲"人情以放荡为快，世风以奢靡为高"的风气，当时淫靡之风多见，而忠贞之迹不常有；因此清代中晚期开始，人们渐渐注意到淫词艳曲的危害，多次禁戏，同时文人也转向忠孝节义剧的创作，以正世风教化，形成"以词陷之，即以词振之"的效果。②

卷次不详。

未见。《烈女记》，《广西省述作目录》著录有清同治家刊本。③

## 浩气吟 清·赵炯辑，清·赵日昇订

赵炯，生卒年不详，字白升，号鹤斋，瀛海（今河北省河间县）人。纂修《栖霞寺志》，著《陡河六桥记》《桂林田海志重订序》等。生平事迹可参见（嘉庆）《临桂县志》、（光绪）《临桂县志》等。

赵日昇，号晓村，清康熙间梧州教授。

《浩气吟》。收录南明时在桂林慷慨赴死的瞿式耜④、张

---

① （清）朱寯瀛：《题槐庐生〈烈女记〉院本》，《续修四库全书》（1564），《金粟山房诗钞》卷三，上海古籍出版社，1996年，第96页。
② 伏涤修、伏蒙蒙编校：《〈西厢记〉资料汇编》，黄山书社，2012年，第774页。
③ （民国）广西统计局：《广西省述作目录》，第104页。
④ 注：瞿式耜（1590—1650），字起田，号稼轩，字伯略，常熟（今属江苏）人。瞿景淳孙，瞿汝说子，钱谦益弟子。明万历四十四年（1616）进士，授永丰知县，擢户部给事中。福王时，起应天府丞，以右佥都御史巡抚广西。福王败，拥桂王于广东肇庆即帝位，升任文渊阁大学士兼兵部尚书。兵败，为清兵所杀。著有《虞山集》《愧林漫录》《云涛集》《松丸集》《瞿忠宣诗文集》《瞿式耜集》等。

同敞①二人绝命诗五十多首，其成书有一个漫长过程。据瞿昌文《〈浩气吟〉后记》载，二人临难之诗首先经桂人杨硕父收藏，后瞿昌文抄录整理，进而刊刻：

> 文万里入粤，两年相依膝下，以备员侍从，兵烽阻隔，不得及奔十七日之难。署中抢劫一空，五年奏疏、诗文百余卷，家中所携著述若干卷，仅存十之一二，惟临难诗四十首并遗表稿，得义士杨硕甫密藏之，未散。文被絷至桂庐，于墓侧哀毁之余，手录是诗，并以江陵倡和诸作，付之梓人，以实他年信史之笔，亦见岭表孤臣，岿然双烈，庶几不愧高皇养士之报……聆其诗者或其感发而兴起与？岂但子若孙当读祖父之书，袭为传家之珍也。明翰林院检讨孙男昌文百拜述。②

瞿昌文题名《浩气吟》，浑融和尚③为之作序。康熙四十三年（1704），浑融和尚、赵炯编纂《栖霞寺志》，整理收入《浩气吟》：

---

① 注：张同敞（？—1650），字别山，江陵（今湖北江陵）人，张居正曾孙。崇祯十三年（1640）以荫授中书舍人。崇祯十五年，奉命慰问湖广诸王。李自成入北京，同敞逃归故里。后去福建投南明唐王，唐王授以指挥金事。清顺治三年（1646）投奔南明永历朝，四年以瞿式耜荐，擢兵部右侍郎兼翰林侍读学士，总督楚、粤兵马。顺治七年，与瞿式耜同被清军杀害。
② （清）瞿昌文：《〈浩气吟〉后记》，见《浩气吟》，民国二十九年（1940）桂林永源印刷局刻本，第22页。
③ 注：浑融和尚（1615—1708），法名率符，沤和上人弟子。湖广沅州人，俗姓张。父亲张楚珩，明贡生，万历间授粤西柳州府马平县令。浑融少有文才，但不喜科举应试一类文章，因怀才不遇而削发为僧，由湖南到桂林。他曾参加南明抗清斗争，与南明命臣瞿式耜、张同敞交游密切。瞿、张抗清死难于桂林，浑融不仅收其骨，还将他们在狱中的唱和诗汇集成册，名《浩气吟》，附入《栖霞寺志》。详见广西壮族自治区通志馆编《广西方志提要》，广西人民出版社，1988年，第203页。

《浩气吟》者，桂人杨硕父集瞿、张二公临难诗也。按：甲申五月朔，本朝定鼎燕京，已大一统之业，虽弘光嗣位南都，不旋踵而亡，区区隆武监国，殆不足纪。独其间忠臣义士，或后或先，所在多有。盖忠义之事自为万古立纲常，初不随国运为盛衰也。故史臣于丧败之余，凡死节者，有闻必录，恒惧湮没，非徒彰前朝养士之报，亦以正人心而励风俗，道必由此。独隆武既没，瞿公稼轩奉永历于端州，身为留守，保西粤一隅者且五年，卒同别山张公尽节于庚寅之冬，而编年遂略而不载。浑融和尚亲见二公行事，谨藏其诗，每对客娓娓言之，不少忘。虽桂志粗举其略，而诗不具载，故于此志之，而别为一卷，明不敢与游览诸什齐观也。輶轩之使，浑融日夜望之矣，爰附志后。①

## 金堡（性因）《〈浩气吟〉序》：

寿明居士（瞿昌文号也）将为其祖留守公刊所与督师张公临难唱酬诸诗，而属性因书其首。或有献疑曰："当苏君时，仪何敢言。今固非两公之时，而传两公之言，死者已矣，生者无乃为忌与？"性因曰：昔文皇帝族灭方孝孺，令有藏其只字者，死不赦，然孝孺之书至今存也。以天子之尊加以奸党之律、享国之久，而不克夺匹夫千万世之业，矧两敌相向，败死胜生，生即为功，死即为忠，杀者非本凤嫌，死者亦无遗憾，则奚仇于诗而禁其传耶！性因忝与留守公为忘年交，若别山诗酒雁行时相尔汝。当桂林风雨，两公抗节长吟，性因在茅坪遥分"鉢"韵，固未尝讳也。若诸赓其遗音，吊于

---

① （清）赵炯：《〈浩气吟〉志》，见《浩气吟》，第1页。

殁后，西州一恸，义无可止。即如杨君硕父，踊哭收尸，一时共叹其高，当途不以为罪，岂区区笔墨遂累人哉！呜乎！徇国之难，忠也；吊友之死，义也；传先祖之美，孝也；使天下后世闻风者，廉顽立懦，仁也。性因书其首可矣。①

民国二十九年（1940）重刊咸丰本，封面有"广西壮族自治区第二图书馆藏书章""广西省立桂林图民国卅四年劫后存书""张瞿二公殉国纪念会经理处敬□"等五枚印章。书前有"瞿公式耜遗像""张公同敞遗像"、《重刊〈浩气吟〉序》、《题辞》、《〈浩气吟〉志》、赵炯撰写《明瞿公稼轩小传》《明张公别山小传》、金堡《〈浩气吟〉序》、瞿式耜《临难狱中上书》，然后收瞿式耜南明永历四年（1650）桂林赴难诗四十首，如："已拼薄命付危疆，生死关头岂待商？二祖江山人尽掷，四年精血我偏伤。""羞将颜面寻吾主，剩取忠魂落异乡。不有江陵真铁汉，腐儒谁为剖心肠。""正襟危坐待天光，两鬓依然劲似霜。愿作须臾阶下鬼，何妨慷慨殿中狂。凭加榜辱神无变，旋与衣冠语益庄。莫笑老夫轻一死，汗青留取姓名香。"②"从容待死与城亡，千古忠臣自主张。三百年来恩泽久，头丝犹待满天香。"③总督张同敞和诗十五首，如："连阴半月日无光，草簟终宵薄似霜。白刃临头唯一笑，青天在上任人狂。但留衰鬓酬周孔，不羡余生奉老庄。有骨可抛名可断，小楼夜夜汗青香。"④大节克敦，劲节孤忠，读之令人动容。朱彝尊曰："瞿公生长华门，屏游闲之习；自临八桂，尽瘁行间；既系狱中，与江陵张公同敞悲歌酬和……所谓鼎镬甘

---

① （清）金堡：《〈浩气吟〉序》，见《浩气吟》，第5页。
② 徐中玉主编：《中国古典文学精品普及读本·元明清诗词文》，广东人民出版社，2019年，第129页。
③ （明）瞿式耜：《绝命词》，见《浩气吟》。
④ （明）瞿式耜著：《瞿式耜集》，上海古籍出版社，1981年，第235页。

如饴者。"① 该本后有清浪借山野衲性因《跋》、瞿昌文《〈浩气吟〉后记》、金堡和诗八首和《上定南王孔有德书》一篇，还有墓碑、挽词以及陈森书、王诒珣、林荣柱三人的《校栖霞志毕敬跋瞿张二公〈浩气吟〉后》诗。《广西地方史志文献联合目录》《广西地方文献目录》②《广西文献名录》③ 著录。

一册。

存。曾有清咸丰八年（1858）刊本流传，民国二十九年（1940）根据咸丰八年旧木刻板再印，一册，广西壮族自治区图书馆、桂林图书馆藏。

## 古贤名录　　清·无名氏辑纂

作者待考。

《古贤名录》。该书实是古代先贤的小传，分类依据不一，或时间或国别或职官等。如分为历代类、十六国类、二十官类等目，如"历代类"首选八翁、八恺、八元、八伯、八世博士、八崔、八萧等，其后有仲尼弟子、元祐奸党、明议礼罢斥诸臣之类，内容纷繁，标准不一；叙事则以人系事，一人一事，偶附小注。大目之后，间附长文解说。④《广西地方史志文献联合目录》《广西地方文献目录》归入历史类。

一册。

---

① （清）朱彝尊撰，姚祖恩辑：《静志居诗话》，嘉庆二十四年（1819）本。
② 广西桂林图书馆、广西通志馆资料室：《广西地方文献目录》（上册），第 66 页。
③ 广西壮族自治区图书馆、广西壮族自治区桂林图书馆编：《广西文献名录》，第 303 页。
④ 广西壮族自治区图书馆、广西壮族自治区桂林图书馆合编：《广西文献名录》，第 100 页。

存。稿本，线装，桂林图书馆有藏。①

## 平乐覃节妇诗传并郁林孝子周廷琛事传不分卷　清·秦焕辑②

秦焕（1817—1891），字文伯，江苏山阳（今淮安）人，咸丰十年（1860）进士。同治五年（1866）候补主事。同治九年办理捐铜局。光绪八年（1882）任梧州知府。光绪十一年参与中法战争，赏加二品衔，回桂林任。光绪十五年调任广西按察使，督理通省发审案件，被誉为循吏第一。光绪十七年病逝，享年七十四岁。秦焕好学善文词，著有《剑虹居文集》《剑虹居诗集》。

《平乐覃节妇诗传并郁林孝子周廷琛事传不分卷》。书前为广西巡抚沈秉成为节妇覃薛氏请立"苦心劲节"名的奏文。次是桂平人赖鹤年撰《记覃妇完节事》、张联桂《覃节妇诗并序》，诗为五言，述说覃妇身世，以及颂赞其节操。张诗后，为陶塿、王惠琛等人作的诗词近十首。③最后附录彭光辅"纪周孝子廷琛事"。《广西地方文献目录》归入文学。《广西地方文献目录》《广西地方史志文献联合目录》《广西文献名录》有著录。

一册。

存。光绪十五年（1889）广西使署刻本，桂林图书馆藏。

---

① 广西桂林图书馆、广西通志馆资料室：《广西地方文献目录》（上册），第26页。
② 按：该书《广西文献名录》《广西地方文献目录》《广西地方史志文献联合目录》著录为《覃节妇诗》，作者题为张联桂。
③ 广西壮族自治区图书馆、广西壮族自治区桂林图书馆合编：《广西文献名录》，第526页。

## 乡贤名宦类

乡贤名宦，参阅《广西通志》《广西通志辑要》等广西史志文献，进入乡贤祠和名宦祠的人众多，可留下历史资料的寥寥。现录得苏凤文的《崇祀乡贤奏折禀稿》，张联桂、易绍的《崇祀乡贤名宦录》，张联桂的《崇祀乡贤录》，无名氏的《乡贤录》四部，皆存，都是清官方行政资料。这些保存下来的资料史料价值极高，一方面是崇祀者生平履历的真实、客观、可靠的来源，另一方面非常完整地保留了申报所需材料及程序，为研究乡贤、名宦提供了坚实、可靠的文献基础。

### 崇祀乡贤奏折禀稿　清·苏凤文等撰

作者简介见《广西昭忠录》。

《崇祀乡贤奏折禀稿》。同治九年（1870）十二月，广西巡抚苏凤文奏请已故山东登州府海防同知卓佩[①]入祠藤县乡贤祠，这是奏请时的上报材料，详述卓佩"褆躬孝友，植品端方，学业精勤，操守廉洁，文与言而并美，德偕学以兼纯，足为多士楷模，洵是人伦师表"[②]的入祠理由。内容计有：同治九年十二月二十七日呈献礼部的申请崇祀乡贤《奏稿》、《广西巡抚苏凤文会题请

---

① 按：卓佩（1777—1847），字毅夫，号宽甫，别号漪园，广西藤县人。嘉庆五年（1800）庚申科举人，十四年己巳恩科进士。钦点内阁中书、协办内阁侍读、充文渊阁检阅、国史馆校对、山东登州府海防同知，任职十五年，丁忧回乡不仕。先后主讲藤州、经古、桂林秀峰书院，历时十八年，有《致远堂卓宽甫先生文集》《致远堂卓宽甫先生诗集》存世。
② 广西壮族自治区图书馆、广西壮族自治区桂林图书馆编：《广西文献名录》，第37—38页。

旨稿》、《候选内阁中书邑举人苏时学等禀学公呈》、《禀县公呈》、《公结》、《事实清折》六篇。《广西地方文献目录》《广西文献名录》等有著录。

一卷。

存。广西壮族自治区图书馆有藏。

## 崇祀乡贤名宦录　清·张联桂、易绍等撰

张联桂（1837—1897），字丹叔，一字癹叔，室名延秋吟馆、问心室、问心斋，江苏江都人，咸丰时纳贽为太常博士。同治六年（1867）以京察一等，授广西庆远府同知。后历任惠州、潮州知府等职，光绪八年（1882）为广东督粮道，中法战争爆发后，筹备海防。光绪十二年任湖北荆宜施道，开河建闸，兴修水利。十三年任广西按察使，旋擢巡抚。二十一年甲午战败后，兴实业。著有《张中丞奏议》《延秋吟馆诗钞》。生平参见《越事备考》、《翁文恭公日记不分卷》、《张文襄公奏议》、《康南海文集》、《续碑集传》、《湘绮楼日记》、《晚晴簃诗汇》、《清史稿》、《东华续录》、（光绪）《临桂县志》、（光绪）《镇安府志》、（民国）《贺县志》、（民国）《广东通志》、（民国）《贵州通志》等。

易绍，光绪二十一年（1895）为容县知县，余则待考。

《崇祀乡贤名宦录》。又名《封振子公崇祀乡贤录》，该册为封昌熊入乡贤名宦祠的各种上交材料，而《广西地方文献目录》误以为作者为封昌熊。① 一卷，分为上下两部分。卷上为《崇祀乡贤始末》，计有：《履历》《事实》《本县绅衿乡民呈状》《本县廪增附里邻甘结》《各衙门申详看语》《督学院批详》《本县请主

---

① 广西桂林图书馆、广西通志馆资料室编印：《广西地方文献目录》（下册），第340页。

入乡贤祠启》《请主祔乡贤祠祭文》。其中《履历》，主要关于封昌熊个人事迹，封容庄、封容邃、封纾、封绰、封绁、封绩提供，是经由他们辑录、编校后的康熙四十七年（1708）戊子封昌熊从祀柘城窦克勤乡贤祠时的材料；《事实》即事实清册，按条述事，凡十三条，首说封氏家世，次列封氏政绩、德行等；《本县绅衿乡民呈状》，为光绪二十一年广西巡抚张联桂、容县知县易绍所写申请文稿，禀县公呈、公结，述说封氏品行；《本县廪增附里邻甘结》，主要提供证明和担保；《本县请主入乡贤祠启》《请主祔乡贤祠祭文》为封昌熊后人入乡贤祠的申请。卷下《崇祀名宦始末》，请入名宦祠所要的材料和所走程序和乡贤祠几乎一样，包括《履历》《事实》《泌阳绅衿乡民呈状》《泌阳县廪增附甘结》《各衙门申详看语》。《广西地方文献目录》归入史地，《广西地方史志文献联合目录》归入历地类。《广西地方史志文献联合目录》《广西文献名录》《容州封氏家谱》[①]《容县志》等有著录。

一卷。

存。《广西地方文献目录》《广西地方史志文献联合目录》载录清末刻本，一册，线装，清华大学图书馆、桂林图书馆、广西民族学院图书馆有藏。清华大学图书馆所藏本于目录页镌"国立清华大学图书馆藏"印章，开篇有"男容庄、容邃辑录，孙绩、绁、绰、纾同受编"字样。

## 崇祀乡贤录　　清·张联桂等撰

作者简介见《崇祀乡贤名宦录》。

---

① 保华主编：《容州封氏家谱》卷一，第569页。

《崇祀乡贤录》。该册为光绪二十一年（1895）黄元埙[①]入乡贤祠的各种上交材料，而《广西地方文献目录》误以为作者为黄元埙，实际上具体经办人很多，负责人为张联桂。[②] 首为光绪二十一年上礼部的奏稿和广西巡抚张联桂所上黄元埙入乡祀的奏文，俱为申请黄元埙入祀的公文；接着为容县族人作的结稿；次为事实册，述黄元埙的家世、品行，对黄氏一生的孝行、为人、学业，俱有涉及。[③]《广西地方史志文献联合目录》《广西文献名录》等有著录。

一卷。

存。桂林图书馆有藏清末刻本一册，线装。

## 乡贤录　清·无名氏撰

作者待考。

《乡贤录》。辑汇乡贤人物，按时间顺序，为每人撰述了一小传。《广西地方文献目录》《广西地方史志文献联合目录》有著录。

卷次待考。

存。广西壮族自治区图书馆藏有康熙四十六年（1707）本。[④]

---

① 按：黄元埙，号松轩，广西容县人。乾隆三十四年（1769）入县学，次年入补增广生。
② 广西壮族自治区图书馆、广西壮族自治区桂林图书馆编：《广西文献名录》，第37页。
③ 广西壮族自治区图书馆、广西壮族自治区桂林图书馆编：《广西文献名录》，第37页。
④ 广西地震局历史地震小组编：《广西地震志》，广西人民出版社，1982年，第287页。

## 科举试卷类

广西科举试卷包括广西试牍、乡试卷、硃卷、闱墨、优贡及岁贡卷等，录得三十六份。其中明代十二份，清代二十四份。桂林图书馆有收藏，是儒家文献中保存最为完整的一类。这些文献，一方面为研究明清科举提供了大量翔实材料，另一方面是参加科举的读书人生平履历的重要来源之一，为研究历史人物提供了真实可信的资料。

### 横山陈氏硃卷[①]　清·陈宏谋、陈钟琛等编

陈宏谋简介见《大学衍义辑要》。

陈钟琛，字紫岱，号石鍼，陈宏议之子，叔父陈宏谋。乾隆二十四年（1759）己卯科举人，历官抚宁知县、浙江知府、河南汝光道按察使、山东布政使、署理巡抚，补内阁侍读学士，转太常卿。

《横山陈氏硃卷》[②]。该书始修于乾隆三十五年（1770），陈

---

[①] 按：《广西地方文献目录》《广西文献名录》等著录为"硃"；作者作"陈宏谋等"。清代成例，墨卷收上来后，为了防止阅卷中某些考官徇私舞弊，先由誊录生用朱笔将考生的墨笔答卷誊录一遍，然后再送试官评阅，这誊录的卷子就称"硃卷"或"朱卷"，所谓"考试者用墨，谓之墨卷；誊录用朱，谓之朱卷"。一般而言，硃卷由三部分组成：一是履历，登本人姓名、字号、排行、出生年月、籍贯、撰述、行谊，并载本族谱系。最简为祖孙三代，亦有上自始祖下至子女、同族尊长、兄弟子侄以及母系、妻系无不载入。凡有科名、官阶、封典、著作亦注入名下。再录师承传授，如受业师、问业师、受知师之姓名、字号、科名、官阶，以示学问渊源有自。二是科份，载本科科份、中式名次、主考官姓名官阶与批语等。三是试卷与文章。硃卷刊刻始于明代，至清代则普遍盛行。

[②] 按：徐雁平编著《清代家集叙录》题名《横山陈氏朱卷》（广西临桂），陈钟琛等辑；《广西地方史志文献联合目录》载陈宏诚著。

宏谋《序》有言：

> 予先世楚南人也。胜朝兵燹，湖南北纷扰，始祖避地入粤，至临桂西乡横山，爱其山水环秀，遂卜居焉……先伯元璧公、先君韫璧公性喜读书，始令子侄习儒业。伯兄汝和暨予先后游泮，其时家徒四壁，仅供饘粥，而先君于延师购书之费则不惜，节衣缩食为之……辛卯余兄汝和荐而未售，癸卯恭逢世宗宪皇帝御极，首开恩科……遂以冠榜。是年公车北上，幸亦与选，而后场策论亦荷朱文端公、张文和公见赏。顾予谫陋，讵能诸体并佳，惟有体有用，先人之训甚切，不敢轻心怠气，以此自勉，即时以此勉励子弟尔。叨沐先泽，自癸卯至今庚辰乡会，获售者已九人矣。边徼荒僿里人，咸羡吾家为科名之盛。先予以文章起家，荷国厚恩，扬历中外，封疆十有余省，复忝纶席，备极宠荣，其所以不愧科名者，殊自颜报。惟早夜孜孜，深恐以空疏之学，近辜祖训；迂陋之才，上负国恩。则区区之心数十年为一日，今欣吾家乡会获售之文及荐而未售者，汇录付剞。至经文、策论曾经进呈者均列焉。后有继迹而起者，将续校而登之，非妄诩一时之得意也，将使后之人绎祖考之彝训，求体用之实学，各自奋励骧首亨衢，于以仰副圣朝文章取士之盛，以绵衍前人忠厚传家之遗泽，则是集亦教训子孙之家乘也。如谓此为和声鸣盛、家世辉煌，则吾岂敢。乾隆庚寅春日榕门宏谋序。①

此本修成，但陈宏谋还未来得及付梓，就去世了。直到乾隆五十

---

① （清）陈宏谋、陈钟琛撰：《横山陈氏硃卷》，清刻本。

二年（1787）陈钟琛获得此本，加以校订增补，才得以刊刻，此时离陈宏谋去世（1771）已十多年了。陈钟琛《序》：

> 是编为庚寅岁先文恭公考订，余时伦宰抚宁，因事入都，与闻绪论。越岁而文恭予告，旋即谢世，未果付梓，偶从书簏中检获旧稿，考泽宛然。述祖德、荣国恩之际，三致意焉。爰就武林付之剞劂。自兹以往，吾家子孙各自奋于科名，而文亦益求为昌明博大，蕲无忝乎佳文佳士之目，宜何如其楸勉邪。乾隆丁未孟冬石□钟琛谨识。①

后嘉庆间又续修，前列陈宏谋、陈钟琛二序，后有"缀言七则"。"缀言七则"有："是编就试作原本汇辑，皆系风檐寸晷，不暇修饰之文"；"二三场原与制艺并重，总缘全材难觏，主司间从节取，然经文以阐经义，策论以觇实学，一日成名，将来之措施悉准诸此。近制更增诗帖，则涵咏风雅，鼓吹休明。作者未必诸体皆佳，而经文策论有经主司选取进呈者，因并编入，以见一时遇合之真"；"各书履历于前，志家世之远近，族繁难以遍载，仅纪三代弟兄，以表支分派"；"国制每十二年一举拔贡，中选者注选入官，固士子进身之华选也，其卷一并附刊。即岁科两试亦始进阶梯，但人数较多，试草尚俟续刊"。② 本书收录雍正、乾隆、嘉庆年间临桂西乡横山陈氏二十五人应乡试、会试制艺文，包括经论、策问和试贴诗，各篇文章之后有主考人的批语或朱笔圈点。选文前详细开列作者祖宗三代官衔履历、本人字号、所读学校、五经选考科目、兄弟等内容。现以广西壮族自治区图书馆所藏本整理如下：

---

① （清）陈宏谋、陈钟琛撰：《横山陈氏硃卷》，清刻本。
② （清）陈宏谋、陈钟琛撰：《横山陈氏硃卷》，清刻本。

陈宏诫（1676—1764），字汝和，号容庵，胞弟陈宏谋、陈宏议。康熙三十五年（1696）补弟子员，收康熙五十年辛卯科乡试卷，存制艺三篇；乾隆辛酉（1741）科乡试卷，存制艺三篇。

陈宏谋（1696—1771），字汝咨，号榕门，胞兄陈宏诫，胞弟陈宏议。雍正元年（1723）癸卯恩科乡试，存制艺四篇，策问三篇；雍正元年癸卯会试卷，存制艺三篇。

陈宏绪，乾隆元年丙辰科乡试卷，存制艺三篇。

陈钟瑶，字以舟，号厚岩，父宏诫。乾隆三年戊午顺天乡试荐卷，存制艺三篇。

陈钟珂（1710—?），字鸣远，号苏园，父陈宏谋，子陈兰森、陈兰楸、陈兰枝，孙陈兆熙。乾隆六年辛酉举乡试卷，存制艺四篇；乾隆七年壬戌明通榜卷，制艺三篇。

陈钟瑞，字虞辑，父宏技。乾隆六年辛酉科乡试卷，存制艺三篇。

陈钟理，字燮公，号执斋，父宏诫。乾隆六年辛酉科举人，存制艺三篇。乾隆七年（1742）壬戌明通榜卷，存制艺三篇。

陈钟球，字夔鸣，父宏海。乾隆九年甲子举人，存制艺六篇，试帖诗二首；嘉庆乙丑（1805）会试卷，存制艺三篇，试帖诗一首。

陈钟珣，字嵩毓，号中山，父宏绪。乾隆十七年壬申乡试荐卷，存制艺三篇。

陈兰森，字松山，父钟珂，祖宏谋。乾隆二十一年丙子举人，存制艺三篇，策问五篇；丁丑（1757）会试卷，存制艺三篇，试帖诗一首。

陈钟琛，字紫岱，号石鋮，父宏议。乾隆二十四年己卯科乡试卷,存制艺三篇,试帖诗一首,策问五篇;乾隆二十八年癸未科会试卷,存制艺三篇,试帖诗一首;乾隆三十一年丙戌科会试荐卷,存制艺三篇,试帖诗一首。

陈钟瑗,字景蘧,父宏海,陈钟球、陈钟璨之弟。乾隆二十五年庚辰科乡试卷,存制艺三篇,试帖诗一首。

陈兆熙,字梦鱼,号春宇,父兰森,祖钟珂,曾祖宏谋。乾隆四十二年丁酉科选拔卷,存制艺三篇,经解一篇,试帖诗一首;乾隆四十二年丁酉科乡试卷,存制艺三篇,试帖诗一首,策问二篇;乾隆四十九年甲辰科会试卷,存制艺三篇,试帖诗一首。

陈钟璐,字荫三,号在庭,父宏议。乾隆四十八年癸卯乡试卷,存制艺三篇,试帖诗一首。

陈兰葆,字含光,号云樵,父钟理,祖宏诚。乾隆四十八年癸卯科乡试卷,存制艺三篇.试帖诗一首。

陈钟玫,字善元,号丹崖,兄陈钟琛,弟陈钟璐,父宏议。乾隆五十一年(1786)丙午乡试卷,存制艺三篇,试帖诗一首。

陈元焘,字寿士,号蕉雪,父兰森,祖钟珂,曾祖宏谋。乾隆五十三年戊申乡试卷,存制艺三篇,试帖诗一首。

陈兰薰,字长丰,号树庭,弟兰蕙、兰蔼,父钟瑶,祖宏诚。乾隆五十四年己酉乡试荐卷,存制艺三篇,试帖诗一首。

陈兰蕙,字树畹,号赟谷,兄兰薰,弟兰蔼,父钟瑶,祖宏诚。乾隆五十四年己酉乡试卷,存制艺三篇,试帖诗一首,策问一篇。

陈兰蔼,字申吉,号松泉,兄兰薰、兰蕙,父钟瑶,祖宏诚。乾隆五十七年壬子科乡试卷,存制艺三篇,试帖诗一首,论一篇,策问一篇。

陈兰枝,字佩华,号荪浦,兄兰森、兰楸,父钟珂,祖宏谋。乾隆五十七年壬子科乡试卷,存制艺三篇,试帖诗一首。

陈兰楸,字德新,号丰桥,兄陈兰森、弟兰枝,父钟珂,祖宏谋。乾隆五十七年壬子科乡试卷,存制艺三篇,试帖诗一首。

陈守增,字谦益,号盛轩,父兆熙,祖兰森,曾祖钟珂,高祖宏谋。嘉庆三年(1798)戊午科乡试卷,存制艺三篇,试帖诗一首。

陈兰策,字方吾,号薌林,一号蔗田,父钟琛,祖宏议。嘉庆五年庚申恩科乡试卷,存制艺三篇,试帖诗一首。

陈兰符,字信吾,号香圃,父钟璐,祖宏议。嘉庆九年甲子乡试卷,存制艺六篇,试帖诗二首;嘉庆十年乙丑会试卷,存制艺三篇,试帖诗一首。①

《广西地方史志文献联合目录》归入教育理论。《广西地方史志文献联合目录》、《广西文献名录》、《清代家集丛刊》(第186—187册)等有著录。

四册或六册。四册本收陈氏家族二十五人的乡会试卷,最晚的为陈兰符嘉庆九年(1804)甲子乡试卷;六册本为嘉庆年间的修订本,由陈继昌主持,比四卷本多收陈兰簪、陈迺熙、陈迈熙、陈畴熙、陈守𦒿、陈守模、陈奎昌、陈其昌八人乡会试卷,所收陈其昌道光十二年(1832)乡试卷为最晚。②

---

① (清)陈宏谋、陈钟琛撰:《横山陈氏硃卷》,清刻本。
② 参见徐雁平、张剑:《清代家集丛刊》,国家图书馆出版社,2015年,第481—484页。

存。版本有：（1）抗城塘凤山刻本。清乾隆五十二年（1787），线装，四册，藏于广西壮族自治区通志馆。① （2）广西壮族自治区图书馆藏清刻本。四册，封面镌有"广西壮族自治区第二图书馆藏书，1959.12.12""李微藏书"印章，序后有"陈宏谋印""榕门""钟琛""紫岱"印章，序后有"缀言七则"。（3）清刻本。六册，半叶九行，行二十五字，小字双行，白口，左右双边，北京大学图书馆、桂林图书馆藏。《清代家集丛刊》第186—187册收。

## 横山陈氏硃卷　　清·陈继昌编

作者简介见《礼学须知》。

《横山陈氏硃卷》。本书收辑陈继昌嘉庆癸酉（1813）科乡试第一名硃卷三份；嘉庆庚辰（1820）科会试第一名硃卷十份，全书共一十三份。②

一册。

存。桂林图书馆藏，线装。

## 桂林周氏硃卷　　清·鼎家藏编刊

本书收录的是桂林周必超、周瑞清、周璜、周炳翰几人的硃卷。周必超，道光十四年（1834）甲午乡试第三十九名，三十年会试中式第五十四名，殿试三甲第四十六名，钦点即用知县，本

---

① 广西壮族自治区通志馆等主编：《广西地方史志文献联合目录》（上册），第159页。
② 广西壮族自治区图书馆、广西壮族自治区桂林图书馆合编：《广西文献名录》，第308页。

书仅存履历。周瑞清，字仲谐，号鉴湖，乡试中式第十九名，咸丰己未（1859）会试中式□名，殿试中式□名，钦点翰林院庶吉士，本书仅存其履历。周璜原名祚隆，字磻溪，号黻卿，亦号乔笙，咸丰十一年（1861）辛酉补行壬子（咸丰二年）己未（咸丰九年）科乡试中式第二名，同治七年戊辰会试中式一百五名，复试中式第二等第十三名，朝考一等第四十五名，钦点翰林院庶吉士，本书收录其履历及同治七年戊辰科中第一百五名的硃卷四份。周炳翰，字蔚如，号墨林，周璜之子，周必超之孙，光绪二十七年（1901）辛丑科副贡，本书收其履历及光绪二十七年辛丑科举并补行庚子（光绪二十六年）恩科硃卷四份。①

一册。

存。桂林图书馆藏，线装。

## 蒋奇淳、周绍昌殿试卷　清·无名氏编刊

蒋奇淳（1816—1875），字申甫，号月石，广西全州人。初名奇淳，避同治载淳之讳，改琦龄。道光二十年（1840）庚子科进士。历任汉中知府、西安知府、四川盐茶道、顺天府尹。性耿直，好论事。后以养老乞归，在衡州、桂林等地书院讲学，终老全州。工诗文，著有《空青水碧斋诗文集》，国家图书馆、桂林图书馆有藏。

周绍昌，字霖叔，广西灵川人。光绪二十年（1894）甲午科进士，改庶吉士，历官大理院推丞。著有《霖叔诗文稿》。

《蒋奇淳、周绍昌殿试卷》。蒋奇淳，道光十四年甲午科乡试第一名举人，道光二十年庚子科会试中式第八十七名，复试第一

---

① 广西壮族自治区图书馆、广西壮族自治区桂林图书馆合编：《广西文献名录》，第283页。

等第三名，殿试第二甲第五十九名，赐进士出身。周绍昌，光绪十九年癸巳恩科本省乡试第三十一名举人，光绪二十年甲午恩科会试中式第一百四十七名贡士，保和殿复试二等第六十八名，殿试二甲第七十四名，赐进士出身。该书收录二人殿试硃卷各二份。《广西地方史志文献联合目录》归入教育理论类。

一册。

存。桂林图书馆藏，线装。

## 广西道光同治光绪历科会试硃卷
清·官府编刊

《广西道光同治光绪历科会试硃卷》。《广西地方史志文献联合目录》归入教育理论类。

一册。

存。清代刻本，线装，一册，桂林图书馆藏。

## 广西乡试硃卷（乾隆三十三年至光绪三十三年）
清·官府编刊

《广西乡试硃卷（乾隆三十三年至光绪三十三年）》。辑录乾隆三十三年（1768）至光绪三十三年（1907）广西乡试各科硃卷，共一十九册。第一册，乾隆三十三年戊子科至咸丰二年（1852）壬子恩科硃卷；第二册，咸丰六年丙辰科至十一年辛酉补行壬子己未两科硃卷；第三册，同治元年（1862）壬戌恩科补行硃卷；第四册，同治六年丁卯科、九年庚子科硃卷；第五册，同治十二年癸酉科硃卷；第六册，光绪元年乙亥恩科、光绪二年丙子科硃卷；第七册，光绪五年己卯科硃卷；第八册，光绪八年壬午科硃卷；第九册，光绪十一年乙酉科硃卷；第十册，光绪十四年戊子科硃卷；第十一册，光绪十五年乙丑科硃卷；第十三册，光绪十九年癸巳恩科硃卷；第十四册，光绪二十年甲午科硃卷；第十五册，光绪二十三年丁酉科、光绪二十四年戊戌科硃卷；第十六册，光绪二十三年丁酉科硃卷；第十七册，光绪二十九年癸卯恩科硃卷；第十九册，光绪二十七年辛丑科并补行光绪二十六年庚子恩科硃卷。①《广西地方史志文献联合目录》归入教育理论类，《广西文献名录》《广西地方文献目录》《广西地方史志文献联合目录》《广西历代文人著述目录　广西历代文人著述馆藏联合目录》等著录。

一册。

存。桂林图书馆、广西壮族自治区博物馆有藏。

## 广西乡试硃卷　清·唐景崧等撰

《广西乡试硃卷》。本书收辑清咸丰十一年（1861）补行壬子、己未两科唐景崧硃卷四份，同治丁卯科（1867）何如谨硃卷四份，光绪十一年（1885）乙酉科唐则璲硃卷一份。②《广西文献名录》《广西地方文献目录》《广西地方史志文献联合目录》《广西历代文人著述目录　广西历代文人著述馆藏联合目录》等著录。

卷次不详。

存。桂林图书馆有藏。

---

① 广西壮族自治区图书馆、广西壮族自治区桂林图书馆合编：《广西文献名录》，第254—255页。
② 广西壮族自治区图书馆、广西壮族自治区桂林图书馆合编：《广西文献名录》，第254页。

## 广西试牍（同治六年） 清·官府编刊

《广西试牍（同治六年）》。试牍由学政颁布，是典型的官颁科举选本。其编选活动有极强的连续性和普遍性，与月课制度紧密相关，并受到书籍市场的认可和追捧。《广西地方史志文献联合目录》归入教育理论。

一册。

存。提风阁藏版刊印，清同治六年（1867），桂林图书馆藏。①

## 广西试牍（道光十一年至十六年）
### 清·钱福昌编刊

钱福昌（1799—1850），原名攀龙，字超衢，号鲁盦，浙江平湖人。清道光九年（1829）进士，官内阁侍读学士。道光十一年钱福昌出任江西乡试副考官。同一年，出任广西学政。而后，钱福昌丁父忧，服除，授江西道监察御史，转掌贵州道。道光十七年钱福昌出任河南学政，特拔为内阁侍读学士。任满归乡，不复出仕。

《广西试牍（道光十一年至十六年）》。由学政钱福昌审定并颁布，作为范文，推广给广西士子阅读模拟。收录道光十一年至十六年间广西府学岁试名列前茅者文八十三篇、赋十篇、诗一百一十七首，分《论语》《大学》《中庸》《孟子》《易经》《诗经》《礼记》《赋》《诗》《试帖》等十部分，四卷。②《广西地方史志

---

① 广西壮族自治区通志馆等主编：《广西地方史志文献联合目录》，第159页。
② 参见广西壮族自治区图书馆、广西壮族自治区桂林图书馆合编：《广西文献名录》，第240页。

文献联合目录》归入教育理论。《广西文献名录》《广西地方文献目录》《广西地方史志文献联合目录》《广西历代文人著述目录广西历代文人著述馆藏联合目录》等著录。

四卷。

存。清光绪十二年（1886），桂林图书馆藏。①

## 广西乡试录（明弘治五年）　明·官府编刊

科举中试录之一种，由各省乡试录取者之试卷中择优选编，刊刻成帙。源自唐代，明清相沿未改。清制，每科乡试，各省主考官"例得选其文之雅者，镂板以献"。

明官府辑刻。

《广西乡试录（明弘治五年）》。明弘治五年（1492）壬子科乡试，《广西地方文献目录》归入历史，《广西地方史志文献联合目录》归入教育理论。该《乡试录》包含以下六项内容。

一、主考官浙江衢州府龙游县儒学教谕朱麒序。

二、列考场在事职官衔名：有监临官一名，提调官二名，监试官二名，考试官二名，同考试官五名，收掌试卷官二名，印卷官二名，受卷官三名，弥封官三名，誊录官三名，对读官三名，巡绰官四名，搜检官二名，供给官十三名。然后双行小字书写其字号、籍贯和科举经历。

三、考题。

第一场。"四书"考题为："发愤忘食，乐以忘忧""溥博如天，渊泉如渊。见而民莫不敬，言而民莫不信，行而民莫不说""文王视民如伤，望道而未之见。武王不泄迩，不忘远"；"易"

---

① 广西壮族自治区通志馆等主编：《广西地方史志文献联合目录》，第159页。

考题为："大观在上。顺而巽，中正以观天下""出可以守宗庙社稷，以为祭主也""显诸仁，藏诸用""君子藏器于身，待时而动，何不利之有？动而不括，是以出而有获，语成器而动者也"；"书"考题为："询于四岳，辟四门，明四目，达四聪。咨十有二牧曰：'食哉惟时！柔远能迩，敦德允元，而难任人。'""三百里揆文教，二百里奋武卫""月之从星，则以风雨""天明畏，弼我丕丕基"；"诗"考题为："赳赳武夫，公侯腹心""我车既攻，我马既同。四牡庞庞，驾言徂东""赫赫明明，王命卿士，南仲大祖，大师皇父：'整我六师，以修我戎。既敬既戒，惠此南国。'王谓尹氏，命程伯休父：'左右陈行，戒我师旅。率彼淮浦，省此徐土。不留不处，三事就绪。'""有飶其香，邦家之光"；"春秋"考题为："元年春王正月，天王使宰咺来归惠公，仲子之赗。秋，羣帅师。王人子突救卫，季子来归""齐侯、卫侯、郑伯来战于郎，齐人、卫人、郑人盟于恶曹""元年春王正月，公即位""晋阳处父帅师伐楚以救江"；"礼记"考题为："博闻强识而让，敦善行而不怠，谓之君子""司徒修六礼以节民性，明七教以兴民德，齐八政以防淫，一道德以同俗，养耆老以致孝，恤孤独以逮不足，上贤以崇德，简不肖以绌恶""古之圣人内之为尊，外之为乐，少之为贵，多之为美""朝觐，然后诸侯知所以臣"。

第二场。论："孔子之道大而能博"。诏诰表内科一道："拟汉诸儒讲五经异同于石渠阁诏""拟唐以魏徵为太子太师诰""拟立皇太子正位东宫贺表"。判语五条："选用军职""揽纳税粮""奏对失序""从征违期""干名犯义"。

第三场。策五道（题名略）。

四、中式名单。按名次，依次登录中式者名次、姓名、生源地、科目等信息，如"第一名徐淮，临桂县学增广生，书""第二名黄矗,阳朔县学生,易""第三名宋澍,庆远府学生,诗",一共五十五名。

五、优异试卷选录。选录了徐淮、黄矗、宋澍等人的试卷,一共约二十篇,每篇题目下,注写考生姓名,每一篇试卷前都有考试官、同考试官"阅荐",正考官"批语"等字样。

六、副主考官福建建宁府松溪县儒学教谕赵阶后序。

一册。

存。主要版本有:(1)弘治五年(1492)刻本。宁波天一阁藏。(2)抄本。桂林图书馆藏,1975年桂林图书馆委托宁波天一阁据其所藏明弘治五年刊本抄录。①

## 广西乡试录(明正德八年) 明·官府编刊

《广西乡试录(明正德八年)》。明正德八年(1513)癸酉科乡试,《广西地方文献目录》归入历史,《广西地方史志文献联合目录》归入教育理论。该乡试录包含以下六项内容。

一、主考官高邮州宝应县教谕张奎序。

二、列考场在事职官衔名:监临官一名,提调官二名,监视官二名,考试官二名,同考试官五人,印卷官二名,收掌试卷官二名,受卷官二名,弥封官二名,誊录官三名,对读官三名,巡绰官四名,搜检官二名,供给官十名。然后小字双行书写其字号、籍贯和科举经历。

三、考题

第一场。"四书"考题为:"道盛德至善,民不能忘也""知者动,仁者静""圣人治天下,使有菽粟如水火。菽粟如水火,

---

① 广西桂林图书馆、广西通志馆资料室编:《广西地方文献目录》,第27页。

而民焉有不仁者乎"；"易"考题为："外比于贤，以从上也""六四，安节，亨。《象》曰：安节之亨，承上道也。九五，甘节，吉。往有尚。《象》曰：甘节之吉，居位中也""是以明于天之道，而察于民之故，是兴神物，以前民用""系辞焉而命之，动在其中矣"；"书"考题为："五月南巡守，至于南岳，如岱礼。八月西巡守，至于西岳，如初。十有一月朔巡守，至于北岳，如西礼。归，格于艺祖，用特。五载一巡守，群后四朝。敷奏以言，明试以功，车服以庸""德日新，万邦惟怀""自朝至于日中昃，不遑暇食""则克宅之，克由绎之"；"诗"考题为："葛之覃兮，施于中谷，维叶莫莫。是刈是濩，为絺为绤，服之无斁""我有嘉宾，鼓瑟吹笙。吹笙鼓簧，承筐是将""文王受命，有此武功。既伐于崇，作邑于丰。文王烝哉""薄言震之，莫不震叠。怀柔百神，及河乔岳"；"春秋"考题为："公及邾仪父盟于蔑""公次于滑""同盟于亳城北，会于萧鱼""城楚丘，公至自晋"；"礼记"考题为："班朝治军，莅官行法，非礼威严不行""故国有礼，官有御，事有职，礼有序""大乐与天地同和，大礼与天地同节""为上可望而知也，为下可述而志也"。

第二场。论："居天下之广居"。诏诰表内科一道："拟汉定振穷养老之令诏""拟唐以张玄素为银青光禄大夫诰""拟宋理宗经筵进朱熹通鉴纲目表"。判语五条："上言大臣德政""钱粮互相觉察""纵放军人歇役""主守不觉失囚""修理桥梁道路"。

第三场。策五道（题名略）。

四、中式名单。按名次，依次登录中式者名次、姓名、生源地、科目等信息，如"第一名郑琬，桂林府学生，礼记""第二名王珵，阳朔县学增广生，诗""第三名方策，桂林府学增广生，易"，一共五十五名。

五、优异试卷选录。选录了王珵、郑琬、方策等人的试卷，一共约二十篇。每篇题目下，注写考生姓名、每一篇试卷前都有考试官、同考试官"阅荐"，正考官"批语"等字样。

六、副主考官湖广衡州府耒阳县儒学教谕姜瀛后序。

一册。

存。主要版本有：（1）明正德八年（1513）刻本。宁波天一阁藏。（2）抄本。桂林图书馆藏，1975年桂林图书馆委托宁波天一阁据其所藏明正德八年刊本抄录。

## 广西乡试录（明正德十四年） 明·官府编刊

《广西乡试录（明正德十四年）》。明正德十四年（1519）己卯乡试，《广西地方文献目录》归入历史，《广西地方史志文献联合目录》归入教育理论。该乡试录包含以下六项内容。

一、主考官直隶凤阳府颍州颍上县儒学教谕方世让序。

二、列考场在事职官衔名：监临官一名，提调官二名，监试官二名，考试官二名，同考试官五人，印卷官二名，收掌试卷官二名，受卷官二名，弥封官三名，誊录官四名，对读官三名，巡绰官四名，搜检官四名，供给官十三名。

三、考题

第一场。"四书"考题为："三十而立，四十而不惑""人莫不饮食也，鲜能知味也""天子讨而不伐，诸侯伐而不讨"；"易"考题为："忠信，所以进德也；修辞立其诚，所以居业也。知至至之，可与言几也；知终终之，可与存义也""圣人亨以享上帝，而大亨以养圣贤""归奇于扐以象闰。五岁再闰，故再扐而后挂""阳卦奇，阴卦耦"；"书"考题为："惟德动天，无远弗届。满招损，谦受益，时乃天道。帝初于历山，往于田，日号泣于旻天，于父母，负罪引慝。祗载见瞽瞍，夔夔斋栗，瞽亦允若。至诚感神，矧兹有苗""佑贤辅德，显忠遂良""不作无益害有益，功乃成；不贵异物贱用物，民乃足""仆臣正，厥后克正"；"诗"考题为："知子之来之，杂佩以赠之。知子之顺之，杂佩以问之。知子之好之，杂佩以报之""既见君子，锡我百朋""受福无疆，四方之纲""在彼无恶，在此无斁。庶几夙夜，以永终誉"；"春秋"考题为："初献六羽。卫人来媵。伯姬归于宋。季孙行父如宋致女。晋人来媵。齐人来媵""齐师迁纪郱、鄑、郚""王姬归于齐。伯姬归于杞。公及齐侯、宋公、陈侯、卫侯、郑伯、许男、曹伯会王世子于首止。公会宰周公、齐侯、宋子、卫侯、郑伯、许男、曹伯于葵丘""晋荀吴帅师伐鲜虞。晋荀吴帅师灭陆浑之戎"；"礼记"考题为："三年耕必有一年之食，九年耕必有三年之食""天垂象，圣人则之，郊所以明天道也""合生气之和，道五常之行""君毋以小谋大，毋以远言近，毋以内图外"。

第二场。论："台鉴以天下公议为主"。诏诰表内科一道："拟汉赐民今年田租之半诏""拟唐加左仆射房玄龄为太子少师诰""拟宋苏轼等进唐陆贽奏议表"。判语五条："出使不复命""官马不调习""告状不受理""徒囚不应役""造作不如法"。

第三场。策五道（题名略）。

四、中式名单。按名次，依次登录中式者名次、姓名、生源地、科目等信息，如"第一名陈汝谟，浔州府学生，诗""第二名杨琇，桂林府学生，易""第三名拱廷臣，桂林府学生，春秋"，一共五十五名。

五、优异试卷选录。选录了陈汝谟、杨琇、拱廷臣等人的试卷，一共约二十篇。每篇题目下，注写考生姓名，每一篇试卷前都有考试官、同考试官"阅荐"，正考官"批语"等字样。

六、副主考官江西南昌府新建县儒学教谕周尚文后序。

一册。

存。主要版本有：（1）明正德十四年（1519）刻本，宁波天一阁藏。（2）抄本。桂林图书馆藏，1975年桂林图书馆委托宁波天一阁据其所藏明正德十四年刻本抄录。①

## 广西乡试录（明嘉靖十六年） 明·官府编刊

《广西乡试录（明嘉靖十六年）》。明嘉靖十六年（1537）丁酉科乡试，《广西地方文献目录》归入历史，《广西地方史志文献联合目录》归入教育理论。该乡试录包含以下六项内容。

一、主考官福建福州府侯官县儒学教谕陈建序。

二、列考场在事职官衔名：监临官一名，提调官二名，监试官二名，考试官二名，同考试官六人，印卷官二名，收掌试卷官二名，受卷官二名，弥封官三名，誊录官四名，对读官四名，巡绰官四名，搜检官四名，供给官十五名。然后小字双行书写其字号、籍贯和科举经历。

三、考题

第一场。"四书"考题为："行夏之时，乘殷之辂，服周之冕，乐则韶舞。放郑声，远佞人。郑声淫，佞人殆""郊社之礼，所以事上帝也；宗庙之礼，所以祀乎其先也。明乎郊社之礼、禘尝之义，治国其如示诸掌乎""思诚者，人之道也"；"易"考题为："乾始，能以美利利天下，不言所利，大矣哉！大哉乾乎！刚健中正，纯粹精也""柔在内而刚得中，说而巽，孚乃化邦也""彖者，言乎象者也；爻者，言乎变者也""穷神知化，德之盛也"；"书"考题为："万邦黎献，共惟帝臣。惟帝时举""乃审厥象，俾以形旁求于天下。说筑傅岩之野，惟肖。爰立作相，王置

---
① 广西桂林图书馆、广西通志馆资料室编：《广西地方文献目录》（上册），第27页。

诸其左右""凡厥庶民,无有淫朋,人无有比德,惟皇作极""天维纯佑命,则商实百姓王人。罔不秉德明恤,小臣屏侯甸,矧咸奔走。惟兹惟德称。用乂厥辟。故一人有事于四方。若卜筮罔不是孚";"诗"考题为:"瞻彼淇奥,绿竹猗猗。有匪君子,如切如磋,如琢如磨。瑟兮僩兮,赫兮咺兮。有匪君子,终不可谖兮""其旂淠淠,鸾声嘒嘒。载骖载驷,君子所届""君子之车,既庶且多。君子之马,既闲且驰""寿考且宁,以保我后生";"春秋"考题为:"夏城中丘""夏四月辛巳,晋人及姜戎败秦于崤。春王二月甲子,晋侯及秦师战于彭衙,秦师败绩""夏楚人侵郑。冬楚子伐郑。楚人伐郑。楚子伐郑,晋郤缺帅师救郑""春,晋侯使韩穿来言汶阳之田,归之于齐";"礼记"考题为:"古者公田藉而不税,市廛而不税,关讥而不征,林麓川泽以时入而不禁""故天生时而地生财,人其父生而师教之,四者君以正用之""作者之谓圣,述者之谓明""是故圣人之制行也,不制以己,使民有所劝勉愧耻,以行其言。礼以节之,信以结之,容貌以文之,衣服以移之,朋友以极之,欲民之有一也"。

第二场。论:"圣人天地之用"。诏诰表内科一道:"拟汉戒二千石修职事诏""拟唐以张九龄为中书令诰""拟宗庙礼成群臣贺表"。判语五条:"出纳官物有违""致祭祀典神祇""悬带关防牌面""军民约会词讼""失时不修堤防"。

第三场。策五道(题名略)。

四、中式名单。按名次,依次登录中式者名次、姓名、生源地、科目等信息,如"第一名蒋时行,全州学生,春秋""第二名安钦,桂林府学增广生,易""第三名易贞元,临桂县学生,礼记",一共五十五名。

五、优异试卷选录。选录了蒋时行、安钦、易贞元等人的试卷,一共约二十篇。每篇题目下,注写考生姓名,每一篇试卷前都有考试官、同考试官"阅荐",正考官"批语"等字样。

六、副主考官河南河南府洛阳县儒学训导辛乐后序。

一册。

存。主要版本:(1)明嘉靖十六年(1537)刻本,宁波天一阁藏。(2)抄本。桂林图书馆藏,1975年桂林图书馆委托宁波天一阁据其所藏明嘉靖十六年刻本抄录。①

## 广西乡试录(明嘉靖二十八年) 明·官府编刊

《广西乡试录(明嘉靖二十八年)》。明嘉靖二十八年(1549)己酉科乡试,《广西地方文献目录》归入历史,《广西地方史志文献联合目录》归入教育理论。该乡试录包含以下六项内容。

一、主考官福建兴化府儒学教授詹珊序。

二、列考场在事职官衔名:监临官一名,提调官二名,监试官二名,考试官二名,同考试官六人,印卷官二名,收掌试卷官二名,受卷官四名,弥封官四名,誊录官四名,对读官四名,巡绰官四名,搜检官六名,供给官二十二名。然后小字双行书写其字号、籍贯和科举经历。

三、考题

第一场。"四书"考题为:"颜渊季路侍。子曰:'盍各言尔志?'子路曰:'愿车马、衣轻裘,与朋友共。敝之而无憾。'颜渊曰:'愿无伐善,无施劳。'子路曰:'愿闻子之志。'子曰:'老者安之,朋友信之,少者怀之。'""'上天之载,无声无臭',至矣""至于心,独无所同然乎?心之所同然者何也?谓理也,义也。圣

---

① 广西桂林图书馆、广西通志馆资料室编:《广西地方文献目录》(上册),第28页。

人先得我心之所同然耳"；"易"考题为："《彖》曰：大畜刚健，笃实辉光，日新其德""受兹介福，以中正也""易与天地准，故能弥纶天地之道""复，德之本也。恒，德之固也"；"书"考题为："帝曰：'咨！四岳，有能典朕三礼？'佥曰：'伯夷。'帝曰：'俞！咨，伯，汝作秩宗。夙夜惟寅，直哉惟清。'伯拜稽首，让于夔、龙。帝曰：'俞！往，钦哉！'""'其尔克绍乃辟于先王，永绥民'。说拜稽首曰：'敢对扬天子之休命。'""文王惟克厥宅心，乃克立兹常事司牧人，以克俊有德""不刚不柔，厥德允修"；"诗"考题为："四之日其蚤，献羔祭韭""乐具入奏，以绥后禄""昭兹来许，绳其祖武。于万斯年，受天之祜。受天之祜，四方来贺。于万斯年，不遐有佐""四海来假，来假祁祁。景员维河，殷受命咸宜，百禄是何"；"春秋"考题为："春齐人、陈人、曹人伐宋""秦人伐晋。晋侯伐秦""夏，齐人伐我北鄙。晋栾书帅师救郑。冬，公会晋侯、宋公、卫侯、曹伯、莒子、邾子、滕子、薛伯、杞伯、小邾子、齐世子光伐郑。十有二月己亥，同盟于戏""夏，公会齐侯于夹谷。公至自夹谷。齐人来归郓、讙、龟阴田。叔孙州仇帅师堕郈。季孙斯、仲孙何忌帅师堕费"；"礼记"考题为："礼也者，犹体也。体不备，君子谓之不成人。设之不当，犹不备也。体有大有小，有显有微。大者不可损，小者不可益，显者不可掩，微者不可大也。故经礼三百，曲礼三千，其致一也。未有入室而不由户者""是故情见而义立，乐终而德尊""忠臣以事其君，孝子以事其亲，其本一也""气如白虹，天也；精神见于山川，地也"。

第二场。论："君子修之吉"。诏诰表内科一道："拟汉劝学兴礼诏""拟唐以给事中马周为中书舍人诰""拟宋以孔宜为曲阜主簿奉孔子祀谢表"。判语五条："讲读律令""揽纳税粮""服舍违式""驿使稽程""修理仓库"。

第三场。策五道（题名略）。

四、中式名单。按名次，依次登录中式者名次、姓名、生源地、科目等信息，如"第一名张元举，古田县学生，易""第二名钟徕秀，全州附学生，春秋""第三名陶曾，郁林州学生，书"，一共五十五名。

五、优异试卷选录。选录了张元举、钟徕秀、陶曾等人的试卷，一共约二十篇。每篇题目下，注写考生姓名，每一篇试卷前都有考试官、同考试官"阅荐"，正考官"批语"等字样。

六、副主考官江西广信府铅山县儒学教谕高冈后序。

一卷。

存。主要版本有：（1）明嘉靖二十八年（1549）刻本。宁波天一阁藏。（2）抄本。桂林图书馆藏，1975年桂林图书馆委托宁波天一阁据其所藏明嘉靖二十八年刻本抄录。[1]

## 广西乡试录（明嘉靖四十年）　明·官府编刊

《广西乡试录（明嘉靖四十年）》。明嘉靖四十年（1561）辛酉科乡试，《广西地方文献目录》归入历史，《广西地方史志文献联合目录》归入教育理论。该乡试录包含以下六项内容。

一、主考官福建建宁府儒学教授李焕然序。

二、列考场在事职官衔名：监临官一名，提调官二名，监试官二名，考试官二名，同考试官六人，印卷官二名，收掌试卷官二名，受卷官四名，弥封官四名，誊录官五名，对读官五名，巡绰官四名，搜检官六名，供给官二十四名。然后小字双行书写其字号、籍贯和科举经历。

三、考题

---

[1] 广西桂林图书馆、广西通志馆资料室编：《广西地方文献目录》（上册），第28页。

第一场。"四书"考题为："言思忠,事思敬""舟车所至,人力所通,天之所覆,地之所载,日月所照,霜露所队,凡有血气者,莫不尊亲""若禹、皋陶,则见而知之";"易"题目为:"各正性命,保合太和""日月得天而能久照,四时变化而能久成,圣人久于其道而天下化成,观其所恒,而天地万物之情可见矣""夫易,圣人之所以极深而研几也。唯深也,故能通天下之志;唯几也,故能成天下之务;唯神也,故不疾而速,不行而至。子曰'《易》有圣人之道四焉'者,此之谓也""《履》和而至,《谦》尊而光";"书"考题为:"濬哲文明,温恭允塞""三百里揆文教,二百里奋武卫""乂用明,俊民用章""亦越成汤陟,丕厘上帝之耿命,乃用三有宅,克即宅,曰三有俊,克即俊。严惟丕式,克用三宅三俊。其在商邑,用协于厥邑;其在四方,用丕式见德";"诗"考题为:"三之日于耜,四之日举趾。同我妇子,馌彼南亩,田畯至喜""民之质矣,日用饮食。群黎百姓,遍为尔德""萋萋萋萋,雍雍喈喈。君子之车,既庶且多。君子之马,既闲且驰""贻我来牟,帝命率育";"春秋"考题为:"齐侯来献戎捷""楚人侵郑。楚子伐郑。晋栾书帅师救郑,遂灭偪阳""晋荀吴帅师败狄于大卤";"礼记"考题为:"处其所存,礼之序也。玩其所乐,民之治也""珪璋特,琥璜爵""著不息者,天也。著不动者,地也。一动一静者,天地之间也""君子服其服,则文以君子之容;有其容,则文以君子之辞;遂其辞,则实以君子之德"。

第二场。论:"圣人与天地同用"。诏诰表内科一道:"拟汉定振穷养老之令诏""拟唐加左仆射房玄龄太子少师诰""拟宋五星聚奎群臣贺表"。判语五条:"官员赴任过限""人户以籍为定""致祭祀典神祇""军民约会词讼""修理桥梁道路"。

第三场。策五道(题名略)。

四、中式名单。按名次，依次登录中式者名次、姓名、生源地、科目等信息，如"第一名马千乘，全州学生，诗""第二名徐与久，桂林府学生，易""第三名张延熙，桂林府学生，春秋"，一共五十五名。

五、优异试卷选录。选录了马千乘、徐与久、张延熙等人的试卷，一共约二十篇。每篇题目下，注写考生姓名，每一篇试卷前都有考试官、同考试官"阅荐"，正考官"批语"等字样。

六、副主考官直隶苏州府昆山县儒学教谕吴敦本后序。

一卷。

存。主要版本有：(1)明嘉靖四十年（1561）刻本。宁波天一阁藏。(2)抄本。桂林图书馆藏，1975年桂林图书馆委托宁波天一阁据其所藏明嘉靖四十年刻本抄录。①

## 广西乡试录（明嘉靖四十三年） 明·官府编刊

《广西乡试录（明嘉靖四十三年）》。明嘉靖四十三年（1564）甲子科乡试，《广西地方文献目录》归入历史，《广西地方史志文献联合目录》归入教育理论。该乡试录包含以下六项内容。

一、主考官浙江绍兴府儒学教授刘衮序。

二、列考场在事职官衔名：监临官一名，提调官二名，监试官二名，考试官二名，同考试官六人，印卷官二名，收掌试卷官二名，受卷官四名，弥封官五名，誊录官五名，对读官六名，巡绰官四名，搜检官六名，供给官二十四名。然后小字双行书写其字号、籍贯和科举经历。

---

① 广西桂林图书馆、广西通志馆资料室编：《广西地方文献目录》（上册），第28页。

三、考题

第一场。"四书"考题为:"如或知尔,则何以哉""可以赞天地之化育,则可以与天地参矣""欲为臣尽臣道";"易"题目为:"圣人以神道设教,而天下服矣""允升大吉,上合志也""是兴神物以前民用。圣人以此斋戒,以神明其德夫""百官以治,万民以察";"书"考题为:"皇天眷命,奄有四海,为天下君""山川鬼神,亦莫不宁,暨鸟兽鱼鳖咸若""会其有极,归其有极。曰皇极之敷言,是彝是训,于帝其训。凡厥庶民极之敷言,是训是行,以近天子之光""推贤让能,庶官乃和";"诗"考题为:"称彼兕觥,万寿无疆""征伐猃狁,荆蛮来威""倬彼云汉,为章于天。周王寿考,遐不作人?追琢其章,金玉其相。勉勉我王,纲纪四方""怀柔百神,及河乔岳";"春秋"考题为:"秋九月,齐侯、宋公、江人、黄人盟于贯""九月,晋侯、宋公、卫侯、郑伯、曹伯会于扈。晋荀林父帅师伐陈""秋七月,齐侯使国佐如师。己酉,及国佐盟于袁娄。夏,公会齐侯于夹谷。公至自夹谷。齐人来归郓、讙、龟阴田""夏、叔孙豹会晋赵武、楚屈建、蔡公孙归生、卫石恶、陈孔奂、郑良霄、许人、曹人于宋。叔孙豹会晋赵武、楚公子围、齐国弱、宋向戌、卫齐恶、陈公子招、蔡公孙归生、郑罕虎、许人、曹人于虢";"礼记"考题为:"黍曰芗合,梁曰芗萁,稷曰明粢,稻曰嘉蔬""礼乐皆得,谓之有德,德者,得也""事君,先资其言,拜自献其身,以成其信""温良者,仁之本也;敬慎者,仁之地也;宽裕者,仁之作也;孙接者,仁之能也;礼节者,仁之貌也;言谈者,仁之文也;歌乐者,仁之和也;分散者,仁之施也。儒皆兼此而有之,犹且不敢言仁也,其尊让有如此者"。

第二场。论:"圣神继天立极"。诏诰表内科一道:"拟汉开藉田诏""拟唐以左光禄大夫陈叔达为礼部尚书诰""拟宋以文彦博富弼平章事翰林学士欧阳修贺表"。判语五条:"官员袭荫""别籍异财""禁止迎送""擅调官军""带造段匹"。

第三场。策五道(题名略)。

四、中式名单。按名次,依次登录中式者名次、姓名、生源地、科目等信息,如"第一名邓全策,全州学生,易""第二名马希燧,贺县学生,书""第三名周希尹,庆远府学生,诗",一共五十五名。

五、优异试卷选录。选录了邓全策、马希燧、周希尹等人的试卷,一共约二十篇。每篇题目下,注写考生姓名,每一篇试卷前都有考试官、同考试官"阅荐",正考官"批语"等字样。

六、副主考官湖广武昌儒学教授韩以孚后序。

一卷。

存。主要版本有:(1)明嘉靖四十三年(1564)刻本。宁波天一阁藏。(2)抄本。桂林图书馆藏,1975年桂林图书馆委托宁波天一阁据其所藏明嘉靖四十三年刻本抄录。①

## 广西乡试录(明隆庆四年) 明·官府编刊

《广西乡试录(明隆庆四年)》。明隆庆四年(1570)庚午科乡试,《广西地方文献目录》归入历史,《广西地方史志文献联合目录》归入教育理论。该乡试录包含以下六项内容。

一、主考官江西赣州府儒学教授王燧序。

二、列考场在事职官衔名:监临官一名,提调官二名,监试官二名,考试官二名,同考试官五人,印卷官二名,收掌试卷官三名,受卷官五名,弥封官五名,誊录官五名,对读官五名,巡绰官四名,搜检官六名,供给官二十七名。然后小字双行书写其

---

① 广西桂林图书馆、广西通志馆资料室编:《广西地方文献目录》(上册),第28页。

字号、籍贯和科举经历。

三、考题

第一场。"四书"考题为："举直错诸枉，能使枉者直。樊迟退，见子夏曰：'乡也吾见于夫子而问知，子曰："举直错诸枉，能使枉者直。"何谓也？'子夏曰：'富哉言乎。'""诚则明矣，明则诚矣""思天下之民，匹夫匹妇有不被尧舜之泽者，若已推而内之沟中，其自任以天下之重如此"；"易"考题为："《象》曰：'曰地中有水，师。君子以容民畜众。'""安节之亨，承上道也""唯几也，故能成天下之务""离也者明也，万物皆相见，南方之卦也。圣人南面而听天下，向明而治，盖取诸此也"；"书"考题为："帝曰：'咨！汝二十有二人，钦哉！惟时亮天功。'""九州攸同，四隩既宅，九山刊旅，九川涤源，九泽既陂，四海会同，六府孔修。庶土交正，底慎财赋。咸则三壤，成赋中邦""一曰貌，二曰言，三曰视，四曰听，五曰思""先知稼穑之艰难，乃逸，则知小人之依"；"诗"考题为："九月肃霜，十月涤场，朋酒斯飨""夜如何其？夜乡晨，庭燎有辉。君子至止，言观其旂""经营四方，告成于王""思文后稷，克配彼天。立我烝民，莫匪尔极。贻我来牟，帝命率育。无此疆尔界，陈常于时夏"；"春秋"考题为："冬十有二月，齐侯、郑伯盟于石门""遂伐楚。十有一月壬戌，晋侯及秦伯战于韩。获晋侯""卫人救陈。公会晋侯、宋公、卫侯、曹伯、齐世子光、莒子、邾子、滕子、薛伯、杞伯、小邾子伐郑。会于萧鱼""春，王正月，季孙宿、叔老会晋士匄、齐人、宋人、卫人、郑公孙虿、曹人、莒人、邾人、滕人、薛人、杞人、小邾人会吴于向"；"礼记"考题为："'虞夏商周，有师、保，有疑、丞。设四辅及三公，不必备，唯其人'。语使能也""礼乐偩天地之情，达神明之德，降兴上下之神，而凝是精粗之体，领父子君臣之节。是故大人举礼乐，则天地将为昭焉""百官得其宜，万事得其序""天地四方者，男子之所有事也。故必先有志于其所有事，然后敢用谷也"。

第二场。论："为天下国家有九经"。诏诰表内科一道："拟汉议赈贷及养老诏""拟唐以韩休为黄门侍郎同平章事诰""拟宋宣抚使狄青平广南群臣贺表"。判语五条："官吏给由""荒芜田地""禁止迎送""优恤军属""修理仓库"。

第三场。策五道（题名略）。

四、中式名单。按名次，依次登录中式者名次、姓名、生源地、科目等信息，如"第一名洪敷诰，临桂县学生，易""第二名彭启忠，南宁府学生，诗""第三名史著勋，桂林府学增广生，书"，一共五十五名。

五、优异试卷选录。选录了洪敷诰、彭启忠、史著勋等人的试卷，一共约二十篇。每篇题目下，注写考生姓名，每一篇试卷前都有考试官、同考试官"阅荐"，正考官"批语"等字样。

六、副主考官浙江温州府乐清县儒学教谕陈冠后序。

一卷。

存。主要版本有：（1）明隆庆四年（1570）刻本。宁波天一阁藏。（2）抄本。桂林图书馆藏，1975年桂林图书馆委托宁波天一阁据其所藏明隆庆四年（1570）刻本抄录。①

## 广西乡试录（明万历元年） 明·官府编刊

《广西乡试录（明万历元年）》。明万历元年（1573）癸酉科乡试，《广西地方史志文献联合目录》归入教育理论。该乡试录包含以下六项内容。

---

① 广西桂林图书馆、广西通志馆资料室编：《广西地方文献目录》（上册），第28页。

一、主考官湖广承天府儒学教授朱洛序。

二、列考场在事职官衔名：监临官一名，提调官二名，监试官二名，考试官二名，同考试官二人，印卷官二名，收掌试卷官二名，受卷官四名，弥封官六名，誊录官五名，对读官五名，巡绰官四名，搜检官六名，供给官二十五名。然后小字双行书写其字号、籍贯和科举经历。

三、考题

第一场。"四书"考题为："子曰：'志于道，据于德，依于仁，游于艺。'""修身则道立，尊贤则不惑""孟子曰：'禹恶旨酒而好善言。汤执中，立贤无方。文王视民如伤，望道而未之见。武王不泄迩，不忘远。周公思兼三王，以施四事；其有不合者，抑而思之，夜以继日；幸而得之，坐以待旦。'"；"易"考题为："厥孚交如，信以发志也""晋康侯用锡马蕃庶，昼日三接""万有一千五百二十""天地之道，贞观者也；日月之道，贞明者也；天下之动，贞夫一者也。夫乾，确然示人易矣；夫坤，隤然示人简矣。爻也者，效此者也；象也者，像此者也"；"书"考题为："明四目，达四聪""惟学逊志，务时敏，厥修乃来。允怀于兹，道积于厥躬。惟教学半，念终始典于学，厥德修罔觉。监于先王成宪，其永无愆""时人斯其惟皇之极""迪知忱恂于九德之行。乃敢告教厥后曰：拜手稽首后矣。曰：宅乃事，宅乃牧，宅乃准，兹惟后矣"；"诗"考题为："七月在野，八月在宇，九月在户""鹤鸣于九皋，声闻于天。鱼在于渚，或潜在渊。乐彼之园，爰有树檀，其下维谷。它山之石，可以攻玉""威仪抑抑，德音秩秩。无怨无恶，率由群匹。受福无疆，四方之纲""仪式刑文王之典，日靖四方"；"春秋"考题为："夏，齐侯、卫侯胥命于蒲。公会晋侯、宋公、卫侯、曹伯、齐世子光、莒子、邾子、滕子、薛伯、杞伯、小邾子伐郑。会于萧鱼""秋，公会宋人、齐人，伐徐""晋栾书师师救郑。夏五月甲午遂灭偪阳""齐人来归郓、谨、龟阴田"；"礼记"考题为："天子布德行惠""五行、四时、十二月，还相为本也。五声、六律、十二管，还相为宫也。五味、六和、十二食，还相为质也。五色、六章、十二衣，还相为质也。故人者，天地之心也，五行之端也，食味、别声、被色而生者也""礼者，殊事合敬者也；乐者，兴文合爱者也""迩臣守和，宰正百官，大臣虑四方"。

第二场。论："为圣本由学而成"。诏诰表内科一道："拟汉却千里马诏""拟唐以张九龄为中书令诰""拟以薛瑄为礼部侍郎兼翰林院学士直文渊阁谢表"。判语五条："官吏给由""功臣田土""服舍违式""飞报军情""修理仓库"。

第三场。策五道（题名略）。

四、中式名单。按名次，依次登录中式者名次、姓名、生源地、科目等信息，如"第一名徐尚实，永宁州学生，春秋""第二名莫与高，柳州府学生，诗""第三名刘业成，太平府学生，书"，一共五十五名。

五、优异试卷选录。选录了徐尚实、莫与高、刘业成等人的试卷，一共约二十篇。每篇题目下，注写考生姓名，每一篇试卷前都有考试官、同考试官"阅荐"，正考官"批语"等字样。

六、副主考官浙江温州府乐清县儒学教谕陈冠后序。

一卷。

存。主要版本有：（1）明万历元年（1573）刻本。宁波天一阁藏。（2）抄本。桂林图书馆藏，1975年桂林图书馆委托宁波天一阁据其所藏明万历元年刻本抄录。①

---

① 广西桂林图书馆、广西通志馆资料室编：《广西地方文献目录》（上册），第28页。

## 广西乡试录（明万历四年） 明·官府编刊

《广西乡试录（明万历四年）》。明万历四年（1576）丙子科乡试，《广西地方史志文献联合目录》归入教育理论。该乡试录包含以下六项内容。

一、主考官福建兴化府儒学教授李之达序。

二、列考场在事职官衔名：监临官一名，提调官二名，监试官二名，考试官二名，同考试官五人，印卷官二名，收掌试卷官二名，受卷官五名，弥封官五名，誊录官五名，对读官五名，巡绰官四名，搜检官六名，供给官二十六名。然后小字双行书写其字号、籍贯和科举经历。

三、考题

第一场。"四书"考题为："'夫子圣者与？何其多能也？'子贡曰：'固天纵之将圣，又多能也。'子闻之，曰：'太宰知我乎？吾少也贱，故多能鄙事。君子多乎哉？不多也。'""郊社之礼，所以事上帝也""圣人，人伦之至也。欲为君尽君道，欲为臣尽臣道。二者皆法尧、舜而已矣"；"易"考题为："大有，柔得尊位，大中而上下应之，曰大有。其德刚健而文明，应乎天而时行，是以元亨""九二，贞吉。《象》曰：九二贞吉，以中也""夫乾，其静也专，其动也直，是以大生焉。夫坤，其静也翕，其动也辟，是以广生焉。广大配天地""临观之义，或与或求"；"书"考题为："文命敷于四海，祗承于帝。曰：'后克艰厥后，臣克艰厥臣，政乃乂，黎民敏德。'""终始慎厥与，惟明明后""其尔典常作之师""一人有庆，兆民赖之，其宁惟永"；"诗"考题为："羔羊之皮，素丝五紽。退食自公，委蛇委蛇""禾易长亩，终善且有。曾孙不怒，农夫克敏。曾孙之稼，如茨如梁。曾孙之庾，如坻如京。乃求千斯仓，乃求万斯箱。黍稷稻粱，农夫之庆""之纲之纪，燕及朋友。百辟卿士，媚于天子。不解于位，民之攸墍""绍庭上下，陟降厥家"；"春秋"考题为："晋人败狄于箕。十有二月乙丑，季孙行父及晋郤犨盟于扈""宋人、齐人、楚人盟于鹿上""三月，公会齐侯、宋公、陈侯、卫侯、郑伯、许男、曹伯盟于牡丘。遂次于匡。公孙敖帅师及诸侯之大夫救徐。六月，公会单子、晋侯、宋公、卫侯、郑伯、莒子、邾子、齐世子光。己未，同盟于鸡泽。陈侯使袁侨如会。戊寅，叔孙豹及诸侯之大夫及陈袁侨盟""八月，晋荀吴帅师灭陆浑之戎"；"礼记"考题为："天子乃命将帅，选士厉兵，简练桀俊，专任有功，以征不义，诘诛暴慢，以明好恶，顺彼远方""故自郊社、祖庙、山川、五祀，义之修而礼之藏也""乐者敦和，率神而从天；礼者别宜，居鬼而从地。故圣人作乐以应天，制礼以配地。礼乐明备，天地官矣""臣下竭力尽能以立功于国，君必报之以爵禄。故臣下皆务竭力尽能以立功，是以国安而君宁"。

第二场。论："正心为天下万事之本"。诏诰表内科一道："拟汉赐天下今年田租之半诏""拟唐以李靖等为黜陟大使分行天下诰""拟辅臣疏内外文武臣工职名于屏风恭进御览表"。判语五条："官员赴任过限""丁夫差遣不平""禁止师巫邪术""边境申索军需""失时不修堤防"。

第三场。策五道（题名略）。

四、中式名单。按名次，依次登录中式者名次、姓名、生源地、科目等信息，如"第一名金辉汉，马平县学生，书""第二名陈贵科，马平县监生，诗""第三名孙梦熊，藤县学生，易"，一共五十五名。

五、优异试卷选录。选录了金辉汉、陈贵科、孙梦熊等人的试卷，一共约二十篇。每篇题目下，注写考生姓名，每一篇试卷前都有考试官、同考试官"阅荐",正考官"批语"等字样。

六、副主考官浙江绍兴府上虞县儒学教谕朱信亮后序。

一卷。

存。主要版本有：（1）明万历四年（1576）刻本。宁波天一阁藏。（2）抄本。桂林图书馆藏，1975年桂林图书馆委托宁波天一阁据其所藏明万历四年刻本抄录。①

## 广西乡试录（明万历七年） 明·官府编刊

《广西乡试录（明万历七年）》。明万历七年（1579）己卯科乡试，《广西地方文献目录》归入历史，《广西地方史志文献联合目录》归入教育理论。该乡试录包含以下六项内容。

一、主考官福建福州府福清县儒学教谕尹礼继序。

二、列考场在事职官衔名：监临官一名，提调官二名，监试官二名，考试官二名，同考试官五人，印卷官二名，收掌试卷官二名，受卷官五名，弥封官五名，誊录官六名，对读官六名，巡绰官四名，搜检官六名，供给官二十九名。然后小字双行书写其字号、籍贯和科举经历。

三、考题

第一场。"四书"考题为："'居敬而行简，以临其民，不亦可乎？居简而行简，无乃大简乎？'子曰：'雍之言然。'""唯天下至诚，为能经纶天下之大经""日月有明，容光必照焉"；"易"考题为："君子进德修业。忠信，所以进德也；修辞立其诚，所以居业也。知至至之，可与几也；知终终之，可与存义也""说而巽，孚乃化邦也""然则圣人之意其不可见乎。子曰：'圣人立

---

① 广西桂林图书馆、广西通志馆资料室编：《广西地方文献目录》（上册），第28页。

象以尽意，设卦以尽情伪，系辞焉以尽其言，变而通之以尽利，鼓之舞之以尽神。'乾坤，其《易》之蕴耶？乾坤成列，而《易》立乎其中矣""《大有》众也，《同人》亲也"；"书"考题为："'臣哉邻哉！邻哉臣哉！'禹曰：'俞！'帝曰：'臣作朕股肱耳目。'""王忱不艰，允协于先王成德""其汝克敬德，明我俊民""泽润生民。四夷左衽，罔不咸赖"；"诗"考题为："坎坎伐檀兮，置之河之干兮，河水清且涟猗""俾尔多益，以莫不庶""思齐大任，文王之母。思媚周姜，京室之妇。大姒嗣徽音，则百斯男""王厘尔成，来咨来茹。嗟嗟保介，维莫之春。亦又何求？如何新畬？于皇来牟，将受厥明。明昭上帝，迄用康年。命我众人，痔①乃钱镈，奄观铚艾"；"春秋"考题为："祭公来，遂逆王后于纪。春，纪季姜归于京师""冬，楚子使椒来聘""楚执郑行人良宵。夏，楚子、蔡侯、陈侯、郑伯、许男、徐子、滕子、顿子、胡子、沈子、小邾子、宋世子佐、淮夷会于申""秋、晋荀吴帅师伐鲜虞"；"礼记"考题为："是故礼者，君之大柄也""近者说服而远者怀之，此大学之道也""修身及家，平均天下，此古乐之发也""子民如父母，有憯怛之爱，有忠利之教。亲而尊，安而敬，威而爱，富而有礼，惠而能散。其君子尊仁畏义，耻费轻实，忠而不犯，义而顺，文而静，宽而有辨。《甫刑》曰：'德威惟威，德明惟明。'非虞帝其孰能如此乎"。

第二场。论："辅助德业而致太平"。诏诰表内科一道："拟汉举贤良文学诏""拟唐以裴度为中书侍郎同平章事诰""拟宋龙图阁学士孙奭进无逸图表"。判语五条："举用有过官吏""钱粮互相觉察""致祭祀典神祇""纵放军人歇役""修理桥梁道路"。

---

① 按：刘沅《十三经恒解》、牛运震《诗志》、马骕《绎史》等作"痔"；而陆德明《毛诗传笺》、阮元《十三经注疏》、阎若璩《尚书古文疏证》、王鸣盛《尚书后案》等皆作"庤"。

第三场。策五道（题名略）。

四、中式名单。按名次，依次登录中式者名次、姓名、生源地、科目等信息，如"第一名王应泰，马平县学生，诗""第二名文立本，全州县附生，易""第三名刘延祚，桂林府学生，书"，一共五十五名。

五、优异试卷选录。选录了王应泰、文立本、刘延祚等人的试卷，一共约二十篇。每篇题目下，注写考生姓名，每一篇试卷前都有考试官、同考试官"阅荐"，正考官"批语"等字样。

六、副主考官江西吉安府庐陵县儒学教谕陈志颐后序。

一卷。

存。主要版本有：（1）明万历七年（1579）刻本。宁波天一阁藏。（2）抄本。桂林图书馆藏，1975年桂林图书馆委托宁波天一阁据其所藏明万历七年刻本抄录。①

## 广西乡试录（明万历十年）  明·官府编刊

《广西乡试录（明万历十年）》。万历十年（1582）壬午科乡试，《广西地方文献目录》归入历史，《广西地方史志文献联合目录》归入教育理论。该乡试录包含以下六项内容：

一、主考官江西赣州府兴国县儒学教谕汪敬修序。

二、列考场在事职官衔名：监临官一名，提调官二名，监试官二名，考试官二名，同考试官六人，印卷官二名，收掌试卷官二名，受卷官五名，弥封官五名，誊录官六名，对读官六名，巡绰官四名，搜检官六名，供给官二十三名。然后小字双行书写其字号、籍贯和科举经历。

---

① 广西桂林图书馆、广西通志馆资料室编：《广西地方文献目录》（上册），第28页。

三、考题

第一场。"四书"考题为:"子曰:'辞达而已矣'""修道之谓教。道也者,不可须臾离也""舜何人也?予何人也?有为者亦若是";"易"考题为:"圣人养贤以及万民""九二之孚,有喜也""言行,君子之所以动天地也,可不慎乎""昔者圣人之作《易》也,将以顺性命之理,是以立天之道曰阴与阳,立地之道曰柔与刚,立人之道曰仁与义,兼三才而两之,故《易》六画而成卦。分阴分阳,迭用柔刚,故《易》六位而成章";"书"考题为:"有能奋庸熙帝之载,使宅百揆,亮采惠畴""非天私我有商,惟天佑于一德。非商求于下民,惟民归于一德。德惟一,动罔不吉""岁月日时无易,百谷用成""惟公克成厥终";"诗"考题为:"我稼既同,上入执宫功。昼尔于茅,宵尔索绹。亟其乘屋,其始播百谷。二之日凿冰冲冲,三之日纳于凌阴,四之日其蚤,献羔祭韭""鹤鸣于九皋,声闻于天""受禄于天。保右命之,自天申之。干禄百福,子孙千亿。穆穆皇皇,宜君宜王""成王不敢康,夙夜基命宥密";"春秋"考题为:"夏,单伯会伐宋""次于陉。楚屈完来盟于师,盟于召陵""楚公子婴齐帅师伐莒。秋,楚公子壬夫帅师侵宋""五月,公及诸侯盟于皋鼬";"礼记"考题为:"凡为君使者,已受命,君言不宿于家""天子使其大夫为三监,监于方伯之国""《大章》,章之也""儒有内称不辟亲,外举不辟怨。程功积事,推贤而进达之;不望其报;君得其志。苟利国家,不求富贵。其举贤援能有如此者"。

第二场。论:"平天下之要道"。诏诰表内科一道:"拟汉赐天下田租之半诏""拟宋以文彦博富弼同平章事诰""拟吏部尚书兼翰林院学士李贤等进大明一统志表"。判语五条:"讲读律令""市司评物价""私越冒度关津""闻有恩赦而故犯""有司官吏不住公廨"。

第三场。策五道（题名略）。

四、中式名单。按名次，依次登录中式者名次、姓名、生源地、科目等信息，如"第一名覃汝试，兴业县学生，书""第二名陶明礼，平乐府学生，礼记""第三名刘祖尧，临桂县学生，易"，一共五十五名。

五、优异试卷选录。选录了覃汝试、陶明礼、刘祖尧等人的试卷，一共约二十篇。每篇题目下，注写考生姓名，每一篇试卷前都有考试官、同考试官"阅荐"，正考官"批语"等字样。

六、副主考官江西抚州府乐安县儒学教谕贾宗正后序。

一卷。

存。主要版本有：(1) 明万历十年（1582）刻本。宁波天一阁藏。(2) 抄本。桂林图书馆藏，1975 年桂林图书馆委托宁波天一阁据其所藏明万历十年刻本抄录。[1]

## 广西乡试录（清嘉庆二十一年）
### 清·程祖洛编刊

程祖洛（？—1848），字问源，号梓庭，安徽歙县人。嘉庆四年（1799）进士，二十一年充广西乡试正考官。嘉庆二十四年擢内阁学士，旋授江西按察使，迁湖南布政使，调山东布政使。道光元年（1821）任山东布政使，二年擢陕西巡抚，调任河南巡抚。道光十二年升任闽浙总督。道光十七年年署工部侍郎，旋调河南巡抚。道光二十六年父丧，归，引疾不出，道光二十八年病逝于歙县，谥简敬。

《广西乡试录（清嘉庆二十一年）》。程祖洛嘉庆二十一年

---

[1] 广西桂林图书馆、广西通志馆资料室编：《广西地方文献目录》（上册），第 29 页。

（1816）任广西乡试正考官，主持编撰《广西乡试录》。本书是清嘉庆廿一年丙子科广西乡试的有关资料汇编，分四个部分：1. 介绍各个事务官名字职责、原官职、姓名。2. 考题。第一场四书题，第二场五经题，第三场策问题。3. 中式正、副榜举人名录，举人四十五名，副榜举人九名。每人记录其名次、姓名、年龄、籍贯、学籍等信息。4. 收正举人第一名覃武保、第二名周启运诗文等十五篇，每篇旁有考官点评文字。①《广西文献名录》《广西地方文献目录》《广西地方史志文献联合目录》等著录。

一册。

存。桂林图书馆有藏。

## 广西乡试录（清光绪十四年）

清·官府编刊

《广西乡试录（清光绪十四年）》。本书是清光绪十四年（1888）戊子科广西乡试有关资料的汇编，分五个部分：1. 前有王祖光同治十年（1871）的序，后有崔永安的序。2. 介绍各个事务官名字职责、原官职、姓名。3. 考题。第一场四书、诗题。四书题：《先之劳之请益曰无倦》《诗云鸢飞戾天鱼跃于渊言其上下察也》《有安社稷臣者以安社稷为悦者也》；诗：《赋得满庭明月桂花秋得秋字五言八韵》。第二场五经题。《易》题：《九三劳谦君子有终吉》；《书》题：《无教逸欲有邦兢兢业业一日二日万机》；《诗》题：《饁彼南亩田畯至喜攘其左右尝其旨否》；《春秋》题：《公会齐侯纪侯盟于黄》；《礼》题：《儒有不宝金玉而忠信以为宝》。第三场策问题。4. 分为正榜和副榜，正榜五十一人，副

---

① 参阅广西壮族自治区图书馆、广西壮族自治区桂林图书馆编：《广西文献名录》，第253页。

榜九人，凡六十人。中式人名单，包含名次、姓名、年龄、籍贯身份等信息。① 5. 优秀试卷录，每一篇选文前还有考官评点之语。《广西地方史志文献联合目录》归入教育理论。《广西文献名录》《广西地方文献目录》《广西地方史志文献联合目录》等著录。

一册。

存。桂林图书馆有藏，线装。

## 广西闱墨（清道光十一年恩科）

清·礼部编刊

《广西闱墨（清道光十一年恩科）》。"闱"，明清科举时的考试院。据《清会典事例·礼部·贡举》规定：每届乡试、会试的试卷，统一由礼部选定录取的文章，编刻成书，名为"闱墨"。本书汇辑清道光十一年（1831）辛卯恩科考试卷。收录《康诰曰作新民》《恶不仁者其为仁矣》《若曾子则可谓养志也事新若曾子者可也》《赋得生才作霖雨》（得才字吾言八韵诗）等试题。选录第一名朱琦、第十二名侯用锡等人卷子约二十五篇，文中佳词妙句、精彩出众之处，旁边皆有小黑圈加以标注，文章末尾有考官的点评。②《广西地方文献目录》《广西文献名录》等有著录。

一册。

存。桂林图书馆藏，线装。

---

① 广西壮族自治区图书馆、广西壮族自治区桂林图书馆编：《广西文献名录》，第253页。
② 广西壮族自治区图书馆、广西壮族自治区桂林图书馆编：《广西文献名录》，第246页。

## 广西闱墨（清道光十二年）
清·礼部编刊

《广西闱墨（清道光十二年）》。本书为道光十二年（1832）壬辰补行辛卯正科的闱墨。正文收录李肇元、陆上云、曾克敬、蒋瑾、黎启平、白梦蟾、黄鹏奋、陈其昌、朱机、廖鼎声、陈应无、潘汝为、阳荫柽、方真临、钟霞、郭耀琳、韦祖笃、张卓猷、罗皋飚等人文。壬辰补行辛卯科闱墨之后，又附有道光二十六年（1846）丙午科闱墨，收录苏尔均、梁诏堂、苏时学、吴裕渊、秦镇藩、唐作砺、黄湛昌、龙起仙、郑庆华、萧绍荃、周维鉴等人文。[①] 文中佳词妙句、精彩出众之处，旁边皆有小黑圈加以标注，文章末尾有考官的点评。《广西文献名录》《广西地方文献目录》《广西地方史志文献联合目录》等著录。

一册。

存。桂林图书馆藏，线装。

## 广西闱墨（清同治元年） 清·礼部编刊

《广西闱墨（清同治元年）》。本书汇辑同治元年（1862）壬戌恩科及补行戊午科试卷。书中先收录第四房吴兰芳等人的试文拟作若干篇，后附有第七房杨征诗等人的评语。收录有第一名梁德显、第六十一名唐毓良等人的试卷约三十多篇。文中佳词妙

---

① 广西壮族自治区图书馆、广西壮族自治区桂林图书馆编：《广西文献名录》，第245页。

句、精彩出众之处，旁边皆有小黑圈加以标注。① 《广西地方文献目录》《广西文献名录》等有著录。

一册。

存。桂林图书馆藏，线装。

## 广西闱墨（清同治三年）　　清·礼部编刊

《广西闱墨（清同治三年）》。本书汇辑同治三年（1864）甲子科补行辛酉科试卷。先收录第二房柳成杰、第三房沈藻芳等人拟作的试文六篇，末附同僚赞美之词。收录有第一名于建草、第八十九名谢三聘等人的试卷约五十四篇。文中佳词妙句、精彩出众之处，旁边皆有小黑圈加以标注。② 《广西地方文献目录》《广西文献名录》等有著录。

一册。

存。桂林图书馆藏，线装。

## 广西闱墨（光绪十一年）　　清·礼部编刊

《广西闱墨（光绪十一年）》。本书汇辑清光绪十一年（1885）乙酉科试卷。书中收录第一名刘朋华、第十八名吕玮等人的卷子二十多篇，卷文中有注识小红圈，加以点评。③ 《广西地方文献目录》《广西文献名录》等有著录。

---

① 广西壮族自治区图书馆、广西壮族自治区桂林图书馆编：《广西文献名录》，第246页。
② 广西壮族自治区图书馆、广西壮族自治区桂林图书馆编，《广西文献名录》，第246页。
③ 广西壮族自治区图书馆、广西壮族自治区桂林图书馆编：《广西文献名录》，第246页。

一册。

存。桂林图书馆藏,线装。

## 广西闱墨（光绪十五年恩科） 清·礼部编刊

《广西闱墨（光绪十五年恩科）》。本书汇辑清光绪十五年（1889）己丑恩科试题和考试卷。收录试题《子曰质胜文则野文胜质则史文质彬彬然后君子》等十二题。前几篇收录监临马丕瑶拟作。所收录优秀试卷,文中佳词妙句、精彩出众之处,旁边皆有小黑圈加以标注,文章末尾有考官的点评。[①]《广西地方文献目录》《广西文献名录》等有著录。

一册。

存。桂林图书馆藏,线装。

## 广西闱墨（光绪十五年） 清·礼部编刊

《广西闱墨（光绪十五年）》。本书汇辑清光绪十五年（1889）己丑科的试题和考试卷。有提调沈康保、监试倪懋礼、对读官蔡希邻、巡绰官欧阳文静、巡捕洪杰、公堂巡捕唐振休拟作的《赋得八桂山川临鸟道》韵文六篇。收录考题《官盛任使所以劝大臣也》《傅说举于版筑之间》等。所选录的试卷文章约三十四篇,文中佳词妙句、精彩出众之处,旁边皆有小黑圈加以标注,文章末尾无考官的点评。[②]《广西地方文献目录》《广西文献

---

① 广西壮族自治区图书馆、广西壮族自治区桂林图书馆编:《广西文献名录》,第247页。
② 广西壮族自治区图书馆、广西壮族自治区桂林图书馆编:《广西文献名录》,第247页。

名录》等有著录。

一册。

存。桂林图书馆藏,线装。

## 广西闱墨(光绪二十年)　　清·礼部编刊

《广西闱墨(光绪二十年)》。本书汇辑清光绪二十年(1894)甲午科考试试卷。书中收录第一名谢宾树到第六十一名陈松等人的试卷共四十五篇。卷文前大部分注明名次、人名,后部分所录卷文、只注代号,目录有考官的评语。[①]《广西地方文献目录》《广西文献名录》等有著录。

一册。

存。桂林图书馆藏,线装。

## 广西闱墨(光绪二十三年)　　清·礼部编刊

《广西闱墨(光绪二十三年)》。本书汇辑清光绪二十三年(1897)丁酉科乡试卷,中式者十九人的文三十二篇、诗四首。本次乡试题目有三:《曰礼后乎》《质诸鬼神而无疑知天也》《孔子曰为此诗者其知道乎能治其国家谁敢侮之》等试题。第一名蔡桐昌、第九名崔绍林三篇文章入选,第二名到第十九名都各自有文章入选。最后还选了莫汝厌、雷廷瑛、蔡桐昌、陈树勋四人的五言八韵诗《赋得蝉声驿路秋山里》四首。[②]《广西地方文献目

---

[①] 广西壮族自治区图书馆、广西壮族自治区桂林图书馆编:《广西文献名录》,第245页。
[②] 广西壮族自治区图书馆、广西壮族自治区桂林图书馆编:《广西文献名录》,第246页。

录》《广西文献名录》等有著录。

一册。

存。广西壮族自治区图书馆藏,线装。

## 广西闱墨(清光绪二十七年)
清·礼部编刊

《广西闱墨(清光绪二十七年)》。本书汇辑清光绪二十七年(1901)辛丑科并补行庚子科试卷。书中收录第一名施献瓢、第九十五名徐培及副榜第一名苏斡昌等人的卷子大约四十九篇。卷文中有注识小红圈,加以点评。①《广西地方文献目录》《广西文献名录》等有著录。

一册。

存。桂林图书馆藏,线装。

## 广西闱墨(清光绪二十九年)
清·礼部编刊

《广西闱墨(清光绪二十九年)》。本书汇辑清光绪二十九年(1903)癸卯恩科考试试卷,载《东周七国五代十国形势异同论》等十三道试题。收录优秀试卷四十三篇,试卷下列名次,无人名,文后无考官的点评、评语。②《广西地方文献目录》《广西文献名录》等有著录。

---

① 广西壮族自治区图书馆、广西壮族自治区桂林图书馆编:《广西文献名录》,第245—246页。
② 广西壮族自治区图书馆、广西壮族自治区桂林图书馆编:《广西文献名录》,第245页。

一册。

存。桂林图书馆藏,线装。

## 广西乡试墨卷不分卷（光绪二十九年）
### 清·阳贞吉编刊

阳贞吉（1879—？），字建宏，广西桂林人，广西桂林府学廪膳生，光绪二十九年（1903）癸卯中乡试第十九名举人。

《广西乡试墨卷不分卷（光绪二十九年）》。光绪二十九年（1903）乡试墨卷，首载阳贞吉八世家谱、其所在的桂林府学各讲习唐景崧等三十余人的姓名，以及乡试各主考官对阳贞吉试卷的推荐、堂批，正文辑录了阳贞吉应试的论文《东周七国五代十国形势异同论》《汉高祖困于匈奴而宣帝时呼韩邪来朝唐高祖屈于突厥而太宗时颉利成擒论》《晋王导自比管仲魏崔洗自比张良论》等。① 《广西地方史志文献联合目录》归入教育理论。《广西文献名录》《广西地方文献目录》《广西地方史志文献联合目录》等著录。

一册。

存。桂林图书馆藏。

## 广西咸同光绪选优贡及岁贡卷
### 清·官府编刊

清代科举制度中有恩贡、拔贡、副贡、岁贡、优贡五种，总称五贡。五贡都是科举正途出身，另外还有捐纳取得的贡生，称

---

① 广西壮族自治区图书馆、广西壮族自治区桂林图书馆编：《广西文献名录》，第253—254页。

例贡。本书收录了从咸丰到光绪年间选拔贡、岁贡、优贡试卷六十二份。[①]《广西地方文献目录》《广西文献名录》等有著录。

一册。

存。桂林图书馆藏,线装。

---

[①] 广西壮族自治区图书馆、广西壮族自治区桂林图书馆编:《广西文献名录》,第249页。

# 结　论

广西儒学文献呈现出分布不平衡、注多论少、教化优先、散佚严重等特点。所谓分布不平衡，表现出明显的某时期某一地区特别突出的特点，如下表所示：

表一　广西儒学作品分时、分县表

| 地区 | 县名 | 汉 | 三国至两晋 | 南北朝 | 隋唐 | 宋 | 元 | 明 | 清 | 总数 |
|---|---|---|---|---|---|---|---|---|---|---|
| 桂林地区 | 桂林市 |  |  |  |  |  |  |  | 7 | 7 |
|  | 临桂 |  |  |  |  |  |  | 4 | 42 | 46 |
|  | 兴安 |  |  |  |  |  | 1 |  | 3 | 4 |
|  | 灵川 |  |  |  |  |  |  | 3 | 8 | 11 |
|  | 永宁 |  |  |  |  |  |  | 1 |  | 1 |
|  | 全州 |  |  |  |  |  |  | 8 | 21 | 29 |
|  | 灌阳 |  |  |  |  |  |  | 2 | 15 | 17 |
|  | 恭城 |  |  |  |  |  |  | 1 |  | 1 |

续 表

| 地区 | 县名 | 汉 | 三国至两晋 | 南北朝 | 隋唐 | 宋 | 元 | 明 | 清 | 总数 |
|---|---|---|---|---|---|---|---|---|---|---|
| 桂林地区 | 平乐 | | | | | | | | 3 | 3 |
| | 阳朔 | | | | | | | 4 | 3 | 7 |
| | 修仁（荔浦） | | | | | | | | 2 | 2 |
| | 永福 | | | | | | | 3 | 2 | 5 |
| | | | | | | | | | | 133 |
| 玉林地区 | 郁林 | | | | | | | | 25 | 25 |
| | 兴业 | | | | | | | 2 | 2 | 4 |
| | 容县 | | | | | | | | 11 | 11 |
| | 桂平 | | | | | | | 1 | 13 | 14 |
| | 平南 | | | | | | | | 1 | 1 |
| | 北流 | | | | | | | | 11 | 11 |
| | 博白 | | | | | | | | 6 | 6 |
| | 贵县 | | | | | | | | 14 | 14 |
| | 陆川 | | | | | | | 2 | 1 | 3 |
| | | | | | | | | | | 89 |
| 南宁地区 | 邕宁 | | | | | | | | 5 | 5 |
| | 武缘 | | | | | | | 2 | 11 | 13 |
| | 上林 | | | | | | | 2 | 7 | 9 |
| | 宾阳 | | | | | | | | 2 | 2 |
| | 永淳 | | | | | | | | 2 | 2 |
| | 崇善 | | | | | | | 1 | 2 | 3 |

## 续 表

| 地区 | 县 名 | 汉 | 三国至两晋 | 南北朝 | 隋唐 | 宋 | 元 | 明 | 清 | 总数 |
|---|---|---|---|---|---|---|---|---|---|---|
| 南宁地区 | 龙州 | | | | | | | | 1 | 1 |
| | 宣化 | | | | | | | 2 | 1 | 3 |
| | | | | | | | | | | 38 |
| 梧州地区 | 苍梧 | 3 | 3 | | | | | 6 | 2 | 14 |
| | 贺州 | | | | | 2 | | | | 2 |
| | 怀集 | | | | | | | 3 | 2 | 5 |
| | 岑溪 | | | | | | | 5 | | 5 |
| | 藤县 | | | | | 3 | | | 2 | 5 |
| | 昭平 | | | | | | | | 2 | 2 |
| | | | | | | | | | | 33 |
| 柳州地区 | 马平 | | | | | | | 12 | 1 | 13 |
| | 融县 | | | | | | | | 2 | 2 |
| | 象州 | | | | | | | 3 | 5 | 8 |
| | 迁江 | | | | | | | | 1 | 1 |
| | | | | | | | | | | 22 |
| 河池地区 | 忻城 | | | | | | | | 2 | 2 |
| | 罗城 | | | | | | | | 1 | 1 |
| | 宜山 | | | | | | | 1 | 4 | 5 |
| | | | | | | | | | | 8 |
| 钦州地区 | 合浦 | | | | | | | | 1 | 1 |
| | | | | | | | | | | 1 |

续 表

| 地区 | 县 名 | 汉 | 三国至两晋 | 南北朝 | 隋唐 | 宋 | 元 | 明 | 清 | 总数 |
|---|---|---|---|---|---|---|---|---|---|---|
| 崇左地区 | 万承 |  |  |  |  |  |  |  | 1 | 1 |
|  |  |  |  |  |  |  |  |  |  | 1 |
| 百色地区 | 百色 |  |  |  |  |  |  |  | 1 | 1 |
|  |  |  |  |  |  |  |  |  |  | 1 |
| 总计 |  | 3 | 3 |  | 5 | 1 | 63 | 251 | 326 |

注：外籍人士所著、无名氏所著以及官方所刻不在统计之列。

如上表所示，儒学在广西的发展与演变，呈现出明显的不平衡性。从地域分布看，梧州地区是广西儒学研究高地，但后继乏力，总共才三十三部作品；随着政治中心移至桂林，从宋至清以来桂林都是研究中心，一百三十三部著述之数差不多占了整个广西的一半；紧随其后的是玉林地区，有八十九部著述，表现出了足够的实力；南宁地区有三十八部作品，都集中在武缘、邕宁、上林这三个地方；柳州的儒学文献在明代成果丰硕，总共二十二部著述，十五部产生于明代，特别是马平一地，就有十三部作品，但清代就比较沉寂。广西的学术，开始于桂东的苍梧，从宋开始到元明，学术中心逐渐移到了以临桂、全州为中心的桂北一带，且有逐渐向桂南、桂西扩大之势。总之，儒学对当时广西社会的影响甚深，袁裒在《贺县学记》一文中就有精彩表述："孔子之道，天下万世所共仰者。师而事之，可以修政，可以立事，可以化民而成俗。故中州遐壤，岭海内外，莫不惟孔子之道是尊。"①

---

① 袁裒：《贺县学记》，见《粤西文载校点》卷二七，第297页。

从时间维度看，如果用百分比来表示的话，汉 0.9％，三国至晋 0.9％，南北朝至唐 0，宋 1.5％，元 0.4％，明 19.3％，清 77％，呈现出一条起伏不均衡的发展曲线。广西的儒学研究发轫于汉三陈的《春秋》研究，接续于三国士燮的《春秋》研究，起步较早，也是历史上的第一个活跃时期。但从魏晋南北朝开始，历经隋唐五代，在长达六七百年的时间里，没有被载录下来的儒学文献很多。两宋时期广西的儒学虽有所发展，但相对来说仍比较沉寂，元代归于衰落，仅有一部作品有载录。明代共录得七十五部作品，应该是儒学研究的第二个活跃期，这时在广西传播的儒学学术，不仅有程朱理学，还有王氏心学。广西儒学学术史上第一部理学专著《东溪日谈录》就诞生于此时，此书后被《四库全书》收载，流传至今。清代则呈现出一个陡增的状况，儒学著述的数量是明代的三倍还多，应该是广西儒学学术研究的第三个活跃期，也是广西儒学学术研究的峰值期、成果期。

广西的儒学研究表现出明显的家族性特点。梧州地区，在汉代仅有的三部儒学著述就是由陈钦、陈元父子所著，传承的是《左氏春秋》。南宁地区的武缘刘定逌，其始祖刘禄，江西省庐陵人，宋朝末年为邕州通判，宋亡，移居武鸣；曾祖刘士登，编写了《庭训三则》以立功立德为训；祖父刘世𤫊潜心训诂，于经传多所发明，著有《尚书讲义》《中庸讲义》；刘定逌著《论语讲义》《三难通解训言》《秀峰书院学规》《灵溪时文》，整个清代武缘有十三部作品，刘氏就占四部。玉林地区的苏氏家族，苏懿谐著述了十九部作品，苏宗经三部，苏献可一部，占整个玉林地区九十部作品的四分之一；还有容县的封氏家族，贡献了十二部作品。桂林地区的横山陈氏家族，陈宏谋、陈钟珂、陈兰森、陈继昌等著述不断，留下十三部作品，占清代临桂儒学著述的三分之一；全州的蒋氏、陈氏、谢氏几乎包揽了整个全州的著述，陈邦俣三部、陈宣一部、蒋启迪二部、谢济世四部、蒋励常三部、蒋伯琨二部、蒋良骐一部等。

广西三百八十篇儒学文献以内容性质分,则可分为儒经、儒史和儒论三个部分,其具体的分属情况见下表:

表二 广西儒学文献类别

| | 易类 | 书类 | 诗类 | 礼类 | 春秋类 | 孝经类 | 乐类 | 四书类 | 群经总义文献 |
|---|---|---|---|---|---|---|---|---|---|
| 儒经 | 32 | 7 | 6 | 11 | 11 | 4 | 4 | 32 | 18 |
| | 125 | | | | | | | | |

| | 理论思想类 | 政教文献类 | 礼制教化类 | 学规劝学类 | 课文制艺类 | 杂说杂考杂论类 |
|---|---|---|---|---|---|---|
| 儒论 | 31 | 29 | 64 | 21 | 17 | 7 |
| | 169 | | | | | |

| | 孔门史志类 | 孔庙典礼类 | 学术渊源类 | 名儒先贤传类 | 循良忠孝节义类 | 乡贤名宦类 | 科举试卷类 |
|---|---|---|---|---|---|---|---|
| 儒史 | 5 | 8 | 6 | 7 | 19 | 4 | 36 |
| | 85 | | | | | | |

从上表可知,广西的儒学研究以儒论为主,儒论又以人伦教化为中心展开讨论,具有浓厚教化倾向,如吕景蒙《定性发蒙》、龙启瑞《是君是臣录》、刘桂《牧民要略》、龙文光《观澜社约》、龚献谟《劝民歌》、汤应求《警心录》、黄金衔《治丽箴言》、何以尚《忠孝经便蒙诗训》、何廷翰《凤楼家训》、封昌熊《宦游贻训》、蓝芹《戒讼戒赌论》、蓝芳《敦宗睦族论》、无名氏《乡约条规》、曹学程《忠谏录》。或节要大儒名家之有关风俗人伦教化之书,如梁方图《家礼四训约要》,就是对朱子《家礼》的节要

编撰；或者辑要抄纂先贤大儒们的修身养性、人伦教化方面的名言；或者从二十四史、《资治通鉴》以及文集中辑要抄纂有关人伦教化的故实，如钟辉廷《儒士要言》、封培绪《圣功集》、欧阳永裿《仕镜编》、陈宏谋《五种遗规》、肃清香《训俗经言》、无名氏《乡贤录》等。这是因为在广西的儒学人物中，周琦、陈宏谋、刘定逌、蒋励常等都主张读书以穷理，以变化气质为学习目的，以成圣为做人的最高境界。陈宏谋在《评朱子白鹿洞书院揭示》中说："学也者，所学为人也。"① 那"为人"的标准是什么呢？拿陈宏谋的话就是："天下无伦外之人，故自无伦外之学。"② "无伦外之学"之"伦"即"伦理道德"，其主要内涵为忠、孝、仁、义。蒋励常强调"力学笃行""事事必求躬行实践，不为性命空谈"。③ 后人评价他："造士以德行为先，而文艺次之，刊朱子白鹿洞书院教条揭于讲堂，并序其所以立教之意于前，反复千余言。日与诸生讲学，未尝少倦。遇笃行单寒之士，资其衣食，使其肄业。删辑九经注疏，集前贤言行，依《论语》弟子章分句，类比为《养蒙编》，并著《类藻》《摘艳》等书。"④ 赵润生强调说："读书必须明体达用，作事不可急功近名。"⑤ 他所谓的"体"即中学、西学，"总求有体有用。中学西学固宜旁搜博采，又要独具眼力，择善而从，不善而改……你学西文西语，既得端倪，即宜温习，久之自能入妙……算学亦关实用，宜择师考究，不可安于不知"。⑥ 清末，面对衰微的国势，许多有识之士纷纷提出自己的振兴主张，有主张全盘西化者，有主张"中学为

---

① 陈宏谋：《朱子白鹿洞书院揭示》，见《续修四库全书》子部"儒家类"，第3页。
② 陈宏谋：《朱子白鹿洞书院揭示》，见《续修四库全书》子部"儒家类"，第3页。
③ 蒋励常著，蒋世玢等点校：《行述》，见《岳麓文集》，第31页。
④ 蒋励常著，蒋世玢等点校：《行述》，见《岳麓文集》，第29页。
⑤ 赵炳麟著，黄南津等点校：《训子大概》，见《赵柏岩集》附录，第358页。
⑥ 赵炳麟著，黄南津等点校：《谕长子炳麟》，见《赵柏岩集》附录，第375页。

体,西学为用"者,如张之洞。赵润生显然受到了这股思潮的影响,也主张学习西方,不过并非以西方的一切为根本来否定中学,而是把西方的技术、专门知识嫁接在中学的大树上。"用"为纲常伦理、日常洒扫应对,"吾辈读书当以忠孝为本,然求忠臣者必于孝子之门,是孝又为忠之本也。"① "人生在世,总要立定做人脚跟。既称为人,自与草木、鸟兽不同。无论达而在朝,穷而在野,君臣、父子、夫妇、兄弟、朋友各有分际,各有义务;各尽分际,各尽义务。"② 就实现途径而言,他以"四子六经植其根柢,以百家诸氏扩其才用",③ 这是因为"四子六经"这些儒家经典是价值评判标准,只有建立起儒家的价值观,才符合当时社会的要求和期待。其子赵炳麟则认为读书的目的在于修德,特别强调对"仪"的践行,如《读朱子〈仪礼经传通解·学礼〉书后》所叙:"学无贵贱,无上下,自纲常之大,至名物之微,总宜体诸躬行,不仅求之记问……朱子悯微言之将绝,集《仪礼经传通解》,创为学礼一门,补礼制之阙遗,折群言之嚣乱。自乡学以至国学,无不详其叙次,辨其节文。近而君臣父子之经,远而天地阴阳之气,寻原探本,释结解疑。而于保傅之法,尤深切著明,斟酌尽善,欲正君心以正万民也。"④ 正因如此,广西儒学文献在理论上表现为因循传统,缺少创新。当然,理论思辨层次上的不足并不代表实践中缺乏活力。至于一般百姓,教化的目的在于阐明人伦,希望他们孝顺父母、尊敬长上、和睦宗姻、周恤邻里,各依本分,各修本业,不作奸犯科、持械

---

① 赵炳麟著,黄南津等点校:《临别训子书》,见《赵柏岩集》附录,第359页。
② 赵炳麟著,黄南津等点校:《谕长子炳麟家书》,见《赵柏岩集》附录,第371页。
③ 赵炳麟著,黄南津等点校:《谕长子炳麟家书》,见《赵柏岩集》附录,第367页。
④ 赵炳麟著,黄南津等点校:《读朱子〈仪礼经传通解〉书后》,见《赵柏岩集》,第15—16页。

斗狠、争讼倾轧,只要能懂得孝悌忠信等行为准则,能遵守法令,就可以使人们过上符合道德的生活。

最后,广西儒学文献散佚严重,见下表统计。

表三　广西儒学文献各朝代存佚表

| 朝　代 | 总　数 | 存 | 未　见 | 佚 |
|---|---|---|---|---|
| 汉 | 3 | 0 |  | 3 |
| 三国至两晋 | 4 | 0 |  | 4 |
| 南北朝 | 0 | 0 |  | 0 |
| 隋唐 | 0 | 0 |  | 0 |
| 宋 | 6 | 4 |  | 2 |
| 元 | 1 | 0 |  | 1 |
| 明 | 75 | 24 | 9 | 42 |
| 清 | 290 | 146 | 83 | 61 |
| 总计 | 379 | 174 | 92 | 113 |

表四　广西儒学文献各类别存佚表

|  | 总　数 | 存 | 未　见 | 佚 |
|---|---|---|---|---|
| 儒经类 | 125 | 44 | 33 | 48 |
| 儒论类 | 169 | 68 | 47 | 54 |
| 儒史论 | 85 | 62 | 10 | 13 |
| 总计 | 379 | 174 | 90 | 115 |

其实,著录为"未见"的绝大部分都已佚失,佚失的主要原因是该著作为家刻本或手写本、稿本,数量有限,孤本较多。只

在家庭成员或朋友间流传，子孙他人不甚珍惜，或保存不当，就此湮灭；其次是搬迁、战火，导致许多著作消失。鉴于此，亟需加紧对现存民间的写本、稿本进行调查、收集工作，对现存图书馆的大量儒学文献进行整理，以便更好地保护和利用地方文献。这样的工作虽然已然展开，成果也不少，如《广西存书目录》《广西近代经籍志》《广西省述作目录》《壮族文学古籍举要》《广西史志资料丛书》《广西地方史志文献联合目录》《广西历史沿革及文献研究》《广西文献资料索引》《广西文献名录》《广西乡贤丛书》《广西少数民族古籍丛书》《广西地方古籍整理研究丛书》等，儒学文献散见各书，查找不易，故编撰一部实用性强、使用方便的儒学文献工具书，就显得十分必要。它不仅可以为妥善保存这些古籍提供指引，也能为儒学研究者提供更丰富的研究资料，还有助于广西地方历史文化的传承与弘扬，发挥其道德涵养、社会教育、科学研究和文化传播等方面的独特作用。

《广西儒学文献叙录》一书是国家课题《广西儒学文献的整理与研究》的前期成果，是广西儒学的基础文献研究。全书根据广西儒学的基本概念，从各大型丛书和书目中录得广西儒学文献三百七十九部（篇）。这三百七十九部作品，按著作时代的先后顺序进行排列，每一部作品又按作者小传、著作名称、卷次、存佚、编撰方式、著作性质及其主要内容、社会价值等内容进行提要、解读。由于本人所见有限，难免有谬误之处，希就正于大方之家。

# 参考文献

**书目类**

（明）朱睦㮮撰《万卷堂书目》，北京：中华书局，1970年。

（明）王圻撰《续文献通考》，清文渊阁四库全书本。

（明）戴璟修，张岳纂《广东通志初稿》，明嘉靖刻本。

（清）朱彝尊撰《经义考》，清文渊阁四库全书本。

（清）钱曾撰，瞿凤起编著《虞山钱遵王藏书目录汇编》，上海：上海古籍出版社，2005年。

（清）永瑢等撰《四库全书总目》，北京：中华书局，1965年。

（清）范邦甸等撰《天一阁书目》，上海：上海古籍出版社，2010年。

（清）丁仁撰《八千卷楼书目》，民国十二年（1923）排印本。

（清）季振宜撰《季沧苇藏书目》，清嘉庆十年（1805）刊本。

（清）潘祖荫撰《滂喜斋藏书记》，上海：上海古籍出版社，

2007年。

（清）翁方纲撰《经义考补正》，北京：中华书局，1985年。

（清）于敏中等编《钦定天禄琳琅书目》，北京：中华书局，1996年。

（清）黄虞稷撰，瞿凤起、潘景郑整理《千顷堂书目》，上海：上海古籍出版社，2001年。

（清）张之洞撰，范希曾补正《书目答问补正》，上海：上海古籍出版社，1983年。

（清）李慈铭撰《越缦堂读书记》，上海：上海书店出版社，2015年。

（清）王国维撰，王亮整理《传书堂藏书志》，上海：上海古籍出版社，2014年。

（清）莫友芝撰《郘亭知见传本书目》，民国三年（1914）傅增湘藏园排印本。

（清）孙殿起撰《贩书偶记》，上海：上海古籍出版社，1982年。

（清）王绍曾撰，崔国光整理《订补海源阁书目五种》，济南：齐鲁书社，2002年。

（民国）东门寺《普门院经论章疏语录儒书等目录》，东京：大藏出版社，1934年。

（民国）蒙起鹏撰《广西近代经籍志》，南宁：南宁大成印书馆印，1934年。

（民国）广西统计局编《广西省述作目录》，南宁：广西统计局，1934年。

（民国）罗振常撰《善本书所见录》，上海：商务印书馆，1958年。

综合引得编纂处编《艺文志二十种综合引得》，北京：中华书局，1960年。

广西民族学院图书馆编《广西历代文人著述目录　广西历代文人著述馆藏联合目录》，1983年。

广西桂林图书馆、广西通志馆资料室合编《广西地方文献目录》，广西桂林图书馆、广西通志馆编印，1987年。

广西壮族自治区通志馆等主编《广西地方史志文献联合目录》，南宁：广西人民出版社，1988年。

广西通志馆旧志整理室、广西壮族自治区图书馆合编《广西文献资料索引》，南宁：广西人民出版社，1991年。

严绍璗撰《日本藏宋人文集善本钩沉》，杭州：杭州大学出版社，1996年。

北京图书馆古籍出版编辑组编《北京图书馆古籍珍本丛刊》，北京：书目文献出版社，1998年。

祝尚书《宋人别集叙录》，北京：中华书局，1999年。

阳海清编撰《中国丛书广录》，武汉：湖北人民出版社，1999年。

顾廷龙主编《续修四库全书》，上海：上海古籍出版社，2002年。

国家图书馆编《国家图书馆藏古籍题跋丛刊》，北京：北京图书馆出版社，2002年。

山西大学图书馆编《山西大学图书馆线装书目录》，太原：山西古籍出版社，2002年。

浙江图书馆古籍部编《浙江图书馆古籍善本书目》，杭州：浙江教育出版社，2002年。

中国历史博物馆图书资料信息中心编《中国历史博物馆藏普通古籍目录》，北京：北京图书馆出版社，2002年。

涩江全善、森立之撰《经籍访古志》，北京：北京图书馆出版社，2003年。

余嘉锡撰《目录学发微》，北京：中国人民大学出版社，2004年。

何远景主编《内蒙古自治区线装古籍联合目录》，北京：北京图书馆出版社，2004年。

黄永年编《古籍整理概论》，上海：上海书店出版社，2006年。

罗志欢编《岭南历史文献》，广州：广东人民出版社，2006年。

中华书局编辑部编《宋元明清书目题跋丛刊》，北京：中华书局，2006年。

严绍璗《日本藏汉籍善本书录》，北京：中华书局，2007年。

陈琳主编《贵州省古籍联合目录》，贵阳：贵州人民出版社，2007年。

吴伟峰、黄启善主编《广西博物馆文集》，南宁：广西人民出版社，2008年。

广西壮族自治区图书馆、广西壮族自治区桂林图书馆合编《广西文献名录》，南宁：广西人民出版社，2009年。

山东省图书馆、山东省古籍保护中心编《山东省古籍》，济南：齐鲁书社，2009年。

四库未收书辑刊编纂委员会编《四库未收书辑刊》，北京：北京出版社，2010年。

中国古籍总目编纂委员会编《中国古籍总目》，上海：上海古籍出版社，2010年。

刘毓庆、张小敏编著《日本藏先秦两汉文献研究汉籍书目》，太原：三晋出版社，2012年。

国家图书馆编《原国立北平图书馆甲库善本丛书》，北京：国家图书馆出版社，2013年。

山右历史文化研究院编《山右丛书》，上海：上海古籍出版社，2014年。

林登昱主编《稀见清代四部辑刊》，台北：经学文化事业有限公司，2016年。

彭子龙撰《广西历代经籍志（汉—明）》，桂林：广西师范大学出版社，2016年。

伦明著，东莞图书馆整理《伦明全集》，广州：广东人民出版社，2017年。

徐雁平编著《清代家集叙录》，合肥：安徽教育出版社，2017年。

罗志欢《中国丛书综录选注》，济南：齐鲁书社，2017年。

广西壮族自治区桂林图书馆编《广西地方文献联合目录》，南宁：广西人民出版社，2018年。

## 方志类

（明）欧大任《百越先贤志》，清文渊阁四库全书本。

（明）郭棐纂修《宾州志》，北京：书目文献出版社影印万历十五年（1587）刻本，1991年。

（明）梁兆阳修，蔡国祯、张燮等纂《海澄县志》，明崇祯六年（1633）刻本。

（明）林希元等纂修《钦州志》，上海：上海古籍书店，1961年。

（清）单此藩修，陈廷藩、蒋学元纂《灌阳县志》，清康熙四十七年（1708）刻本。

（清）章振萼纂修《上犹县志》，北京：书目文献出版社影印康熙三十六年（1697）刻本，1992年。

（清）甘汝来等纂修《太平府志》，雍正四年（1726）刻本。

（清）金鉷等监修《广西通志》，清文渊阁四库全书本。

（清）胡醇仁纂修《平乐府志》，清雍正四年（1726）刻本。

（清）和珅等撰《大清一统志》，文渊阁四库全书本。

（清）吴九龄修，史鸣皋等纂《梧州府志》，乾隆三十九年（1774）刻本。

（清）何梦瑶修纂，刘廷栋续纂《岑溪县志》，清乾隆九年（1744）复印本。

（清）舒启修，吴光升等纂《马平县志》，清乾隆二十九年（1764）刻本，台北：成文出版社，1967年。

（清）李文琰修，何天祥纂《庆远府志》，清乾隆十九年（1754）刻本。

（清）王锦等修，吴光升等纂《柳州府志》，北京图书馆油印本，1956年。

（清）石崇先等纂修《陆川县志》，清光绪增订乾隆二十一年（1756）刻本。

（清）鄂尔泰修，靖道谟编纂《贵州通志》，清文渊阁四库全书本。

（清）鄂尔泰修，靖道谟编纂《云南通志》，清文渊阁四库全书本。

（清）郑采宣、陈虞昭修，崔达纂《灵川县志》，清雍正三年（1725）刻本。

（清）苏勒通阿等修，彭基、庞锡纶等纂《续修兴业县志》，嘉庆钞本。

（清）谢启昆修，胡虔纂《广西通志》，南宁：广西人民出版社，1988年。

（清）蔡呈韶、金毓奇修，胡虔、朱依真纂《临桂县志》，清嘉庆七年（1802）修光绪六年（1880）补刊本。

（清）温之诚修，曹文深纂《全州志》，嘉庆四年（1799）刻本。

（清）黎学锦、徐双桂等修，史观纂、张嗣鸿增纂《保宁府志》，清道光二十三年（1843）补刻本。

（清）贺长龄倡修，周作楫主修，萧琯初纂，邹汉勋修改《贵阳府志》，清咸丰二年（1852）补刻本。

（清）黄宅中主修，邹汉勋总纂，傅汝怀分纂《大定府志》，清道光二十九年（1849）刻本。

（清）林光棣纂《天河县志》，清道光六年（1826）抄本。

（清）何福祥等《归顺直隶州志》，清道光二十八年（1848）本。

（清）阮元修，陈吕齐等纂《广东通志》，上海：上海商务印书馆，民国二十三年（1934）影印本。

（清）谢沄等修《义宁县志》，台北：清道光元年（1821）刊本。

（清）李溶、余文焕修，李榕等纂《剑州志》，成都：巴蜀书社，1992年。

（清）魏笃等修，王俊臣纂《浔州府志》，同治十三年（1874）刻本。

（清）李世椿修，郑献甫纂《象州志不分卷》，台北：成文出版社，1968年。

（清）黄心菊等监修，蒋南枝、胡元士、李逢武纂修，王闿运审稿《东安县志》，光绪二年（1876）刻本。

（清）沈秉成修，苏宗经纂，羊复礼续纂《广西通志辑要》，清光绪十六年（1890）刻本。

（清）冯德材、全文炳修，文德馨、牟懋圻等纂《郁林州志》，清光绪二十年（1894）刊本。

（清）吴征鳌等修，黄泌、曹驯等纂《临桂县志》，清光绪三十一年（1905）刻本。

（清）陶塽修，陆履中、常静仁等纂《恭城县志》，台北：成文出版社，1968年。

（清）全文炳等修，伍嘉猷、罗正宗等纂《平乐县志》，清光绪十年（1884）刻本。

（清）岑毓英纂《西林岑氏族谱》，清光绪十四年（1888）刻本。

（清）颜嗣徽等纂修《迁江县志》，光绪十七年（1891）刻本。

（清）顾国诰、柴照等修，刘树贤等纂《富川县志》，清光绪十六年（1890）刻本。

（清）徐衡绅等修，周世德纂《上林县志》，清光绪二年（1876）刻本。

（清）徐作梅等修，李士琨等纂《北流县志》，台北：成文出版社，1975年。

（清）夏敬颐、楮兴周纂修《浔州府志》，广西博物馆油印本，1957年。

（清）全文炳修，苏煜坡、李熙骏纂《贺县志》，清光绪十六年（1890）刻本。

（清）易绍惠、王永贞修，封祝唐、黄玉年纂《容县志》，光绪二十三年（1897）刻本。

（清）羊复礼等修，梁万年等纂《镇安府志》，清光绪十八年（1892）刻本。

（清）蒙秉仁等修，胡煜瑶等纂《藤县志》，清光绪三十四年（1908）铅印本。

（清）王钢绅修，黎申产纂《宁明州志》，民国三年（1914）铅印本。

（清）戴焕南修，张灿奎等纂《新宁州志》，民国三年（1914）刻本。

（清）黄君钜、黄诚沅《武缘县图经》，宣统三年（1911）铅印增补光绪本。

（民国）温德溥修，曾唯儒纂《武鸣县志》，民国四年（1915）铅印本。

（民国）周赞元纂修《怀集县志》，民国五年（1916）铅印本。

（民国）黄占梅等修，程大璋等纂《桂平县志》，民国九年（1920）粤东编译公司铅印本。

（民国）厉式金主修，汪文炳、张丕基总纂《香山县志》，民国十二年（1923）铅印本。

（民国）陈美文修，李繁滋纂《灵川县志》，民国十八年（1929）石印本。

（民国）谢祖莘、陈寿民修，莫炳奎总纂《邕宁县志》，民国二十六年（1937）铅印本。

（民国）杨盟、李毓杰修，黄诚沅编纂《上林县志》，民国二十三年（1934）铅印本。

（民国）林剑平修，张景星等纂《崇善县志》，民国二十六年（1937）抄本；广西档案馆铅印本，1962年。

（民国）欧仰羲修，梁崇鼎等纂《贵县志》，民国二十四（1935）年铅印本。

（民国）蒙起鹏、黄诚沅等纂修《广西通志稿》，民国三十八年（1949）油印本。

（民国）张岳灵修，黎启勋等纂《阳朔县志》，台北：成文出版社，1975年。

（民国）翟富文纂修《来宾县志》，民国二十五年（1936）铅印本。

（民国）罗春芳修，王昆山纂《信都县志》，民国二十五年（1936）铅印本。

（民国）区震汉、莫庭光修，叶茂莖编纂《龙州县志》，广西博物馆油印本，1957年。

（同治）边其晋修，胡毓璠纂《藤县志》，同治七年（1868）刻本。

（民国）潘宝疆等修，卢世标纂修《钟山县志》，民国二十二年（1933）铅印本。

（民国）何其英修，谢嗣农纂《柳城县志》，民国二十九年（1940）铅印本。

（民国）藏进巧修，唐本心纂《雒容县志》，民国二十三年（1934）铅印本。

（民国）覃卓吾纂修，魏任重续修，姜玉笙续纂《三江县志》，民国三十五年（1946）铅印本。

（民国）杭汝珖编《西林县志不分卷》，民国抄本。

（民国）叶鸣平、罗建邦等修，岑启沃纂《田西县志》，民国二十七年（1938）铅印本。

（民国）蒙启光、何景熙修，林其椿、罗增麟纂《凌云县志》，民国三十一年（1942）石印本。

（民国）刘振西等纂修《隆安县志》，民国二十三年（1934）铅印本。

（民国）黄志勋修，龙泰任纂《融县志》，民国二十五年（1936）铅印本。

（民国）江碧秋修，潘宝篆纂《罗城县志》，民国二十七年（1938）铅印本。

（民国）郑湘畴纂修《平南县鉴二编》，民国二十九年（1940）铅印本。

（民国）梁杓修，吴瑜纂《思恩县志》，民国二十四年（1935）铅印本。

（民国）李衡宙纂《苍梧县志》，民国三十一年（1942）本。

广西地震局历史地震小组编《广西地震志》，南宁：广西人民出版社，1982年。

莫乃群主编《广西历史人物传》，南宁：广西地方史志研究组编印，1984年。

宾阳县志编纂委员会编《宾阳县志》，南宁：广西人民出版社，1987年。

阳朔县志编纂委员会编《阳朔县志》，南宁：广西人民出版社，1988年。

广西壮族自治区地方志编委会《广西通志》，南宁：广西人民出版社，1988年。

严从简撰，余思黎点校《殊域周咨录》，北京：中华书局，1993年。

蒙山县志编撰委员会编《蒙山县志》，南宁：广西人民出版社，1993年。

荔浦县地方志编纂委员会编《荔浦县志》，北京：生活·读书·新知三联书店，1996年。

玉林市政协文史资料工作委员会编《兴业县志》，南宁：广西人民出版社，1996年。

中国第一历史档案馆编《纂修四库全书档案》，上海：上海古籍出版社，1997年。

忻城县志编纂委员会编《忻城县志》，南宁：广西人民出版社，1997年。

黄庆勋主编《武鸣县志》，南宁：广西人民出版社，1998年。

宜州市地方志编纂委员会编《宜州市志》，南宁：广西人民出版社，1998年。

广西壮族自治区地方志编纂委员会编《广西通志·出版志》，南宁：广西人民出版社，1999年。

蒋钦挥主编，宾恩信、蒋棡媛、蒋延炉编著《寻觅全州先贤》，南宁：广西人民出版社，2001年。

张永年主编《兴安县志》，南宁：广西人民出版社，2002年。

保华主编，德芳、端初、绍柱副主编《容州封氏家谱》，2004年。

蒋钦挥撰《全州历史名人传记》，南宁：广西人民出版社，2008年。

《二十五史补编》编委会编《隋唐五代五史补编》，北京：北京图书馆出版社，2005年。

梧州市长洲区地方志编纂委员会编《梧州市郊区志》，南宁：广西人民出版社，2008年。

广西河池市地方志办公室点校《庆远府志》，南宁：广西人民出版社，2009年。

罗功武编述《广西文献纪闻》，南宁：广西文史研究馆，2010年。

福建省图书馆编《萨兆寅文存》，厦门：鹭江出版社，2012年。

张益桂，张阳江撰《桂林历史人物录》，桂林：广西师范大学出版社，2013年。

蒋钦挥著《历史的碎片——全州地域文化纵横谈》，南宁：广西人民出版社，2015年。

刘汉忠《柳州明代八贤编年》，北京：方志出版社，2019年。

## 史书类

（汉）司马迁《史记》，北京：中华书局，1982年。

（汉）班固撰，颜师古注《汉书》，北京：中华书局，1962年。

（晋）陈寿《三国志》，北京：中华书局，1982年。

（南朝宋）范晔撰，赵一生点校《后汉书》，北京：中华书局，1965年。

（唐）魏徵《隋书》，北京：中华书局，1973年。

（宋）李心传《建炎以来系年要录》，北京：中华书局，1988年。

（元）脱脱《宋史》，北京：中华书局，1977年。

（明）明实录馆臣编《明神宗实录》，台北：台湾"中央"研究院历史语言研究所校印，1962年。

（明）焦竑《国朝献征录》，万历间刻本。

（明）焦竑辑《国史经籍志》，北京：中华书局，1991年。

（越）吴士连《大越史记全书》，越南内阁官版重印本。

（清）张廷玉等撰《明史》，北京：中华书局，1974年。

（清）赵尔巽等撰《清史稿》，北京：中华书局，2003年。

（清）佚名撰，王钟翰点校《清史列传》，北京：中华书局，1987年。

（清）李元度《国朝先正事略》，《续修四库全书》第538册，上海：上海古籍出版社，1995年。

（清）倪灿、黄虞稷、钱大昕撰《辽金元艺文志》，上海：上海商务印书馆，1958年。

（清）倪灿撰《补辽金元艺文志》，北京：中华书局，1985年。

（清）实录馆《清实录》，北京：中华书局，1986年。

（清）钱仪吉等编《清代碑传合集》，上海：上海古籍出版社，1987年。

（清）赵之恒、牛耕、巴图主编《大清十朝圣训》，北京：北京燕山出版社，1998年。

雒竹筠编著，李新乾编补《元史艺文志辑本》，北京：北京燕山出版社，1999年。

原北平故宫博物院文献馆编《清代历史资料丛刊》，上海：上海书店出版社，1986年。

**论著类**

（唐）韩愈著，马其昶校注《韩昌黎文集校注》，上海：上海古籍出版社，1998年。

（宋）契嵩《镡津文集》，清文渊阁四库全书本。

（宋）文莹《湘山野录》，北京：中华书局，1984年。

（宋）陈傅良《止斋集》，清文渊阁四库全书本。

（宋）黄裳《来燕榭书跋》，上海：上海古籍出版社，1999年。

（宋）魏了翁《鹤山先生大全文集》，《四部丛刊》本。

（宋）罗大经《鹤林玉露》，北京：中华书局，1983年。

（宋）王象之《舆地纪胜》，杭州：浙江古籍出版社，2013年。

（宋）朱熹《四书章句集注》，北京：中华书局，1983年。

（宋）朱熹撰，黎靖德编，王星贤点校《朱子语类》，北京：中华书局，1986年。

（明）胡居仁《居业录》，清雍正二年（1724）江西吉安彭仁重刻本。

（明）周琦《东溪日谈录》，清文渊阁四库全书本。

（明）王守仁撰，吴光等编校《王阳明全集》，上海：上海古籍出版社，1992年。

（明）程文德《程文恭公遗稿》，济南：齐鲁书社，1997年。

（明）张岳《小山类稿》，清文渊阁四库全书本。

（明）瞿景淳《瞿文懿公集》，济南：齐鲁书社，1997年。

（明）张翀《鹤楼集》，北京：京华出版社，2005年。

（明）陈际泰《已吾集》，清顺治李来泰刻本。

（明）郎瑛《七修类稿》，上海：上海书店出版社，2009年。

（明）王启元撰，陈玄点校《清署经谈》，景海峰主编《岭南思想家文献丛书》，上海：上海古籍出版社，2017年。

（清）黄宗羲著，全祖望补修，陈金生等点校《宋元学案》，北京：中华书局，2009年。

（清）黄宗羲著，沈芝盈点校《明儒学案》，北京：中华书局，1985年。

（清）屈大均《广东新语》，北京：中华书局，1985年。

（清）陆奎勋《陆堂文集》，济南：齐鲁书社，1997年。

（清）方苞著，刘季高校点《方苞集》，上海：上海古籍出版社，1983年。

（清）陈梦雷编，蒋廷锡校《古今图书集成》，北京：中华书局；成都：巴蜀书社，1985年。

（清）汪森编辑，黄盛陆等校点《粤西文载校点》，南宁：广西人民出版社，1990年。

（清）汪森编辑，黄振中等校注《粤西丛载校注》，南宁：广西民族出版社，2007年。

（清）桂馥著，陶生魁点校《说文解字义证》，北京：中华书局，2020年。

（清）谢济世著，黄南津等校注《梅庄杂著》，南宁：广西人民出版社，2001年。

（清）陈宏谋撰，广西省乡贤遗著编印委员会编印《陈榕门先生遗书》，民国三十二年（1943）排印本。

（清）陈宏谋《四种遗规》，光绪十七年（1891）开封府刊本。

（清）袁枚著，王志英编纂校点《小仓山房文集》，杭州：浙江古籍出版社，2015年。

（清）汪辉祖《双节堂庸训》，天津：天津古籍出版社，1995年。

（清）张鹏展《峤西诗抄》，清道光二年（1822）清远楼刻本。

（清）蒋励常著，蒋世玢、蒋钦挥、唐振真、唐志敬点校《岳麓文集》，南宁：广西人民出版社，2001年。

（清）蒋启敭著，蒋世玢、唐志敬、蒋钦挥点校《问梅轩诗草偶存》，南宁：广西人民出版社，2001年。

（清）俞廷举著，唐志敬、张汉宁、蒋钦挥点校《一园文集》，南宁：广西人民出版社，2001年。

（清）阮元编《清经解》，上海：上海书店出版社，1988年。

（清）阮元校刻《十三经注疏》，北京：中华书局，1980年。

（清）汪森撰编辑，桂苑书林编辑委员会校注《粤西诗载校注》，南宁：广西人民出版社，1988年。

（清）梁章钜《三管英灵集》，清咸同间桂林汤日新堂刻本。

（清）龙启瑞著，吕斌校点《龙启瑞诗文集校笺》，长沙：岳麓书社，2008年。

（清）朱琦《怡志堂文初编》，清同治四年（1865）运甓轩刻本。

（清）唐鉴《唐确慎公集》，光绪元年（1875）善化贺氏刊本。

（清）陆锡璞《书经精义汇钞》，平南武城书院刻本。

（清）钱仪吉《衍石斋记事续稿》，清道光刻咸丰四年（1854）蒋光埠增修光绪六年（1880）钱彝甫印本。

（清）黎申产《菜根草堂吟稿》，南宁：广西人民出版社，1993年。

（清）陶澍《陶澍全集》，长沙：岳麓书社，2010年。

（清）池生春《塾规二十四条》，道光十五年（1835）粤西节署芝草堂刻。

（清）侯绍瀛《粤西五家文钞》，光绪二十四年（1898）本。

（清）龙继栋《十三经地名韵编》，清抄本。

（清）郑献甫《郑献甫集》，桂林：广西师范大学出版社，2015年。

（清）蒋琦龄著，蒋世玢、蒋钦挥、蒋世铎、唐志敬点校《空青水碧斋诗文集》，南宁：广西人民出版社，2001年。

（清）苏宗经《慎动斋文集》，上海：上海古籍出版社，2010年。

（清）韦丰华著，丘振声，赵建莉点校《韦丰华集》，南宁：广西民族出版社，2009年。

（清）徐世昌编撰，舒大刚、杨世文主编，王智勇等校点《清儒学案》，北京：人民出版社，2010年。

（清）王先谦撰，沈啸寰点校《庄子集解》，北京：中华书局，1987年。

（清）罗振玉著，罗继祖主编，王同策副主编《罗振玉学术论著集》，上海：上海古籍出版社，2013年。

（清）徐珂《清稗类钞》，北京：中华书局，2010年。

（清）康有为著，乔继常选编《康有为散文》，上海：上海科学技术文献出版社，2013年。

（民国）杭辛斋著，周易工作室点校《杭氏易学七种》，北京：九州出版社，2005年。

（民国）黄蓟《岭西五家诗文集》，1935年排印本。

（民国）臧励龢等编《中国人名大辞典》，上海：上海商务印书馆，民国十年（1921）初版。

（民国）朱荫龙辑《五种遗规辑要》，桂林文化供应社，民国三十一年（1942）。

史学史卷编纂委员会编《中国历史大辞典·史学史卷》，上海：上海辞书出版社，1983年。

于光远主编《经济大辞典》，上海：上海辞书出版社，1992年。

徐松石《民族学研究著作五种》，广州：广东人民出版社，1993年。

潘其旭、覃乃昌主编，壮族百科辞典编纂委员会编《壮族百科辞典》，南宁：广西人民出版社，1993年。

中国科学院图书馆整理《续修四库全书总目提要》，北京：中华书局，1993年。

郭志高等编撰《陈宏谋家书》，桂林：广西师范大学出版社，1997年。

余英时《现代儒学论》，上海：上海人民出版社，1998年。

谢谦《国学词典》，成都：四川辞书出版社，1998年。

何成轩《儒学南传史》，北京：北京大学出版社，2000年。

王锷《三礼研究论著提要》，兰州：甘肃教育出版社，2001年。

任继愈主编《墨子大全》，北京：北京图书馆出版社，2002年。

朱杰人等主编《朱子全书》，上海：上海古籍出版社；合肥：安徽教育出版社，2002年。

钱穆《论语新解》，北京：生活·读书·新知三联书店，2002年。

韦玖灵《儒学南传与壮族思想发展》，香港：香港新闻出版社，2003年。

徐德明《清人学术笔记提要》，北京：学苑出版社，2004年。

陈来《传统与现代：人文主义的视界》，北京：北京大学出版社，2006年。

盘桂生《陈宏谋传》，南宁：广西人民出版社，2007年。

徐芹庭《易经源流：中国易经学史》，北京：中国书店，2008年。

北京大学《儒藏》编纂与研究中心编，汤一介主持编撰《儒藏》，北京：北京大学出版社，2008年。

刘述先《当代儒学与精神性》，桂林：广西师范大学出版社，2009年。

张岱年主编《孔子百科辞典》，上海：上海辞书出版社，2010年。

李文海、夏明方、朱浒主编《中国荒政书集成》，天津：天津古籍出版社，2010年。

邓洪波主编《中国书院学规集成》，上海：中西书局，2011年。

舒大刚主编《儒学文献通论》，福州：福建人民出版社，2012年。

夏传才主编《诗经学大辞典》，石家庄：河北教育出版社，2014年。

林仲湘，邱小毛校注《镡津文集校注》，成都：巴蜀书社，2014年。

李德洙主编《中国民族百科全书》，西安：世界图书出版西安有限公司，2015年。

韦玖灵《壮族哲学思想》，北京：知识产权出版社，2017年。

孙先英《宋明理学在广西传播及其对少数民族文化的影响》，北京：中国社会科学出版社，2017。

陈受颐《三百年前的建立孔教论——跋王启元的〈清署经

谈〉》，收入《"中央研究院"历史语言研究所集刊》第六期，1936年。

刘汉忠《天壤孤椠〈鹤楼集〉》，收入《广西文史》第2期，2004年。

图书在版编目(CIP)数据

广西儒学文献叙录 / 孙先英，周欣著. —上海：上海古籍出版社，2022.8
ISBN 978-7-5732-0374-8

Ⅰ.①广… Ⅱ.①孙… ②周… Ⅲ.①儒学-文献-图书目录-广西 Ⅳ.①Z88：B222

中国版本图书馆 CIP 数据核字(2022)第 128648 号

广西儒学文献叙录

孙先英　周　欣　著

上海古籍出版社出版发行

(上海市闵行区号景路 159 弄 1-5 号 A 座 5F　邮政编码 201101)

(1) 网址：www.guji.com.cn
(2) E-mail: guji1@guji.com.cn
(3) 易文网网址：www.ewen.co

上海天地海设计印刷有限公司印刷

开本 890×1240　1/32　印张 18.375　插页 2　字数 445,000
2022 年 8 月第 1 版　2022 年 8 月第 1 次印刷
ISBN 978-7-5732-0374-8
K·3217　定价：98.00 元

如有质量问题，请与承印公司联系